复旦大学新闻学院 教授
复旦发展研究院传播与国家治理研究中心 主任
浙江传媒学院新闻与传播学院 院长

作者简介

李良荣，1946年1月出生于浙江省镇海县，1968年7月毕业于复旦大学新闻系，1982年7月获硕士学位，师从著名的王中教授。现为复旦大学教授、博士生导师，复旦发展研究院传播与国家治理研究中心主任，浙江传媒学院新闻与传播学院院长。

曾任教育部高等学校新闻学学科教学指导委员会主任委员，华中科技大学、浙江大学、暨南大学、广州大学、河北大学、安徽大学、南京师范大学等20余所高校的兼职教授、讲席教授与特聘教授。

专擅新闻学理论和国际传播，致力于当代中国新闻媒体和世界新闻媒体的发展与改革研究，著有《新闻学导论》《新闻学概论》《中国报纸文体发展概要》《宣传学导论》《中国报纸的理论与实践》《西方新闻事业概论》《当代西方新闻媒体》《中国传媒业的战略转型》等教材、专著及一批学术论文。

近10年来，致力于网络与新媒体研究，出版了专著《新传播革命》、教材《网络与新媒体概论》《网络空间导论》，主持了《中国网络社会心态报告》（2014）（2015）（2016）、《互联网与大学生系列研究报告》等大型调查，完成了全国性大型调查《新传播形态下的中国受众》。

网络与新媒体专业系列教材
全媒体时代新闻传播学系列教材

网络与新媒体概论

(第二版)

李良荣　主　编
童　希　副主编

高等教育出版社·北京

内容提要

网络与新媒体推动了人类社会第四次传播革命，是当代新生产力的代表。本书系统论述了网络与新媒体对人类社会发展的基本意义和基本功能；概述了网络与新媒体的基本概念、基本知识和基本观点；全方位阐述了网络与新媒体给政治、经济、社会、文化，特别是给传媒业带来的变化、挑战与机遇。

本教材是作者继《新闻学导论》《新闻学概论》后的又一本力作，秉承其一贯的写作风格：视野开阔，说理透彻，深入浅出。

第二版全面充实了网络和新媒体的最新进展、最新研究内容，修订幅度较大。全书除了对案例和数据进行全面更新修订外，还新增了"网络媒体的新闻制作""锻造中国新型主流媒体""中国传媒业的新生态、新业态"三章内容。此次修订还设置了二维码数字拓展资源，以供随时查阅相关最新数据。

本教材可作为新闻传播学专业基础课"网络与新媒体概论"教材，也可供新闻从业者、互联网工作者和研究者参考。

图书在版编目（CIP）数据

网络与新媒体概论／李良荣主编．--2 版．--北京：高等教育出版社，2019.5（2023.11重印）
ISBN 978-7-04-051175-8

Ⅰ．①网⋯ Ⅱ．①李⋯ Ⅲ．①计算机网络-传播媒介-高等学校-教材 Ⅳ．①G206.2②TP393

中国版本图书馆 CIP 数据核字（2019）第 010400 号

网络与新媒体概论（第二版）
Wangluo yu Xinmeiti Gailun

| 策划编辑 | 武　黎 | 责任编辑 | 武　黎　黄子祺 | 封面设计 | 杨立新 | 版式设计 | 徐艳妮 |
| 责任校对 | 窦丽娜 | 责任印制 | 朱　琦 | | | | |

出版发行	高等教育出版社	网　　址	http://www.hep.edu.cn
社　　址	北京市西城区德外大街 4 号		http://www.hep.com.cn
邮政编码	100120	网上订购	http://www.hepmall.com.cn
印　　刷	大厂益利印刷有限公司		http://www.hepmall.com
开　　本	787mm×960mm　1/16		http://www.hepmall.cn
印　　张	19.5		
字　　数	360 千字	版　　次	2014 年 2 月第 1 版
插　　页	1		2019 年 5 月第 2 版
购书热线	010-58581118	印　　次	2023 年 11 月第 13 次印刷
咨询电话	400-810-0598	定　　价	41.00 元

本书如有缺页、倒页、脱页等质量问题，请到所购图书销售部门联系调换
版权所有　侵权必究
物　料　号　51175-00

第二版前言

在本书的第一版前言里,我曾说"网络与新媒体还在继续发展,变化未有穷尽,未来不可预测"。尽管对新媒体的变化已有思想准备,但变化之快、变化之大、变化之深还是出乎我的意料。网络与新媒体已形成全新的生态、业态,正全方位影响着国家的政治、经济、社会、文化的发展,成为国际博弈的战略制高点。面对如此深刻的变化,《网络与新媒体概论》必须紧跟形势作出必要的修改。具体修改内容在第二版后记中标出。

网络和新媒体还在继续巨变中。在本书修订时,5G 正紧锣密鼓地推出,变化未有尽头,我们将持续关注着。祈请大家批评指正。

作 者
2019 年 2 月 18 日
于复旦大学新闻学院

第一版前言

撰写本教材《网络与新媒体概论》的基本指导思想是：网络与新媒体作为新时代的信息技术是当今世界先进生产力的代表，是人类继文字发明、印刷术发明、电信发明以后的第四次传播革命的标志，已经而且必将继续改变人类的社会生态——从每个人的生活、工作方式到世界格局。依据马克思主义的基本原理，网络与新媒体带来的种种变化就其本质而言是生产力和生产关系、经济基础与上层建筑复杂互动关系的具体体现。如何让生产关系、上层建筑去适应新生产力带来的新变化，是网络与新媒体带给当代人的全新课题。

按照上述思想，我们把《网络与新媒体概论》分为三个部分，共十五章。

第一部分是从第一章到第四章，论述网络与新媒体对人类社会发展的本质意义，对人类社会的基本影响，以及网络与新媒体的发展历程、功能、作用。

第二部分从第五章到第十二章，分别阐述网络与新媒体给政治、社会、文化、经济以及新闻业带来的变化、冲击、挑战以及应对举措。

第三部分从第十三章到第十五章，阐述网络与新媒体的自身建设方向，以期让新技术更好地造福人类。

网络与新媒体还在继续发展，变化未有穷尽，未来不可预测。本教材仅仅描绘了网络与新媒体的大致轮廓，搭建了一个教学的架构，许多新知识、新观点、新思想有待大家在教学中进一步发掘、充实。

书中不当之处期待大家批评指正。

作　者
2013 年 8 月
于复旦大学新闻学院

目 录

第1章　绪论 …………………………………………………………………… 001
 第一节　人类社会的四次传播革命 …………………………………………… 001
 第二节　新传播革命的本质 …………………………………………………… 002
 第三节　新传播革命的基本特征 ……………………………………………… 005
 第四节　新传播革命的挑战 …………………………………………………… 007
 第五节　互联网发展的两大支点 ……………………………………………… 010

第2章　互联网、新媒体与新技术 …………………………………………… 013
 第一节　互联网的产生与发展 ………………………………………………… 013
 第二节　新媒体的基本特征 …………………………………………………… 017
 第三节　新媒体的主要类型 …………………………………………………… 020
 第四节　新技术的发展趋势 …………………………………………………… 029

第3章　互联网的功能与应用 ………………………………………………… 034
 第一节　信息传播的通道 ……………………………………………………… 035
 第二节　知识生产的平台 ……………………………………………………… 039
 第三节　人际交往的平台 ……………………………………………………… 042
 第四节　娱乐新天地 …………………………………………………………… 047
 第五节　商务活动的平台 ……………………………………………………… 051
 第六节　意见自由市场 ………………………………………………………… 052

第4章　从受众到用户 ………………………………………………………… 057
 第一节　互联网用户的发展现状 ……………………………………………… 057
 第二节　从受众到用户 ………………………………………………………… 061
 第三节　互联网用户的小众化、碎片化趋势 ………………………………… 074

第5章　新媒体与传统媒体 …………………………………………………… 079
 第一节　新媒体带来传媒格局变革 …………………………………………… 079
 第二节　传统媒体的求生之路 ………………………………………………… 083
 第三节　媒介融合 ……………………………………………………………… 094

第6章 互联网条件下的新闻生产 ······ 102
- 第一节 新闻生产的新场域 ······ 102
- 第二节 新闻生产的新模式 ······ 109
- 第三节 新闻生产流程再造 ······ 115

第7章 网络媒体的新闻制作 ······ 121
- 第一节 网络媒体新闻报道的探索和特点 ······ 121
- 第二节 互动的动态新闻 ······ 123
- 第三节 数据新闻和可视化表达 ······ 124
- 第四节 网络现场图片和网络现场直播视频 ······ 125

第8章 锻造中国新型主流媒体 ······ 127
- 第一节 锻造中国新型主流媒体是新时代党中央在新闻宣传战线的重要战略部署 ······ 127
- 第二节 新型主流媒体的基本特征 ······ 130
- 第三节 新型主流媒体的基本目标和最低要求 ······ 131
- 第四节 锻造新型主流媒体的必要条件和举措 ······ 132

第9章 互联网与民主政治建设 ······ 135
- 第一节 网络与"四权"建设 ······ 135
- 第二节 网络问政 ······ 139
- 第三节 网络理政 ······ 141
- 第四节 网络与协商民主 ······ 144

第10章 互联网与网络舆论 ······ 147
- 第一节 互联网:新的舆论场 ······ 147
- 第二节 网络舆论的成因 ······ 150
- 第三节 网络舆论的特点 ······ 152
- 第四节 网络舆论的社会影响 ······ 158

第11章 互联网与新意见领袖 ······ 163
- 第一节 谁是新意见领袖 ······ 163
- 第二节 新意见领袖的影响力 ······ 165
- 第三节 新意见领袖的产生 ······ 167
- 第四节 新意见领袖的新动向:商业化、职业化、群体化 ······ 169

第12章 互联网与社会思潮 ······ 173
- 第一节 网络社会思潮及其特点 ······ 173
- 第二节 互联网上多种思潮激荡 ······ 177
- 第三节 网络社会思潮与大众政治 ······ 182
- 第四节 传统媒体的责任 ······ 186

第13章 互联网与文化 ······ 189
- 第一节 互联网与大众文化 ······ 189
- 第二节 互联网与主流文化 ······ 195

第三节　互联网与亚文化 ………………………………………………… 198

第14章　互联网时代的精准营销 ………………………………………… 205
　　第一节　Web 2.0时代营销的变化 ……………………………………… 205
　　第二节　新的营销模式 …………………………………………………… 211
　　第三节　长尾理论 ………………………………………………………… 216
　　第四节　"大数据"蕴含了无限商机 …………………………………… 220

第15章　网络媒体的经营 …………………………………………………… 224
　　第一节　不同网络媒体的经营特色 ……………………………………… 224
　　第二节　从免费午餐到收费大餐：网络媒体的赢利模式 ……………… 230
　　第三节　网络媒体经营模式 ……………………………………………… 235

第16章　依法治网 …………………………………………………………… 239
　　第一节　虚拟世界带来治理新矛盾 ……………………………………… 239
　　第二节　世界各国对互联网的管理 ……………………………………… 247
　　第三节　中国对互联网的管理 …………………………………………… 251
　　第四节　实名制 …………………………………………………………… 258

第17章　互联网与网民素养 ………………………………………………… 264
　　第一节　网络媒介素养 …………………………………………………… 264
　　第二节　世界媒介素养教育的研究范式转换 …………………………… 276
　　第三节　中国的媒介素养教育 …………………………………………… 278

第18章　中国传媒业的新生态、新业态 …………………………………… 284
　　第一节　中国传媒业新生态、新业态的基本表现 ……………………… 284
　　第二节　资本大鳄向传媒业进军，引发新闻业变动 …………………… 286
　　第三节　中间阶层与舆论新取向 ………………………………………… 288
　　第四节　新生代与舆论新生态 …………………………………………… 290
　　第五节　"后真相"时代 ………………………………………………… 291
　　第六节　众媒时代的自媒体转型 ………………………………………… 292
　　第七节　视频直播和VR新闻 …………………………………………… 293
　　第八节　人工智能形塑新闻传播的新格局 ……………………………… 294

第一版后记 …………………………………………………………………… 297
第二版后记 …………………………………………………………………… 299

绪 论

人类社会经历了四次意义重大的传播革命,每一次革命都改变了人类的生活,作为人类传播的第四次革命的互联网革命,将人类文明推向了更高级阶段的同时,带来了整个社会的权力结构的转变,也为我们的国家治理提出了紧迫的新课题。在整个第四次传播"去中心化——再中心化"这个动态而辩证的过程中,重构社会权力结构将伴随始终。这次传播的革命将打破国家对信息的垄断,大大提升社会、个人面对国家的博弈能力,从而在孕育出全新的传播生态的同时,也孕育出了一个全新的政治生态,为国家治理、执政方针带来了重大挑战。①

第一节 人类社会的四次传播革命

人类社会绵延至今,经历了四次意义重大的传播革命:

第一次传播革命是文字的发明和使用。人类文明第一次突破时间、空间的限制,"通之于万里,推之于百年",并保证了信息在传播中不被扭曲、重组和丢失,从而使祖先们通过实践所积累的经验成为下一代的知识,由此引导人类由"野蛮时代"迈向"文明时代"。

第二次传播革命是印刷术发明。印刷术的发明和推广不仅给中国,也给整个世界文明带来了曙光。不同于曾经只在上流社会流转的竹简、帛书等复杂的书写媒介,印刷品开始走进寻常百姓家,知识的垄断被打破;宗教教义以小册子的形式得以大量复制、自由传播,在当时的欧洲直接引发了宗教改革和启蒙运动;报纸、杂

---

① 李良荣、郑雯:《论新传播革命——"新传播革命"研究之二》,《现代传播》2012 年第 4 期。

志、书籍等大众媒介迅速普及,大众传播时代的来临,加速了封建主义的没落和资本主义的诞生。

第三次传播革命是电报发明。电报的发明主要解决了长距离即时点对点的传播,使得大规模贸易、大兵团作战成为可能,并由此引发了政治、经济、军事等各个领域的巨大变革。而后以广播、电视为代表的一系列模拟式电子传播技术与媒介相继出现,挣脱了印刷传播时代必不可少的物质传播束缚,使得人类信息传播的速度空前迅疾,范围空前广泛,内容空前丰富,复制扩散和保存信息的能力空前增强。人类社会进入电子时代。

而第四次传播革命,亦即互联网相关技术的推广使用以及由此带来的新媒体勃兴。相比于前三次传播革命,不仅在传播载体、传播介质上更加先进,实现了数字、语言、文字、声音、图画、影像等多种传播方式的统一数字化处理,更以其交互性传播模式,使得传者与受众之间的传统关系面临巨大转变,传播权力面临深层次的结构调整。

互联网正在重塑我们的世界。从全球游戏规则到各国治理、统治方式,从科技创新到知识经济,从市场行为到每个人的生活方式,从社会思潮到民主法制建设,都因互联网而改变。一个新的传播媒体普及到 5 000 万用户,收音机用了 38 年,电视用了 13 年,互联网用了 4 年,微博只用了 14 个月,而微信突破 5 000 万用户只用了 1 年,增强现实游戏"Pokemon Go"只用了 19 天。这一次的传播革命,已不仅仅是公众个人的媒介使用抑或是推进文明扩散的问题,而是一场个人与国家、自媒体与大众媒体关系的重新定义。它催生了一个全新的传播环境,既包括传播媒介、传播结构、传播方式的转变,也伴随着传播理念、传播文化和传播效果的跃迁。兴起于 20 世纪 80 年代的互联网和在 21 世纪以来蓬勃发展的以手机为代表的新媒体极大地改变了社会信息传播的基本格局,将人类文明推向更高级阶段的同时,带来了整个社会的权力结构转变,也为我们的国家治理提出了紧迫的新课题。

第二节　新传播革命的本质

前三次的传播革命成果,既包括为人类共享的愈发先进的文明,也始终贯穿着不断增强的资本和权力控制。国家基于在知识、技术与意识形态上的主导地位,从传播革命中获得的权力资源和治理资源远远多于个体。公民拥有言论、出版自由,这几乎在所有国家都是宪法规定的一项公民基本权利。但事实上,相对于庞大的国家组织、雄厚的资本控制、复杂的媒体机构,个体公民无法与之抗衡,传播的权力或被国家垄断,或受资本控制,公众有传播的权利,却没有传播的权力。

现在,第四次传播革命将宪法赋予公民的言论自由通过"自我赋权"落到实处。普通公民可以借助互联网传播、新媒体技术,在知情、表达方面充分享受到言论自由,同时,"公共空间""自媒体"通过多种渠道延伸了传播的"象征性权力"。互联网赋予公民以传播权力,实现传播的权利(right)向传播权力(power)的转移,这是新传播革命的本质内涵。

一、信源蜂窝式高速膨胀,保障知情权回归

第四次传播革命首先打破的是传统大众媒体对信息源的掌控。一方面,传统新闻报道有其相对固定的信息源,如政府、大企业家、社会精英、专家组织等,普通民众很难成为新闻源,而只能作为"沉默的受众"存在;另一方面,掌握着关键信息的信源,要想发出声音,使大众知晓,也只能依赖于传统大众媒体,这也在一定程度上"捧红"了媒介的权力。

如今,互联网赋予了信源蜂窝式增长的可能,8.02亿①中国网民每个人手里都有信息。理论上,全世界只要在联通网络的国家和地区里,每一个人都是信源。信源蜂窝式高速膨胀的结果,使政府的一举一动亮在"阳光下";损人利己的大企业大资本家,时时刻刻要受到民众监督;甚至个人的隐私,有时也在道德的追问中暴露于光天化日之下。曾经,我们必须通过CNN了解海湾战争,现在,世界上任何角落发生的任何事情都能有当时在场的人们实时发布;曾经,《焦点访谈》不报道,大众都在"放心"地吃着地沟油,现在,哪怕美国传统媒体鸦雀无声五天,大洋另一岸的我们还是能起劲地讨论"占领华尔街"。一部联网的手机可以让你"走遍世界",公民知情权在互联网传播革命中得到了更充分的保障。

二、"自媒体"即时化传播,促进表达权回归

区别于前几次传播革命特殊的传播主体,第四次传播革命中,表达权最大的特征是"自媒体"表达。谢因·波曼在《自媒体》中提出,自媒体即普通大众经由数字科技强化、与全球知识体系相连以后,一种开始理解普通大众如何提供与分享他们本身的事实与新闻的途径。②

---

① 《腾讯公布2018年第一季度业绩》,腾讯网2018年5月16日。
② 中国互联网络信息中心:《第41次中国互联网络发展状况统计报告》,2018年1月。

根据腾讯和微博发布的 2018 年第一季度的财报，微信和 WeChat 的合并月活跃账户数达到 10.40 亿，较上半年底增加了 5 140 万，超过 2017 年底我国 7.72 亿的网民规模①，微信已实现对国内移动互联网用户的大面积覆盖；而微博月活跃账户达 4.11 亿，较 2017 年底增加了约 7 000 万，可见微信与微博凭借用户基数大、信息传播快、互动功能强等特点，仍是网上内容传播的重要力量。同时值得注意的是，智研咨询发布的《2017 年中国微信公众号发展现状及发展趋势分析》显示，截至 2017 年底微信公众号数量已达 2 101 万，月活跃账号数为 350 万，较 2016 年增长了 43 万，月活跃粉丝数为 7.97 亿，较 2016 年增长 1.27 亿②，公众号已成为用户在微信平台上使用的主要功能之一。

除了名人自身作为一个拥有巨大影响力的"自媒体"表达观点和传播信息以外，普通公民在维权抗争、监督政府、观点交流方面亦表现出巨大的活力。信息的即时传播、即时扩散成就了普通公民"想说就说"的表达权，也在信息解释、观点呈现上，挣脱传统媒体报道框架，给予了公民"想怎么说就怎么说"的权利，由此深刻影响了一个国家的政治参与结构。

三、全面信息监管失效，"权利"上升为"权力"

国内外不少学者指出，未来社会中权力斗争会越来越集中于对获得与传播知识权力的控制，控制传播系统的斗争将成为一切斗争的核心。

在知情权和表达权空前发达的互联网时代，自上而下的全面的国家信息监管基本失效。碎片化实时发布的信息、国内国外此起彼伏的声音、精通电脑技术能绕过监管手段的越来越聪明的大众，使得国家在信息方面的优势大为减弱。伊朗于 2009 年大选时实行严厉的网络管制，甚至暂停手机短信，以阻止反对派利用网络造势。结果，民众依然使用 Twitter 突破封锁、获取信息，而美国国务院甚至为此专门向 Twitter 公司发了一封特殊的信件，请求他们推迟维修服务器的时间，以保证伊朗民众大选前的信息沟通。这些年，国内外的一批重大事件告诉我们，国家封锁信息、全面管控言论表达的时代已经一去不复返。井喷式的信息增长，使国家在"信息权力"上逐渐式微，也预示着拥有注意力资源的公民在"信息权力"上逐渐强势。正是因为这种权力、影响力的上升，促使国家在各个方面重视舆论压力、改进管理模式。

---

① 《微博发布 2018 年第一季度未经审计财报》，新浪科技 2018 年 5 月 9 日。
② 《2017 年中国微信公众号发展现状及发展趋势分析》，中国产业信息网 2018 年 7 月 6 日。

第三节　新传播革命的基本特征

"去中心化—再中心化",是第四次传播革命的基本特征。詹姆斯·卡伦在《媒体与权力》中指出,"新媒体会导致新的权力中心的出现,从而在现存的主导型维权结构内部引发日趋激化的紧张状态;另一方面,新媒体有时候会绕开已经建立起来的媒体传输机构,发布遭到禁止或限制的信息,通过这种方式来破坏控制社会知识的等级制度。"①

"去中心化"是指互联网技术本质上是以个人为中心的传播技术,具有天然的反中心取向。这一次传播革命,本质上是传播资源的泛社会化和传播权力的全民化,通过解构国家对传播权力的垄断,传播力量由国家转移到社会,从而削弱国家在信息、技术和意识形态上的主导地位,因而,它所带来的不是国家组织和治理能力的强化,而是对国家组织和治理能力的严重挑战。

"再中心化"是指网络信息离散后又重聚的特征。随着信息发布门槛的持续降低,网络空间的信息供给量迅速超过了单一个体独立自主处理信息的能力,在如此浩瀚的信息浪潮中,公民开始委托新人,通过"意见领袖"筛选信息,研判事实,进行新一轮的"中心建构"。在这一过程中,能够获得足够信任的新行为体将成为新的"权力中心",个体会"授权"这些中心,以信任和采用这些中心提供的解释框架代替个体独立思考为表征,希冀这些中心代理个体处理庞大的信息。同时,互联网打破了传统社会中自上而下的科层制组织结构,通过互联网重构行动中心、话语中心、舆论中心。在整个第四次传播革命过程中,"去中心化—再中心化"这个动态而辩证的过程,重构社会权力结构,伴随始终。

一、意见领袖阶层崛起,重塑思想中心

中国的新意见领袖阶层,主要由活跃的思想精英、作家、艺术家和草根领袖几部分组成。每一位意见领袖都拥有十万、几十万、上百万甚至几百万、几千万的"粉丝",他们为网民设置议程,提供对事件的解释,引导舆论,在相当程度上把控着公共事务的话语权。

---

① [英]詹姆斯·卡伦:《媒体与权力》,史安斌、董关鹏译,清华大学出版社 2006 年版,第 74 页。

新传播革命使原来不可能在现实中聚合的意见领袖们通过网络走到一起。这些精力非常旺盛又拥有广泛社会资源、具有公共关怀的意见领袖们,在互联网上形成精神聚合,并因为这种介入公共事件的可能性,越发被激发出参与社会管理、参与公共表达的热情。不隶属于主流传播领域的公共意见领袖们,为普通公民提供更新、更有趣、更深入、更易接受的思想观点,坐拥千万"粉丝"指点江山,在主流意识形态之外,重塑了新的思想中心。

需要指出的是,新意见领袖群体的力量的存在,绝对不容管理者忽视。

二、社会关系洗牌,重构行动中心

在传统社会中,自上而下的科层制管理体制相对固化着个体的社交空间和行动空间。新的社会化媒体,打破了曾经的单一组织中心系统,构筑起一个庞大的"强关系""弱关系"纵横交错的关系网,构建了社会交往的新模式,也从根本上打破了单一的"社交圈",一定程度上将重构社会关系。曾经需要由单位、街道组织的活动,现在完全可以用网络替代,甚至爆发出了更大的组织能量。就组织方式上来说,意见领袖拥有庞大的追随群,往往一呼百应;网络论坛中的"菜鸟"网民们也可以随时发起各种大范围的"社会行动",从捐赠、公益、比赛、演出到聚餐、抗议、哀悼、打拐,使用个人手机、微博、QQ、微信联系他人,速度前所未有,启动一场对话、讨论直至大规模抗议的能力呈几何级增长。

在这样的背景下,有数不清的群体性事件,由网络肇始,走进现实社会,演变成一个又一个公共事件或公民行动。过去,社会事件或社会运动的酝酿,必须先有主流媒体"曝光",媒体可见度越高,社会运动的成功概率越大。中国社会科学院农村发展研究所社会问题研究中心主任于建嵘在 2011 年春节期间开设"随手拍照解救乞讨儿童"微博,倡议网友拍摄城市街头的年轻乞讨者,解救其中的被拐儿童,不仅吸引了数万粉丝的加盟,更引来公安部的关注。面对网民的打拐热情,公安部打拐办主任陈士渠通过微博回应,"对每一条线索,公安部都会部署核查"①。不少地区警方亦随即在微博上宣布,将对所在地区的乞讨儿童进行清查。网友个体的、非专业的行动与公安部门、人大代表和政协委员、慈善基金等社会力量因此实现了一次大联合。《人民日报》以"微博打拐验证民众智慧理性"为题,对此次行动大加赞扬,称是"网络时代典型的公民行动"。② 在微博的平台上,邓飞发起了一系列的公

---

① 《中国网民借助微博力量解救被拐卖儿童》,新华网 2011 年 2 月 9 日。
② 单士兵:《人民日报人民时评:"微博打拐"验证民众智慧理性》,人民网 2011 年 2 月 10 日。

益、慈善类的活动,包括微博打拐、免费午餐、安全校车、中国乡村儿童大病医保等,多针对中国贫困地区的儿童健康、生命安全等。其中,免费午餐在发起后得到了国家政策的回应。2011年10月26日,国务院决定启动实施农村义务教育学生营养改善计划:中央每年拨款160多亿元,按照每生每天3元的标准为农村义务教育阶段学生提供营养膳食补助,普惠680个县市、约2 600万在校学生。那么多的事件虽然诉求各不相同,但都依托互联网构建的新的行动中心,独立承担起整个事件的动员与组织。新媒体以其自身的公信力在这些社会行动中发挥了至关重要的作用。

三、话语空间拓展,重建舆论中心

从更宏观的角度来看,新传播革命"去中心化—再中心化"特征,打破的是主流媒体的单一话语空间,重塑的是一个新的依托于网络的"公共舆论中心"。

新传播革命以前,"舆情"就是来自传统媒体的报道。所谓媒介建构的现实,就是报道什么,社会就是什么,普通大众没有能力质疑。现在,一个新的话语空间诞生了,它沟通虚拟与现实、官方与民间、公民行动与高层决策,形成多方互动,构建了一个公众参与公共事务讨论与行动的新"舆论中心"。中国近几年来,"两会问政""个税修改法案"等公共话题讨论,在传统媒体话语空间之外,搭建了一个新"舆论场"。同时,不止于静态的舆论呈现,从"躲猫猫"事件到"郭美美"事件,从上海"11·15"大火到温州"7·25"动车追尾,网络上掀起了一场又一场舆论风暴,产生了巨大的社会影响力。

第四节 新传播革命的挑战

新传播革命通过传播权力的回归、"去中心化—再中心化"的过程,改变了权力结构的不平衡,打破了国家对信息的垄断,大大提升了社会、个人的博弈能力,从而在孕育出全新的传播生态的同时,也孕育出了一个全新的政治生态,为国家治理、执政方针带来了重大挑战。

一、传媒新业态,新闻生产经营大变革

由报纸、广播、电视引领百年的传媒业态正在经历重大转型。

以报纸为代表的平面媒体走向衰退,发行量大幅减少,广告额急剧下滑。近几年来,世界范围内几乎没有诞生过新的知名报纸或电视频道,而各种新媒体的发展速度却在以几何量级增长。2011年,互联网广告市场已达到511.9亿元,全面超越报纸。① 2017年中国网络广告市场规模超过3 800亿元。同时2017年中国传媒产业总规模达18 966.7亿元人民币,较上年同比增长16.6%。② 几乎所有有一定实力的传统媒体都开始发展新业务,转移投资重心,走向媒体融合的道路。

新媒体具有传统媒体无可比拟的优势,无论是在信息传播的时效性、互动性上,还是传播手段的多样性上,都远胜于传统媒体。在整个传媒产业链上,内容生产提供者、媒体信息分发渠道、受众的媒体接触、使用和消费习惯及媒体技术和硬件发展都发生了巨大的改变,带来了传播范式、传播规则、内容生产方式、内容分享范式和消费方式的颠覆性变革。当今,新闻生产正走向全社会,各种各样的"自媒体"风起云涌,播出渠道和内容已不再是传统媒体的专属优势,用户、终端才是控制传媒产业游戏的关键按钮。

专业化的媒体组织必须深刻理解新媒体传播特性、充分重视新媒体传播地位,积极探索传统媒体与新媒体的合作、融合模式,提供具有跨平台性、融合性、创新性的新闻产品,才能在新媒体环境下不断满足受众的多元需求,重新获得网络融合、终端融合、内容融合的新优势。

二、双重舆论场争鸣,舆论极化难控制

长期以来,以报纸、广播电视为主体的中国传统媒体追求"舆论一律",以政治意志为导向整合社会,构成了一种典型的信息单向流动。改革开放后,都市报、专业化媒体兴起,主流舆论场开始受到多元话语冲击。随着互联网技术不断发展,中国网络空间用户逐步跃居全球第一,中国公民以高涨的热情参与到网络舆论空间的参政议政中。中国的公共话语空间呈现出传统媒体与新媒体双重话语空间"争鸣"的状态。尤其自2003年以来,一系列范围广泛、性质各异的舆情事件,让全世界见证了中国舆论空间影响社会事件进程的力量,"在这一过程中,网络与传统媒体两个舆论场之间的相互关系呈现出一种趋势:从相互背离到相互重合。"③ 2011年7月11日,中共中央机关报《人民日报》下属网站人民网,用首页头条发布评论《打通"两个舆论场"》。就传播媒介构建的舆论场来看,中国正从曾经的传统媒体

---

① 《艾瑞咨询:2011年中国网络广告市场规模达511.9亿元》,艾瑞咨询网2012年1月。
② 崔保国:《2018年中国传媒产业发展报告》,搜狐2018年6月22日。
③ 李良荣、张媛:《新老媒体结合 造就舆论新格局》,《国际新闻界》2008年第7期。

一元空间、固定渠道的单向传播,走向传统媒体与新媒体双重话语空间并存、复杂多向的传播格局。

另一方面,网络舆论亦常常存在极化的危险。根据CNNIC《第42次中国互联网络发展状况统计报告》,目前中国8.02亿网民中,只有20.6%拥有大专及其以上学历,超过79.4%的网民为高中及其以下学历。[①] 我们能够看到、听到的很多网络民意,也许不能代表主流价值观,也许并不代表先进文化。在这其中,不乏大量"乌合之众"。他们中既有"沉默的大多数",也有如学者勒庞描述的"情感幼稚、道德败坏、智力低下"的人群。大量精英分子如冰山一般"冷眼旁观",而普通民众却无法控制地"一点就燃"。因此,公众如若对于存在极化危险的网络舆论盲目跟风,很有可能跟错对象,跟出问题。

拓展阅读

中国互联网络发展状况统计报告

三、多元思潮涌现,主流意识形态受冲击

作为自由表达的空间,互联网让各种思潮有了公开表达的场所。像自由主义、新左派、民粹主义、狭隘民族主义、新消费主义等思潮都在网络上流行,争夺追随者,例如狭隘民族主义主要针对国际事务,主张对一切批评中国、损害中国的言行都要"旗帜鲜明"地反击,认为中国政府"韬光养晦"的外交政策都是"缩头乌龟"。多元思潮的泛滥使得主流意识形态受到冲击,造成当前"噪声四起"的局面,也使政府执政环境复杂化了。

四、全新执政环境,争夺传播主导权

新传播革命带来执政环境最显著的变化,就是政府处在了全民全时空的"全景化围观"中。过去,政府控制媒体、媒体控制受众,"我让你知道什么,你就知道什么;不让你知道,你就不知道"。现在的情况是,网络提供了一种"多数人观看多数人"[②]的结构,既不同于福柯所说的全景监狱里的"少数人看多数人",也和"多数人监视多数人"不一样。在这种信息民主化的过程中公权力尤其成为被围观的对象。

---

① 中国互联网络信息中心:《第42次中国互联网络发展状况统计报告》,2018年7月。
② 熊培云:《好社会不会从天而降》,《新周刊》2011年11月1日。

政府在眼睛无处不在、耳朵无处不在、嘴巴无处不在的"全景化围观"中执政。"春江水暖鸭先知"的信息垄断不复存在,政府、传统媒体越来越后知后觉,跟着"网络"走,跟着"民意"走。这不仅表现在政府决策议程越发被动,也表现在决策选择越发受制,社会与政府争夺传播主导权的斗争逐渐凸显。

传播主导权关系到国家的信息安全、意识形态安全,关系到政策的制定和推行。一旦失去传播主导权,政府的政策制定、推行将困难重重。中东国家如埃及、突尼斯等,尽管当时执政党能牢牢地控制军队和经济命脉,但政府丧失了传播主导权,致使信息失控,流言、谣言、煽动性言论泛滥,内部机密泄露,引发全面政治危机。到目前为止,中国社会之所以依然保持相对稳定与有序,除了与经济成就、亲民政治有关之外,还与国家努力在传播权力的建构与传播控制上紧跟社会变化的步伐有关。归根到底,争夺传播主导权不在于政府能掌控多少硬件设施,即传播渠道,主要在于政府能否利用传播来征服人心,赢得舆论,利用传播来治国理政。

我们的主流意识形态有很强的生命力,关键在于如何运用可操作的、能够被用于解释日常生活具体问题的"解释框架",对核心价值观和主流意识形态进行有效地"再编码"。以民众愿意接受的方式,符合民众对信息包装、传播形式的审美要求,灵活反应,重新解释,探索出能够应对各类挑战的多样、丰富、伸缩自如的政策工具,再通过意见领袖群体的良性传播,对不同性质的挑战作出个性化回应,重塑主流意识形态的权威。

第五节 互联网发展的两大支点

互联网普及为什么这么快?一个最简洁的回答是:人类需要。而如果深究,这其实是一个社会与技术相互建构的过程。互联网、新媒体与新技术的发展,催生了一个全新的传播环境,互联网已成为人类生产、生活的必需。如何理解和应对新传播革命带来的变化和挑战?这就要从互联网发展的两大支点——"全球化""个人化"入手来理解。

一、现代性与后现代性杂糅下的互联网技术

人类社会已经进入了一个现代性和后现代性杂糅的时代。现代性的突出特征是全球化,而后现代性的精神特质是碎片化。前者诉诸的是整体性的社会化大生产,后者则是个人对于体制的和个人生存状态的觉醒。严格地说,后现代是现代性

的后果之一,但并不等于两者之间是矛盾对立的关系。后现代性源自现代性的内部发展,而后现代性的反思又反哺了现代性。

全球化导致物资、技术、资本、人才在全球流动并寻找最佳配置。于是产业的分工越来越精细,生产越来越专业化。当今社会,全球任何一款产品,从飞机到手机,都只有在全球范围内采购零部件才能组装起来;任何一个区域、任何一个国家都在全球贸易下才能生存、发展。这就是英国学者吉登斯在其《现代性与自我认同》一书中所说的"外延性"。这种"外延性"迫使各国、各民族、各区域、各行业相互依存度大大提高,人类交往越来越密切。另一方面,个人化导致每个人越来越特立独行,追求人格的独立,追求个人的理想,追求个人利益,追求个人话语权,追求个人的独立生活,追求个人独特的需求,追求个人的兴趣。这就是吉登斯所说的"意向性"。

二、互联网技术下的全球化与个人化

技术的力量是这场革命深化的助推动力。个人电脑(Personal Computer,PC)和移动终端的普及使得沟通的主题进一步泛化、分散化、个体化和无缝化,技术使社会中弥散的个体成为传播的主体,碎片化由此而来。我们触摸不到实体的"互联网",但是每个行为主体的使用实践如同一根根清晰的磁力线,时时刻刻都标示出这个磁场的存在。

互联网一头连着世界,一头连着每个个体。每个个体都被互联网编织在全球化的网络中,每个个体都是全球化生存的一部分。互联网把整个世界纳入每个个体中,个体依赖互联网与世界联系,以全球的视野来建立新的社会关系,选择自己的生存方式和生活方式。

一方面,互联网能使一时一地的新闻,迅速得到广泛关注,进而产生全球性的影响。如"乌坎事件"本是一起发生在中国广东省陆丰市的群体性事件,但在登上《纽约时报》《洛杉矶时报》等媒体的头版头条之后,迅速成为举世瞩目的新闻热点。另一方面,每个个体都有机会改变社会全貌。阿基米德说:给我一个支点,我可以撬动地球。也许,现在这个支点就是互联网。1999年,美国前总统克林顿与莱温斯基丑闻由一名大学生从一台破旧电脑里发出,引发全美政坛风暴。在中国,宜黄自焚事件中力挽狂澜的是一名记者,引发海南三亚旅游业大整顿的是一名在网上"晒账单"的普通游客。

全球化态势下的个体化生存,催生了我们的世界和我们国家多元的政治诉求,多元的利益诉求,多元的社会文化以及多元的消费模式。网络与新媒体发展的时代,正以其革命性、创新性的传播生态,孕育出一个丰富多彩、纷繁复杂、众声喧哗而又机遇重重的新社会。

三、中国媒体的涅槃与新生

这是一个重新洗牌集结的场域，每一个进入这个场域的主体都是社会化的产物，我们以往总是想把互联网置于一个既有的社会结构之下，带着结构功能主义的眼光，想着如何使用、如何调控、如何引导。也许这是一种思路，但是这种思路无法与现实的情境勾连起来，也无法理解这个变动的社会。

互联网本身的传播属性决定了其不是过去传统意义上的通达上下的管道，互联网使用主体的构成决定了在互联网上流动的内容具有自主性、多义性与开放性，互联网在社会中的重要地位以及其与社会之间的紧密联系使得这成为一个需要全社会共同思考的问题。

仅就传统媒体而言，现阶段下，保持并畅通党和国家与民众之间的信息沟通是义不容辞的责任，否则真的会失去社会的信赖。从中国的社会结构特征来看，媒体是整个社会日常生活中的"常识权威"，其权力是相对的并具有流动性。互联网时代，如果想保持这种变动中的权力地位，可行的方式是回归日常生活，借助互联网便捷地沟通社会，将那些细碎的技术性问题交给社会系统去完成，充分信任互联网中"群体的智慧"，同时从民众生活中发掘出那些真正具有思考价值的问题，集中全力建构一个真正的社会化的"知识社会"，承认现实的不完美，同时不放弃奋斗的信念。

新媒体时代的到来是中国媒体面临的一次挑战，也是对于自身使命的一次能动的涅槃，只有与时俱进，才能获取新生。

第 2 章　互联网、新媒体与新技术

互联网的产生标志着人类历史翻开了网络时代的新篇章，互联网的发展促进了"新媒体"的迅速崛起，数字化、交互性、超时空是新媒体的特征。新媒体的"新"，不仅表现在技术层面上，也表现在媒介形式和传播模式上。因此，我们可以按照不同的标准进行分类。

第一节　互联网的产生与发展

互联网，又称因特网（Internet），是国际互联网（International Net）的简写。美国联邦网络委员会将其定义为：

Internet 是全球性的信息系统，它有三方面的含义：在逻辑上由一个以国际互联协议（IP）及其延伸的协议为基础的全球唯一的地址空间连接起来；能够支持使用传输控制协议和网际互联协议（TCP/IP），或其他 IP 兼容协议的通信；公开或不公开地提供利用通信和相关基础设施的高级信息服务。

作为全球性的网络，互联网将处于不同地理位置且具有独立功能的计算机按照共同的规则（协议）联结在一起，从而实现信息传输与资源共享。它是目前国际上最大的信息网络，不仅可以提供各个领域丰富的资源，而且为人类架起了相互沟通和交流的桥梁。作为 20 世纪最伟大的发明之一，互联网已经成为当今世界传播的主阵地。

一、互联网的起源

互联网的前身是美国国防部高级计划研究署（The US Defense Department's

Advanced Research Projects Agency，ARPA）1969 年与美国一些大学共同开发的军用计算机网络 ARPAnet，又称"阿帕网"。研究人员试图设计一种在冷战时期可以不被核弹攻击击毁的通信系统。该系统使用"包交换"（或"分组交换"）通信技术，不需要指挥控制中心就能在所有节点间实现信息交换，即使指挥点网络的一部分在战争中遭受破坏而失效，其他部分仍然可以绕过故障维持正常通信。

1968 年 6 月 3 日，美国信息处理技术办公室向国防部高级计划研究署递交了《资源共享的电脑网络》研究计划，此后，ARPA 在加州大学洛杉矶分校（UCLA）、圣巴巴拉分校（UCSB）、斯坦福研究所（Stanford Research Institute）以及犹他大学（University of Utah）分别设立了四个节点，并于 1969 年底正式联网成功。这个最初只有四台计算机组成的"阿帕网"的诞生，标志着人类历史翻开了网络时代的新篇章。

二、互联网的发展阶段

冷战结束后，互联网逐渐从军事、科研转向商业应用，经历了几个重要的快速发展阶段。

第一次快速发展出现在 20 世纪 80 年代。1983 年，TCP/IP 协议——从主机到主机的传输控制协定（TCP），以及网络之间的协定（IP）——成为美国互联网的标准通信协议。由于该协议具有很强的开放性，可以容许电脑网络之间采取多层次的连接结构，因此可以适用不同的通信系统和不同的编码方式。整个世界开始普遍采用这一系统结构，这标志着全球互联网的正式诞生。

1985 年，美国国家科学基金会（NSF）出资在全美建立了五大超级计算机中心，并将各大学和研究所的计算机连接起来，形成全国性的广域网络。1986 年美国国家科研基金网（NSFnet）建成，该网络互联了所有 NSF 的超级计算机，也采用 TCP/IP 协议，并向全社会开放，取代 ARPAnet 成为 Internet 的主干网。从 1986 年到 1991 年，并入 NSFnet 的计算机子网从 100 个增加到 3 000 多个，几乎每年都以 100% 的速度增长。1990 年 7 月，ARPAnet 正式退出历史舞台。

第二次飞跃是 20 世纪 90 年代后，互联网进入以资源共享为中心的商业化实用服务阶段，迅速走向世界。1991 年，网络商业限制取消。1992 年，随着上网用户急剧增加，互联网协会（ISOC）应运而生，互联网商业化的呼声越来越高。由于发展速度太快，NSFnet 容量达到极限，私营公司纷纷投资组建 Internet 骨干网。1993 年，美国政府提出"信息高速公路"（Information Superhighway）计划，互联网的大规模商业应用使其在通信、资源检索和客户服务等方面发挥出巨大潜力，吸引了越来越多的用户。世界各地成千上万的高校、科研机构、政府部门、军队、企业、社会团体纷纷涌入互联网。1994年年底,互联网联结了150个国家和地区的3万多个子网、320多万台计算机主机,直接用户超过3 500万,成为世界上最大的计算机网络。1995年,NSFnet正式宣布停止运行,由三家私营公司接替其工作,至此,Internet彻底走向商业化。

万维网的出现是互联网发展的另一个重要加速器。1990年,英国人蒂姆·伯纳斯·李(Timothy Berners-Lee)提出了万维网(World Wide Web,即WWW)的概念,采用超文本标识语言(HTML)——一个可以获得图形信息的超文本互联网协议,支持图形、声音、视频和文本。作为互联网络最受欢迎的应用,万维网就是一个全球性的多媒体图书馆。伊利诺斯大学美国国家超级计算机应用中心的学生马克·安德里森(Marc Andreessen)等人于1993年开发出视窗浏览器Mosaic,使得万维网风靡世界。到1994年年底,万维网上的重要网站数目超过300万,直接用户超过3 500万。此后,网景公司的Navigator和微软公司的Internet Explorer相继面世,互联网得到爆炸性普及,真正走进千家万户。

1995年10月24日,美国国家计算、信息和通信科技顾问委员会(CCIC)下属的联邦网络通讯顾问委员会(FNC)正式通过了对互联网的定义决议:互联网是全球性的信息系统,使用统一的通信协议(TPC/IP),是能够使各种不同的计算机相互交换信息的计算机网络。截至2000年,全球信息产业以年均增长10%以上的速度高速发展,互联网已联结200多个国家和地区,将世界各国、各地区一"网"打尽。

进入21世纪,互联网作为未来全球信息高速公路的雏形,仍在大踏步迈进。根据全球顶尖社交媒体营销公司We Are Social与社交媒体管理平台HootSuite共同披露的《2018全球数字报告》显示,截至2017年12月底,全球互联网用户总数已经突破了40亿大关,全球有一多半的人口"触网"。[1]

三、中国的互联网发展[2]

中国从1994年正式联入互联网,1995年出现互联网商用服务,起步虽然较晚,但发展极其迅速。以1994年为界,分为起步建设与普及应用两个阶段。

1. 起步建设阶段

始于1986年北京市计算机应用技术研究所与德国卡尔斯鲁厄大学(University of Karlsruhe)合作实施的中国学术网(Chinese Academic Network,CAnet)国际联网

---

① 《2018全球数字报告:互联网用户数突破40亿大关》,cnBeta网2018年1月30日。
② 该部分参见中国互联网络信息中心:中国互联网发展大事记专题1999—2000。

项目。1987 年 9 月,CAnet 正式建成中国第一个国际互联网电子邮件节点,并于 9 月 20 日发出了中国第一封电子邮件:"Across the Great Wall we can reach every corner in the world(越过长城,走向世界)",揭开了中国人使用互联网的序幕。

1988 年初,中国第一个 X.25 分组交换网 CNPAC 建成,当时覆盖北京、上海、广州、沈阳、西安、武汉、成都、南京、深圳等城市。同年 12 月,清华大学校园网采用从加拿大 UBC 大学(University of British Columbia)引进的 X400 协议电子邮件软件包,通过 X.25 网与加拿大 UBC 大学相连,开通电子邮件应用。

1990 年 11 月 28 日,钱天白教授代表中国正式在 SRI-NIC(Stanford Research Institute's Network Information Center)注册登记了中国的顶级域名 CN,中国网络开始有了自己的身份标识。

1993 年 3 月 2 日,中国科学院高能物理研究所租用 AT&T 公司的国际卫星信道接入美国斯坦福线性加速器中心(SLAC)的 64K 专线正式开通。这根中国部分连入 Internet 的第一根专线开通后,几百名科学家得以在国内通过拨号使用电子邮件。

1994 年 4 月 20 日,连入 Internet 的 64K 国际专线开通,实现了与 Internet 的全功能连接。中国被国际上正式承认为真正拥有全功能 Internet 的国家。同年,中国科学院高能物理研究所设立了国内第一个 Web 服务器,推出中国第一套网页,内容除介绍中国高科技发展外,还有一个栏目叫"Tour in China",后改名为《中国之窗》。

2. 普及发展阶段

1995 年 1 月,邮电部电信总局分别在北京、上海设立的通过美国 Sprint 公司接入美国的 64K 专线开通,通过电话网、DDN 专线以及 X.25 网等方式开始向社会提供 Internet 接入服务。这是我国互联网应用真正走向公众,进入社会普及阶段的标志。

同年 5 月,中国电信开始大规模筹建中国公用计算机互联网(Chinanet)全国骨干网。7 月,中国教育和科研计算机网(CERnet)第一条接连美国的 128K 国际专线开通。

1997 年 4 月,全国信息化工作会议通过了"国家信息化九五规划和 2000 年远景目标",将中国互联网列入国家信息基础设施建设,并提出建立国家互联网信息中心和互联网交换中心。10 月,中国公用计算机互联网(Chinanet)实现了与中国其他三个互联网络即中国科技网(CSTnet)、中国教育和科研计算机网(CERnet)、中国金桥信息网(ChinaGBN)的互联互通。

1998 年 3 月,第九届全国人民代表大会第一次会议批准成立信息产业部,主管全国电子信息产品制造业、通信业和软件业,推进国民经济和社会服务信息化。

1999年1月,中国教育和科研计算机网的卫星主干网全线开通,大大提高了网络的运行速度。同月,中国科技网开通了两套卫星系统,全面取代了IP/X.25,并用高速卫星信道连接了全国40多个城市。

2000年3月30日,北京国家级互联网交换中心开通,中国主要互联网网间互通带宽由原来的不足10兆比特每秒提高到100兆比特每秒,大大提高了跨网访问速度。

中国的互联网发展如火如荼。据统计,我国的上网人数1995年底不到6 000人,1996年底即发展到约20万人,1997年底为67万人。在国家的高度重视下,1998年"政府上网"轰轰烈烈,年底上网人数猛涨到210万,1999年"企业上网"热火朝天,年底上网人数达到890万。2000年,由于"百姓上网"工程的启动,我国上网人数突破3 000万大关。2008年,全球网民数量超过15亿,中国网民数量达2.5亿,首次超越美国位居全球第一。根据中国互联网络信息中心(CNNIC)发布的《第42次中国互联网络发展状况统计报告》,截至2018年6月,我国网民规模达8.02亿,普及率达到57.7%。①

第二节　新媒体的基本特征

伴随着互联网的飞速发展,"新媒体"迅速崛起。

1967年,美国哥伦比亚广播电视网(CBS)技术研究所所长P.高尔德马克(P. Goldmark)发表了一份关于开发电子录像(EVR)商品计划书,将"电子录像"称为"新媒体"(New Media),"新媒体"一词首次出现。随后,美国传播政策总统特别委员会主席E.罗斯托(E. Rostow)在向当时的美国总统尼克松提交的报告中多次提到"New Media","新媒体"一词逐渐在美国流行,20世纪70年代扩展到全世界。

事实上,"新媒体"在人类社会传播史中一直存在。作为一个相对的概念,有"旧"就有"新"。广播之于报纸,电视之于广播,每一次传播技术变革都会带来所谓的"新媒体",一系列新型媒介形态在相应的历史时期都属于"新媒体",媒介形态始终处于不断发展、演化的过程中。但报纸、广播、电视等媒体形态虽然在传播技术和信息表现上有了很大创新,却没能改变媒介传播的基本生态,所以仍然被统一归为"传统媒体"的范畴。

---

① 中国互联网络信息中心:《第42次中国互联网络发展状况统计报告》,2018年7月。

互联网的飞速发展,使这一次的"新媒体"孕育出独特的内涵。不仅相对于"旧媒体"诞生出丰富多彩的新型媒体形态,更革命性地重塑了现有传播生态环境,颠覆了大众传播的既有线性传播特征,全面、深远地影响了整个社会的政治、经济与文化,成为与"传统媒体"明显不同的"新媒体"。

联合国教科文组织最早给出"新媒体"的定义:新媒体就是网络媒体。美国《连线》(Wired)杂志将"新媒体"定义为"所有人对所有人的传播"。国内外相关研究机构、组织、专家学者纷纷从不同角度对"新媒体"进行界定,但几乎所有的相关研究都承认并认可互联网在"新媒体"中的主体作用。互联网既是"新媒体"的重要表现形态,也是"新媒体"发展的深刻动力。"新媒体"与"互联网"相伴而生。

新媒体,是伴随着互联网发展,以数字技术、计算机网络技术、移动通信技术为主要支撑,以数字化、交互性、超时空为主要特征的一系列新媒体形态。

一、数字化

数字化是新媒体的显著技术特征。

在现代计算机技术发明之前,几乎所有的计算和传播系统都是模拟的。除了实物媒体,如书、报、刊物等,传统的广播、电视等电子媒体都是模拟式的电磁媒体,运用电磁模拟声音和图像,传播信息量小,难以交换。

新媒体运用数字语言进行传播,具有全新的信息量单位——"比特"。数字化技术(即把文字、声音、图形、图像等模拟信息转换成 0 和 1 的计算机可读信息)是新媒体技术的基础,它与其他相关技术结合,像处理数值一样处理所有形式的信息,彻底改变了数据和信息的生产、获取、处理、传输和储存方式,并在互联网传播平台上得到综合,大大提高了传输效率。正如著名未来学家尼古拉斯·尼葛洛庞帝在《数字化生存》中指出,未来是"比特的时代",数字技术将在未来社会占据主导地位。

第一,与传统媒体相比,新媒体的数字化特征拓展了传输手段、接收终端和表达形式的多样性。借助文字、图片、图像、声音、动画、视频,传播活动愈发"多媒体化"。新媒体将传统媒体的长处集于一身,最大限度地实现了传播形式的"兼容并包",为信息传播带来更加真实、具体、生动的效果,充分满足了受众的各类感官需求,亦为多层次、多角度地理解信息提供了可能性。

第二,数字化的新媒体打破了报纸、广播、电视等媒介之间的壁垒,使得同一内容具有了多介质传播的可能,大大增强了不同形式的媒介彼此之间的互联性,传播呈现出立体化、全景式的特点,媒介融合得以实现。

第三,数字化技术为海量信息传播提供基础。任何传统媒体如报纸、广播、电视等,信息容量都会受到版面、时间、播出时段的限制。普通报纸每增加一个版面,印刷、排版、发行成本就相应增加;电视节目的播出内容需要精确到以分钟甚至以秒为单位;广播电台全天24小时播音,假定每分钟播报200字(中央电视台播音员每分钟播报180字),一天也只能播出28.8万字。相比之下,以数字化技术为特征的新媒体基于互联网平台,将全世界的计算机和计算机网络连接起来,形成巨大无比的数据库,几乎可以无限量地储存和传播信息并进行高效信息管理。"信息爆炸"的时代,每10G硬盘即可储存45亿汉字的信息量,大大超越了传统媒体的传播效能。

二、交互性

交互性是新媒体的本质传播特征。

美国传播学者麦奎尔曾指出:大众传播是一个复杂微妙的过程,就像两人对话一样,是一种协商、互动、交换的活动。但事实上,尽管传统媒体注意到了受众参与的重要性,但由于其本身缺乏交互性的结构,读者来信、热线直播、收视率调查等方式的互动效果都相当有限,不可避免地具有滞后性。

数字技术的发展使得新媒体的信息采集、制作与传播愈发便捷,运用电脑、手机、数码相机、数码摄像机等新媒体,每一个"受众"都能变成"传播者",每一个人都可以检索、接收、发布、回复、评论各种信息,信息的传播者与受传者之间随时能够进行双向实时的交流。

互联网打破了传统媒体时代传者和受者的严格界限,传播方式由单向线性传播发展到双向甚至多向交流。曾经的"点对面"传播转化为"点对点""面对面"传播,"所有人对所有人的传播"成为现实。新闻网站、即时通信工具(QQ、MSN、飞信等)、BBS论坛、SNS网站(人人网、开心网)以及时下流行的微博、微信、IPTV以及智能手机等新媒体传播方式,赋予用户实时沟通、实时互动的能力。互联网开放的信息平台与便捷的信息传播方式凸显了受众的自主选择与反馈,传受双方地位不断切换,个人不再只是被动接受信息的传播对象,而可以最大限度地参与信息传播。

新媒体的交互性特征,不仅体现在传播的方向上,还体现在整个信息形成过程的改变带来的信息控制力的变化。在新媒体传播过程中,信息不再依赖某一方发出,而是在传者与受者的交流过程中形成。互联网时代不再有信息传播的控制者,而只有信息传播的参与者,曾经的传播对象对信息传播过程的控制程度与范围得到极大的拓展和增强。

另外,交互性还带来了信息传播的个性化。传统媒体的点对面传播模式决定了受众只能被动接收信息,很少有主动选择的余地,个性化需求受到压制。新媒体的点对点传播模式,使得多元传播主体间一对一的个性化信息服务得以实现。新媒体环境下的信息终端在互联网上都有固定的地址,包括 IP 地址、手机号、电子邮箱地址、QQ 号码等,能根据地址确定一个或多个受众。信息传播者可以运用"信息推送技术",精准、明确地传播特定信息。与此同时,受众自身也可以利用新媒体,在各类信息数据库中"各取所需",根据自己的喜好和要求选择信息渠道、订阅新闻内容、定制界面风格。

三、超时空

超时空是新媒体的外部效果特征。

报纸传递新闻通常以天为单位,受出版与发行时间的制约极为明显。广播和电视播报新闻,虽然比报纸要快,但仍然要受播出时段的控制;尽管必要时可以进行现场直播,但为此所需的准备工作费时费力。

相比之下,新媒体具有传播上的快捷性和时间上的自由性,能够轻易做到即时传播。数字信号的传递以每秒 30 万公里的速度,瞬间可达世界上任何地方,新闻信息的更新也因而达到了按秒计算,手机新媒体等移动通信设施可以让编辑、记者随时随地"面对面"交流,24 小时不间断发稿、播报,新闻滚动更新。信息的采集、加工、制作、传递几乎实现了同步,传播时效性大大提升。特别表现在国内外众多突发事件报道中,"打响第一炮"的早已不再是传统媒体,新媒体独领风骚。

另一方面,传统媒体主要依靠地面信息传递系统,各个国家之间出于文化控制的需要对境外媒体在本国的传播亦存在诸多限制,报纸、广播、电视等媒体通常只能在有限的范围内产生有限的影响,而新媒体利用全球互联的网络系统和通信卫星技术,突破了地理区域的局限,具有传播的全球性和空间上的无限性。新媒体时代的国家、地区界限逐渐模糊,麦克卢汉预言的"地球村"呼之欲出。一家新闻网站能够让全世界任何角落的网民成为自己的受众,曾经绝不可能存在竞争对手关系的相隔万里的不同国家媒体,也有可能因为争夺受众产生利益冲突。任何信息一旦进入互联网,就几乎可以同时被分处在世界各地的网民看到,没有疆界和地域限制。新媒体成为全球性的媒体。

第三节 新媒体的主要类型

新媒体发展日新月异。随着信息技术不断进步和人类信息传播需求的增加,各类新媒体不断涌现。新媒体的"新",不仅表现在技术层面上,也表现在媒介形式和传播模式上;既有一些媒体是崭新的存在,如网络新媒体、手机新媒体等,也有一些媒体是在传统媒体基础上嫁接新技术发展而成,如电子报纸、数字广播、IPTV等。为了更好地理解种类繁多的新媒体,我们可以按照不同的标准进行分类。

一、按硬件设备终端来分

新媒体形式多样,适用的技术不断发展,作为一种终端也始终处于不断的演变和融合过程中。按照适用的媒介技术和终端来分类,可以将新媒体分为以计算机为显示终端的新媒体、以手机和便携式电子设备为终端的新媒体和以数字电视机为终端的新媒体三大主要类型,这也是新媒体分类最重要的标准。

(一)以计算机为终端

1998年5月,联合国新闻委员会年会正式宣布,互联网被称为继报刊、广播、电视等传统媒体后新兴的"第四媒体"。网络媒体综合了传统媒体各自的优势,真正实现了文字、图片、声音、图像等传播符号的有机结合,具有信息量大,传播更新速度快,多媒体传播,互动性强等特点,成为一种具有强大生命力的新型媒体。作为新媒体的早期形态,网络新媒体已经成为主流的新媒体群,包含门户网站、博客、微博、播客等众多类型。

门户网站是最有代表性的网络媒体,即通向某类综合性互联网信息资源并提供有关信息服务的应用系统。其译自英文"Portal Site",意指门、入口。门户网站最初提供网站分类目录(Web Director,如门户网站的鼻祖Yahoo!)、搜索引擎服务(如早期的Excite、Lycos、Inforseek等)和网络接入服务,通常被理解为网民进入互联网的起点和始发地。但伴随着市场竞争日益激烈,网站自身亦不断成长,门户网站快速拓展出各种新型业务,包罗万象,成为网络世界的"百货商场"或"网络超市"。从现状来看,门户网站主要提供新闻、搜索引擎、网络接入、聊天室、电子公告板、免费邮箱、影音资讯、电子商务、网络社区、网络游戏、免费网页空间等应用服务,既是互联网信息资源和服务的大门,又是重要的连接枢纽。门户网站也因此拥有庞大的用户群。

1994年,世界上第一个门户网站Yahoo!诞生。目前全球最大的门户网站包括Yahoo!、MSN、AOL、iGoogle等。我国主要的三大门户网站新浪、搜狐、网易均在1998年前后相继创立。2000年,三大门户网站纳斯达克上市,随后经历了互联网泡沫破灭,直至2002年步入赢利阶段,十几年来经历了起起落落的成长历程。目前,根据门户网站提供的信息内容特点,除了新浪、搜狐、网易等综合门户网站外,还有一类垂直门户网站,针对某一特定领域、特定人群或特定需求提供专业化的信息服务。如专门提供商务差旅服务的携程旅行网、专业提供房产信息的搜房网、专业提供职业咨询的前程无忧网等。

以计算机为终端的新媒体是最早出现也是普及程度最广的类型,绝大部分的其他新媒体终端都来源于或借鉴了以计算机为终端的新媒体。随着笔记本电脑等计算机终端形态的"进化",计算机终端变得越来越便携,功能越来越强大,是最主要的新媒体终端类型。

(二)以手机和便携式电子设备为终端

手机原本只是人们在移动中进行人际传播的通信工具,其主要用途是进行语音通话,但是随着技术的发展,在拨打电话、收发短信功能的基础上,衍生出了手机游戏、手机上网、手机电视等诸多功能形态,围绕手机不断成长的产业链也越发壮大。特别是手机上网技术普及后,手机将服务功能、新闻功能、娱乐功能和金融功能集于一身,逐渐从一种通信工具向信息平台转型,形成了一个新的大众化媒体——手机媒体。人们不仅可以通过手机通话,还可以上网、看报、看电视、写博客、购物、游戏娱乐等,手机已经成功完成了由人际沟通工具向大众传播媒体的跨越。根据中华人民共和国工业和信息化部的统计数据,2010年全国手机用户8.59亿,手机网民3.03亿,手机网民占整体网民总数的比例已达到66.2%[1]。此后手机上网比例持续攀升,截至2018年6月,手机网民总数已达7.88亿,占总体网民比例98.3%。[2]

除了手机之外,平板电脑(iPad)、电子书等移动互联网与智能终端也成为新的发展趋势。2010年1月27日,美国苹果公司发布了最新的触摸屏平板电脑iPad,引发了世界范围内的抢购狂潮。这一新型的移动媒介终端定位介于苹果的智能手机iPhone和笔记本电脑产品之间,通体只有四个按键,与iPhone布局一样,提供浏览互联网、收发电子邮件、观看电子书、播放音频或视频等功能。现在,国内包括《人民日报》《中国日报》《南方都市报》在内的40余家报纸推出了iPad终端应用程序,中央电视台、北京电视台、湖南电视台等电视媒体也纷纷开发出相应的软件适应移动的终端市场。

根据新闻出版总署的定义,电子书是指将文字、图片、声音、影像等信息内容数

---

[1] 《2010年全国电信业统计公报》,中华人民共和国工业和信息化部网2011年1月。
[2] 中国互联网络信息中心:《第42次中国互联网络发展状况统计报告》,2018年7月。

字化的出版物以及植入或下载数字化文字、图片、声音、影像等信息内容的集存储介质和显示终端于一体的手持阅读器。① 电子书可以订阅众多电子版的期刊、图书和文档，也可以从网上自动下载所订阅的电子版新闻和期刊，还可以将自己购买的电子版书和文档储存到阅读器上。阅读器支持翻页系统，类似于纸质书的翻页。电子书现在已发展成一种知识信息传播的重要载体，并由此形成了包括内容提供商、技术提供商、设备制造商和渠道运营商等产业环节，其产业链由内容原创、编辑加工、数字转换、芯片植入、平台推送、设备生产、市场销售和进出口贸易等环节构成，是出版发行和互联网、数字化等高新技术相融合的产物。现在市面上比较常见的电子书包括由美国亚马逊公司推出的 Kindle、汉王电子书等。

移动终端的影响力之大，在于其体积小，分量轻，便于携带，离用户最近。作为最终用户，人们与外界的联系节点已由最早的家庭邮政编码，到 PC 时代的一串 IP 地址，再转移到移动电话的手机号码。联系的终端越变越小，也越来越紧贴用户。智能手机、新型移动终端等通过预装 iOS、Android、BlackBerry、Windows Mobile、Symbian 等操作系统，可以选择丰富的应用程序，在商务办公、交流通信、娱乐游戏、人际互动等方面打造出了"全能型"媒体。众多公司抢占终端的过程中，用户需求亦成为最终的变量。无论是 iPhone 还是 Wii 的热卖，都在于其善于洞察并引领受众需求，不断完善人机交互模式，有效满足用户对于智能生活的渴望。

（三）以数字电视机为终端

无线数字电视、车载公交移动电视、楼宇电视等传统媒体通过与数字技术、网络技术、多媒体技术嫁接，发展出丰富多彩的新形态。IPTV、移动电视、楼宇电视等电视新媒体，集数字化、互动性为一体，颠覆了传统电视媒体的单向信息传播模式，提供专业化的、个性化的信息服务，大大拓展了广播电视的传播范围，为用户带来了全新的视听体验。

即交互式网络电视(Internet Protocol Television,IPTV)，是利用宽带网的基础设施，以家用电视机(或计算机)作为主要终端设备，集互联网、多媒体、通信等多种技术于一体，通过互联网络协议(IP)向家庭用户提供包括数字电视在内的多种交互式数字媒体服务的一种崭新技术。IPTV 最大的特点是具有交互功能，因此也被称为交互式网络电视。传输通路不同决定了 IPTV 有不同的接收终端形式。目前，人们有两种方式来使用 IPTV，一种是通过上网的个人电脑，一种是通过网络机顶盒+普通电视机。传统广播和电视因自身的特点限制了电视观众与电视媒体之间

---

① 《新闻出版总署关于发展电子书产业的意见》,中华人民共和国新闻出版总署网 2010 年 10 月。

的互动,也限制了节目的个性化,同时因为议程设置,一般只能在特定的时间段内播放特定的节目,这进一步限制了观众的时间安排。IPTV 使观众既可以看到传统的有着固定编排顺序的电视节目,也能够灵活地进行节目预约和视频点播,还可以非常方便地享用互联网的各项内容服务,包括可视 IP 电话、网上冲浪、电子邮件服务、电子商务、网络游戏以及其他的在线信息咨询和娱乐等服务。与数字电视仅仅将数字技术应用于传统电视之上、将传统电视模拟信号改造为数字信号不同,IPTV 从本质上来说是一项基于 IP 技术的互联网应用,因为其更加深刻地将网络技术渗透进电视媒体,实现了互联网与电视的深度融合。数字电视的运营主体是广电业,而 IPTV 的运营主体是电信业。某种程度上说,IPTV 比数字电视更能触及新媒体的本质传播方式。

我国广电系统从 2001 年开始推广网络电视的概念。但由于受到当时互联网基础设施薄弱、相关技术水平不高的限制,结果一直不太理想。2004 年,网通"天天在线"获得了中国第一个网络视频服务执照。2004 年 2 月底,上海文广新闻传媒集团创办的东方网络电视宣布正式开播。此外,大连网通、宜春网通、四川电信、上海电信,以及上海移动等运营商都开始小规模试验性地与上海贝尔阿尔卡特进行合作。至此,IPTV 在国内市场上开始引起关注。这一阶段由于 IPTV 业务模式以点播为主,视频质量不高,基本依赖于个人电脑终端,呈现出以个人电脑为终端的 IPTV 业务雏形。2005 年上半年,IPTV 在国内掀起热潮,成为电信和广电领域的热点。中国电信、中国网通、广电领域的上海文广和央视以及其他八大上市广电运营企业都跃跃欲试,要在 IPTV 市场大展身手。2005 年 3 月底,中国网通表示将借鉴电讯盈科模式在内地推广 IPTV。同年 4 月,广东电信在广州开始推广 IPTV 免费试用活动。上海文广更与电信设备商贝尔阿尔卡特强强联手共同成立了 IPTV 联合试验室。到 2005 年年底,由各地广电运营商和电信运营商开展的 IPTV 试运行已经在全国相继展开。截至 2006 年底,国内 IPTV 用户数量为 45.6 万户。由于利益冲突,IPTV 进展十分艰难,截至 2009 年底,IPTV 用户数才发展几百万。2013 年 5 月,中国网络电视台与上海百视通合资成立了爱上电视传媒有限公司,试验阶段的两个集成播控平台实现合并,共同负责全国 IPTV 集成播控总平台可经营性业务的运营工作。近年来,省级集成播控分平台相继建成启用,全国范围内基本形成总分平台相结合、集成播控平台与传输服务平台密切合作的 IPTV 运营新格局。2015 年,IPTV 终于冲开了政策关,国务院办公厅印发了(2015)65 号文《三网融合推广方案》,长达 5 年的三网融合试点阶段终于结束,广电、电信业务双向进入扩大到全国范围,全面推广

拓展阅读

《三网融合推广方案》

三网融合。2015年至2016年,各省IPTV的用户数几乎都呈现上升趋势,部分出现激增状态。截至2017年四月底,IPTV用户总数达9 788万户。① 但严格来说,国内IPTV发展还远未成熟,商业模式也存在很多不确定性。

楼宇电视是指采用数字电视机为接收终端,把楼、场、堂、馆、所等公共场所作为传播空间,播放各种信息的新型电视媒体传播形态。楼宇电视通常将接收终端设在商业楼宇、高档住宅、办公大楼等场所的大厅和电梯口,有效锁定企业主、经理人和白领受众等都市高学历、高收入、高消费人群。1995年,加拿大公司Captive Network在加拿大和北美首次成功创立了高档场所电视显示媒体。十年间,它的业务就已覆盖北美1 100个商业楼宇,拥有130万收视人群,并且与很多知名企业建立了长期合作关系。2002年年底,这一媒体形态传入中国。分众传媒和聚众传媒是这一新兴媒体传播模式的领军者。据AC尼尔森公布的调查数据显示,针对上海、北京、深圳、广州等12个国内主要城市,在写字楼、宾馆、商场、商住公寓楼、医院等楼宇市场内,聚众传媒和分众传媒两大行业巨头共占有楼宇总量96.5%的市场份额②。另一方面,按提供服务的属性划分,除商业性楼宇电视外,公共服务性楼宇电视也是楼宇电视的重要形式之一。2005年7月,以上海公共视频信息平台楼宇电视和北京北广传媒城市电视信息平台为代表的城市电视进入楼宇电视领域。依托传统媒体资源,作为政府公共信息发布和城市应急预警平台,担负着政府指令、城市信息等社会公共信息传播任务,体现出"关注民生、服务大众"的定位③。

移动电视是以数字广播技术为支撑,通过无线数字信号发射、地面数字接收方式播出电视节目的新媒体。广义上指对数字电视信号在移动状态下的接收,一切可以以移动方式收看电视节目的技术或应用,都可称为移动电视,包括车载电视、手机电视等。狭义上,移动电视特指在公共汽车、出租车、地铁等可移动交通工具上,通过电视终端以接收无线信号的形式让人们收看电视节目的一种媒体形态。移动电视的最大特点是:在处于移动状态、时速不超过120公里的交通工具或通信工具上,受众可以轻而易举地收看电视节目。新加坡于1999年最早试播移动电视,2001年已在1 500辆公交车上安装移动电视设备,为150万人次乘客提供移动电视服务。2002年,上海文广集团率先在上海的公交车上推出移动电视系统和服务。上海首家户外公共电视媒体东方明珠移动电视,目前已在地铁、公交车、出租车、水上巴士等交通工具上安装了3.2万个收视终端,实现了在上海中心城区的全

---

① 汪骄阳:《中国IPTV13年简史 31省市发展情况汇总》,流媒体网2017年6月。
② 《楼宇电视广告》,广告买卖网2010年12月17日。
③ 宫承波:《新媒体概论(第三版)》,中国广播电视出版社2011年版,第282页。

覆盖,每天收看人群超过 1 500 万人次,在上海都市生活中构筑了一个个流动的"文化驿站"[①]。截至 2016 年 7 月,我国已经有 70 个城市陆续开始了在公交车上播放移动电视。而截至 2014 年底全国移动电视终端屏幕已经超过 40 万块,较 2012 年底增幅近一倍,绝大部分城市移动电视的覆盖率都超过了 95%,平均覆盖率超过 91%。近年来,交通媒体的覆盖率增加较快。[②]

二、按应用(软件)属性来分

新媒体可按照应用(软件)属性来划分,分为静态应用和动态应用两大类。更为通俗的说法就是 Web 1.0 时代的互联网应用与 Web 2.0 时代的互联网应用。

(一) Web 1.0 时代的互联网应用

Web 1.0 是相对于 Web 2.0 而言的,Web 1.0 时代的网络应用是"一对多",门户网站是其经典形式,互动较少,内容生产主要是以编辑为主。Web 1.0 时代的互联网提供的服务相对简单,包括电子邮件、电子公告板系统、信息检索、万维网、即时传呼和 IP 电话等。这一时期登录互联网主要使用的设备是台式电脑和笔记本电脑。

(二) Web 2.0 时代的互联网应用

Web 2.0 时期的网络应用是"一对多"与"多对多"并立,出现了以个人为中心的传播形式,互动性加强,内容生产包括信息交互与行为记录。Web 2.0 的概念始于 O'Reilly 公司和 MediaLive 国际公司在 2001 年秋天一次会议中的头脑风暴。虽然至今其含义仍有较大分歧,一些人将 Web 2.0 贬低为行销炒作的口号,另一些人则认为它是一种新的传播理念,但 Web 2.0 的概念已经深入人心。

Web 2.0 主要是一种利用 Web 平台由用户主导生成内容的互联网产品模式,这种概念的支持者期望 Web 2.0 服务将在很多用途上最终取代计算机桌面应用程序(Graphical User Interface,GUI)。GUI 与 Web 应用程序的主要区别在于程序自身与用户界面之间的相对位置。简而言之,需要在本地计算机上安装的应用程序一般可以认为是桌面应用,无须在本地安装的则一般都是 Web 应用。GUI 依赖硬件

---

① 张建松:《上海移动电视:流动的城市"文化驿站"》,新华每日电讯 2011 年 10 月 17 日。
② 姚怡云:《"低头+抬头",跨屏传播的模式创新——论公交移动电视的社交化发展》,人民网 2017 年 1 月 10 日。

设备和操作系统,而 Web 程序则是基于联网的前提。Web 最早的概念包括时常更新的静态 HTML 页面,而 Web 2.0 的成功则是依靠一个更加动态的 Web——即可以从不断变化的内容数据库中即时生成动态 HTML 页面的技术。Web 2.0 并不是一个技术标准,不过它包含了技术架构及应用软件。它的特点是鼓励作为信息最终利用者通过参与和分享,产生个人化的内容,从而使得整个网络上可供分享的资源变得更丰富。

Web 2.0 与 Web 1.0 在各方面均有所差异(见表 2–1)。

表 2–1 Web 1.0 与 Web 2.0 差异对比

	Web 1.0	Web 2.0	Web 2.0 的理念
产品形式	桌面应用程序	网络应用程序	服务用户
研发过程	产品开发周期	软件升级	永久测试版
数据处理	局部数据	大数据	专业数据库处理
使用行为	信息发布	内容分享	参与式传播
内容下载	中心站点服务器	P2P 下载	去中心化
声誉评价	超链、门户推荐	Page Rank	用户评价贡献
内容生产	已有内容电子化	维基书写	根本的信任、集体智慧
搜索分类	目录分类	分众分类	个人化
广告目标	点击量	Google AdSense	自助实现"长尾"
产品属性	黏性	聚合	丰富的体验

Web 1.0 时代的互联网虽然比较简单,但是它却开创了互联网的一些基础性应用。在 Web 2.0 时代,虽然新的产品形式层出不穷,但是诸如电子邮件、即时通信等基础性的应用模式却被延续了下来。由于 Web 1.0 大多是"一对多"的单向传播形态,缺乏有效的互动,因此在 Web 2.0 时代,"一对多"与"多对多"并立,双向、参与、互动的应用将取而代之成为主流。

三、按经营性质来分

新媒体按照其经营性质来划分,主要可分为以营利为目的的商业网站和不以营利为目的的政府和公益类网站等。

(一)营利性新媒体

营利性新媒体可以分为以信息传播和提供娱乐为主的媒体网站和提供具体产品的商业网站。前者包括传统媒体创办的网站、虚拟社区以及娱乐服务类网站;后者则包括多种样式的电子商务网站。

信息提供类新媒体通过向用户提供有价值的信息,以信息被阅读的数量为基准进行收费或者将受众的注意力吸引到广告上,按照广告的点击量向广告主收取广告费。一般用户提供的信息(如草根博客)尚无法形成赢利手段,信息的提供者主要还是专业的大众传媒组织以及能够吸引受众注意力的公众组织或个人。娱乐服务类媒体向用户提供可供下载或在线欣赏的娱乐音像制品以及可供用户参与的游戏,借此按照点击量、下载量收取费用,并从游戏附加产品(如游戏道具、游戏币等)中获取附加值。娱乐服务的提供者不一定是专业的媒介组织,有可能是其他用户。同样,受到网络各方面的限制,娱乐产品的提供者仍然是大众传媒。

电子商务是互联网上兴起的通过提供交易双方在线选择、谈判、签订合同、支付、赔偿等商业行为的平台,收取交易双方的佣金作为回报,由于其便捷、低成本等优势,目前已得到广泛应用。"在线交易+线下物流"成为目前十分受欢迎的消费方式,这主要包括企业间进行交易的 B2B 电子商务网站,商家与消费者之间交易的 B2C 销售网站如亚马逊、当当网等,个人用户间交易的 C2C 平台如淘宝网等。

(二)非营利性新媒体

非营利性网站包括各级政府开设的网站、电子政务平台等,而公益类网站则主要是依托各级慈善机构以及各种非政府组织而成立的新媒体平台。值得一提的是,在中国,公益慈善组织从新媒体中发掘出了非凡的潜力,依托微博、电子商务等诸多平台,发展出了多种多样的形式,吸引人们参与慈善。例如善淘网通过鼓励人们捐出闲置衣物,组织残障人士进行回收分类,在网站上以低廉价格拍卖,将产生的价值投入慈善活动中;又如"一个鸡蛋的暴走"公益活动组织人们参加"暴走"公益活动,获取朋友的捐赠支持,这类低门槛、高参与度的慈善已经成为许多年轻人喜爱的社会活动,从而大大丰富了慈善的内涵。

四、按应用功能来分

"新媒体"将媒体的功能不断拓展,从最初的网络邮件、新闻组到门户式新闻网站、传统新闻信息推送,发展到运用媒体进行社会交往、管理商务工作、处理海量数据、进行地理定位等。基于互联网的新媒体衍生出了无数人们曾经想都想不到的新功能,大大便利了我们的生活,发展出丰富多彩的生活和工作方式。

这种以功能标准划分出的新媒体以社交媒体为代表。2008 年以来,社交媒体(Social media)一词成为互联网中热门的话题(如美国的 Facebook 网站、Twitter 应用,中国的人人网、微信、微博等),主要指允许人们撰写、分享、评价、讨论、相互沟通的网站和技术,是彼此之间用来分享意见、见解、经验和观点的工具和平台。这类新媒体允许用户自己生产内容的创造和交流,跨越了单一媒体终端,在电脑、手机甚至电视上实现同步覆盖,模糊了媒体和受众之间的界限,颠覆了"媒体作为新闻传播工具"的传统理念。

通过这种新媒体,我们可以在电脑上打电话,在手机上以网络数据传输代替模拟信号传输实现大群组多人实时对话,我们在使用社交媒体的过程中获取各类信息,每天刷新一遍微博就几乎能将国内外大事"一网打尽",集休闲娱乐、信息获取为一体。社交新媒体包括了博客、微博等原创内容型网站和应用,也包括了维基百科等协同分享知识型网站和应用。近两年来,"微信"等社交服务型应用的崛起,将信息传送的便捷度大大提升、信息传输成本大大降低、信息推送的精确性进一步提高;还有大量的商务型应用,如淘宝网、大众点评网、团购网等正在逐渐走向商业社交服务型媒体,通过二维码技术、地理定位技术等层出不穷的新功能整合社会。

新媒体在社会整合方面发挥出巨大潜力,以"功能"标准划分出的新媒体不断完善、挑战自身能力,已经将传统"网络新闻"的概念抛在身后,呈现出跨越终端、融合发展的新趋势。本书的第三章将对新媒体的功能划分做更加详细的说明,这里不再赘述。

第四节　新技术的发展趋势

网络与新媒体的迅猛发展,伴随着几大关键性技术的产生。从早期的光导纤维(Optical Fiber)、电脑技术(Computer Technology)、多媒体(Multimedia)、数字化技术(Digital Technology)、互联网(Internet)等发展到现在的流媒体技术(Streaming Media Technology)、IPTV 技术、WAP 平台技术、云技术等。新技术的发展,为新媒体勃兴与互联网浪潮对人类生活产生巨大影响奠定了重要的技术基础。

总的来看,数字技术、计算机网络技术、移动通信技术是互联网与新媒体发展的三大关键性支撑技术。

一、数据化:数字技术走向大数据时代

数字化是互联网的关键支撑技术,也是新媒体的显著技术特征。

自从美国著名信息论专家香农于 1948 年首次提出运用比特对信息进行数字

化处理后,数字技术几乎应用到了涵盖国防建设和国民经济的所有领域,包括雷达、航天、通信、微电子、计算机、人工智能、消费电子等。图、文、声、像通过转化为统一的电子计算机能识别的二进制数字"0"和"1"后进行运算、加工、存储、传送、传播、还原,使得所有的媒体都摆脱了自身传统的信息传送方式,信息交互水平大大提升,信息传递效率显著提高。

20世纪60年代开始,计算机技术迅猛发展,特别是20世纪70年代以来微电子技术的惊人进步,使得信号的数字化处理以空前未有的速度向前推进。数字信息处理与生成技术、数字传播技术、数字无线技术、数字信息存储技术、数字终端技术、数字媒体的信息安全与检索技术等数字技术的大发展,推动了整个人类社会走向"大数据时代"。一天之中,互联网产生的全部内容可以刻满1.68亿张DVD;发出的邮件有2 940亿封之多,相当于美国两年的纸质信件数量;发出的社区帖子达200万个,相当于《时代》杂志770年的文字量。①

基于数字技术的大数据时代,呼唤更加高效的信息处理技术,这包括大规模并行处理(MPP)数据库、数据挖掘电网、分布式文件系统、分布式数据库、云计算平台和可扩展的存储系统等技术都要不断向前发展。

基于现有数据进行"预测"成为大数据的核心所在,谷歌搜索、Facebook的帖子和微博消息使得人们的行为和情绪细节化测量成为可能;用户的行为习惯和喜好能在凌乱纷繁的数据背后找到依据,更符合用户兴趣和习惯的产品和服务能够得到有针对性的调整和优化;全球领先的UPS快递能够利用地理位置定位数据为货车定向指出最佳的行车路径,仅"2011年,UPS的驾驶员们少跑了近4 828万公里的路程,节省了300万加仑的燃料并且减少了3万公吨二氧化碳排放量"②。

"数据化"将数字化技术向前推进,从关注信息技术到关注信息本身,大数据时代存在无限可能。

二、智能化:计算机网络技术从Web 1.0到Web 3.0

计算机网络技术是计算机技术与网络技术的结合。计算机技术的内容非常广泛,可粗分为计算机系统技术、计算机器件技术、计算机部件技术和计算机组装技术等几个方面,包括运算方法的基本原理与运算器设计、指令系统、中央处理器(CPU)设计、流水线原理及其在CPU设计中的应用、存储体系、总线与输入输出

---

① 《大数据时代下的大数据到底有多大》,比特网2014年3月6日。
② [英]维克托·迈尔-舍恩伯格、肯尼思·库克耶:《大数据时代》,盛杨燕、周涛译,浙江人民出版社2013年版,第117页。

等。而互联网技术则指在计算机技术基础上开发建立的一种信息技术,如本章第一节所述,能将处于不同地理位置且具有独立功能的计算机按照共同的规则(TCP/IP 协议)联结在一起,从而实现信息传输与资源共享的相关技术。

计算机网络技术伴随着数字化技术的不断发展,孕育了互联网从 Web 1.0 向 Web 3.0 进化的过程,Netflix 创始人里德·哈斯廷斯(Reed Hastings)阐述了定义 Web 术语的简单公式:"Web 1.0 是拨号上网,50K 平均带宽;Web 2.0 是 1M 平均带宽;Web 3.0 就该是 10M 带宽,全视频的网络,这才感觉像 Web 3.0。"

事实上,互联网从 Web 1.0 发展到 Web 3.0,变化的绝不仅仅是带宽。Web 1.0 时代沿袭了传统媒体大众传播的模式,以早期门户网站 Yahoo!为代表,是一个用户完全被动接受信息的时代;Web 2.0 将互动传播提升到重要位置,以博客、微博、在线流媒体为代表,开启了以个人为中心的传播方式;Web 3.0 在大数据时代的背景下,创建出综合化的服务平台,提供基于用户偏好的个性化聚合信息服务,走向智能网络和智能应用的层次。

在互联网专家看来,在 Web 3.0 时代你只要发出一个很简单的指令,剩下的事情则交给互联网,人工智能化的互联网完全可以替你完成所有工作:它会根据你的偏好确定搜索参数,以缩小搜索服务的范围,浏览器程序会收集并分析数据并提供给你,便于你进行比较。在不远的未来,将会出现更多强大的系统在众多不同的领域充当个人顾问的角色,比如金融理财、制订养老计划、教育咨询等。

Web 3.0 解决了信息社会机制的问题,即最优化自动整合的问题。在这一过程中,以 IPv6 为代表的下一代互联网技术将为智能化的计算机网络技术继续向前发展提供动力。

目前国际通用的互联网协议 IPv4,其地址为 32 位编码,可提供的 IP 地址大约为 40 亿个,而且由美国掌握绝对控制权,全球面临 IP 地址枯竭的危机。IPv6 的地址是 128 位编码,能产生 2 的 128 次方个 IP 地址,地址资源极端丰富。截至 2018 年 6 月,我国已拥有 IPv6 地址 23 555 块/32,较 2013 年 6 月增长 61%。有人比喻,世界上的每一粒沙子都会有一个 IP 地址。具有更多空间、更强安全性的下一代互联网,几乎能将一切事物囊括其中,智能化的网络生活将不断满足人类对互联网规模、功能、性能方面的丰富需求。

三、移动化:移动通信技术从 1G 到 5G

移动通信技术是互联网与新媒体发展时代的重要支撑技术。从 1G 发展到 5G,用户彻底摆脱了终端设备的束缚,实现了完整的个人移动性、可靠的传输手段和接续方式。

第一代移动通信技术(即 1G,the First Generation 的缩写)于 20 世纪 80 年代初提出,主要基于蜂窝结构组网,直接使用模拟语音调制技术进行信号传输,传输速率约 2.4kbit/s。其特点是业务种类有限,只支持语音通信,制式大多不兼容,传递质量差、交互性差、速度低。

第二代移动通信技术(即 2G,the Second Generation 的缩写)起源于 20 世纪 90 年代初期。1996 年,欧洲电信标准协会提出了 GSM Phase 2+,以扩展和改进其原有的业务和性能,发展了全速率完全兼容的增强型话音编解码技术。后期 GPRs/EDGE 技术的引入,使 GSM 与计算机通信互联网有机结合,数据传送速率可达 115/384kbit/s。GSM 功能不断增强,初步具备了支持多媒体业务的能力,使语音、短信、彩信、互联网接入、移动商务等应用成为可能。与第一代相比,第二代移动通信技术保密性更强,传播速率更高,业务更丰富也更加标准化,但随着用户规模和网络规模的不断扩大,频率资源已接近枯竭,语音质量不能达到用户满意的标准,数据通信速率太低,特别在移动多媒体业务上无法真正意义上满足用户日益增长的需求。

第三代移动通信系统(即 3G,the Third Generation 的缩写),也称 IMT2000,其基本特征是以宽带 CDMA 技术为主,通过智能信号处理技术,支持语音和多媒体数据业务的移动通信系统。3G 提供了前两代产品不能提供的各类宽带信息业务,包括网页浏览、电话会议、电子商务等,传输速率在用户静止时达 2Mbps,在用户高速移动时达到 144Kbps,传输声音和数据速度大大提升。

目前,全球已经有 100 余个国家和地区部署了 3G。3G 在未来移动通信系统中将实现个人终端用户在全球范围内的任何时间、任何地点,与任何人,用任意方式的全球无缝漫游,高质量地完成任何信息之间的移动通信与传输。

4G 时代,网络速度大幅提升,用户被移动互联网裹挟,一种实时的、宽带的、无覆盖的多媒体无线通信深刻影响着人们的日常生活。据工业和信息化部《2016 年通信运营业统计公报》显示,2016 年 4G 用户数呈爆发式增长,全年新增 3.4 亿户,总数达到 7.7 亿户,在移动电话用户中的渗透率达到 58.2%,2G 用户占比则减少至 28.8%。

目前,5G 通信技术也已经进入实质规划阶段。国际电信联盟已经确定了 5G 移动系统的路线图。国内根据工业和信息化部的部署,我国的 5G 实验分为两阶段:2015 到 2018 年进行技术研发试验;2018 到 2020 年进行产品研发试验。2016 年 11 月 18 日,在国际移动通信标准化组织 3GPP RAN1 87 次会议上,中国华为公司的极化码(Polar Code)方案被采纳为增强移动宽带(5GeMBB)控制信道标准方案,是中国在 5G 移动通信技术研究和标准化上的重要进展。

移动通信系统的演进过程,可见表2-2①:

表2-2 移动通信系统的演进

	1G	2G	3G	4G	5G(预测)②
年代	20世纪80年代	20世纪90年代	2000年以后	2010年以后	2020年以后
业务支持	语音	语音和文本	数据服务	移动互联网	互联网、移动通信网和物联网的融合
主要制式	AMIS/TACS	GSM/IS-95	WCDMA/cdma2000/TD-SCDMA	LTE-Advanced	未知
数据速度	16kbit/s	64kbit/s	2Mbit/s	100Mbit/s	100 Mbit/s—1 Gbit/s
关键技术	FDMA	TDMA、窄带CDMA	宽带 CDMA	OFDM、MIMO	高频段通信、大规模MIMO、小蜂窝、云无线接入网、ROF、CDN、SDN、MTC

---

① 林金桐、许晓东:《第五代移动互联网》,《电信科学》2015年第31期。
② 目前关于5G通信系统的定义与标准尚在研发,此处是笔者根据当前情况所做的预测。参考林金桐、许晓东:《第五代移动互联网》,《电信科学》2015年第31期。

第 3 章

互联网的功能与应用

互联网技术的兴起与发展,使人类进入了一个丰富多彩的虚拟世界,世界被"一网打尽"。作为一项技术工具,互联网诞生时的一个基本理念就是如何利用技术更好地进行信息的传播与共享。围绕这个目的,技术人员不断地进行探索,在这一基础平台上设计制造和开发出各种应用功能;而共享需要多方主体参与,开放性与易接近性是互联网技术区别于其他技术的显著特征。由于不同主体的参与,使得互联网作为一种高度去语境化的技术力量与社会结构之间产生了结合,进而被"新语境化"。简而言之,"互联网在社会中,社会在互联网中"。

新技术推广需要广大使用者的参与。互联网作为一种"平民"性质的媒介,其使用主体可以是任何类型的组织或个人。从使用的目的来看,大致可以分成内容提供者(Internet Content Provider,缩写 ICP)和媒介使用者(Media User)两部分。前者包括各种综合性网站、专业信息网站、搜索引擎网站、电子商务网站、社区型网站、电子商务网站等,后者则是较为宽泛地包括了新闻媒体、政府机构与组织、企业和个人。

根据 CNNIC 互联网发展状况统计报告,截至 2017 年 12 月互联网上的应用大致可以分成即时通信、搜索引擎、网络新闻、网络视频、网络音乐、网上支付、网络购物、网络游戏、网上银行、网络文学、旅行预订、电子邮件、互联网理财、网络炒股或炒基金、微博、地图查询、网上订外卖、在线教育、网约出租车、网约专车或快车、网络直播、共享单车等 22 种应用。[1] 进入 Web 2.0 时代,接入互联网的设备更加多元化。除了传统的台式电脑和笔记本电脑外,智能手机、平板电脑、电子书等也都成为用户终端。

如果你比较关注科技新闻,你会发现近几年来互联网科技新闻有很大一部分

---

[1] 中国互联网络信息中心:《第 41 次中国互联网络发展状况统计报告》,2018 年 1 月。

都是围绕着这几家公司展开的：Google、Apple、Facebook、Amazon 以及 Microsoft。简而言之，Google 掌控着搜索引擎，Apple 公司每次的新产品发布会都是第二天科技新闻的重头戏，Amazon 占据着电子商务，Facebook 引领着社交，而 Microsoft 虽然相比之下有些式微，但是凭借其众多的 PC 用户，依旧不可小觑。尽管这"五大平台"都各自具有自身的绝对优势领域，但是同时，一个突出的特征就是朝着"软硬（软件+硬件）整合"的方向发展。Google 拥有自己的智能手机系统 Android，苹果积极地依靠 Apple Store 推动新的营销模式，Amazon 的 Kindle 阅读器和平板电脑在电子书领域无疑是做得很好的，而 Facebook 也在进军手机市场，Microsoft 也有自己的 Windows Phone。可以说，这五大平台是 Web 2.0 时代网络应用的最佳代表。

互联网与移动互联网发展至今，已经形成了较为成熟的结构属性与功能分布，各种各样的应用越来越多，用户之间的互动越来越密切，生产出来的信息也越来越多。克里蓬朵夫（Krippendorff）在其《传播的主要隐喻以及一些关于它们的用法的建构性反思》一文中，将媒介化身为六种隐喻，分别是容器（Container）、流体（Hydraulic）、控制（Control）、散播（Transmission）、战争（War）以及共舞（Ritual-dance）。① 作为传播技术的互联网也存在着这些功能，分别可以看成是信息传播、知识生产、社会交往、娱乐休闲、商务推广以及观念争议的场所与平台。

互联网与移动互联网的各种应用从 Web 1.0 时代进入 Web 2.0 时代，甚至有学者提出 Web 3.0 时代，随着技术的不断进步，功能会不断得到开发，但我们会发现，互联网应用的多种特征是逐渐发展起来的，从最基本的工具性的静态信息传播到更加高级的人性化的互动参与，都是基于互联网最基本的六大功能，在这一过程中，互联网与人类生活更加紧密地结合了起来。

作为第四次传播革命的决定性技术力量，互联网是信息传播的通道、知识生产的平台、社会交往的延伸、休闲娱乐的场所、商务推广的渠道以及观念争议的空间，在人类生活中起到了巨大的作用。

第一节　信息传播的通道

互联网对信息传播系统产生了结构性的影响。互联网作为信息生产与传播的平台，使得更多的主体参与到这一过程中来，形成了全民性的生产与传播。互联网

---

① Krippendorff. *Major Metaphors of Communication and Some Constructivist Reflections on Their Use.* Departmental Papers（ASC）.1993. p.84.

上可流通的信息数量剧增,流速愈快,流域更宽,流向更为多元。

作为互联网最为重要的使用者之一,传统媒体利用互联网大大提高了信息传播的效率,突破了既有的媒介形式的种种短板,比如出版周期、版面时段、地域限制等,形成了真正的全球性传播网络,未来新闻生产的平台将会逐渐移至互联网。

新兴的互联网媒体尤其是自媒体更加注重自身在突发事件、表达民意方面的优势,形成了 24 小时不间断的信息实时更新。传统媒体与新媒体对信息生产兼顾速度与深度,"钻石模型"揭示了两者在发挥各自优势取长补短方面的无缝合作。[①]而社交媒体将官方的信息发布与民间的评论彼此对接,促进了不同传播主体之间的频繁互动。

基于互联网的信息传播应用,早期包括电子公告板和门户网站,作为信息传播的直接载体,它们起到了信息聚合和打通内容的作用。在信息爆炸时代,搜索引擎从诞生到今天,都是信息传播中不可或缺的应用。而如今最为火热的就是微博、微信,基于社会交往之上的信息传播给予我们巨大的想象空间。

一、电子公告板系统(Bulletin Board System,BBS)

电子公告板系统诞生时是一种个人计算机用户的合作工具,1978 年第一个公告板 CBBS(Computer Bulletin Board System)在芝加哥建成。根据戴维·卡尔森(David Carlson)的研究,20 世纪 90 年代初对于许多人来说是 BBS 的"黄金时代",美国仅在这一时期就有多达 6 万个 BBS 站点。[②] 此类 BBS 的主要服务多为档案或共享软件下载、各类讨论区转信等。但接下来,在 1995—1997 年间,BBS 使用者的热情突然大减,主要原因就是万维网以及基于 HTTP 协议而发展出来的多媒体网页的出现,它能够提供更广泛的图景,而且比以往的 BBS 更具有连通性。现在,传统纯文字式的拨号 BBS 和 BBS 网络已所剩无几,取而代之的是集图片、附件等多媒体应用的 Web 式讨论环境,因此在大多数国家或地区,BBS 一词所指称的多半已非传统的纯文字式接口,而是已经近似于论坛(Forum)了。在中国,即使在互联网应用高度丰富的今天,有两类论坛依旧有不少用户,即高校论坛和时政论坛。作为互联网早期提供时政信息和社区信息的主力互联网应用,BBS 在传播信息方面也可算得上是鼻祖了。

[①] 白红义、张志安:《平衡速度与深度的"钻石模型"——移动互联网时代的新闻生产策略》,《新闻实践》2010 年第 6 期。

[②] [美]琼斯:《新媒体百科全书》,熊澄宇、范红译,清华大学出版社 2007 年版,第 45 页。

二、超级链接(Hyperlink)与门户(Portal)

超级链接是一种非线性的信息组织方式,其设计成模拟人类思维方式的文本,即在数据中又包含与其他数据的链接。用户单击超级链接文本中加以标注的一些特殊的关键单词和图像后,就能打开另一个文本。超媒体又进一步扩展了超级链接的信息类型,用户不仅能从一个文本跳转到另一个文本,而且可以激活声音、显示图形或播放视频。

超链接在本质上属于一个网页的一部分,它是一种允许我们同其他网页或站点之间进行链接的元素。各个网页链接在一起后,才能真正构成一个网站。

门户,也称门户网站,是综合某类互联网信息资源并提供有关信息服务的信息系统。门户网站主要提供新闻、搜索引擎、网络接入、聊天室、电子公告牌、免费邮箱、影音资讯、电子商务、网络社区、网络游戏、免费网页空间等。门户出现在互联网发展的早期,大致可以分为个人门户、新闻门户、政府门户等。门户的发展历史相对较长,而且其主要目标和功能也在逐渐变化。比如雅虎(Yahoo!)初创时以提供搜索服务为主,扮演了引导网民"入门"的角色,后来则逐渐将提供新闻服务作为核心竞争力。

比较著名的综合门户网站有雅虎(www.yahoo.com),它在全球共有24个网站,在全球拥有5亿独立用户,是全世界网络流量最大的网站,也是最早的门户网站。

中国的新浪网(www.sina.com.cn)、网易(www.163.com)、搜狐网(www.sohu.com)、腾讯网(www.qq.com)并称"中国四大门户"。新浪网成立于1998年,由四通利方和华渊资讯网合并而成。新浪网下设北京新浪、香港新浪、台北新浪、北美新浪,是覆盖全球华人社区的全球最大中文门户网站。拥有五大业务主线:提供网络新闻及内容服务的新浪网、提供移动增值服务的新浪无线(SINA Mobile)、提供Web 2.0服务及游戏的新浪互动社区(SINA Community)、提供搜索及企业服务的新浪企业服务以及提供网上购物服务的新浪电子商务(SINA E-Commerce),向广大用户提供包括地区性门户网站、移动增值服务、搜索引擎及目录索引、兴趣分类与社区建设型频道、免费及收费邮箱、博客、影音流媒体、楚游、分类信息、收费服务、电子商务和企业电子解决方案等一系列服务。

搜狐网是基于搜索引擎而成立的公司,1998年2月正式命名为搜狐公司,1999年3月发展成为综合性门户网站。搜狐下设新闻、视频、IT、汽车、体育、财经、公益等多个频道。其与阿里巴巴公司合作推出的搜狗中文搜索引擎,围绕中文输入法、浏览器和搜索三大互联网基础应用进行开发,其中搜狗输入法是中文最受欢迎的输入应用之一,据搜狗 2018 第二季度财报,其输入法日活已超过 3.8 亿。

网易成立于 1997 年 6 月,目前提供网络游戏、电子邮件、新闻、博客、搜索引擎、论坛、虚拟社区等服务。网易在中国的互联网服务中拥有众多的"第一":第一家中文全文检索、第一家提供全中文大容量的免费邮件系统、第一个无限容量免费的网络相册、第一个免费电子贺卡站、第一个网上虚拟社区、第一个网上拍卖平台、第一个 24 小时客户服务中心、第一个成功运营自主研发的国产网络游戏。

腾讯网成立于 1998 年 11 月,通过即时通信 QQ、腾讯网、腾讯游戏、QQ 空间、无线门户、搜搜、拍拍、财付通等成为中国领先的网络平台。

三、搜索引擎(Search Engine)

搜索引擎是指根据一定的策略、运用特定的计算机程序从互联网上搜集信息,在对信息进行组织和处理后,为用户提供检索服务,将用户检索的相关信息展示给用户的系统。搜索引擎本身就是可以为用户提供网页目录的万维网上的一个站点,也是可提供与用户输入的关键字相匹配的网页内容的一种程序。搜索引擎包括全文索引、目录索引、元搜索引擎、垂直搜索引擎、集合式搜索引擎、门户搜索引擎与免费链接列表等。

门户网站提供专业性内容很强的搜索引擎。门户网站专门为某个特定的主题领域提供服务,其索引目录也只同与该主题相关的网站相连接。1994 年 4 月,斯坦福大学的两名博士生杨致远和大卫·费罗(David Filo)共同创办了雅虎(Yahoo!),提供可搜索的分类目录,其访问量和收录链接数量激增。但雅虎的分类目录是人工汇编的,虽然出现错误的可能性较小,但是越来越无法适应爆炸式的信息激增。

现代搜索引擎是从 1993 年开始起步的,当时斯坦福大学的六名本科生开发了 Architext 系统,该系统后来成为 1995 年 10 月开创的 Excite 搜索引擎的前身。这种搜索引擎使用的一个叫作爬虫(Crowler,也被称为"蜘蛛")的软件,能够不间断地搜索未知的网站,确定网页上信息的主题,并将这些网页添加到搜索引擎的索引目录中。后来出现的多数搜索引擎都将分类目录和爬虫程序两种方法结合使用,来建立和维持网站的索引目录。最初作为大型分类目录系统的 Yahoo! 迫于爬虫程序搜索引擎的压力,也开始使用爬虫程序。

近年来搜索引擎的最大革新并不是在其汇编索引目录的方法上,而是在于用户用以查找这些目录的方法上。有的搜索引擎允许用户输入复杂的以布尔逻辑运算为基础的多关键字搜索指令,还有的搜索引擎允许用户分类、优化、标记或是储存搜索结果,或是进行搜索结果定制。

目前人们使用最多也最为熟悉的搜索引擎有谷歌(Google)、微软必应(Bing)

等,国内的百度(Baidu)、搜搜(SOSO)等都是搜索引擎的代表。"截至 2018 年 6 月,我国搜索引擎用户规模为 6.57 亿,较 2017 年底增长了 1 723 万人,半年增长率 2.7%,在网民中的渗透率为 81.9%。"[①]其中,谷歌作为搜索引擎的代表取得了长足的发展。

谷歌创建于 1998 年 9 月,创始人为拉瑞·佩吉(Larry Page)和谢尔盖·布林(Sergey Brin),Google 取自数学术语 googol,意思是一个 1 后面有 100 个 0。2001 年 9 月,谷歌的网页评级机制 PageRank 被授予了美国专利。谷歌被公认为全球最大的搜索引擎,也是互联网上最受欢迎的五大网站之一,主要的搜索服务有:网页、图片、音乐、视频、地图、新闻、图书、学术等,Google 允许以多种语言进行搜索,在操作界面中提供多达 30 余种语言选择。谷歌帝国的背后是一个庞大无比的数据库,2004 年是谷歌发展的一个高峰期,通过它的网站及其客户网站如雅虎、美国在线和 CNN 等,Google 处理了万维网上的 80% 的搜寻请求。

2006 年 10 月,Google 公司以 16.5 亿美元收购了影音内容分享网站 YouTube,这是 Google 有史以来最大笔的并购。2010 年 9 月 9 日,谷歌推出新的功能"即时搜索"(Google Instant),可在用户输入词条时立即显示搜索结果。2007 年 11 月 5 日,谷歌发布了基于 Linux 平台的开源手机操作系统安卓(Android)。Android 一词的本义指"机器人",该平台由操作系统、中间件、用户界面和应用软件组成,号称是首个为移动终端打造的真正开放和完整的移动软件。

广告是 Google 的主要赢利模式,根据谷歌知音的统计,在谷歌的所有产品中,共有 47 个产品还没有为谷歌及其股东带来任何收益。谷歌做事的行为准则是拒绝邪恶的事物(Don't be evil),他们的站点时常呈现富有幽默感的特征,如他们的网站 Logo 会在一些特殊的节日或纪念日推出不同的版本,可以去 Doodles 里面查看。

搜索引擎作为互联网的基础应用,是网民获取信息的重要工具,其使用率自 2010 年后一直保持在 80% 左右,稳居互联网第二应用之位,成为互联网各项应用的重要入口。它的广泛应用使得信息传播和获取的主动权掌握在用户手中,即用户可以通过关键词搜索主动获取自己需要的信息。

第二节 知识生产的平台

传统媒体刚开始只是将其纸质或电子媒介中的内容搬到网上,并不能算是真

[①] 中国互联网络信息中心:《第 42 次中国互联网络发展状况统计报告》,2018 年 7 月。

正意义上的使用互联网进行新闻生产。但随着互联网技术的日趋成熟,互联网上海量的信息存储,集文字、图像、声音、画面于一体的多媒体应用,大大方便了新闻的采访与制作,也丰富了信息的表现形式。

在门户时代,互动、海量信息、超链接等成为互联网作为信息知识平台的基本特质,这些大型的商业门户主要作为信息集成商面貌出现,就信息知识生产本身来说,它们依然没有摆脱传统媒体所谓"内容为王"的窠臼。但是,随着网络媒体技术的发展,无论是博客、维基还是新兴的 SNS 社区与微博客,在开放式技术的推动下,这些被业界习惯上称之为"社会化媒体"的平台正在成为社会大众消费、生产、传播信息与知识的重要手段。① 多种信息生产主体应运而生,互联网成为海量共享的社会化知识生产平台。Web 2.0 时代很多应用都鼓励用户参与到信息数据库的建设中来,通过社会化的信息生产取得更为准确的信息聚合,大数据更是由于海量的信息汇聚而成。因此可以说,互联网为不同的信息生产主体提供了共享的活动平台。

一、信息聚合(Really Simple Syndication or Rich Site Summary, RSS)

RSS 是一种描述和同步网站内容的格式,目前广泛用于网上新闻频道、博客和 Wiki 上,主要的版本有 0.91、1.0 和 2.0。RSS 通过软件工具的方法从网络上搜集各种 RSS Feed,并在一个界面中提供给读者进行阅读。RSS 最早要追溯到 1995 年,那时拉玛那森·古哈(Ramanathan V. Guha)和苹果电脑公司高级技术组的其他人员开发了测试内容框架(Meta Content Framework)。1999 年 7 月,网景公司的丹·利比(Dan Libby)开发了一个新的版本,这就是 RSS 0.91。使用 RSS 订阅能更快地获取信息,网站提供 RSS 输出,有利于让用户获取网站内容的最新更新。

RSS 阅读器基本可以分为三类:第一类是运行在计算机桌面上的应用程序,通过所订阅网站的新闻供应,可自动、定时地更新新闻标题;第二类通常是内嵌于已在计算机中运行的应用程序中,例如 NewsGator 内嵌在微软的 Outlook 中,Pluck 内嵌在 Internet Explorer 浏览器中;第三类则是在线的 Web RSS 阅读器,其优势在于不需要安装任何软件就可以获得 RSS 阅读,并且可以保存阅读状态,推荐和收藏自己感兴趣的文章。随着移动互联网的发展,目前专门提供此服务的 RSS 阅读器网站均已关闭,如国外的 Google reader 和国内的捉虾,RSS 更多地转向为比较实用的

---

① 瞿旭晟:《互联网平台上的知识生产》,复旦大学博士学位论文,2010 年。

阅读 APP,如一览阅读、InoReader、Reeder 3。

二、网络百科(Wiki)

在维基百科(Wikipedia)的官方页面上,你可以看到这样的描述:维基百科是一个基于 wiki 技术、内容自由、任何人都能参与、并有多种语言的百科全书协作计划,是一个动态的、可自由访问和编辑的全球知识体,也被称作 Web 2.0 时代的"人民的百科全书"。维基百科成立于 2001 年 1 月 15 日,由吉米·威尔士(Jimmy Donal Wales)和拉里·桑格(Lawrence Mark Sanger)创立,由维基媒体基金会负责维持。Wiki 来源于夏威夷语的"Wee Kee Wee Kee",原本是"快点快点"的意思,在这里"WikiWiki"指一种超文本系统。这种超文本系统支持面向社群的协作式写作,同时也包括一组支持这种写作的辅助工具。所有的文字内容都遵循 Copyleft 协议,任何人都可以在该协议条款的要求下自由使用这些内容。截至 2015 年 11 月,维基百科条目数第一的英文维基百科已有 500 万个条目,而全球所有 280 种语言的独立运作版本共突破 3 700 万个条目,总登记用户也超越 5 900 万人,而总编辑次数更是超越 21 亿次。所有这些志愿者通过互助客栈和讨论页进行合作与讨论。这本全球各国人民参与编写,自由、开放的在线百科全书也是知识社会条件下用户参与、大众创新、开放创新、协同创新的生动诠释。

与此原理类似的国内应用是百度百科(baike.baidu.com),其测试版于 2006 年 4 月 20 日上线,正式版于 2008 年 4 月 21 日发布。百度百科旨在创造一个涵盖各领域知识的中文信息收集平台,同时与百度搜索、百度知道结合,目前有 115 家平台合作机构,是全球最大的中文网络百科全书。

维基解密网站(Wikileaks)成立于 2006 年 12 月,由阳光媒体(The Sunshine Press)负责运作,专门公布机密"内部"文件,而且经常披露一些企业和政府幕后行为的"内部文件"。成立当月,维基解密公布了它的首份文件:由索马里反政府武装"伊斯兰法院联盟"的领导人谢赫哈桑·达希尔·阿韦斯签署的"秘密决定"。2010 年 3 月,维基解密贴出美国政府有关伊拉克战争的重磅机密文件,受到了广泛关注。在成立一年后,维基解密网站称其文件数据库已经有超过 120 万份文件。2008 年,维基解密获得《经济学人》杂志颁发的"新媒体奖"。2009 年 6 月,获得国际特赦组织颁发的"英国媒体奖"("新媒体"类别)。2010 年 5 月,《纽约每日新闻报》将维基解密列为"彻底改变新闻界的网站"第一名。但同时,维基解密迄今已卷入大约 100 场官司。为避免被封锁,网站拥有数百个域名和镜像。

三、社会化书签（Tag）

Tag 没有统一的中文名称，一般称之为"书签"，也有的称之为"开放分类"或"大众分类"。Tag 是在 Web 2.0 平台上基于 CSS+DIV+Ajax 技术的一种更为灵活、突显用户兴趣点的分类方式，目的是为了更好地显示搜寻的关键词或词条，建立更加多样性的查找和索引体系。相比较以往对于网络内容自上而下的分类方式，Tag 采用的是用户生成的自下而上的标签方式，自由地不考虑目录结构地给文章进行分类。各个 Tag 之间的关系是平行的，但是又可以根据其相关性产生一种相关性分类。Tag 体现了群体的力量，使得网络内容之间的相关性和用户之间的交互性大大增强，从而关联和组合起来一个特征性很强、关联性很高的信息网络。

互联网提供了诸多进行知识生产的平台和工具，一方面为受众提供生产知识的工具，另一方面也为受众提供更为方便快捷地聚合这些知识的工具，颠覆了以往知识生成和获得的垄断形式，改为一种更为开放和互动的方式。

第三节　人际交往的平台

从电子邮件的应用开始，互联网就展现出了应用与人际交往的巨大潜力。人们不用再依赖于信件、电报等耗时、局限的方式彼此联系，并且因其给予人们处理事务更多的自由空间（不必像接听电话一样需要即刻的反应）而成为持久不衰的人际交往和商务应用。随着应用的发展，社交媒体的出现再一次颠覆了人际交往的范畴和方式，弱联系成为人们着重维护的新的人脉资源，展现出巨大的商业价值。互联网的互动性、即时性成就了其作为人际交往的新平台。

一、电子邮件（Electronic Mail，E-mail）

电子邮件是互联网上最早也是最重要的应用之一，电子邮件的传输是通过电子邮件简单传输协议（Simple Mail Transfer Protocol，缩写 SMTP）来完成的，它是互联网的一种电子邮件通信协议。电子邮件是通过邮件服务器来传递邮件，邮件服务器在收到邮件后将其存放在收件人的电子邮箱内。每位电子邮件的用户都有属于自己的电子邮箱，并确定一个用户名和用户可以随意修改的口令。电子邮件具有方便快捷、传输速度快、成本低廉、信息多样化等特点,并且由于是异步传输,可以使收信人避免过多的干扰。

比较流行的电子邮件系统有 Yahoo! 的雅虎邮箱[①]、Google 提供的 Gmail。国内有新浪邮箱、网易 163 邮箱、QQ 邮箱等,此外现在还有用手机号码登录的邮箱。截至 2017 年 8 月,全球现有超过 60 亿个电子邮件账户,全球每小时发送的非垃圾邮件数量超过 30 亿封。据麦肯锡表示,一般工作人员每周花 13 个小时阅读和回复电子邮件。[②]

二、即时通信(Instant Messenger,IM)

即时通信是一种基于互联网的即时交流信息的业务,允许两人或多人使用网络即时传递文字、图片、语音或视频,根据终端不同可分为 PC 即时通信和手机即时通信。最早的即时通信软件是 ICQ,ICQ 是英文中 I seek you 的谐音,意思是我找你。由 4 名以色列青年于 1996 年 7 月成立的 Mirabilis 公司研制,并在 11 月份发布最初的 ICQ 版本,6 个月内就有 85 万用户注册使用。早期的 ICQ 很不稳定,但还是受到大众的欢迎,1998 年当 ICQ 注册用户数达到 1 200 万时,被 AOL 看中,以 2.87 亿美元的天价买走,后来成为世界上最大的即时通信系统。

中国最为著名的 IM 软件是由成立于 1998 年的深圳市腾讯计算机系统有限公司开发的腾讯 QQ。1999 年 2 月,腾讯 QQ 正式发布(时称 OICQ);2000 年 4 月,用户注册数达 10 万;到了 2001 年 2 月,注册用户数已增至 2 000 万,目前注册用户已经超过 10 亿。腾讯 QQ 支持在线聊天、视频电话、点对点断点续传文件、共享文件、网络硬盘、自定义面板、QQ 邮箱等多种功能,并可与移动通信终端等多种通信方式相连。

其他较为常用的即时通信软件还包括微软公司的 MSN、中国移动飞信、腾讯微信、淘宝阿里旺旺等。2007 年即时通信曾经出现过短暂的停滞和下滑,但是智能手机端即时通信产品的研发,为即时通信市场注入了更多活力。随着智能机的普及,尤其是千元智能机的推出,手机即时通信行业快速发展。手机即时通信产品改变着人们的社交方式,OTT(Over The Top)服务、O2O(Online To Offline)模式的融

---

① 2007 年 9 月,中国雅虎推出域名为@yahoo.cn 的"终生邮箱"服务,承诺所有电子邮件将被永久保存。2013 年 4 月 18 日中国雅虎邮箱宣布将于 2013 年 8 月 19 日停止服务,此后用户的所有邮件和相关账户设置都将被删除且无法恢复。用户需在停运日期前转移邮箱历史邮件,或者绑定一个阿里云邮箱才能继续接收信件至 2014 年底。沈云芳:《中国雅虎邮箱之死:终生承诺变终结》,新浪科技 2013 年 4 月 19 日。

② 天下数据 IDC:《电子邮件诞生 35 周年 全球超 60 亿个电子邮件账户》,搜狐财经 2017 年 8 月 31 日。

入使其不再只是简单的聊天工具。

截至 2018 年 6 月底,我国即时通信用户规模达 7.56 亿,比 2017 年底增长 3 560 万,半年增长率为 4.9%。即时通信使用率为 94.3%,较上年底增长了 1 个百分点,是我国第一大上网应用。①

三、IP 电话(Voice Over Internet Protocol,VOIP)

IP 电话是一种通过互联网或其他使用 IP 技术的网络来实现通话的新型技术。具体分为两种,一种是个体利用 Internet 网络进行的语音通信,即网络电话;另一种是电信运营商利用 IP 技术通过专线点对点联结进行的语音通信,即经济电话或廉价电话。前者具有投资省,价格低等优势,但存在着无服务等级和全程通话质量不能保证等重要缺陷,该方式多为计算机公司和数据网络服务公司所采纳。后者相对于前者来讲投资较大,价格较高,但因其是专门用于电话通信的,所以有一定的服务等级,全程通话质量也有一定保证。随着互联网日渐普及,以及跨境通信数量的大幅飙升,IP 电话被广泛地应用在长途电话业务上。比较流行的网络电话应用包括 Skype 等,廉价电话如中国移动推出的 17951IP 业务等。

四、社交网络(Social Network Service,SNS)

社交网络即社交网络服务,另一个与之非常相似的概念是 Social Media,通常会被直译为社会化媒体、社会性媒体或社交媒体。作为两个含义有些相似但是依旧存在不同侧重点的描述型概念,在相关的研究文献中并没有得到仔细地区分。这也许是由于很多属于 SNS 的网络产品本身既具有信息传播的功能(偏向于作为一种信息传播媒介),又具有社交的功能(偏向于作为一种娱乐和联系的工具)。有一种区分认为:社会化媒体具有大众传播的属性,注重信息的传播,而社交网络则通过人际传播、群体传播塑造人与人之间的关系。一般来说,社会化媒体涵盖的范畴更加广阔,根据 Kantar Media CIC 连续第 9 年发布的中国社会化媒体格局概览图,2017 年中国有 21 种不同类型的社会化媒体,如图 3-1。② 而社交网站是社会化媒体之一。

---

① 中国互联网络信息中心:《第 42 次中国互联网络发展状况统计报告》,2018 年 7 月。
② 执牛耳传媒 mp:《CIC:中国社会化媒体格局"九年之变"(附 2008—2017 概览图)》,搜狐科技 2017 年 8 月 8 日。

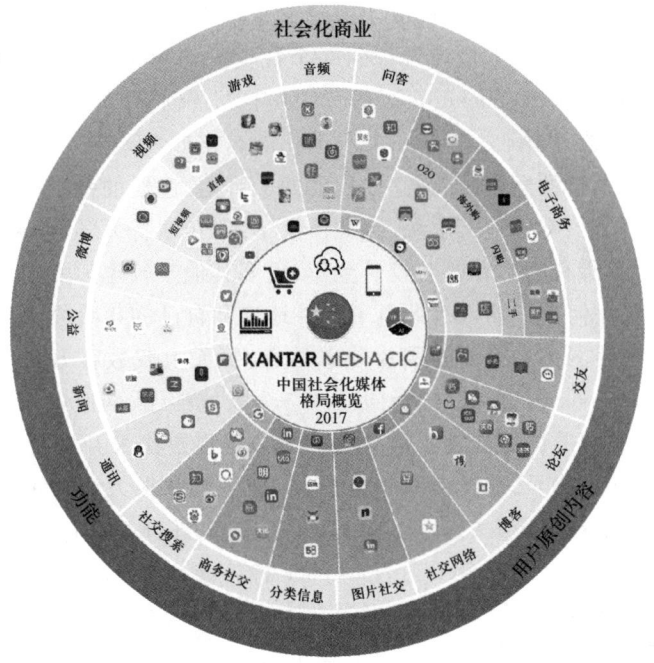

图 3-1

社交网络,也就是网络+社交的意思,即通过网络这一载体把人们连接起来,从而形成具有某一特点的团体。社交网络的组成包括硬件、软件、服务和应用四大方面。

社交网络源自网络社交,网络社交的起点是电子邮件。BBS 把网络社交推进了一步,从单纯的点对点交流的成本降低,推进到了点对面交流成本的降低。即时通信和博客更像是前面两个社交工具的升级版本,前者提高了即时效果(传输速度)和同时交流能力(并行处理);后者则开始体现社会学和心理学的理论,即信息发布节点开始体现越来越强的个体意识。因为在时间维度上的分散信息开始可以被聚合,进而成为信息发布节点的"形象"和"性格"。随着网络社交的发展,一个人在网络上的形象趋于完整,这时候社交网络就形成了。

社交网络大体经历了这样一个发展过程:早期概念化阶段——以 Six Degrees 为代表的六度分隔理论;结交陌生人阶段——Friendster 帮你建立弱关系从而带来更高社会资本;娱乐化阶段——My Space 创造的丰富的多媒体个性化空间吸引注意力;社交图阶段——Facebook 复制线下真实人际网络来到线上低成本管理。整个 SNS 发展的过程是循着人们逐渐将线下生活的更完整的信息流转移到线上进行低成本管理,这让虚拟社交越来越与现实世界的社交出现交叉。社交媒体近年来发展迅速,并且呈现社交细分的迹象。根据这一思路,社交网络还可以分为大众社交(Facebook、微博)、私密社交(Path,Meyo)和专业社交(LinkIn,Academic)等。

Facebook 是目前世界上最为流行的一个社交网络服务网站,由哈佛大学的学生马克·扎克伯格(Mark Zuckerberg)于 2004 年 2 月创立。网站的名称来自传统的纸质"花名册",在中国,它还有一个本土化的名字叫"脸谱"。最初 Facebook 的注册仅限于哈佛大学的学生,在创立之后的两个月内,注册的范围就扩展到了波士顿学院、波士顿大学、麻省理工学院、特福茨大学、罗切斯特大学、斯坦福大学、纽约大学、西北大学和所有的常春藤名校。翌年,更多其他学校也加入了进来。从 2006 年 9 月 11 日起,任何用户输入有效电子邮件地址和自己的年龄段,都可加入。

Facebook 是美国排名第一的照片分享站点,每天上载数百万张照片。随着用户数量增加,Facebook 的目标已经指向另外一个领域:互联网搜索。2012 年 2 月 1 日,Facebook 正式向美国证券交易委员会(SEC)提出首次公开发行(IPO)申请,目标融资规模达 50 亿美元,并任命摩根士丹利、高盛和摩根大通为主要承销商。这将是硅谷有史以来规模最大的 IPO。2012 年 5 月 18 日,Facebook 正式在美国纳斯达克证券交易所上市。2012 年 6 月,Facebook 称将涉足在线支付领域。

目前,约有一半以上的中国网民通过社交网络沟通交流、分享信息,社交网络已成为覆盖用户最广、传播影响最大、商业价值最高的 Web 2.0 业务。从 2010 年开始,中国社交网站用户规模增速明显放慢,2011 年上半年甚至出现萎缩。2012 年许多热门移动应用都推出社交功能,搜索、网购、媒体等互联网应用正在融合社交因素,以丰富自身的功能、提升用户体验,创新服务和赢利模式。在整个互联网都走向社交化的大趋势下,传统的实名制社交网站也不断增加平台功能,在原有网站基础上融入以上新型的社交功能组件,尤其是将业务发展重点转向移动终端,进而带动了 2012 年社交网站用户增长。根据《第 41 次中国互联网络发展状况统计报告》,截至 2017 年 12 月,微信朋友圈、QQ 空间用户使用率分别为 87.3% 和 64.4%;微博作为社交媒体,2017 年继续在短视频和移动直播上深入布局,用户使用率达 40.9%,较 2016 年底上升 3.8 个百分点。知乎、豆瓣、天涯社区使用率均有所提升,使用率分别为 14.6%、12.8% 和 8.8%。[1] 人人网一度是中国最大的实名制社交网络平台。2009 年 8 月 4 日,千橡集团将旗下著名的成立于 1999 年的校内网更名为人人网,标志着这个之前主要由特定大学 IP 地址或者大学电子邮箱的用户注册的网站跨出校园开始为整个中国互联网用户提供服务。2011 年 5 月 4 日,人人网在美国纽交所上市。2011 年 9 月 27 日,人人网宣布以 8 000 万美元全资收购视频网站 56 网(www.56.com)。2012 年 9 月 17 日,人人网与同为千橡集团旗下

---

[1] 中国互联网络信息中心:《第 41 次中国互联网络发展状况统计报告》,2018 年 1 月。

的开心网实现互联互通。此后人人网已与各大主流手机厂商、运营商合作，相继推出了基于 iOS、Android、Symbian 等系统的手机客户端，还推出了 LBS 服务，将社交属性和位置信息深度集成。今日的人人网虽影响力已大不如前，但很多功能和运营思路仍为社交网站所借鉴。

第四节　娱乐新天地

互联网提供的多媒体体验和移动端带来的便利使得娱乐在这个时代成为新的主题。包括内容下载、视频、图片在内的娱乐内容可以更为便利地流通和分享。

一、对等网络下载（Peer to Peer Network，P2P）

对等网络也称对等连接，是一种新的通信模式，每个参与者具有同等的能力，可以发起一个通信会话。由于速度快，它已成为下载娱乐内容如电视剧、电影和音乐等的重要方式。

对等网络又称工作组，网上各台计算机有相同的功能，无主从之分，任一台计算机既是普通的计算器，又是服务器，设定共享资源供网络中其他计算机所使用。这种连接方式催生了内容交换下载方式的改变，以往下载文件需要有一个中心服务器，所有的内容存储在中心服务器上，其他计算机连接到中心服务器进行下载。而 P2P 使得整个工作组的每一台计算机都可以实现既是服务器又是普通计算机的功能，这一组织结构催生出新的下载模式：Bit Torrent（缩写 BT）。

2002 年，程序员布莱姆·科亨（Bram Cohen）发布了首个 BT 软件 Bit Torrent。它以 Python 写成，以 MIT 许可证发布。BT 是一种内容分发协议，采用高效的软件分发系统和点对点技术共享大体积文件（如一部电影或电视节目），并使每个用户像网络重新分配结点那样提供上传服务。这种方法可以使下载服务器同时处理多个大体积文件的下载请求，而无须占用大量带宽，即下载的人越多，速度越快。在我国，它还因缩写与"变态"的声母相一致而被戏称为"变态下载"。

利用 BT 免费发布版权内容会损害版权所有者的合法权益，这也是 BT 饱受争议的原因。争论的焦点是，是否应因此立法全面禁止 BT，并对从事 BT 上传和下载的个人作出惩罚。但到目前为止，很多国家和地区对 BT 仍没有法律上的约束。

值得一提的是，一款叫作 Spotify 的免费音乐在线播放软件首次将 P2P 这一让全世界内容制造者深恶痛绝的技术合法化，它使用插播广告的形式（包括声音和图片)获得商业平衡。Spotify 可以提供超过 800 万首歌曲的在线免费试听,但是不能下载。目前它已经得到了华纳音乐、索尼、百代等全球几大唱片公司的支持,其所提供的音乐都是正版的。这款软件除了可以在电脑上使用外,也可以在手机上使用。目前最流行的媒体播放器 iPod,使用的 iTunes 是付费下载模式,与之相比 Spotify 的操作更加流畅、使用方式更加便捷,可选择曲目也多出不少,最重要的是免费的。如此一来,这种不用花钱又不存在法律和道德风险的网络音乐传播方式,自然大受欢迎。Spotify 开发者之一便是 uTorrent 创始人路德维希·斯特格斯(Ludvig Strigeus)。

Spotify 一直以来就被誉为是最好的在线平台之一,且在移动用户中大受欢迎。然而,由于每月歌曲库服务接入要收取 10 美元的费用,从而使它的推广很受限制。新的 Spotify Android 应用程序允许美国的用户基于一首歌、歌手,或者是你选择的播放列表在 Pandora 或者 Slacker 上创建免费的流媒体电台。雅虎已经把 Spotify 的流音乐服务整合到雅虎的媒体网络中。

二、交互式网络电视(Internet Protocol Television,IPTV)

交互式网络电视,是一种利用宽带的有线电视网,集互联网、多媒体、通信等技术于一体,向家庭用户提供包括数字电视在内的多种交互式服务的崭新技术。用户在家可以通过三类终端享受 IPTV 服务:计算机、网络机顶盒+普通电视机、移动终端(如 iPad、iPhone 等)。它能够很好地适应当今网络飞速发展的趋势,充分有效地利用网络资源。

但是与 IP 电话在技术形态上相近的 IPTV 在中国的发展却波折迭起。

2005 年 4 月,国家广电总局才向上海文广新闻传媒集团发出首张 IPTV 牌照,批准其开办以电视机、手持设备为接收终端的视听节目传播业务。

2006 年,广电总局又陆续颁发了三张 IPTV 电视牌照,分别是中央电视台、中央人民广播电台和中国国际广播电台。

2007 年,北京电视台也获得了 IPTV 电视牌照,南方广播影视传媒集团则取得省内开展 IPTV 等全业务的牌照。将 IPTV、手机广播电视的牌照发放给传统的广播电视机构,是为了从政策上巩固这些媒体在网络电视服务中的主流地位。

2008 年 1 月 1 日,国办"1 号"文件发布,即《关于鼓励数字电视产业发展的若干政策》,该文件对"三网融合"的政策表述具有更丰富的内涵:"以有线电视数字化为切入点,加快推广和普及数字电视广播,加强宽带通信网、数字电视网和下一代互联网等信息基础设施建设,推进'三网融合',形成较为完整的数字电视产业链,实现数字电视技术研发、产品制造、传输与接入、用户服务相关产业协调发展。"对于如何推进"三网融合",更有直接具体的表述:"在确保广播电视安全传输的前提下,建立和完善适应'三网融合'发展要求的运营服务机制。鼓励广播电视机构利用国家公用通信网和广播电视网等信息网络提供数字电视服务和增值电信业务。在符合国家有关投融资政策的前提下,支持包括国有电信企业在内的国有资本参与数字电视接入网络建设和电视接收端数字化改造。"

2010年1月21日,国务院国发"5号"文件,即《国务院关于印发推进三网融合总体方案的通知》出台,该文件对"三网融合"的含义作了如下表述:"'三网融合'是指电信网、广播电视网、互联网在向宽带通信网、数字电视网、下一代互联网演进过程中,其技术功能趋于一致,业务范围趋于相同,网络互联互通、资源共享,能为用户提供话音、数据和广播电视等多种服务。"这是我国第一次对"三网融合"的含义做出明确、权威的政策界定。

2010年4月12日广电总局下发《对电信企业擅自开展IP电视业务进行查处的通知》(41号文件),从2005—2010年,IPTV被叫停达到15次。

2010年7月1日,国务院办公厅公布了第一批三网融合试点地区(城市)名单,三网融合试点工作正式启动。在随后印发的《关于三网融合试点工作有关问题的通知》中,规定"电信企业负责制定在当地开展IPTV传输、手机电视分发、除广播电台电视台形态以外的公共互联网音视频节目服务等广电业务的实施方案;有线电视网络企业负责制定在当地开展增值电信业务、比照增值电信业务管理的基础电信业务、基于有线电视网络的互联网接入、互联网数据传送增值业务和国内IP电话业务的实施方案"。至此,电信与广电的"双向准入"才以文件的形式确定下来,明确了互相进入的范围和解决了发牌照的问题。

三、视频分享

视频分享网站是指在完善的技术平台支持下,让互联网用户在线流畅发布、浏览和分享视频作品。YouTube是世界上最大的视频分享网站,2005年2月由三名PayPal前员工创站,网站的名称和标志皆是从早期电视所使用的阴极射线管发想而成,公司总部最初位于加利福尼亚州的圣布里诺。2006年11月,Google公司以16.5亿美元收购了YouTube,并把它当作一家子公司来经营。YouTube的发展非常迅速,据其官方博客介绍,截至2018年初,YouTube全球用户已超15亿,每分钟上传500小时新内容,世界上所有上网的人群中几乎有三分之一的人每天在YouTube合计花费10亿个小时的时间观看视频。据Alexa Internet报道,截至2018年8月,该网站被评为全球第二大热门网站,仅位于Google之后。

网络视频也备受中国网民青睐,根据CNNIC发布的《第41次中国互联网络发展状况统计报告》显示,2017年中国网络视频用户超5.7亿,用户规模十分庞大,约占整体网民规模的四分之三。① 全年网络视频行业收入达到了创纪录的 952.3 亿元,相较于 2013 年的 100 多亿元,行业发展可圈可点。行业 5 年来的增速都保持在 50% 左右,体现了行业强大的活力和乐观的产业前景。② 在移动端,网络视频亦属热门应用,据易观千帆最新发布的 2018 年 1 月中国传统互联网综合视频 APP 排行榜显示,前十分别为:爱奇艺、腾讯视频、优酷、搜狐视频、PPTV、乐视视频、风行视频、超级视频、人人影视 PRO、56 视频。其中,爱奇艺以月度活跃用户数 5.09 亿居榜首;其次为腾讯视频,其月活跃用户规模达 4.82 亿。③ 此外,短视频作为 2017 年强势风口之一,在活跃用户规模显著增长的同时占据了大量的碎片化时间,快手用户规模突破 2 亿,火山小视频、西瓜视频、抖音突破 1 亿,在人均单日启动次数上也是行业领先。④

四、图片分享

Flickr 为用户提供免费及付费的数位照片储存、分享方案的线上服务,也提供网络社群服务的平台。一般认为 Flickr 是 Web 2.0 应用方式的绝佳例子。除了许多使用者在 Flickr 上分享他们的私人照片,该服务也可作为网志图片的存放空间,受到许多网志作者的喜爱。Flickr 受到欢迎的原因是其创新的线上社群工具,能够将照片标上标签(Tag)并且以此方式浏览。

另外一款基于 iOS 平台上的移动应用 Instagram 也很受用户推崇。Instagram 名字源自 Instamatic,是柯达从 1963 年便开始销售的一个廉价便携傻瓜相机的系列名。安卓版的 Instagram 于 2012 年 4 月 3 日起登录 Android 应用商店 Google Play。2012 年 10 月 25 号,Facebook 以总值 7.15 亿美元收购 Instagram。使用 Instagram 分享图片非常方便,用户在拍摄之后可以选择十几种滤镜样式对图片进行调整,然后可以一键分享至 Instagram、Facebook、Twitter、Foursquare、Flickr 或者新浪微博平台上。Instagram 在移动端融入了很多社会化元素,包括好友关系的建立、回复、分享和收藏等,这是 Instagram 作为服务存在而非应用存在的最大价值。据英国《每日邮报》2017 年 4 月 26 日报道,图片社交应用 Instagram 宣布,目前总用户数达 7 亿。⑤

---

① 中国互联网络信息中心:《第 41 次中国互联网络发展状况统计报告》,2018 年 1 月。
② 艾瑞咨询:《2018 年中国网络视频行业经营状况研究报告》,2018 年 5 月 25 日。
③ 易观千帆:《2018 年 1 月中国传统互联网综合视频 APP TOP 10》,2018 年 3 月。
④ 易观:《2018 年中国网络视频市场年度盘点分析》,2018 年 5 月。
⑤ 《Instagram 用户数量 4 个月增长 1 亿　目前总用户数达 7 亿》,环球科技 2017 年 4 月 29 日。

第五节　商务活动的平台

商务交易依托互联网的平台产生了质的飞跃,交易双方不需要见面,仅仅通过互联网上信息的交流以及对诚信记录的判断就可以进行交易,大大减少了交易成本,也使得小众商品有机会进入消费者的视野。

电子商务的主要形式包括 B2B(Business to Business)、B2C(Business to Customer)、C2C(Customer to Customer)等模式。在中国,淘宝网、京东网等一大批电子商务网站的出现构成了中国人新的消费模式。网上比价、当天送达、商家信用等新概念不仅刷新了人们的购物理念,也推动了物流、线上金融等产业的发展。

互联网作为商务平台也产生了一些全新的商务形态,例如基于位置的服务(Location Based Service,缩写 LBS)。手机已成为人们访问社交应用的主要设备,占比达 89.3%,社交移动化趋势明显。[①] 自 SoLoMo 的概念被提出并获得广泛关注以来,"社交 + 位置 + 移动"的融合代表了未来互联网发展的重要方向,社交网站则是该趋势最为积极的实践者。目前许多社交网站开始尝试 SoLoMo 模式,在手机客户端中推出了基于位置的服务:LBS。LBS 是通过电信移动运营商的无线电通信网络(如 GSM 网、CDMA 网)或外部定位方式(如 GPS)获取移动终端用户的位置信息(地理坐标或大地坐标),在地理信息系统(Geographic Information System,缩写 GIS)平台的支持下,为用户提供相应服务的一种增值业务。它包括两层含义:首先是确定移动设备或用户所在的地理位置,其次是提供与位置相关的各类信息服务。

总体上看,LBS 由移动通信网络和计算机网络结合而成,两个网络之间通过网关实现交互。移动终端通过移动通信网络发出请求,经过网关传递给 LBS 服务平台,服务平台根据用户请求和用户当前位置进行处理,并将结果通过网关返回给用户。其中移动终端可以是移动电话、个人数字助理(Personal Digital Assistant,PDA)、平板电脑(iPad),也可以是通过 Internet 通信的台式计算机(Desktop PC)。服务平台主要包括 Web 服务器(Web Server)、定位服务器(Location Server)和 LDAP(Lightweight Directory Access Protocol)服务器。目前已经有相当一部分用户开始尝试这些功能。

互联网为企业的商业运营提供了新的推广模式。网络营销综合了以往的目标

[①] 中国互联网络信息中心:《2015 年中国社交应用用户行为研究报告》,2016 年 4 月。

营销、直接营销、分散营销、双向互动营销、口碑营销等多种形式,为顾客"推荐"及时的产品服务信息。同时,由于互联网的交互性,使得顾客的需求作为后台数据又进入下一轮的营销流程中,经过不断的信息反馈,最终针对顾客生成了更具个体属性的营销信息,使得企业可以更为精准地把握市场与顾客的需求,调整产品设计,预测价格走势,占领优势渠道,提供优惠促销,等等。

大数据营销就是其中的突出代表。大数据也称巨量资料,2009年起大数据开始成为IT行业的流行词,至今仍然是热议的话题。大数据分析常和云计算联系到一起,因为进行实时的大型数据集分析需要向数十、数百甚至数千的电脑分配工作,在合理时间内撷取、管理、处理信息,并将其整理成为帮助决策更积极目的的资讯。虽然从字面上看,大数据仅仅只是"数据",但实际上却是指一整套对数据的抓取、过滤、存储、搜索、分享、传递、分析和视觉化的过程,是对于大量数据处理的工具、程序、方法和流程的集合。相比较小数据而言,大数据具有4V的特征:大容量(Volume)、多样性(Variety)、高速率(Velocity)和低价值密度(Value)。而针对这些特征的运算处理(Manipulation)、数据分析(Analysis)、视觉化(Visualization)和深度挖掘(Deep Mining),共同构成了大数据的内容与形式。

第六节　意见自由市场

意见自由市场是经典的自由主义报刊理论中的重要观点,意为真理的传播并不依靠权威,而是依靠在自由的言论空间中与谬误的较量而显示自身。互联网提供多重现实促进多元主体互动参与,无疑为意见的自由传播和交锋提供了更为便利的条件。

与传统媒体比较而言,互联网具有易接近性与开放性,社会各个阶层的个体都可以使用互联网来生产和传播信息。而不同的传播主体通过符号化的建构对现实社会进行固化,就产生了多重现实。中国的现代化进程使得社会中产生了多元利益、多元主体,彼此之间的视角、观点和利益取向多不相同,因此在互联网上就形成了多重现实与多种观点的碰撞。在BBS、论坛、博客、微博中,我们经常可以看到,媒体、舆论领袖和普通民众针对一些引发热议的政治、经济、社会问题各抒己见。在这一过程中,疑点逐步得到澄清,道理逐渐得以辨析,而对问题的理性认识也逐渐形成。虽然无法保证所有的讨论都是理智的,但是未来将通过规范互联网的传播机制,并充分利用互联网,从而勾连上下,覆盖各个阶层的沟通联系渠道,促进全民的社会参与,共建社会中最有活力的意见平台。

一、博客(Weblogs,Blog)与播客(Podcast)

"博客"一词来源于 Weblogs,意为"网络日志"。它是由一些短小并有规律地更新的帖子组成的网页,通常都包括一些超文本链接。早在 20 世纪 90 年代中期,博客就开始出现了,到了 90 年代末期,博客又开始扩展到了在线刊物。有些站点只是作者个人的博客产品,比如博客大巴,还有一些则是一组博客作者的综合成果,比如一度非常走红的牛博网。博客的准入门槛较低,任何人都可以在自己的博客页面上发布信息或发表评论。

播客译自"Podcast",是源于苹果电脑的"iPod"与"广播"(broadcast)的合成词。和博客一样,它也是个人通过互联网发布信息的一种方式。博客与播客最主要的区别在于,前者以传播文字和图片为主,后者则主要传播音频和视频信息。世界上第一个播客网站是由 iPod 的发明者亚当·科利(Adam Curry)于 2004 年 8 月 13 日开通的。播客在我国的起步始于 2005 年土豆网的建立。在此后短短的几年时间里,互联网上涌现出一批专业的播客站点,一些门户网站也纷纷推出了播客服务。

1998 年一个名叫马特·德拉吉(Matt Drudge)的美国人在自己的博客上首次披露了时任美国总统的克林顿与白宫实习生莱温斯基的绯闻,因此一炮走红,这也是博客第一次进入人们的新闻视野。随后,美国人对博客的兴趣渐浓。2004 年,部分博客记者被正式邀请参与报道美国总统大选,标志着原本只在互联网角落里偶尔爆料的博客,开始"进军"美国新闻界。

我国于 2002 年引入博客,截至 2012 年 12 月底,我国博客和个人空间用户数量为 3.72 亿人,较上年底增长 5435 人,网民中博客和个人空间用户占比为 66.1%。① 在新闻领域里,由于博客传播具有快速传播突发事件、深入揭示消息内幕的优势,因此成为当下一种不可忽视的信息传播方式和专业媒体重要的信息来源之一。2006 年"两会"期间,不少代表委员在自己的博客里撰写文章,或是分享与会心得,或是讨论议案内容,与网民积极互动。2008 年汶川大地震后,大量一线新闻工作者和赴川志愿者及时更新博客,向外界传递灾区情况,成为主流媒体报道的有力补充。在中国,博客和播客开创了自媒体的先河,个人可以通过这两种媒体形式全面展示事件的多面性,包括对事件的个人观点等。

---

① 中国互联网络信息中心:《第 31 次中国互联网络发展状况统计报告》,2014 年 3 月。

早期的博客，兼具自媒体属性和交互属性，是公众交流信息、展示自我的重要平台。随着社交媒体和社交网络的兴起，博客的交互功能逐渐被替代。如今博客的创作者主要是精英人群，创造的内容也趋于专业化，博客的阅读者则主要把博客当成获取信息的渠道来源。博客的使用率如今逐年下降，已大不如从前。截至2014年12月，我国博客用户规模为1.09亿，网民中的使用率仅为16.8%。[①] 但是博客作为意见自由市场在中国仍然具有开创性的意义。

二、微博（Microblog）

微博是一种非正式的迷你型博客，是基于Web 2.0平台的一种可以发布即时消息的系统。微博可以使用户通过网页、手机、IM软件（如QQ、MSN、Gtalk、Skype等）和API等方式发送图片和文字信息，不受任何时间地点的限制。受流量资费限制及沿袭Twitter传统，早年在微博上发布信息不得超过140个汉字，该规定已于2016年11月取消，但微博信息字数较少的特色仍被保持下来。

微博的概念最早出现于2006年。美国人埃文·威廉姆斯（Evan Williams）率先推出了推特（Twitter）服务——一个集有线网络、无线网络和即时通信为一体的交流平台。作为微博的典型，Twitter一经推出便吸引了无数的用户。2008年奥巴马在其总统竞选过程中成功运用Twitter获得了大量选民的支持，至此，Twitter迅速在世界范围内走红。2007年5月，饭否网成立，这是中国国内第一家微博网站。此后，叽歪、做啥网、腾讯"滔滔"、嘀咕等微博网站如雨后春笋般大量涌现。2009年8月，新浪微博（Weibo）开始内测。2010年1月，网易微博和搜狐微博几乎同时进行公测和内测。几天后，人民网的微博平台在改进后上线，胡锦涛的微博一度引发了关注狂潮，2010被称为中国的微博元年。

庞大的用户规模进一步巩固了微博在网络舆论传播中的地位，微博正在重塑社会舆论生产和传播机制，无论是普通用户，还是意见领袖和传统媒体，其获取新闻、传播新闻、发表意见、制造舆论的途径都不同程度地转向微博平台，这一因素让微博的个人用户规模继续维持着较高的增长速度。

截至2017年12月底，我国微博用户规模已经突破8亿。而根据微博发布2018年第一季度财报，截至2018年3月，微博月活跃用户数已增至4.11亿，成为全球第7家活跃用户规模突破4亿的社交产品；日活跃用户则增至1.84亿。[②]

[①] 中国互联网络信息中心：《第35次中国互联网络发展状况统计报告》，2015年2月。
[②] 《腾讯公布2018年第一季度业绩》，腾讯网2018年5月16日。

根据微博发布的《2017 年微博用户发展报告》显示，微博月活跃用户中，30 岁以下用户超过八成，是微博的主力人群；性别上男性用户（56.3%）稍高于女性用户（43.7%）；来自三四线城市的用户达 52.6%，微博的区域覆盖进一步下沉，微博正朝着建设全民性社交媒体平台的方向迈进。从用户行为看，微博月活用户有 92% 来自移动端；月登录天数在 15 天以上的高黏性用户比例最高；微博用户兴趣主要集中在明星、美女帅哥、动漫等泛娱乐大众领域；同时，文学、情感、股票等也是微博用户的主要兴趣标签。微博用户的使用习惯趋向于移动化，移动消费时间的碎片化成为普遍现象；高黏性用户成为微博用户的构成主体；用户兴趣分布广泛，同时也形成群族化的个性化需求，泛娱乐领域仍然是微博活跃的主要场所。①

三、微信（WeChat）

微信是继新浪微博之后中国又一款引发全民使用狂潮的免费社交应用程序，由广东省深圳市腾讯网络技术有限公司出品，腾讯公司广州研发中心产品团队提供技术支持。微信首发于 2011 年 1 月 21 日，截至 2018 年 4 月微信（合并 Wechat）在全球的月活用户数达到 10.4 亿。② 比对世界各国流行的同类软件，与美国 Whats APP（2017 年 12 月月活 15 亿）近似，远超日本 Line 和韩国 Kakao Talk，微信的成长有目共睹。

作为一款 Web 2.0 时代强调交互性的应用，微信将公众号分为订阅号和服务号，支持跨通信运营商、跨操作系统平台快速、免费地发送语音短信、视频、图片和文字，还可以使用多种社交插件，如"二维码扫描""摇一摇""漂流瓶""朋友圈""公众平台""语音记事本""游戏中心"等。

2013 年 8 月，微信联合广东联通正式推出的 SIM 卡产品，规定用户每月最低消费 36 元，除微信外还内置了腾讯在线游戏、音乐、视频等，腾讯业务流量免费。在微信版本 5.0 中，除了支持更多的微信表情以外，还涉足了移动支付业务；在版本 6.6.1 中，小程序上线，微信功能更加多元。

微信技术的应用催生了与之前微博上不尽相同的意见领袖。相较于微博的大众式传播，微信更倾向于进行分众传播，每个人都隶属于自己社交的小圈子里，言论和信息只能在朋友圈里传播，由于微信的朋友圈基本上都是强联系的社会关系，因此言论会受到圈内群体压力的影响。这样的传播形式将诞生新的意见领袖，活

---

① 新浪微博数据中心：《2017 年微博用户发展报告》，2017 年 12 月。
② 《腾讯 2018 年第一季度净利润 232.9 亿元 同比增长 61%》，新浪科技 2018 年 5 月 16 日。

跃在各个领域的技术精英、关键资源的占有者将成为新的"大 V"，以新的形态成为微信时代的意见领袖。

博客、微博和微信赋予中国的受众表达意见和交锋观点的重要平台，传统媒体越来越多地关注自媒体上的事件和观点，并引为自己的新闻线索，也常常由于互联网上激烈的意见交锋而扩展自己的报道边界，提供更为全面和客观的报道从而实现自己的价值。

互联网与移动互联网全面渗透并建构日常生活。Google 查天气，RSS 订阅新闻，博客记日记，微博看评论，Spotify 听音乐，优酷看视频，APP Store 下载游戏 App，Foursquare 签到查看聚会场所，Flicker 分享生活旅游的照片，Tag 标记书目音乐，微信加同学老师，淘宝网购，美团团购，云存储同步文献文件等，日常生活与互联网越来越紧密地结合在一起，而移动互联网的普及更使得网络与日常生活无缝连接。互联网不仅方便了人们的出行娱乐，而且也拓宽了人的活动区域，密切了人与人之间的联系，一些新的需求也被建构出来。过去手机的功能就是打电话发消息，但是移动互联网使得人们对智能手机、iPad 等形式的智能移动终端的需求大大提升，人越来越依靠网络来组织和指导自己的生活。互联网对社会生活的方方面面都起到了重要的影响，是信息生产的平台、知识共享的场所、社会交往的延伸、娱乐休闲新天地、商务活动助推器以及意见的竞争市场，而很多功能在一些互联网应用中是综合显现的。总之，未来互联网将与我们的生活更加紧密地联系在一起，互联网不再是虚拟的赛博空间，而是真实的客观现实。

第4章 从受众到用户

计算机和数字媒体日益扮演重要角色,诸多新媒介的使用者难以用传统意义上的"受众"概念来指称。由于"受众"一词失去了明确的指向,因而"用户"的概念被引入传播学领域。本章主要探讨互联网用户的发展现状、互联网用户与受众的主要区别,以及互联网用户的小众化、碎片化趋势。

第一节 互联网用户的发展现状[①]

一、互联网用户的规模

互联网用户,又称网民、网众,中国互联网络信息中心(CNNIC)对我国互联网用户的定义为:过去半年内使用过互联网的 6 周岁及以上的中国居民。[②] 根据互联网网站 Internet World Stats 的数据统计,截至 2017 年 12 月底,全球互联网用户总数已达到 41.56 亿。这意味着全世界 76.34 亿人当中,至少有一半是互联网用户。世界各大洲中,亚洲拥有最多的互联网用户,总数为 20.23 亿人。世界其他地区的互联网用户数据如下:欧洲 7.05 亿,非洲 4.53 亿,拉丁美洲/加勒比海地区 4.37 亿,北美 3.46 亿,中东地区 1.64 亿,大洋洲/澳大利亚地区 2 844 万。另据 Internet World Stats 对世界不同地区互联网普及率的调查,2017 年底北美以 95.0%的互联网普及率遥遥领先,欧洲(85.2%)和大洋洲/澳大利亚地区(68.9%)分居

---

① 本节相关数据主要引自中国互联网络信息中心历年统计报告。
② 中国互联网络信息中心:《第 31 次中国互联网络发展状况统计报告》,2013 年 3 月。

第二、三位,拉丁美洲普及率为67.0%,中东地区普及率为64.5%,亚洲地区普及率为48.1%。非洲则以35.2%居于末位。

美国是全球使用互联网最早的国家,互联网给用户的生活带来了革命性的改变,不但提升了效率,而且创造了新的生活方式和需求。总统奥巴马被称为"互联网总统",业内人士还给他起了个名字叫"总统2.0"。

中国的互联网发展较快,成绩斐然。截至2017年12月底,我国互联网用户的规模为7.72亿,全年共计新增网民为4 073万人,互联网普及率为55.8%,较2016年底提升了2.6个百分点。① 如表4-1所示。

表4-1 我国互联网用户规模和普及率

年份	网民数(万人)	互联网普及率
2013	61 758	45.8%
2014	64 875	47.9%
2015	68 826	50.3%
2016	73 125	53.2%
2017	77 198	55.8%

随着互联网基础设施建设的不断完善、网络接入和上网终端费用的逐步下降,以及上网硬件设备的智能化和易操作化,我国互联网用户的规模还有较大的增长空间。与此同时,用户上网的时长也逐步上升,2017年人均每周上网时长达到27小时,较前一年提升了0.6个小时。②

近年来,我国通过手机上网的用户增长迅速(见图4-1)。移动互联网和手机终端的迅速发展具有重要意义。它一方面推动了移动互联网领域持续不断的创新热潮,以智能手机为代表的智能移动终端,因其全新的终端交互方式与用户使用环境和习惯,为互联网从业者提供了广阔的创新空间。另一方面,手机上网的发展为网络接入、终端获取受到限制的人群——包括偏远农村地区居民、农村进城务工人员、低学历低收入群体——提供了使用互联网的可能性。

根据2016年CNNIC发布的《2015年农村互联网发展状况研究报告》显示,在2015年新增上网用户中,农村用户的比例为42.9%,而这一群体中使用手机上网的比例高达60.5%。③ 这一结果显示出,相比于电脑,手机对农村网络用户的增长发挥了更加重要的作用。虽然中国农村地区的信息化基础设施建设、电子设备的

---

① 中国互联网络信息中心:《第41次中国互联网络发展状况统计报告》,2018年1月。
② 中国互联网络信息中心:《第41次中国互联网络发展状况统计报告》,2018年1月。
③ 中国互联网络信息中心:《2015年农村互联网发展状况研究报告》,2017年9月。

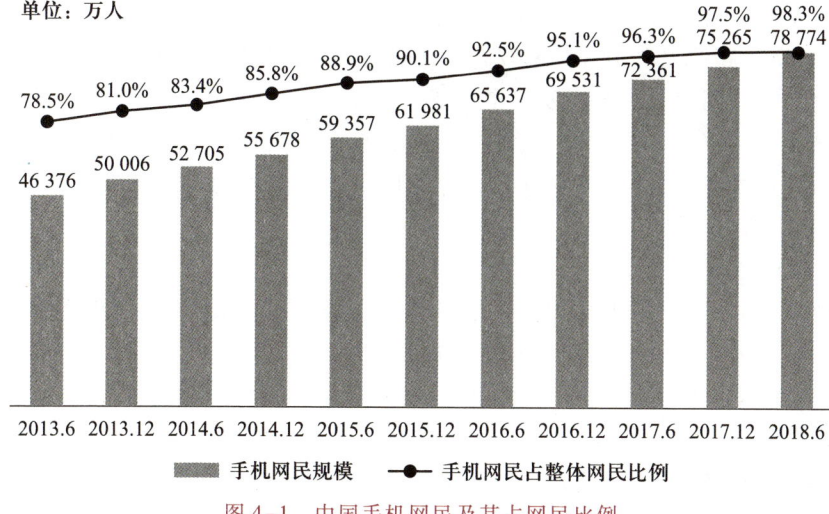

图 4-1　中国手机网民及其占网民比例

普及已经有了长足的发展,但是通过电脑使用固网的成本依然较高。在这样的限制下,使用价格低廉和操作简易的终端,可以满足这些人员相对初级的上网需求,有助于推动互联网的进一步普及。尽管我国城乡互联网普及率仍存在较大差距,但是从 2011 年开始,互联网在农村常住人口中的普及速度开始小幅超越城镇,结束了城乡互联网普及差距持续扩大的趋势。

二、互联网用户的结构

下面根据 CNNIC《第 42 次中国互联网发展状况统计报告》,结合以往数据,对中国互联网用户结构进行分析。

1. 性别结构

截至 2018 年 6 月,我国互联网用户男女比例为 52.0∶48.0,截至 2017 年底,中国人口男女比例为 51.2∶48.8,网民性别结构与人口性别比例趋同。

2. 年龄结构

我国互联网用户以青少年、青年和中年群体为主,10—39 岁群体占总体网民的 70.8%,其中 20—29 岁年龄段的网民占比最高,达 27.9%,10—19 岁、30—39 岁群体占比分别为 18.2% 和 24.7%。30—39 岁中年网民群体,占比由 2017 年末的 36.7% 扩大至 39.9%,互联网在中年人群中的渗透加强,年龄整体分布正在日趋平衡。

3. 学历结构

用户的文化教育水平在一定程度上决定了其对互联网使用的偏好和习惯。以往，由于上网需要计算机网络的相关知识、技能，对终端硬件也有一定要求，互联网在文化素质较高的人群中普及率较高。但随着智能终端的普及和计算机网络使用的简易化，互联网用户的结构发生了转变。目前，我国网民以中等教育水平的群体为主，截至 2018 年 6 月，初中、高中/中专/技校学历的网民占比分别为 37.7% 和 25.1%；受过大专、大学本科及以上教育的网民占比分别为 10% 和 10.6%。网络使用日趋大众化。

4. 职业结构

学生群体在用户中占比最高，达 24.8%，其次为个体户/自由职业者占比为 20.3%，企业公司中管理人员和一般职员占比共计 12.2%。互联网用户过于集中在某些职业和行业的现象正在发生改观，呈分散化、大众化的发展态势。

5. 收入结构

月收入在 2 000—5 000 元的网民群体占比最高，总计达到 36.8%；2018 年上半年无收入人群和高收入人群（月收入 5 000 元以上）占比有所提升。

6. 应用结构

2018 年上半年，我国个人互联网应用保持良好发展势头。其中互联网理财用户规模增长显著，半年增长率达 30.9%；网上预约出租车、专车/快车用户规模半年增长率分别为 20.8%、26.5%，仅次于互联网理财；短视频应用迅速崛起，使用率高达 74.1%。具体表现为：

第一，基础应用用户规模稳定增长，综合类平台内容优化进程加快。

即时通信、搜索引擎、网络新闻和社交作为基础应用，用户规模保持平稳增长。即时通信产品服务内容的差异化、内容监管的严格化和应用场景的专业化是上半年行业发展的三个主要方向；搜索引擎市场在内外部流量争夺激烈，推动商业化能力提高的同时，企业不断加大对人工智能的投入，帮助搜索引擎继续拓展内容分发、硬件开发等领域；网络新闻领域，国家主管部门在上半年积极加强网络新闻资讯内容建设，传统新闻媒体和互联网新闻媒体的融合更为深入，新闻自媒体从个体单位发展为新型媒介组织，进一步拓展商业化道路；社交应用移动化、全民化趋势进一步增强，逐步成为网民消费碎片化时间的主要渠道。

第二，互联网理财使用率提升明显，市场规范化有序化发展。

我国互联网理财使用率由 2017 年末的 16.7% 提升至 2018 年 6 月的 21.0%，互联网理财用户增加 3 974 万，半年增长率达 30.9%。我国互联网理财用户规模持续扩大，网民理财习惯逐渐得到培养，资管业务打破刚性兑付有效降低金融机构业务风险，减少监管套利，同时进一步提升机构主动管理能力，推动互联网保本理财产品向净值型理财产品加速转化，货币基金发行放缓，P2P 网贷理财备案登记工作加速推进，促使互联网理财市场朝着合理规范化方向发展。

第三，电子商务与社交应用融合加深，移动支付使用率保持增长。

截至 2018 年 6 月，我国网络购物用户和使用网上支付的用户占总体网民的比例均为 71.0%，网络购物与互联网支付已成为网民使用比例较高的应用。一方面，电子商务、社交应用、数字内容相互融合，社交电商模式拓展了电子商务业务，电商企业推出具有数字内容的多元化购物场景。在此基础上，电子商务总体保持稳定发展，在协调供给侧结构性改革、拉动就业、助力乡村振兴等方面发挥重要作用。另一方面，绝大多数支付机构接入网联，提高了资金透明度和网络支付的安全性，网民中使用网络支付的比例由 2017 年 12 月的 68.8% 提升至 2018 年 6 月的 71.0%。

第四，互联网娱乐健康发展，短视频应用迅速崛起。

2018 年上半年，网络娱乐市场需求强烈，相关政策出台以鼓励引导互联网娱乐业态健康发展。网络音乐原创作品得到扶持，网络文学用户阅读方式多样，网络游戏类型的多样化和游戏内容的精品化趋势明显。短视频应用迅速崛起，74.1% 的网民使用短视频应用，以满足网民碎片化的娱乐需求。与此同时，网络文化娱乐内容进一步规范，网络音乐、文学版权环境逐渐完善，网络游戏中违法违规内容得到整治，视频行业构建起以内容为核心的生态体系，直播平台进入精细化运营阶段。

第五，共享出行用户高速增长，市场资源得到进一步整合。

2018 年上半年，分别有 30.6%、43.2% 和 37.3% 的网民使用过共享单车、预约出租车、预约专车/快车，用户规模较 2017 年末分别增长 11.0%、20.8% 和 26.5%。共享单车市场呈现多强竞争姿态，单车企业尝试通过多种方式拓展营收来源，并开始提供免押金服务以规避风险。网约车行业出现跨界融合现象，平台企业围绕出行服务领域进行全面化布局，由单一业务开始向平台化生态拓展。[1]

中国互联网用户的构成情况是动态的，不仅要看某一时间节点的数字，还应研究其发展变化的趋势。此外，中国互联网用户之间存在明显的差异性，不能简单地以人口统计学上的总体特征来替代某一部分用户的具体特征，而要具体问题具体分析，发现并掌握我国互联网用户的发展变化逻辑。

第二节　从受众到用户

美国学者拉斯维尔著名的"5W 模式"中，信息的传播者和接受者之间界线分

---

[1] 中国互联网络信息中心：《第 42 次中国互联网络发展状况统计报告》，2018 年 7 月。

明:传播者是职业化的媒介组织或个人,而处于传播活动下游的信息接收者则往往处于被动地位。伴随着大众传媒业的日益兴盛,以及传播学在美国的学科化和建制化,"受众"概念在20世纪下半叶开始流行起来。"受众"这一概念由传统意义上的演讲听众、戏剧观众演化而来。在传播学的意义上,它泛指媒介信息的接受者;在大众传播领域,它指的是大众传播媒介信息的接受者,其中最主要的是指三大新闻媒介即报纸的读者、广播的听众和电视的观众。

随着英国文化研究的异军突起和其影响的扩散,受众的内涵被逐渐拓宽,受众的个体差异、阶级分殊、主观能动和意义阐释等各个方面开始受到重视。但是在实践领域,受众则依然只是被化约成数字,其存在的意义仅仅是被量化的收视率或收听率。

"积极的受众"这一概念在20世纪70年代之后开始流行,学者们开始把注意力从传者转向受者,关心人们如何使用媒介,以及在媒介使用中获得的意义。美国式的经验研究以"使用与满足"理论为代表,而英国的文化研究以霍尔的"编码—解码"理论为主要标志。自此,受众的主体性得以确定下来。但是,尽管受众的主动性被从多个维度进行界定,但"积极的受众"似乎仍难以准确描述新型人群与以往受众的全部差异,理论和现实之间仍存在着相当的距离。

随着计算机和数字媒体日益扮演重要角色,"用户"的概念被引入传播学领域。此后,大众媒介只能"被动阅听"的现实发生改变,人们的主观意愿和自主选择有了更大的实现空间。即时通信工具、电子邮件和邮件组、BBS……诸多新媒介的使用者,难以用传统意义上的"受众"概念来指称。在互联网传播中,无论是谁,也无论身处何地,只要上网就可以发布信息,成为"传者";也可以对网上信息进行接收、存储与加工,成为"受众"。传统媒体格局下"传者"和"受众"的关系被彻底颠覆,两种角色之间不再壁垒分明,是一而二、二而一的关系。因此,传统的大众传播理论受到了严峻挑战。虽然大众仍在接受传媒组织提供的新闻内容,但他们在整个信息传播链中的地位和作用已发生了重大变化,网络技术填平了终端使用者与内容提供者之间的鸿沟。由于"受众"一词失去了明确的指向,所以称呼上网的人为"用户"更具实践意义。

从"受众"到"用户"的概念转变势在必行。但需要注意的是,英文"user"一词是中性的,适用范围相当广泛;而汉语中对应的"用户"一词则容易被认为和"客户""顾客"相联系,带有明显的商业意涵。[①] 本书并未将涉及"用户"概念的讨论局限于商业或产业的范畴,而是使其在内涵和外延上基本与"使用者"一词保持一致。

[①] 何威:《网众传播:一种关于数字媒体、网络化用户和中国社会的新范式》,清华大学出版社2011年版,第12页。

一、从被动接受到主动获取

"我编你读,我播你看",是长期以来传媒和受众的基本关系。传统大众媒体掌握着关键的信源,要想发出声音,使大众知晓,只能依赖于传统大众媒体,这在一定程度上"捧红"了媒体的权力。

进入数字化时代之后,互联网打破了传统大众媒体对信息源的掌控,互联网用户拥有了获取信息的主动权。互联网的迅猛发展,已将世界各国、各地区连成一片。它冲击了传统的地缘政治、地缘经济、地缘文化的概念,形成了以信息为核心的跨国界、跨文化、跨语言的全新虚拟空间。越来越多的网民将互联网作为获得新闻和信息的第一来源。这是因为,绝大多数新产生的信息都是数字化、网络化的,而以往的重要信息也经历着被数字化、网络化的过程。人们越来越有信心在网上找到自己所需要的任何信息。互联网从根本上改变了人们在接收信息方面的被动地位,使得用户可以对信息"各取所需"。互联网用户可以自由地选择他们要看、要读、要写的信息。这种选择,既包括对信息内容的选择,也包括对信息的接收形式、接收时间、接收顺序的选择。用户主动获取信息的渠道多种多样,下面仅以搜索引擎和协同过滤为例进行说明:

1. 搜索引擎

作为互联网的基础应用,搜索引擎是用户主动获取信息的重要工具,其使用率自 2010 年后保持在 80% 左右水平,稳居互联网第二应用之位。截至 2018 年 6 月,我国搜索引擎用户规模为 6.57 亿,在用户中的渗透率为 81.9%。[1]

随着云计算(Cloud Computing)的发展,互联网用户将获得更好的信息搜索体验。云搜索(Cloud Search Engine),是运用云计算技术的搜索引擎,可以绑定多个域名,定义搜索范围和性质,同时,不同域名可以有不同 UI 和流程,由运行在云计算服务器上的个性化程序完成。作为新型搜索引擎,与传统搜索引擎需要输入多个关键字不同的是,用户可以告诉搜索引擎每个搜索关键字的比重,每个搜索关键字都被置于"搜索云"中,并用不同大小、粗细的字形区分。通过云搜索,用户可以按照实际需求订制信息,体验高质量的、个性化的搜索功能,以最大限度地挖掘信息价值。

2. 协同过滤

用户自主获取信息的另一个重要渠道是"协同过滤"。协同过滤的概念来自

---

[1] 中国互联网络信息中心:《第 42 次中国互联网络发展状况统计报告》,2018 年 7 月。

英文"Collaborative Filtering"。从狭义上讲，它是一种伴随 Web 2.0 出现的新技术。其原理是自动寻找与"目标浏览者"具有相同或类似爱好的"比邻浏览者"，并根据"比邻浏览者"所喜好的内容反过来推荐给"目标浏览者"。从广义上讲，协同过滤则不仅仅是一种算法或软件，而且是用户获取信息的一种新途径或新机制。如要实现有效运作，它需具备以下条件：其一，每个人与人际关系网络中的其他个体有类似的或相关的喜好倾向、行为习惯；其二，人们越来越倾向于在社会网络中进行信息的分类、分享、评价；其三，网络社会与现实社会日益融合，即互联网在社会中的渗透率达到一定水平。

相较于搜索引擎而言，协同过滤的优势在于，可以为用户提供个性化的信息，或为信息添加上对于用户而言有针对性的描述，从而大大提高信息过滤或信息检索的效率。例如，亚马逊网站通过研究消费者的浏览和购买行为来为其他顾客提供建议，就是对此技术的应用。再如，豆瓣网的成功也与协同过滤的充分应用密切相关。豆瓣网目前已经拥有上亿注册用户和海量的图书、音像资讯，但它在运营初期只是一个仅有几十名员工的小公司。其成功之处，正是充分运用信息技术，激励用户的分类、分享、评价和推荐行为。豆瓣网不提供传统的基于图书分类法的标准分类，而是依用户为条目添加的标签而形成内在的逻辑关联。"给评论一个'有用'，它的排位会自动上升；贴'我女儿的最爱'给一本书，它会在整个网站的标签分类中出现。豆瓣相信大众的力量，多数人的判断和数字的智慧。通过网站幕后不断完善之中的算法，有序和有益的结构会从无数特异而可爱的个性中产生。"[1]这种信息过滤机制，不仅可以向用户提供适合自己口味和喜好的信息，而且还可以帮助用户探索和发现新的兴趣爱好，满足其更多的价值诉求。

二、从接收信息到传播信息[2]

在相当长的一段时间内，人们把新闻媒介的运作仅仅看成是它的主持人和记者、编辑的劳作而已，受众处于被动的、次要的地位。传统新闻报道有着相对固定的信息源，如政府、大企业家、社会精英、专家组织等，普通民众很难成为新闻源，只能被动地接收传媒所传播的内容。最具代表性的理论就是 20 世纪 30 年代盛行的"魔弹论"——把受众看作被动的接受者，只是无条件地接受传媒提供的任何信息和宣传。但是，随着大众传媒的多样化和媒介竞争的日趋激烈，同时，也伴随着传播

---

[1] 豆瓣网"关于豆瓣"页面。
[2] 本节观点主要引自李良荣、郑雯：《论新传播革命——"新传播革命"研究之二》，《现代传播》2012 年第 4 期。

学研究的深入,人们发现,受众并不是消极被动的接受者,而是积极的参与者。在新闻传播活动的各个环节,受众都在或明或暗、或强或弱地起着各种制约作用。但是,即便如此,受众作为"信息接受者"的身份是基本不变的。

接近权,是指大众(即社会的每一个成员)皆应有接近、利用媒介发表意见的自由。尽管接近权有积极的理论意义,但是,在现实中要真正实现它却面临着诸多困难。这主要表现在,一方面,传统大众媒体的版面限制、时间限制使得来自受众的信息和观点不可能全部被呈现,只有其中的极少部分可能获得被大众媒体传播的机会;另一方面,出于自身立场、利害关系以及其他诸多因素的考虑,传统大众媒体具有高度的选择性,必然在选择时有所偏重和回避,这使源自受众的信息和意见实际上很难获得平等对待。

从实际运作来看,目前,传统媒介和受众对接近权的认可程度都不甚高。辟出专门版面刊登读者来信的报纸并不多;广播电视上热线电话类的节目则多由传者设置议程,受众意见是经过高度筛选和限制的。理论上是媒介反映舆论,实际则是媒介为舆论代言,真正的舆论则难免和媒介存在一定距离。

现在,随着互联网技术的使用和推广,用户具备了成为信息传播主体的条件。数字技术使传者与受者位置互换、重叠、界限模糊,传播活动逐渐"去中心化"。在 Web 2.0 的技术平台上,信息传播交互的每一个节点都可能是一个传送或接收的中心,传播活动早已不再是自上而下的单向式传播,而是呈现出信息传播的双向结构和网状结构。相比之前,人们进行传播活动更加便捷、高效,每个用户都可以在对话中实现决策参与,成为传播活动的主体。

互联网赋予了信源蜂窝式增长的可能,亿万互联网用户都是信息和观点的所有者,从理论层面看,全世界只要联通网络的国家和地区,每一个人都是信源。[1]信源蜂窝式高速膨胀的结果,是政府的一举一动都亮在"阳光下";企业活动和资本运作时时刻刻要受到民众监督;甚至个人的隐私,有时也在道德的追问中暴露于光天化日之下。借助互联网传播,公民在知情和表达方面享受到更充分的言论自由权利。来源于大众的"媒介权力"因不具备国家权力机器背景,可被看作是一种象征性权力,即约翰·B·汤普森所说的"运用象征性形式干预事件进程的能力,影响他人行为而创造事件的能力,采用的手段是象征性形式的生产和传播"。[2] 互联网为用户提供的传播空间,延伸了大众的这种象征性权力。

互联网用户作为信息的传播者,其主要传播特征即自媒体表达。"自媒体"这

---

[1] 李良荣、郑雯:《论新传播革命——"新传播革命"研究之二》,《现代传播》2012 年第 4 期。
[2] 邵培仁:《传播民主真的能够实现吗?——媒介象征性权力的转移与话语民主的幻想》,《现代传播》2011 年第 3 期。

一概念由谢因·波曼与克里斯·威理斯在《自媒体》中提出,它是普通大众经由数字科技强化与全球知识体系相连之后,一种开始理解普通大众如何提供与分享他们本身的事实与新闻的途径。① 每天人们通过论坛、博客、微博等渠道发表的言论达数百万条。这是一个庞大而独立的自媒体群,每个人在即时化的海量信息传播中,模糊了个人媒体和传统大众媒体的边界。根据新闻微博"明星微博粉丝排行榜"的2018年8月的数据,目前排行第一的为谢娜,粉丝数已经突破一亿,微博粉丝量为10 434万。2018年排行榜中粉丝超过1 000万的就有四百余人,虽然购买粉丝等造假现象在微博中较为常见,但"大V"的传播力仍非同小可。

除了名人自身作为一个拥有巨大影响力的"自媒体"表达观点和传播信息以外,普通公民在维权抗争、监督政府、观点交流方面亦表现出巨大的活力。官方封锁信息、全面管控言论表达的时代已经一去不复返。井喷式的信息增长,使国家的"信息权力"逐渐式微,也预示着拥有注意力资源的公民在"信息权力"上逐渐强势。正是因为这种权力、影响力的上升,促使国家、政府在各个方面重视舆论压力、改进管理模式。信息的即时传播、即时扩散不仅在信息选择上成就了普通公民"想说就说"的表达权,也在信息解释、观点呈现上挣脱传统媒体报道框架,给予了公民"想怎么说就怎么说"的权利,由此深刻影响了一个国家的政治参与结构。"阅众参与""去中心化"和"平等对话",意味着传统意义上的"受众"参与到新闻生产链条的上游,而不再只是单纯的阅听大众,也意味着媒体生态和运作规则的深刻改变正在酝酿和发生之中。②

这也就是为什么《时代》周刊会把2006年年度人物颁给"你"(见图4-2)——《时代》周刊对此解释说,社会正从机构向个人过渡,个人正在成为"新数字时代民主社会"的公民。《时代》周刊执行总编辑施滕格尔说:"如果你选择一个人为年度人物,你必须得给出他是如何影响数百万人生活的理由。但是如果你选择数百万人为年度人物,你就用不着给出理由了。"③

三、从消费商品到生产内容④

"消费者"是市场化媒介最易接受也最愿信奉的受众观。媒介,一如企业,高

---

① 转引自邓若伊:《论自媒体传播与公共领域的变动》,《现代传播》2011年第4期。
② 喻国明:《新媒体究竟在改变着什么》,《新闻与传播》2006年第6期。
③ 《祝贺!你成为了〈时代〉周刊的"年度人物"》,中国新闻网2006年12月17日。
④ "用户生成内容"相关论述主要参考赵宇翔、朱庆华:《Web 2.0环境下影响用户生成内容的主要动因研究》,《中国图书馆学校》2009年第9期。

图 4-2 《时代》周刊 2006 年年度人物——"你"

扬消费者至上的旗帜,宣称捍卫受众的权利,基本等价于满足消费者的需要。其根本目的在于通过争取消费者而争取广告,获取最终的利润。对于商业性或具有商业化倾向的媒介,广告与市场是其主宰力量,发行量、收视率等指针,成为媒介的生命线。企业的利益最大化原则决定了对受众的追逐。而媒介产品生产和销售也不可避免地执行市场经济的大数原则和通用原则。即什么商品销路最好、消费群体最大,就生产什么,而很少会照顾少数人的观点和兴趣。在市场经济条件下,人们的观点兴趣以及利益诉求各异,其最大共通点是什么呢?媒介的选择是:娱乐。于是,娱乐化成为商业性媒介的共同趋向。

在互联网时代,受众作为媒介商品消费者的身份发生了改变。随着后现代主义思潮的全球化影响,多元价值观在经济全球化的多元文化互动中越来越得到更多的文化认同。传统的媒体消费者之"被动的信息接受者、目标对象"的角色被"搜寻者、咨询者、浏览者、反馈者、对话者、交谈者"等新角色所取代。[①]"用户生成内容"概念的诞生与日益流行,正是这种身份转换的标志。

用户生成内容(User Generated Content, UGC,又称作 User Created Content, UCC),泛指以任何形式在网络上发表的由用户创作的文字、图片、音频、视频等内容,是 Web 2.0 环境下一种新兴的网络信息资源创作与组织模式。它的发布平台包括微博、博客、视频分享网站、维基、在线问答等社会化媒体。随着互联网的不断

---

① [英]丹尼斯·麦奎尔:《受众分析》,刘燕南等译,中国人民大学出版社 2006 年版,第 157 页。

变革和演化以及大数据时代的到来,越来越多的非结构化数据、异构内容、个性化内容将为学界和业界带来更多机遇与挑战。UGC 的概念提出于 2005 年。世界经济合作与发展组织(OECD)在 2007 年的报告中描述了 UGC 的三个特征[1]:

1. 以网络出版为前提。理论上说,用户生成内容可能仅仅被用户创造,而未必发表。但 UGC 只关注面向公众或特定群体的网站或平台上的已发表内容。这是为了更有效地将用户生成内容与邮件、双向即时通信等私人化的传播内容区分开来。

2. 内容具有一定程度的创新性。无论创作还是改编,用户必须体现自己的思想。仅仅复制一段电视节目并把它上传到视频网站,并不是严格意义上的用户生成内容。

3. 非专业人员或权威组织创作。一般而言,用户生成内容没有组织机构或是商业市场的介入,而是非专业人员在没有获利动机的情况下创作的。

用户生成内容有着不同的表现形式。它可能是一篇文字、一组图片、一段音频/视频,也有可能是一个共享文件等。它的发布平台也多种多样,包括博客、播客、Wiki、P2P、RSS 等。(见表 4-2)

表 4-2 用户生成内容的类型、发布平台以及实例一览[2]

内容类型	描述	发布平台	实例
文学	原创型文学作品,或是在已有作品的基础上进行二次创作,或是针对某一作品展开的讨论。	博客,或一些专属网站	Fanfiction.net "榕树下"
图像	由用户拍摄并上传,可公开获得(部分公开)的数字图像资源,或是在已有作品的基础上进行二次创作的图像内容。	图片博客、SNS,或一些专属网站	Flickr "图客网"
音频	由用户录制、编辑并上传,可公开获取(部分公开)的数字音频资源。	播客、P2P,或一些专属网站	Audiomash-ups、"豆瓣网"
视频	由用户录制或编辑并上传,可公开获取(部分公开)的数字视频资源,包括原创型内容、剪辑混搭型内容等。	播客、P2P、流媒体,或一些专属网站	Youtube "土豆网"

---

[1] OECD,Participative Web and User-Created Content (UCC): New Report from Organization for Economic Co-operation and Development.

[2] 赵宇翔、朱庆华:《Web 2.0 环境下影响用户生成内容的主要动因研究》,《中国图书馆学报》2009 年第 9 期。

续表

内容类型	描述	发布平台	实例
聚合	聚合性的内容资源,如新闻内容的聚合,社会化标签的聚合,大众评论的聚合,或是超链接的聚合。	RSS、博客,或一些专属网站	digg.com "点评网"
文件	文件资源共享型网站,文件的格式各异,主题多样。	博客、P2P,或一些专属网站	scribd.com slideshare.net
教育	由学校、研究机构或相关正规组织开发的针对教育的内容资源,用以学习交流。	专属网站	H20 Wikipedia

用户的类型和角色与互联网信息行为紧密相关,UGC 中的用户概念渗透在信息生命周期中的每一个阶段。随着社会化媒体的兴起和繁荣,用户在 UGC 的参与过程中,其角色是不断演化的。其中包括:贡献频率和贡献数量极高的用户(创建大量内容,吸引众多成员协作,对于虚拟社区的形成和发展起着非常重要的作用);经常对其他成员贡献的内容表示认同、追随或者反对的用户;只浏览、搜寻信息而很少甚至从不创建内容的用户;经常在此提出问题,寻求答案的用户;热心回答问题并交流相关的经验心得的用户。

有学者将 UGC 中的内容分为娱乐型、社交型、商业型、兴趣型和舆论型。[①] 其中,娱乐型主要指以大众娱乐、消遣为主要行为特征的用户创作,如原创搞笑视频、微小说、网络原创音乐等。社交型内容主要以建立个体间的相互关系为主要特征,如"顶""踩"等情感性指针和"社交图谱"(Social Graph)等自主生成的关系结构图。商业型内容主要指和社会化商务相关的一系列内容,包括购物点评、消费体验等。兴趣型内容主要以爱好交流、兴趣小组、信息/知识共享和沟通为主要特征,如维基创作、在线问答、公众科学(Citizen Science)、设计竞赛等。舆论型内容主要指公众对社会新闻、突发事件、舆情等方面进行的报道、分析、传播和利用等。用户生成的不同内容,往往体现出用户在生成、创作和传播过程中任务的复杂度和投入的时间成本、设备成本、机会成本以及智力因素。

用户在创建、发布、分享内容的过程中往往受到不同因素的影响,且其强度和指向各不相同,可从四个维度考察:一是社会驱动维度,主要从社会学和社会心理学角度考察影响用户生成内容的原因,包括信任、认同感、共同愿景、互动性、感知

---

① 赵宇翔、朱庆华:《Web 2.0 环境下影响用户生成内容的主要动因研究》,《中国图书馆学报》2009 年第 9 期。

的响应、以往的经验或体验等因素;二是技术驱动维度,主要从技术接受、技术任务匹配、可用性工程等角度出发,考察影响用户生成内容的主要原因,包括感知的易用性、感知的有用性、技术可靠性、隐私和安全等因素;三是个体驱动维度,主要从心理学和行为学角度考察影响用户生成内容的原因,这一部分直接影响用户对UGC的态度、行为意图和实际行为,包括好奇心和兴趣、感知的乐趣、利他主义、外部奖励、互惠性、自我形象、认可、自我效能、归属感、责任感和义务等因素;四是人口统计学特征,涉及性别、年龄、民族、地域、教育背景、工作经历、上网时间等个人统计因素。

对用户生成内容的评价,大致可以分为积极和消极两个方面。在积极意义上,它是一种伟大的内容革命,面向平民团体或个人,为用户营造了一个创造、表达、参与、沟通和分享的环境,利于原创性内容的生产和传播。在新闻传媒、电子商务、教育学习、医疗健康等领域它都产生了或正在产生着重大的作用。在消极层面上,UGC 在版权、隐私和道德伦理等方面可能存在诸多问题。知识产权方面,2011 年 3 月 16 日,国内多名知名作家组成联盟声讨百度文库侵权,3 月 24 日联盟宣布与百度谈判破裂,百度文库就此陷入版权纠纷。道德伦理方面,由于用户群体的多元化和多样性,用户创建的内容质量也会参差不齐,有害信息很容易传播并误导其他用户。

不过,为促进 UGC 环境的良性发展,不应对用户生成内容进行过多的干预和限制。因为当用户自己创建内容时,会收获成就感及自主性,并把自己当作系统中的一分子,尽力去维护系统的完整性。当自主性被剥夺时,成就感也会荡然无存,积极性会受到严重打击。① UGC 的良性发展不应由外界干预主导,而是依赖于用户加强自律,可行的做法包括:尊重其他用户生产的内容;对于事件型的信息避免加入主观感情;避免人身攻击;引用数据、资料时注明参考来源;创造有价值的内容。

四、从匿名群体到真实个体

在传统的大众传播理论中,受众多是被视作匿名的和不具个性的客体。尽管分散的受众成员有时也采用各种形式直接、间接参与新闻媒体工作,但在总体上,受众对于新闻媒体来说,是不见面的,是一种笼统的、隐蔽的存在。

在对新媒体的论述中,用户的主体地位得到认可,但仍然常被视作匿名的主

---

① 孙淑兰、黄翼彪:《用户生产内容(UGC)模式探究》,《图书馆学研究》2012 年第 13 期。

体。十几年前有个流传的说法,"在网上没有人知道你是一条狗",用以描述网络的匿名性特征。但随着对互联网的理解日益深入,用户开始意识到,"在网上有人(政府/企业)知道你是一条狗",各种监控让普通人几乎不可能完全隐匿自己的身份。而现在,更多的人掌握了更多的信息技术,"人肉搜索"让人不寒而栗,于是"在网上人人都知道你是那条狗——如果他想知道的话"。由此可见,网络传播的匿名性或许只是由于技术的不成熟和用户的不适应而表现出的阶段性现象,并非网络传播的本质和发展趋势。

从客观方面看,互联网用户越来越难以隐匿自己的形迹;而从主观方面看,用户在网络中呈现自己真实、固定身份的意愿也日趋增强。数年之前,互联网上的各种应用如即时通信软件、网络游戏、网络论坛之间,比较普遍地缺少历史行为的累积和人际互动的关联。不同平台的"圈子"之间难以共享、连通和互证。而随着Web 2.0时代的到来,跨平台的数据共享不再存在技术障碍,人们的在线/离线生活无缝融合。越来越多的用户在网络上使用实名,越来越多的平台开始采用实名认证模式。这是因为,完全匿名就意味着无法与他人建立多方位、多层次的互动关系,也就失去了使用社交网站的意义。

如今,只要你有兴趣,就可以阅读某个人的博客,订阅他的网摘,通过社交网站和友情链接熟悉他的朋友圈子、接触他的人际关系网,通过引用通告(Traceback)知道他在和谁讨论些什么,通过豆瓣网了解他在读什么书、看什么电影,通过微博欣赏他的照片、获知他的动态、分享他的信息……更为关键的是,各种平台和渠道都在竭力相互融合、相互贯通,努力让任何一个入口都能走进某一个用户的全部个人世界。

由此可见,匿名性绝非互联网用户的特征。随着网络和新媒体向各个领域更深、更广地渗透,用户愈发倾向于有选择地公开个人隐私,把现实生活中的自己呈现于互联网,塑造一个真实的、固定的个体身份。

五、从受众反馈到用户体验

受众是新闻传播的积极参与者,这一观点现已得到普遍的认同。受众对于新闻媒体整个运作的参与,并不是说他们都到媒体内部来当记者、编辑,而是以各种形式的反馈向记者、编辑和媒体的决策者表达他们的意见和期望。其表达的形式和途径多种多样,诸如:新闻媒体就内容和形式方面在对受众做调查的过程中受众明确表达的态度;受众在有关座谈会上公开发表的意见;受众平时的来信来电等。受众对新闻媒体最经常、最真实的评价就是对各种各样媒体的接触程度,即报纸的发行量、电台节目的收听率、电视节目的收视率。发行量、收听率、收视率是新闻媒体的生命线,而这条生命线就掌握在受众手里。在我国,对受众的真正重视和尊重,是在党的十四大召开以后。当新闻媒体真正走向市场、参与市场竞争以后,新闻媒体的从业人员才懂得,受众是新闻媒体的"衣食父母",是新闻媒体的"上帝"。中国的新闻媒体从这时候开始,从以传者为中心逐步向以受者为中心的过渡。伴随着这一过渡,新闻媒体更加重视受众的调查,真心实意地倾听受众各种形式的反馈。

即便如此,受众对于新闻媒体来说,是一种面目模糊、声音微弱的存在。无论是施拉姆还是马莱兹克,都强调受众社会结构的传播模式,受众反馈几乎都是一种"延迟"行为。新闻媒体执行的是宽泛的大众传播,大众传播中的反馈不能像人际传播中沟通时那样及时。就传播资源、传播能力以及传播时间而言,传授双方是不平等的,反馈在大众传播中是一个薄弱的环节。媒体与分散的受众很难进行直接的双向交流,媒体也很难确知具体的受众的个体特征。一方面,主动给媒体致信致电讲述自己看法和要求的受众占全体人数的比例很低,这种沟通不能及时准确、全面地反映所有受众的意见;另一方面,媒体开展大范围的受众调查、通过受众反馈把握其总体特性和相关要求的做法,需要花费较多的人力、物力、财力和时间,难以经常开展。总之,传统媒体受众的反馈手段比较落后,反馈通道不够通畅,反馈信息量小,速度也慢。

20世纪70年代,未来学家托夫勒在《未来的冲击》一书中首次提到"体验经济"的概念①。随后,他在《第三次浪潮》中指出"服务经济的下一步是体验经济,商家将靠提供这种体验服务取胜。② 1999年4月,B·约瑟夫·派恩与詹姆斯·H·吉尔摩在《体验经济》一书中指出"从产品经济到服务经济之后,将是体验经济的时代。③ 体验经济遵循"以用户为核心"的原则,以满足用户个性需求为出发点,为用户提供定制化服务。体验经济的产生是生产力发展、技术推动等因素综合作用的结果。一方面,随着社会生产力的发展,产品和服务的更新换代加速,推动了用户消费内容和消费方式的不断变化;另一方面,以网络信息技术为代表的科技发展,使得经济运行变得简单化和便捷化,体验经济所要求的专门为用户设计和生产的产品和服务,成本越来越低。

用户体验(User Experience,简称 UE 或 UX)在 ISO 9241-210 标准中被定义为"人们对于正在使用或期望使用的产品、系统或者服务的认知印象和回应"。这一

---

① [美]阿尔文·托夫勒:《未来的冲击》,孟广均等译,新华出版社1996年版,第20页。
② [美]阿尔文·托夫勒:《第三次浪潮》,朱志族等译,三联出版社1984年版,第120页。
③ [美]B·约瑟夫·派恩、詹姆斯·H·吉尔摩:《体验经济》,夏业良、鲁炜译,机械工业出版社2002年版,第43页。

概念起初产生于 IT 应用设计领域，但由于其他行业的竞争背后也普遍存在用户体验的竞争，因而这一概念被日渐推广。它包括产品或服务的象征意义、产品的易用性如何、产品的功能是否满足用户的需求、产品提供的信息及结构是否准确和合理。互联网时代的用户体验具有如下特征①：

1. 用户的个性化需求提高。"体验"因其差异性和不可替代性使用户自身的在场成为一种相对稀缺的资源，而以用户体验为导向的产品设计最大的特点就是突出人性化。这就需要针对用户个性特征和个人需求来为用户提供量身定制的信息服务。

2. 用户的参与性需求提高。互联网时代的用户不仅仅关注得到怎样的信息，更关注在哪里、如何得到信息。相较于结果而言，用户更重视过程。这就决定了信息服务应该具有开放性、互动性。在参与信息服务的过程中，用户的想象力和创造性得以彰显，从而获得掌控感、成就感和满足感。

3. 用户的情感性需求提高。用户在注重信息服务内容和质量的同时，更注重情感的愉悦和满足。他们更注重整个消费过程的环境、信息关联度以及技术条件支持带来的真实感受。

随着互联网的普及，网络用户的地位已发生明显转变。在传统的传播结构中，"反馈"一词反映了受众的被动和弱势地位。而在互联网时代，相较于"反馈"而言，"体验"的概念更能准确描述用户在传播结构中地位和角色。互联网传播的交互性（Interactive）对旧有的传播方式而言是一个革命性的突破。在互联网中，用户享有前所未有的参与度，媒体和用户形成充分的双向交流。媒体可以根据用户的点击量和页面停留时间即时获取新闻的受关注程度，并对用户关注的热点新闻进行跟踪报道；在网上可以组织较大规模的民意调查，以较低的成本在短时间内掌握用户对新闻事件的态度或对媒体的看法、要求；网络媒体可以通过多种途径使得用户能够迅速、自由、充分地与媒体交换意见，提供新闻线索或投稿。由于反馈和互动得到广泛加强，网络传播可以根据用户的要求及时调整传播策略，获得最佳的传播效果。

用户体验必定影响大众媒体的变革。美国学者尼葛洛庞帝曾预测："未来的界面代理人可以阅读地球上每一种报纸、每一家通讯社的消息，掌握所有广播电视的内容，然后把资料组合成个人化的摘要。这种报纸每天只制作一个独一无二的版本。"②现在看来，互联网时代显然为尼葛洛庞帝所谓"我的日报"提供了实现条件；对用户来说，"我的体验"受到前所未有的重视。

---

① 参考郑胜利、张敏：《用户体验——信息服务研究的新视角》，《图书与情报》2008 年第 4 期。
② [美]尼葛洛庞帝：《数字化生存》，胡泳等译，海南出版社 1997 年版，第 181 页。

第三节 互联网用户的小众化、碎片化趋势

以往媒介在受众研究和定位时,鉴于受众群体的广泛和媒介扩大受众面的需要,往往注意从一般受众出发,在最大范围内追求最大限度地满足全体受众的共同兴趣。然而,中国自1978年迈入社会转型期以来,社会结构发生了巨大的变化,其中社会阶层结构的变化尤为显著,整个社会结构呈现出一种分化的趋势。不同的社会阶层在社会地位、经济利益获取方式、生活态度、价值观念、文化理念等方面都有着较大的差异,从而在社会需求上也必然呈现出不同的特点。随着传统社会关系、市场结构及社会观念的瓦解,无论是精神家园、信用体系,还是话语方式、消费模式都经历了巨大变化;取而代之的,是利益或文化群体的差异化诉求,以及社会成分的碎片化分割。

社会阶层的分化,不仅波及政治、经济的相关领域,也引发了新闻传播领域一系列深刻的变革。伴随着由总体性社会向分化性社会转化的过程,媒介受众群体出现了多元和分化的趋向。这也引发了受众信息需求的多样性发展,不同的社会阶层对媒介的消费欲望和趣味自然表现得各不相同。不同群体间共同兴趣点减少,兴趣和信息要求分化,同时在各自不同的方向上,出于各自不同的利益要求,表现出不同取向的但却是同样强烈的信息欲求。就传播的影响力而言,以往依靠某一种媒介的强势覆盖而"号令天下"的时代已经一去不复返了。一方面是传统媒介传播市场的份额在不断收缩,其话语权威和传播效能在不断降低;另一方面则是新兴媒介(如微博、微信)的勃兴与活跃、传播通路的激增、海量信息的堆积以及表达意见的莫衷一是,这便是现阶段传播力量建构所面对的社会语境。[1]

当前中国社会传播语境,体现于互联网的表征就是用户的小众化发展趋势。如今,信息技术的逐步成熟推动了网络用户群体的分化,使其向小众化方向发展,这种发展趋势体现在:互联网用户不再是一个笼统的整体,而是依据现实社会的层级横向细分,比如,按照年龄结构、文化水准、教育程度、居住区域,乃至消费能力、消费习惯、生活习惯、兴趣爱好、心理状态等诸多因素划分为不同的社会群体,形成一个个"小圈子",媒介根据不同群体的特征为其提供所需信息。不同群体有各自

---

[1] 喻国明:《"碎片化"语境下传播力量的建构》,《新闻与传播》2006年第4期。

的活动空间和交流模式,不同群体相互交叠并具有复杂的互动关系,它们构成了多元化的网络文化景观。这似乎印证了美国未来学家托夫勒曾在《第三次浪潮》中的预言:将来不会再有大规模生产,不会再有大众消费,不会再有大众娱乐,取而代之的将是具体到每个人的个性化生产、创造和消费。与大众传播相比,互联网小众传播的特点表现为:

1. 传播主体和传播内容的细分。小众化传播不再追求广种薄收,而是着眼于特定的群体,提供符合特定需求的信息和服务。

2. 用户的主动性增强。传统的受众在接受信息的时间、空间上都处于被动地位,而小众化传播便于用户冲破时空束缚获取自己需要的东西。

3. 传、受者之间的互动频繁,界限模糊。大众传播是单向性传播活动,其中虽然有诸如读者来信、热线电话等反馈形式,但这种互动机制较弱,且大都不具备即时性特征。而在小众化传播时代,每个用户都身兼传者与受众两种角色。

Web 2.0更是助推了小众化的发展,一些典型技术或者应用极大地扩展了人们的交流空间,增强了创建、组织和发布信息的能力。其中,与之几乎相伴而生的SNS技术应用的扩展,影响尤为突出。SNS含义相当丰富,既可指一种技术,也代表一种社交方式,而其含义已经远不止于通过熟人扩展交际的层面。以网站为例,从猫扑网、土豆网,到豆瓣网、知乎网,起初都只是小部分用户的圈子,通过口碑相传而日益壮大。知乎网凭借认真、专业和友善的社区氛围和独特的产品机制,聚集了中国互联网上科技、商业、文化等领域里最具创造力的人群,将高质量的内容透过人的节点来成规模地生产和分享,构建高价值人际关系网络。用户通过问答等交流方式建立信任和连接,打造和提升个人品牌价值,并发现、获得新机会。截至2018年5月,知乎注册用户数已达1.6亿。①

可以发现,"人以群分"是这类网站的主要特征,即便规模再大、用户再多,它们始终无法摆脱"圈子化"传播的范畴。在这些网站上,无论用户表达了多么个人化的观点,总还是能够找到同类的知音。用户上传书籍、音乐和电影的信息后,就可获知有多少人在与自己读同一本书、看同一部电影,只要点击他们的头像,就可以把对方加为"友邻",大家互相推荐风格相近的书籍、电影。通过在几十万用户中寻找兴趣爱好最相近的人,用户可以逐渐形成属于他们自己的小圈子,这就类似于一种以书籍、电影等为媒介的人脉关系网。在小众的圈子中,人们可以更容易找到声气相投的伙伴,找到人群的归属感。

---

① 周源:《知乎注册用户数1.6亿 知识不应该是小众的》,网易科技2018年7月17日。

一、小众化的积极面

1. 文化发展的新方向

一方面,互联网用户的小众化,促进了文化多样性、包容性、延续性发展,推动着"百花齐放"的局面。由于社会转型、经济机制的变革、市场机制的内在逻辑、教育与文化资源的敞开供应,社会成员在阶层位置间的流动比较活跃,流动机制体现得比较灵活。以共同的取向、共同的状态、共同的爱好作为结合点与小圈子的基本依据,体现出社会组合从封闭性向开放性转化。在此境况下,小众化意味着当代中国社会结构已不能仅仅由集体主义一元文化来整合。人们更需要获得一种自由选择的空间,来确保获取自己需要的生活内容与生活方式。互联网为用户提供了展示自我的广阔平台,使个体的自由本性和创造力得到了充分发挥。人们在互联网上找到了倾情表达自己的空间,张扬个性成为一种时尚新潮。"多元选择,兼收并蓄,体现出对小众、及对异质性亚文化的宽容与尊重,也体现出作为社会一分子的个人在微观层面上越来越具有自主性、差异性、平等性和独立个性。"[①]例如,小众力量的集聚可为传承和发扬传统文化提供条件。以往,国家需要投入大量资金来挽救濒临绝迹的文化遗产,而随着网络的发展,在更大区域内集聚文化能量成为可能,从而使传统文化的生命得以延续。从小众化的视角来解决文化遗产的保护问题,或许成本更低而效果更佳。

另一方面,小众群体是新的智慧形态的催化剂。"群体智慧"的概念由皮埃尔·列维提出,他认为许多个体在竞争与合作中产生了"1+1>2"的效果,群体智慧创造了新的知识空间,催生了更为广泛的决策参与、新的公民与社区模式以及信息的互惠交换。群体智慧被认为是当今时代最重要的社会变化之一,与媒介融合、参与式文化相伴相生。

2. 经济增长的新动力

互联网用户的小众化发展,对经济领域的影响是显而易见的,它无疑给企业带来了新希望,原本被忽视的需求量小、种类繁杂的产品成为新的利润增长点。随着主流市场上的供应趋于饱和,企业间的激烈争夺使得这一市场进入微利竞争时期。越来越多的商家发现了小众市场的巨大商机,提供的商品也日益丰富多样。

伴随互联网空间的小众化发展趋势,用户的非主流需求得到认可和重视,由此进一步推动了小众化的发展。在线零售商亚马逊的成功经营便是明证。用户如要

[①] 周国文:《阶层化和小众化:青年流行文化的新态势》,《中国青年研究》2005年第4期。

在网上买一本书,亚马逊会为你推荐与此书相关的内容,或购买此书的顾客还购买了哪些产品。此外,网站还会根据客户的购买记录,为其推荐有相同兴趣爱好的人。通过这类用户的集聚和密切交流,小众市场就不易流失,小众化趋势也就日趋明显。只要存储的空间和流通的渠道足够大,某些产品即使短时内需求不旺或销量不佳,但它们总体上占据的市场份额足以与少数热销产品所占据的市场份额相抗衡,即众多小市场可以汇聚成足以与大市场相匹敌的市场能量。

可以说,小众化冲击了卖方市场,满足消费者的需求成为决定企业生产产品的重要参考,生产需要变得更加人性化。因而,伴随小众化市场的兴起,商业模式的转变几乎成为必然。只要一个产品类别存在小众市场,那么其原有商业模式就会随小众市场的发展而被颠覆,甚至会导致行业的重新洗牌。①

二、小众化的消极面

小众化,意味着互联网用户正日益分裂成无数的小群体,这些小群体表现出群体内同质、群体间异质的特征。如上所述,这一特征自有其积极意义,但负面效应也不容忽视。

1. "信息茧房"的扩张

桑斯坦在著作《信息乌托邦》中提出了"信息茧房"的概念——公众往往根据自身的兴趣爱好获取信息,因而信息结构是不完整、不全面的,久而久之,会置自身于蚕茧一般的狭隘的空间。小群体中的人,只选择自己偏爱的交流领域,与兴趣相合的人聚谈,经过时间累积,逐渐形成了趋同的风格;而各个群体间,则有话语隔阂、沟通障碍,由于分化明显而导致认同困难。长期生活在信息茧房之中,容易使人视野狭窄、偏执自负、盲信盲从。

这是对群体极化现象的一种生动表述。群体极化现象并非当下社会所独有,而是存在于人类发展的整个历史进程之中,但互联网空间与高速发展的信息技术,为信息茧房的生成、发展提供了更多的空间和条件,使得这一现象更加普通、表现得更为显著。通过各种网络平台或渠道,用户因意见或态度相近而聚集,而群体的集聚又反过来强化了这种意见或态度。当个人诉求无法得到满足或事态未按预期发展时,或网络群体中的信息聚合导致判断失当,人们可能会失去理性,甚至做出一些极端行为。

上述观点得到很多学者的认同,也不难找到实例来印证这种看法。但也有人

---

① 曹文星:《Web 2.0 时代的小众化发展》,《中国传媒科技》2010 年第 2 期。

认为,互联网不仅仅是为信息茧房的生长提供了温床,同样也为跨越地界的自由交流、公共事物的理性探讨提供了广阔平台,群体的"极化"力量未必强过群体的"整合"力量。因此,需要立足现实审慎地看待"信息茧房"现象。

2. 社会黏性的丧失

群际的隔膜,会让群体之间缺乏黏性,离散成单一的力量,这会造成分歧加剧,社会共同体也会因分裂而面临瓦解的威胁。人类从原始社会起就处于群居的状态,群居能够保证更多资源的优化和群体的生存发展,这是经历了无数个时代验证的。社会黏性是由经验、知识和任务的分享而来的,人们需要有一些共同的关心和记忆,需要构建起具有黏性的共同联盟。当人们发现同胞正处于危难时,能够予以援助。如中国汶川发生 8 级强地震时,作为同胞的中国人民在第一时间团结在一起救援灾区。而缺乏黏性的社会或国家,人们只关心各自的政治经济利益,往往彼此漠不关心。

伴随互联网的发展和普及,人与人之间直接的接触交流逐渐减少,而网络上选择信息的高自由度使人们很容易形成群己之分,使个体脱离社会共同体的发展轨道,减少社会经验的分享。当个体之间、群体之间缺乏黏性,离散成单一的力量,无疑将会极大地弱化群体的功能,产生消极的影响。

可以说,小众化已成为 Web 2.0 时代网络发展的一种趋势,而且随着用户数量的进一步增多和科学技术的日新月异,其进程可能将进一步加快。小众化所反映出的对个性的张扬、对参与的要求,使其影响已超出网络本身的范畴,进而影响到了现实社会的发展。小众不再孤立,而可以对社会产生举足轻重的影响——有时,这种影响是负面的、有破坏性的。

一个日益小众化的互联网世界,无论是其积极的方面,还是其消极的方面,总是会在不同的互联网用户群体中分别存在,同时也取决于每个用户的个体实践。究竟互联网的小众化会把我们引向何方?与其说存在一个现成的答案,毋宁说我们每个人的每一次选择,都将会影响我们自己和我们所属群体的未来。

第 5 章　新媒体与传统媒体

传播科技的发展,对传媒业的影响是巨大的。一方面,传统媒体绞尽脑汁利用新技术,期望老树可以发新枝,另一方面,新技术不断敲打着传统媒体的根基,追赶、挤压传统媒体。实际上,"传统媒体"与"新媒体"并不是水火不容的关系,它们相互竞争,相互学习,相互融合,共同创造了一副前所未有的复杂传媒图景。本章将从新媒体与传统媒体的比较中探讨这一变化。

第一节　新媒体带来传媒格局变革

新媒体产业的异军突起打破了平面媒体、广播、电视垄断上百年的媒介格局。一方面,新媒体产业加剧了市场竞争,传统媒体的市场空间越来越狭窄,另一方面,新媒体产业逼迫传统媒体加强对新媒体技术的利用与融合,单一的传统媒体将无法生存。更为深刻的是,新媒体产业改变了传统受众的阅读习惯,将消费者由"受众"转变为"用户",颠覆了传统媒体的"游戏规则"。新媒体成为传媒业的核心,已是大势所趋。

一、传统媒体特别是纸质媒体颓势难以逆转

传统媒体产业正走向衰退。在平面、广播、电视三大媒体中,又以平面媒体的衰退最为明显。

(一) 平面媒体发行量大跌

发行量是衡量纸媒产业发展的标杆之一。美国的《纽约时报》(*New York Times*)

是受网络媒体冲击的一个典型代表。年报显示,《纽约时报》的发行量已经从 2010 年的平日刊 90.6 万份、星期天刊 135.7 万份,跌至 2014 年 1 月的平日刊 68.1 万份、星期天刊 121.7 万份,再跌至 2017 年的平日刊仅 50 多万份、星期天刊不详。但截至 2017 年底,《纽约时报》的数字订户总数已超过 260 万。2017 年纯数字订阅收入较上年劲增 46%,达 3.4 亿美元。①

在数字化浪潮中,越来越多的媒体被迫转型或面临淘汰。美国《时代杂志》(Times)、《美国新闻与世界报道》(U. S News & World Report)等著名期刊早就纷纷停止印刷,只留下网络版,告别纸媒时代。2008 年,坐拥《洛杉矶时报》(Los Angeles Times)、《芝加哥论坛报》(Chicago Tribune)和《巴尔的摩太阳报》(The Baltimore Sun)等重要媒体的美国芝加哥论坛报业集团宣布申请破产保护;2009 年拥有百年历史的《基督教科学箴言报》(The Christian Science Monitor),停止纸媒发行而改出网络版。2012 年 12 月 31 日,已经出版了 80 年的老牌杂志《新闻周刊》(News Week),推出了纸质版的最后一期,还配有社交网站推特的主题标签"#",在网络媒体迅速发展的今天,该符号象征或预示着报刊杂志正在向印刷版告别,进入全面数字化的新时代。美国独立调研机构皮尤调查中心发布的"最新媒体现状"报告也印证了这一点,2016 年美国报纸行业财务状况持续下滑,发行量降至 1945 年以来的最低水平。根据美国媒体联盟在《编辑与出版人》公布的数据,2016 年美国日报总发行量(含印刷版和数字版)下跌至 3 500 万份,星期天报总发行量下跌至 3 800 万份,都下跌了 8%。其中,印刷版报纸下跌最为严重,印刷版日报发行量下跌 10%,印刷版星期天报下跌 9%。② 纸质报刊似已不再是公众获取新闻的主要渠道,路透社在 2017 年的"数字新闻报道"调查中提到,有 51% 的美国人通过社交媒体获取新闻资讯。③

中国的情况也不乐观,根据 2017 年度全国报纸印刷量的调查统计,2017 年度全国报纸印刷总印刷量为 855 亿对开印张,较 2016 年的 958 亿对开印张减少 103 亿对开印张,下降幅度为 10.75%。④ 2017 年耗用新闻纸 192 万吨,较 2016 年的 215 万吨降低 10.70%。伴随着新媒体的风生水起,《京华时报》《东方早报》《楚天金报》《悦己 Self(中国版)》《伊周 FEMINA》《晨报周刊》《新余晚报》《燕赵都市报(冀中版)》《临空都市报》等一批报纸和杂志止于 2017 年。⑤ 转型或是关门似乎已

---

① 综合纽约时报公司历年年度报告等数据。
② 美国皮尤研究中心:《美国媒体现状报告》,2017 年 6 月。
③ 《51% 的美国人使用社交媒体 APP 获取新闻资讯》,中国商务新闻网 2017 年 9 月 14 日。
④ 《2017 全国报业印量调查结果出炉,报纸印量下滑или将触底》,科印网 2018 年 4 月 25 日。
⑤ 网易新闻学院:《这么多媒体死在了 2017,却仍有报纸在今年创刊?》,2017 年 12 月 12 日。

经成为许多纸质媒体的最终归属。

(二)电视、广播也不同程度面临衰退

网络电视、网络广播让受众形成了利用网络点播视听新闻、娱乐节目的习惯,电视剧网络版权的价格节节攀升,视频网站通过出售广告实现了利润大幅增长,付费会员数也不断增长。目前,视频网站已经完成了对广播、电视受众的覆盖,拥有广播、电视同等数量的受众,广播、电视的受众被大量分流,收视率不断下滑。虽然还不到危急阶段,但电视、广播面临严峻挑战,已是不争的事实。据中国网络视听节目服务协会发布的《2018中国网络视听发展研究报告》,已有45.8%的网络视频用户过去半年内未看过电视。

(三)传统媒体广告收入下滑

依靠二次售卖获得的广告收入,是传统媒体维持运作的生命线,但网络媒体对传统媒体广告客户的分流,正蚕食着传统媒体的最后阵地。从2012年以来,报纸广告连年大幅下滑。2012年,报纸广告从2011年的上升11.2%陡然呈现下降7.3%,2013年又继续下降8.1%,2014年下降18.3%,2015年下滑达35.4%,2016年下滑达41.4%。反观网络广告,市场规模不断扩大。2011年中国网络广告市场达511.9亿元,而2016年中国网络广告市场达2 305亿元,5年时间增长了近3.5倍,中国网络广告市场规模更是超越了电视广告(1 239亿元)与广播广告(172.64亿元),更远高于报刊广告,显示出超强的活力。① 美国的情况也与此相类。据美国皮尤研究中心公布的《美国新闻业现状》显示,截至2017年,美国报纸广告收入总体上已经连续13年下滑,而网络广告却一直增长,而2006年的美国报纸广告总收入近496亿元,2016年美国报纸广告总收入仅为180亿元。如表5-1所示。

表5-1 全球各类媒体广告市场规模结构

	2013	2014	2015	2016	2017
电视	40%	39%	38%	37%	36%
网络	25%	29%	33%	35%	39%
报纸	15%	13%	12%	10%	9%
广播	7%	7%	6%	6%	6%
杂志	7%	6%	5%	4%	4%
户外	7%	7%	7%	7%	7%

① 艾瑞咨询:《2017年中国网络经济年度监测报告》,艾瑞网2017年5月25日。

（四）传统媒体的衰退是世界性的

在亚洲、拉美等地区的新兴经济体，由于市场空间还没有达到饱和，随着经济发展和文化素质的不断提高，传统媒体仍有一定发展空间，但从世界范围来看，相比于新媒体的爆发式增长，已如强弩之末。新媒体阅读模式对青年人来说有很大吸引力，而传统媒体受众缩小、广告乏力，长此以往，传统媒体发展空间势必逐渐缩小。众多专家预测，单一形式的传统媒体将在这个世纪内消亡，传统媒体产业的不景气似乎正在印证这一预言。

二、新媒体产业持续升温

相比于传统媒体的式微，以互联网为代表的新媒体一进入媒体产业，就凭借交互传播、移动方便、开放自由等优点，蓬勃发展，获得了竞争优势，创造了一个又一个商业奇迹。2006年，视频网站YouTube被谷歌以16.5亿美金的高价收购。2012年5月，Web 2.0的代表社交网站Facebook在纳斯达克上市，IPO定价为最高发行价38美元，发售4.2亿股，融资规模将达160亿美元。至2018年7月，Facebook市值已超过6 000亿美元。在中国，以网络视频、微博客、网络社区等为代表的Web 2.0应用如火如荼，移动互联网大力推动新媒体迅猛发展，新媒体企业成为投资热点，互联网企业迅速壮大，腾讯、阿里巴巴等互联网企业也已成长为市值几千亿美元的巨型公司。由于看中中国新媒体产业发展环境和用户潜力等商业价值，国际风险投资商更愿意投资新媒体产业，而传统媒体则面临门庭冷落的窘境。

新媒体产业不仅在传播方式和传播形态上更胜一筹，在盈利模式、融资、营销等商业运作上也多有创新。目前，新媒体产业已经进入快速发展阶段，产业链逐渐形成并完善。新媒体在价值网络中的地位已经发生根本改变，已经超越传统媒体成为媒体网络的核心。根据艾瑞咨询发布的《2017年中国网络经济年度监测报告》，2016年中国网络经济规模为14 707亿元，同比增长28.5%。经过多年高速增长后，网络经济发展进入稳健期，增速略有放缓，但整体仍保持稳定的增长态势，未来还将继续增长。2016年中国网络经济规模中，PC网络经济营收规模为6 799.5亿元，营收贡献率为46.2%，移动网络经济营收规模为7 907.4亿元，营收贡献率为53.8%。从整体上看，移动互联网产生的营收已全面超过PC端，未来，伴随着流量向移动端的不断倾斜,移动网络经济引领网络经济整体发展。① 另外,就中国的情况而言,新兴的互联网公司大多是在产业扶植政策影响下的民营企业,机制灵活。在经历了2000年的互联网泡沫之后,中国的互联网和新媒体企业重新迎来了新一轮爆发,而传统媒体垄断渠道的竞争优势正在逐步丧失。

三、受众阅读习惯与媒介接触方式转变

如今,"上网"已经由一种"时尚"渐渐变成"必需品"。有调查显示,美国青少年在线时间甚至超过了看电视和打电话的时间。由于电视与网络的融合技术,这一媒介形态的变化带来了潜在的受众迁移。

根据中国传媒发展指数报告,中国受众每天阅读报纸的时间从2005年的39.6分钟/天持续下降到2010年的32分钟/天,广播使用时间也连续三年下降,2010年仅为10分钟/天,电视观看时间稳定在174分钟/天。互联网使用时间连年高速增长,在2010年已经达到92分钟/天。② 2018年6月中国网民人均每周上网时长达到27.7小时,相比2017年末提升了0.7小时。③

新媒体把传统的"受众"改造成了"用户",也重塑了大众的阅读习惯和阅读方式。随着移动互联网技术和移动终端技术的进步,随时随地登入互联网进行阅读已经逐渐普及。用户已经习惯使用方便、快捷、易于获取内容的移动终端获取信息,他们不再经常看报、看电视,而是手持智能手机、平板电脑阅读新媒体上生产的内容,这对传统媒体形态来说是致命的。

第二节 传统媒体的求生之路

一、进入新媒体

在新媒体的冲击下,传统媒体为求生存,最初的想法就是进入新媒体,利用已存在的内容和品牌,结合新技术开发传统媒体的新传播形式。开办网站是最常见

---

① 艾瑞咨询:《2017年中国网络经济年度监测报告》,2017年5月25日。
② 喻国明:《2012中国传媒发展指数报告》,人民日报出版社2012年版,第29页。
③ 中国互联网络信息中心:《第42次中国互联网络发展状况统计报告》,2018年7月。

的进入新媒体的路径,平面、广播、电视三大传统媒体与新媒体融合,产生了许多新的媒介形态,"旧媒体"在新媒体上获得了新生。

(一) 平面媒体与新媒体

平面媒体是受新媒体冲击最大的传统媒体。网络媒体、手机媒体等新媒体的兴起与发展十分迅速,平面媒体的市场地位和生存空间不断受到冲击。转向新媒体,利用新媒体技术完成改造和升级,是平面媒体的必然选择。在众多实践中,网络报刊与移动终端报刊,是传统报刊主动融合新媒体产生的主要媒介形态。

1. 网络报刊

网络报刊的发展经历了电子版报纸、创办新闻网站、利用 Web 2.0 应用等阶段。

电子版报纸即是传统报刊的电子版,是纸质版的"克隆",只是将报刊搬到互联网上,利用电脑等电子设备阅读。用户打开一张电子报纸,从内容到版式都与当期的纸质版报纸完全相同。电子报纸是纸媒与网络联姻的第一步,也是网络媒体表现形式的雏形。[1] 相对而言,电子版报纸所需投入小,技术门槛低,方便直观,保留了纸质版的版面特色,因而被传统媒体广泛使用。世界上第一家拥有电子报纸的媒体是位于美国硅谷的《圣何塞信使报》(San Jose Mercury),他们于 1987 年首度将报纸克隆到了互联网上。随后,随着计算机网络技术、通信技术、多媒体技术的发展,以及网络用户的不断增多,传统媒体在 20 世纪 90 年代掀起了"上网"的热潮。一时间,从《纽约时报》《华盛顿邮报》(Washington Post)、《华尔街日报》(The Wall Street Journal)、《芝加哥论坛报》《新闻周刊》《时代周刊》等著名报刊到地方小报,都拥有了自己的网络版。我国平面媒体网络版的实践开始于 90 年代中后期。1995 年 1 月,《神州学人》杂志开始进入网络,以纯文本和电子邮件的方式上网。同年 10 月,《中国贸易报》成为国内第一家上网发行的日报。[2] 发展到今天,几乎所有正在发行的报刊都有了电子版,用户可以通过媒体网站或者相关应用和数据库浏览。

20 世纪末互联网的热潮推动了传统媒体创办新闻网站。与广播、电视相比,传统报刊创办新闻网站实践最早、操作更容易。实际上,报刊创办新闻网站的历史几乎与电子版网络报纸同时出现,但效果并不理想。一方面,初期的新闻网站简单复制纸质版内容,更新缓慢,另一方面,从传统媒体进入新媒体市场的新闻网站存

---

[1] 巢乃鹏:《网络媒体经营与管理》,福建人民出版社 2007 年版,第 6 页。
[2] 彭兰:《论网络报纸的特性及编辑对策》,中国人民大学硕士学位论文,1999 年。

在着旧体制的惯性,资金不足,技术落后,人才匮乏。传统媒体逐渐意识到,创办新闻网站并非简单复制报刊内容,而需要在内容服务、品牌塑造、商业模式上都进行变革和拓展。中国报刊建立网站有特定的历史语境。90年代末,以新浪、搜狐等门户网站为代表的网络媒体逐渐成功,他们将传统报刊的新闻信息整合集中,再重新分类编排,传输给用户。这一模式使得传统报刊十分被动,沦为"为他人作嫁衣"的"内容供应商",处于不利的竞争地位,这刺激了传统报刊业利用内容和品牌优势,建立自己品牌的新闻网站。相比之下,发达国家平面媒体创办的新闻网站则充满活力。与我国不同的是,国外没有"门户网站"这一概念,《纽约时报》《华盛顿邮报》《金融时报》(*Financial Times*)等著名传统媒体的网站即是主流新闻网站,通过成熟的商业运作和专业的内容资源在竞争中脱颖而出。这也给我国的新闻网站以借鉴意义。

2000年是中国传统媒体进军网络媒体的标志性的一年。2000年8月,"人民日报网络版"改为"人民网",突出内容原创性,拓展了互联网业务,转型成为综合新闻信息服务平台。改版后的"人民网"借鉴成熟商业网站的经验,增加了论坛、留言等互动性模块,提升了更新频率,优化了栏目设置,还提供电子邮箱、资料库检索等新媒体服务。如今,我国大部分报纸都有自己品牌的网站。如《光明日报》的"光明网",财新传媒的"财新网"等。平面媒体借助纸质版资源,利用互联网技术和平台,实现了多媒体传播。

2000年前后,在一些报业集团的策划和推动下,一些没有对应纸质版的专业性新闻网站兴起。2000年5月,《北京日报》《北京晚报》等九家北京媒体联合创办了综合性专业新闻网站"千龙网",成为国务院新闻办批准的第一家网络媒体。"东方网"由文新报业集团、解放日报报业集团等10家上海主要传媒机构联合创建,除了有传统媒体的支持外,自己还拥有独立的采编团队,以独立媒体身份发布新闻。这些专业性新闻网站大多由几家传统媒体联合创建,是传统媒体进军新媒体产业的尝试。

近年来,传统报刊业积极转战互联网,拥抱新媒体,寻找发展契机,一些平面媒体在互联网平台上找到了更大的发展机遇。根据艾瑞咨询调查数据显示,2012年,以FT中文网、华尔街日报、财经网等为代表的商业资讯类网站用户规模快速增长。这些由传统报业进入互联网的媒体,凭借线下丰富的报道资源,在新闻解析的深度方面有着较强优势,在微博浏览了概述后,愿意跳转向商业资讯网站继续阅读的人数比例也相对较高。① 邮箱订阅这一渠道成为这些媒体具有特色的流量来

---

① 钟雯佳:《艾瑞iUserTracker:传统商业媒体网络用户规模攀升 邮箱订阅来源优势明显》,艾瑞咨询2012年11月9日。

源,吸引了大量高端男性用户成为网站的忠实用户,电子期刊的传播形式也获得了网民喜爱。这些媒体成功的实践表明,顺应新媒体时代的产业发展规律,传统媒体可借由开办媒体网站拓展影响力,实现转型。

传统媒体基于官方网站,利用 Web 2.0 拓展论坛、社区等提供交互性新闻信息服务,实现了与网络用户双向交流。其最大特点是用户可自创内容,即用户创造内容。互动应用主要有以下几种。

用户评论或留言。这一形式是媒体与用户交流的基本形式,报刊网站在发布的内容下方一般都设有留言功能,方便网友评论。

论坛和社区。论坛和社区是综合性的信息平台,可以为报刊网站集聚人气,作为信息和内容发布的延伸工具。

微博与博客。部分报刊网站开设了博客,如人民网强国博客,可以丰富网站内容。微博则带来了报网互动的新热点,目前,大部分报刊都开设了官方微博。微博有短、平、快和交互性强等优点,在新闻内容发布、互动、品牌营销上都起到了巨大的作用。例如人民网的人民微博,新民网的"上海滩"微博。这些微博一方面可以成为与受众交流的平台,另一方面也可以成为"爆料"平台,用于收集新闻线索。

数据挖掘。数据挖掘可以帮助网站自动排序信息,推荐受众最想看到的内容,这一功能提高了内容投放的准确度,增强了用户黏性。

下表是人民网采用的 Web 2.0 技术的拓展功能(见表 5-2)[1]。

表 5-2　人民网基于 Web 2.0 技术开设栏目对照

Web 2.0 技术	开设栏目
留言	地方领导留言板,此外网站中大部分内容均开放留言
博客	强国博客,人民微博
论坛	强国社区,包含强国论坛、E 政广场、人民访谈、百姓监督等多个部分
信息挖掘	人民网掘客
标签	在论坛、播客、博客、微博等栏目里都有应用
RSS	提供国内新闻、国际新闻、经济新闻、体育新闻、教育新闻、强国论坛、中文新闻、英文新闻、俄文新闻的 RSS 订阅等,并有专门阅读器——人民网看天下阅读器
播客	人民播客

---

[1] 李慕杨:《内地、香港地区、台湾地区报纸网站 Web 2.0 应用比较——以人民网、大公网、联合新闻网为例》,《中国网络传播研究(第五辑)》,浙江大学出版社 2011 年版。

2. 移动终端报刊

移动终端报刊是传统媒体与手机、平板电脑等新媒体相融合的产物，具有更新及时、互动性强、接收便捷等优点。移动终端报刊主要经历了手机报和应用程序两个阶段。

手机报是指将纸质报纸内容通过移动通信技术平台，以短信、彩信的方式发送到用户手机上或使用 WAP 浏览的媒体形态。手机报实效性高所需流量较小，适于 2G 网络的特点，一面世就产生了巨大的影响力。一些传统媒体利用手机报完成了与新媒体的又一次成功嫁接。

2004 年，国内第一份手机报《中国妇女报》彩信版诞生，从此这种媒体形态就迅速被广泛采用。2005 年，重庆报业集团联合移动通信商推出《重庆晨报》《重庆晚报》和《热报》手机版，新华社、中青报等传统媒体也都顺势分别于 2006 年 11 月和 2007 年 2 月推出了旗下的手机报。仅 2006 年到 2007 年两年间，手机报用户就增长 20 多倍。[1]

但是手机报也存在固有缺陷，一是信息来源单一，仍依托传统媒体；二是手机短信、彩信容量有限，内容简短，不能满足精细化阅读的需要；三是通信技术不发达的情况下，新闻传输速度慢，用户体验差；四是对于传统媒体来说，手机报盈利模式单一，获利不明显。

随着移动互联网技术的发展和智能手机的普及，手机报被迅速淘汰，取而代之的是基于智能手机、平板电脑等移动终端系统的各类媒体应用。作为通向移动互联网最重要的一个入口，APP（Application，应用程序）成为传统媒体又一块攻城略地的战场，传统媒体推出手机、平板电脑应用逐渐普遍。传统报业基于内容资源，大量利用移动端新媒体渠道，可谓"无孔不入"。利用微博向移动端发布新闻方兴未艾，2012 年以后，微信的流行又推动了传统媒体尝试利用微信公众号推送新闻。迅速变幻的市场与技术环境使得预测未来的媒介形态愈加困难，但可以发现，平面媒体与新媒体的结合正逐渐走入深层次，对新趋势的反应速度越来越快，这也证明了媒体产业竞争的激烈。

（二）广播媒体与新媒体

网络与广播的结合开始于 20 世纪 90 年代中期。1995 年 4 月，位于美国西雅图的"进步网络"（Progressive Networks）在其网页上放置了一个 Real Audio System 的试用版软件，提供"随选音效"（Audio On Demand）服务，这一举措标志着网络广

---

[1] 严三九:《新媒体概论》，化学工业出版社 2011 年版。

播的诞生。随后,世界上主要的国际广播公司都纷纷与网络联姻,英国广播公司(BBC)建立了在线新闻网站,美国之音(VOA)用 45 种语言在网络上进行音频广播,法国国际广播(RFI)电台也利用十几种语言在网上向全球进行新闻广播。

1997 年 3 月 18 日,上海东方广播电台《梦晓时间》节目新开设的《东广信息网》与"瀛海威时空"合作,开我国网络广播之先河。1998 年 2 月 28 日,北京经济电台《动心 9 时》开始网上直播。中央人民广播电台、中国国际广播电台、珠江电台等也各自推出了网上广播。①

在广播领域,一方面为顺应新媒体时代对广播内容的要求,从生产层面使广播制作流程数字化;另一方面,传统广播也积极进入新媒体领域,产生了网络广播、手机广播等新媒体形态。

1. 网络广播

网络广播,是指广播电台利用互联网作为接触受众的平台,提供广播音频服务。网络广播目前主要存在两条路径,一是传统的广播媒体把节目搬上网,提供在线直播或点播服务;另一种则是在互联网上"另起炉灶",创建彻底的网络电台,听众通过电脑、移动终端等登录互联网接收广播节目。

网络直播是广播与互联网结合的初级形式,拓展了广播接发渠道。传统广播电台按照固定时间表播出音频节目,只是将电波传送收音机接收转变为通过互联网传送,除此之外与传统广播无异。

网络点播将传统的广播节目保存在互联网上,用户可随时选择需要收听的广播音频。网络点播使得传统广播改变了线性传播、不易保存的缺点。网络直播和网络点播是传统广播电台入网的基本形势,大部分广播电台都已在网站上提供了此类服务。

网络电台是摆脱传统的无线电波传输的形式,完全在网络上架构的电台,大多是依托商业网站或互联网服务商的商业电台。网络电台由于投入小,技术难度不高,每个人都可以建立自己的广播节目,降低了广播的门槛,还吸引了许多个人爱好者和社会团体开办网络电台,体现了新媒体时代用户创造内容的特性。

2. 手机、移动终端广播

手机广播是指,广播节目通过手机终端接收的媒介形态,主要通过移动无限通信技术传输,通过手机上网实现收听,也有手机内置 FM 广播调谐器,直接接收无线电波信号。与手机报类似,在移动互联网技术的逼迫下,手机广播也逐渐寿终正寝,而移动终端的广播应用产品则层出不穷。例如,江苏新闻广播推出了适用于苹果

---

① 赵轶博:《网络广播,何去何从》,赵轶博个人博客。

系统和安卓系统的客户端,其他广播媒体也正在开发独立的客户端应用。

新媒体与广播的结合将收听广播所必需的收音机转换成了电脑和手机等终端,这不仅仅是受众接收方式的简单改变,也重构了广播的传播特点。传统广播节目不易保存,无法反复收听,新媒体广播则实现了广播的储存,受众可以重播、保存、复制广播节目,还加强了媒体与受众的互动。与新媒体的结合不仅没有淡化广播媒体的优势特性,反而吸引了更多听众,延长了媒体寿命。

新媒体广播发展也面临局限性。与报纸、电视相比,传统的广播本来就有便携性、伴随性的特性,并以此在与电视的竞争中立足。网络广播在这一特性上并没有超越传统广播,随身收听广播节目的受众习惯没有因为网络的出现而被颠覆,用手机或者电脑收听传统广播,与用收音机收听,用户体验上差别不大。另一方面,在与网络视频和网络电视的竞争中,以音频为主的网络广播缺少竞争优势,难以获得发展。

"豆瓣电台"是广播媒体的一种互联网新形态。豆瓣电台于2009年初推出内测版,立刻受到广大白领用户推崇。当年12月发布正式版,开放电脑和手机两大客户端,用户可免费在线随机收听音乐,用户数量迅速增长。

严格地讲,豆瓣电台并不是传统意义上的"广播电台",实质上只是一个在线音乐视听网页和应用。但是,豆瓣电台充分利用网络传播特性,集合丰富的多媒体信息,抓住用户需求,开设"私人频道",通过用户对喜爱歌手的选择和日常使用中"收藏、标记"等操作记录和播放频次进行归类计算,统计出用户对音乐家和音乐风格的偏好,从而为用户提供"贴心"的服务,为"网络化广播"开辟了新的途径。

(三) 电视与新媒体

电视媒体是在20世纪诞生并大放异彩的媒介,而到了21世纪,受到新媒体技术的挑战,竞争趋于激烈,因此也在谋求转型,并借助新媒体技术持续发展。电视与新媒体结合,诞生了网络电视、移动终端电视、IPTV、数字电视等种类丰富的媒介形态。另一方面,电视媒体也在建立视频网站或与视频网站合作,占领网络视频市场。

1. 网络电视

网络电视的传播内容主要以传统的电视台节目和正版影视剧为主,用户可以通过基于P2P流媒体技术的播放软件与电视台同步收看影视节目,也可以通过非同步的点播方式滞后收看。由于其直播性质,使得用户的收看行为十分接近于传统的电视收看,故称为网络电视[1],同时主流的网络电视大多依托于传统的主流媒

---

[1] 宫承波:《新媒体概论》,中国广播电视出版社2011年版,第112页。

体机构,故突出以"电视"为中心。

当下网络电视的视频传播主要有两种方式,即直播和点播。

直播是指电视台实际通过电视信号播出的节目通过 P2P 技术在网络媒介上同步传输,表现出很强的时效性。

点播则是媒体将节目内容截成几段,用户可以根据标题或者分类选择收看,这样的传播方式目的性更强,受众可以自主选择,且这些被点播的视频可以反复观看,弥补了传统电视媒介的缺陷。

网络电视依靠各个专业电视媒体机构所提供的内容,把节目内容数字化并传送上互联网。网络电视目前在我国应用比较广泛。2009 年 12 月脱胎于央视国际的中国网络电视台正式上线,该网站汇集了全国电视机构每天播出的 1 000 多个小时的电视节目,汇集了全国 51 个电视台的节目单,同时拥有方便用户搜索的"爱布谷台",视频分享台爱西柚台和视频客户端 CBox,成为中国规模最大的网络视频正版传播机构。目前,国内各级电视媒体机构中,绝大多数省市级电视台均已实现节目"上网"。

2. 移动终端电视

移动终端电视是指通过手机和其他移动终端设备,利用移动网络传输流媒体或其他文件格式电视节目的应用,与网络电视一样,也支持点播和直播。由于电视对网络传输速度的要求较高,移动终端电视有赖于网络技术的提高。目前,主要通过电信服务商网络或移动终端自带电视信号接收模块来实现。

3. 数字电视和 IPTV

数字电视和 IPTV 是电视媒体利用新媒体技术对自身的改造。数字电视是指节目制作、传输、信号接收处理等环节的全面数字化,提升了音视频的清晰度和抗干扰能力。IPTV 则是利用宽带有线电视网,提供数字电视、通信、互联网等多项交互服务的新技术,一般需要对电视机加装网络机顶盒。IPTV 节目质量高,功能多样,互动性强,有巨大发展潜力。

可以看出,电视媒体一方面与新媒体融合,诞生出新的媒介形态,另一方面还借用新媒体技术提升自身产品和服务的水平。在三大传统媒体中,电视参与新媒体较早,程度也更深。

二、调整战略

平面、广播、电视三大传统媒体必须转型,才能在与新媒体的融合与拓展中谋求生机。传媒业流传着这样一句话,"报纸不上网等死,上网找死。"这反映了传统媒体在新媒体环境下的困境。传统媒体不进入新媒体环境,就会迅速被淘汰,但在新媒体时代,传统媒体固守的逻辑和判断已经被新媒体产业所颠覆,只进入而不融入,只利用形式而不转变运营理念,传统媒体在与新媒体的竞争中就会加速衰亡。

传统媒体进入新媒体环境,需要借助网络、手机等新媒体形态和终端,拓展平台和渠道优势,但这只是融入新媒体环境的第一步。传统媒体在与新媒体的竞争与融合中渐渐发现,新媒体化并不是简单地将传统媒体"网络化",而是要对内容、形式进行全面调整,对生产方式、经营策略、盈利模式等方面都要按照新媒体时代的理念进行革新。可以说,只有更懂新媒体的媒体机构才能获得更大发展。

传统媒体转型,需要重视以下几点:"内容为王"、抓住用户、拓展盈利模式。

(一)保持内容优势

传统媒体原先一直牢牢把握着信息发布的渠道,人们习惯于阅读报纸、收听收看广播电视来获取信息和娱乐。但是,互联网的出现迅速消解了传统媒体对渠道的控制力,人们开始转向从门户网站、新闻网站和资讯类应用阅读新闻,在视频网站观看电视剧,通过社交媒体掌握信息。传统媒体不再具有渠道控制力,唯一可以掌控的是内容。尽管不同的媒介形态不断涌现,传播平台日新月异,但是足够专业的内容永远有市场。传统媒体可以凭借制作水准高、有权威性、原创性强的内容积极转型。

与新媒体相比,传统媒体在内容上,具有信息量丰富和信息质量高两大优势。

1. 信息量丰富,可提供大量原创内容

尼尔森评级数据曾对上百万博客和社交媒体网站进行分析,发现站点内容仅有14%是原创,67%的热门新闻站点的新闻来自传统媒体。这表明,新媒体的内容生产仍然依赖于传统媒体,其自身生产内容的能力有限。[①]

在我国,由于相关法律法规和政策对新媒体在新闻报道上的采编权严格控制。然而,由于门户网站和资讯类应用等新媒体占据渠道优势,长期以来,传统媒体制作的内容被新媒体廉价采用,"内容"为"渠道"免费打工,这损害了传统媒体的利益。一些传统媒体意识到,内容资源是与新媒体竞争的一张王牌,也开始反击。2011年12月26日,《财新传媒》总编辑胡舒立向腾讯、搜狐、新浪发出停稿通知,要求门户网站禁用其内容。2014—2015年,《广州日报》《长沙晚报》《楚天都市报》等多家传统媒体起诉"今日头条"侵犯网传传媒权,要求停止侵权并赔偿损失。这些做法放弃了免费接触大量受众的平台,可能导致内容传播力降低,是有风险的。但是,这一做法也保护了原创内容及其版权,提高了高品质内容在市场上的价

[①] 刘晓林、邓利平:《传统媒体的传统优势》,《新闻记者》2012年第21期。

值,同时有利于培养受众分类定制的习惯,提升为高品质内容付费的意识。

2. 信息质量高,有深度,权威性强

在新闻业,高效快捷的报道、独家报道、深度报道和解释性报道、优秀的评论在信息爆炸的时代意义更加重要,这也是传统媒体的优势所在。具有专业素养和媒体管理经验的新闻工作者大部分仍供职于传统媒体,在深度报道、综合报道、评论等内容生产上仍有不可替代的核心竞争力。适当变换角色,保持新闻专业水准,加强权威性和公信力,传统媒体依然可以继续获得受众信赖。新媒体的勃兴使得人人都有了麦克风,不可否认,在信息传播速度和广度上,传统媒体已被击败。发生撞车事故,第一条消息将由事故现场某个人的手机传出,而非报纸上刊登的消息。但是,事故的原因,如何善后处理,还有多少事故隐患等受众更关心的具有深度的问题,需要专业的新闻人才进行发掘,而这种人才,大部分仍由传统媒体培养并投入新闻现场。发现新闻、解读新闻并揭示新闻意义,传统媒体保持着不可替代的优势。

传统媒体在新媒体时代的传播价值链中,作为内容创造者的地位仍然无可取代。传统媒体在转型时,应突出内容资源的优势,明确在产业链中的定位,将内容资源和新媒体的渠道优势整合运作。固守印刷报纸、广播和电视频道等传统媒介形态产品作为媒体生产的核心已经毫无意义,应把内容生产放在核心地位,把经过专业加工的新闻和信息,提供给产业下游的网站、应用等新媒体渠道,这将是传统媒体生存的出路之一。好的内容可以带来用户,而通过直接付费或分成、引流等盈利模式,经过新媒体渠道的增值,内容就可以转化为利润。一些传统媒体在开始积极采用新媒体形态的同时,也开始从建设内容生产平台着手,探寻新的生存之道,并带来了不错的效果。南方报系的几家报纸是这一做法的积极实践者。2000年以后,《南方都市报》预见到凭借信息量和实效性将难以与新媒体对抗,便依托全媒体平台,将重心转向深度报道和观点。《南方周末》在规划"全媒体蓝图"时,提出"不做全媒介,而做全媒介的内容提供商"①。

(二)适应从"受众"到"用户"的转变

新媒体时代,交互性强的特质使得受众不再仅仅是被动的信息接收者,而被转变为可以创造、生产信息的"用户"。一方面,用户是新媒体内容的浏览者和使用者,另一方面,用户通过新媒体参与互动,制作和发布信息,成为"自媒体"。

---

① 向熹:《南方周末的"全媒体"设想》,《南方传媒研究.全媒体破局》(第23辑),南方日报出版社2010年版。

随着信息获取方式的改变,新媒体增加了受众接收信息的渠道和终端,随时随地接收信息已不再是梦想。传统媒体必须从内容生产、产品设计、渠道掌握等各方面适应这一变化。鉴于传者受者关系的变化,交互性强的产品可以增加用户黏性,提升品牌效应;精确的用户数据库,使个性化生产、推送和媒体品牌定位成为可能。

传统媒体融入新媒体,需要围绕"用户"再造商业模式。基于传统媒体的优势,传统媒体要从以受众为基础的"单一媒体平台",转变为以用户为基础的"网络平台",可从以下几方面入手:

1. 品牌精确定位

传统媒体长期积累的品牌可以方便地导入网络平台,再根据用户数据,深度挖掘品牌价值。传统媒体经过几十年的发展,形成了许多深受受众信赖、公信力高的媒体品牌,积累了品牌忠诚度较高的受众。如果利用得当,受众资源可以有效地转化为用户资源。

2. 筛分用户群

传统媒体需要清楚地知道自己的用户群体的类型和特点,对活跃用户、一般用户进行细分,分类定制投放内容,并通过网络平台的社区、读编往来等形式增强用户黏性,形成良好互动关系。

3. 利用传统媒体与新媒体融合的新媒介形态,转型"网络平台"

多渠道的信息投放可以为内容资源"加分",同样的消息,只通过纸媒面对受众和通过多种移动终端接触用户,效果的差别是巨大的。

4. 结合网络传播的特点,根据用户反馈,定制内容

如果多个渠道投放的内容毫无差别,用户可以立刻转到其他媒体,"多渠道"也就没有了意义。因此在网络媒体上提供不同于传统媒体渠道的内容,将收到良好效果。

(三)创新盈利模式

传统媒体的盈利主要靠发行、广告和其他市场活动获得。在新媒体时代,大量新媒体企业用免费的业务吸引用户,先将用户拉拢过来,再根据用户需求提供服务,盈利模式与传统媒体有很大差别。因此,传统媒体需要适应这种改变,"如何取得效益"是转型所必须考虑的问题。传统媒体积累了受众、广告、社会网络和品牌资源,一个有效的盈利模式需要将这些资源良好地整合起来。目前,可供媒体企业选择的盈利方式有差异化内容收费、精确投放的网络广告、在线娱乐等类型的增值服务。

传统媒体转型之后的盈利模式目前并不清晰。以《纽约时报》为例,《纽约时报》的盈利模式比较多元化,在传统的广告外,还增加了收费阅读、电子商务和数字

发行等收入来源,突破了报纸、网站单一的商业模式。《纽约时报》"以 About 集团为主体,积极扩展独立的互联网新媒体业务,使之成为另一个重要的收入来源"。①但是,《纽约时报》的核心资源——内容,在新媒体上究竟应该以何种方式售卖,经历了多次的策略调整。2005 年,《纽约时报》把专栏和其他一些重要的内容从网站上撤下并集合成"时报精选"服务,读者须支付每年 44.95 美元才可以阅读。2007 年,《纽约时报》又取消了网上订阅付费业务,全部新闻内容免费阅读,以扩大访问量,增加广告收入。2011 年,《纽约时报》再次调整收费政策,读者可在线阅读一定数量的免费内容,超过定量则收取阅读费。从收费到免费,再到收费,体现出传统媒体在新媒体环境下盈利模式尚不明朗。靠内容收费还是靠广告获利,或是创新其他盈利模式,仍是困扰大量媒体的核心问题之一。

第三节 媒介融合

一、媒介融合的概念

融合(Convergence)最早产生于科学领域,于 20 世纪 70 年代末被引入新闻传播领域。新媒体先驱尼古拉·尼葛洛庞蒂(Nicholas Negroponte)首先将媒介融合定义为"各种技术和媒介形式的汇聚"。1978 年,他用三个相互交叉的圆圈分别代表计算机工业、出版印刷工业和广播电影工业,演示和描述了三者技术边界趋于重叠的聚合过程,而三者重叠之处将成为创新和成长的爆发点。1983 年,美国传播学者、马萨诸塞州理工大学伊契尔-索勒·普尔(Ithiel de Sola Pool)教授提出,"媒介融合,就是各种媒介呈现出多功能一体化的发展趋势。"②进入 20 世纪 90 年代,计算机数字技术迅猛发展,为各媒介间的数字化融合提供了技术支撑,也给信息传播带来了重大变革。2003 年,美国学者李奇·高登(Rich Gordon)在《融合一词的意义与内涵》一文中进一步总结了媒介融合在不同传播语境下的六类含义,即媒体科技融合、媒体所有权合并、媒体战术性联合、媒体组织结构性融合、新闻采访技能融合以及新闻叙事形式融合,这使得人们对媒介融合的内涵有了更为全面而具体的认识。

---

① 叶君:《"内容优势"支撑传统媒体探索新媒体之路》,《第一财经日报》2010 年 6 月 21 日。
② 刘颖悟、汪丽:《媒介融合的概念界定与内涵解析》,人民网 2012 年 2 月 13 日。

在我国，"媒介融合"（Media Convergence）一词引入以来，也引起了热烈的讨论。中国人民大学新闻学院教授蔡雯提出媒介融合是指在以数字技术、网络技术和电子通信技术为核心的科学技术的推动下，组成大媒体业的各产业组织在经济利益和社会需求的驱动下通过合作、并购和整合等手段，实现不同媒介形态的内容融合、传播渠道融合和媒介终端融合的过程①。中国人民大学新闻学院教授彭兰则从新闻媒体运作的角度，将媒介融合分为四个层次：业务形态融合、市场融合、载体融合以及机构融合。②

概念的多样与混乱，说明媒介融合还是尚在讨论的话题，并无定论。综合而言，媒介融合是指各种媒介形态的边界逐渐消融，多功能复合型媒介逐渐占据优势的过程和趋势。对于大众而言，媒介融合的一个结果就是，任何人可以在任何地方通过无处不在的网络获取各自所需的服务。狭义的媒介融合是不同形态的媒介相互"叠加"和"融合"，产生新的媒介形态。广义的媒介融合不仅包括媒介形态融合，还包括媒介功能、媒介技术、媒介组织、所有权等所有媒介要素的整合与互融，是生产、发布、接收、消费等媒介产业各个层面的融合。传统媒体时代，不同媒介之间时常互通有无，互相合作，但彼此之间有着严格的界限，报刊只能传播文字和图片，广播以传播声音为主，电视则司职视频音频。广义上来讲，这时的媒介融合趋势并不明显，我们可以认为是媒介融合初级阶段。而真正意义上的媒介融合开始于新媒体的兴起，数字化技术、网络技术、移动通信技术等新技术爆炸式的发展使得不同媒介之间壁垒终于打破，所有信息都可以在同一个平台上存在，从而为媒介融合提供了基础性的条件。

媒介融合是过程不是结果。一方面，"媒介融合"一词表达的是一种过程状态和趋势，而不是一种名词性实体；另一方面，媒介融合是不断发展的动态过程，并不存在"终极形态"的媒介融合结果。媒介融合是技术先导性的，只要媒介技术仍在向前发展，媒介融合就会存在新的进展。影响媒介融合的政策和经济因素也是发展的概念。

媒介融合是互补不是取代。媒介发展史是新媒介与旧媒体相互融合和演进的历史。每次传播技术的提升，新媒介形态的诞生，都会引来"狼来了"的呼声，产生"新媒介会彻底淘汰旧媒介"的担忧。实际上，每种媒介都有其优劣，新旧媒介在融合中优劣互补，扬长避短，相互竞争又相互合作。新媒介的出现不会简单地取代旧媒介。媒介融合打破了传统媒体之间壁垒森严的界限，拓展了单一媒介的功能，不同媒介之间的边界越来越模糊。在这种情况下，没有哪一种媒介会完全消失，而

---

① 刘颖悟、汪丽：《媒介融合的概念界定与内涵解析》，人民网 2012 年 2 月 13 日。
② 彭兰：《媒介融合时代的"分"与"合"》，《新闻与写作》，2006 年第 9 期。

是或者凭借其他媒介尚不具有的优势继续生存,或通过融合在新媒介中找到自己的位置。例如,广播没有被电视消灭,而是凭借便携性和随身性的特点,在工作日渐繁忙的都市人群中找到生存空间;纸质报纸的形态或许会被互联网所替代而消亡,但新闻业在几百年实践中树立的价值观念、操作规范仍然不朽,报纸通过数字化将在新的媒介中复活,互联网技术反而拓展了新闻媒体发布信息的平台。

二、媒介融合的三大诱因

(一) 技术诱因

技术一方面推动了媒介形态发生嬗变,催化多种媒介形态的融合,并产生新的媒介形态;另一方面技术作为一种经济要素,催发了作为经济形态的媒介融合。

媒介融合的根本原因是数字技术的成熟。数字技术被广泛用于媒介内容的制作、接收和传输。如今,任何信息都可以统一编码,文字、声音和图像等不同形态的信息传播形式被统一了起来,这是新媒体消融不同媒介之间边界的基础。依靠相应的电子终端设备,受众即可获取多媒体集成的数字内容,由"0"和"1"构造的数字虚拟世界真正影响了大众的日常生活。

网络技术的发展是媒介融合的支撑。从信息的传送和生成来看,网络技术大大加快了信息的传输速度,强交互性拓展了信息制作者的数量;从信息内容来看,不同媒介形态的信息可以同时出现,在网络上我们可以观看视频,阅读电子报纸,收听网络广播;从信息的接受来看,接受者可以随时随地方便快捷地获取信息,突破了时间和空间的限制。

(二) 经济诱因

盈利是媒介产业发展的动力,媒介融合促进了传媒产业效益的提高。媒介融合有赖于以下经济规律的刺激。

1. 规模化生产

媒介生产的信息,单位产品的平均成本随产量增加而降低,规模越大,效益越好。例如,生产同样的新闻,同时发布在纸媒和网络上,所需增加的投入很小,而获利则可以大量增加。因为信息的共享性,同样的内容产品可以被多种媒体形态同时使用,因此媒介融合有利于降低成本,实现规模化生产。

2. 分工、合作与专业化

在现代经济中,产业的深入发展有赖于各部门、各企业、各行业之间的分工和专业化程度的提高,各尽其能、各取所需,效率大大提高。随着新媒体时代的到来,任何一个单一传统传媒企业都无法完成产业链上的所有职能，现在，只要各企业之间自然地依靠优势资源和专业化生产能力通力合作，就能顺利实现。最常见的形式是，内容生产企业与掌握新媒体渠道企业之间的分工合作，例如传统媒体为门户网站供稿，视频网站购买电视台生产的电视节目等。

（三）市场诱因

受众的信息需求是推动媒介融合的重要因素。如今，受众已经习惯了多媒体时代大量信息集成、具有交互性和实时性的媒介产品，单一媒介的信息表现形式已经不能满足受众需求。

受众对信息量与质的要求提高，一方面，受众需要大量、密集的信息，只有大规模的传媒企业才有实力满足这一需求；另一方面，受众需要文字、图像、视频等全媒体的信息呈现形式，传媒需要整合媒介产品。

新媒介形态不断发展，受众习惯于随时随地获取信息服务，要求媒体多方面利用新媒体时代各种媒介形态，提升获取信息的便捷度，这只有在媒介融合的情况下才能实现。

受众的需求多样化和分众化，传统单一媒体大众传播的生产模式无法进行个性化定制内容的生产。而提供专业化、特色化和分众化的信息服务，正是媒介融合的目标之一。

三、媒介融合的主要形式

（一）内容融合

内容融合主要包括由融合性生产所带来的内容生产融合、内容形态融合和内容应用融合。

从内容生产上，由于所有内容都可以进行数字化处理，信息的制作依靠数字化设备和网络就可以完成。内容生产上的融合引发了产业链的变化。在传统媒介时代中，报社只生产稿件，电视台只生产电视节目，电台只播放广播，而如今，建立在专业化基础之上的多媒体内容生产平台大量出现，报业、广播电视业、电信业、互联网行业之间的互相兼并和重组将不断进行。

内容形态上，集合声音、视频、文字和图片的多媒体内容逐渐成为主流。另外，自媒体概念的出现使得用户创造内容越来越多地受到重视，成为内容融合的另一个方向。

内容应用上，一方面，方便快捷、可随时随地获取的内容更受青睐，移动内容前景广阔；另一方面，信息爆炸使得具有阅读（视听）、检索、储存、个性化定制等多功能一体化的内容更有市场。这两方面都促进了内容的融合。

（二）网络融合

网络融合，也即我们经常提到的三网融合，是在技术层面上电信网、广播电视网和互联网三者之间互相兼容和渗透，使得各种信息可以通过统一的网络进行传输和接收；业务上相互交叉，出现跨网业务。目前，已存在的三网融合业务有 IPTV 业务、移动宽带业务等。

目前，电信网、广电网与互联网三大网络之间仍相对独立，都有特定的功能和业务，彼此互不兼容。三网独立的网络运营成本高，不利于多功能业务的出现，也不利于网络资源的共享，阻碍了媒介之间信息的传输和媒介融合。实际上，三网融合在技术逐渐发展成熟过程中，已经有了融合的可能性，在基础设施上已经可以满足三网融合的要求。例如广电网的双向改造、4G 甚至 5G 移动通信技术的发展等。但是，三网融合涉及电信业和广电业之间的资源重组，对资本的要求极高，因而目前我国仍然在逐步推进中。

（三）终端融合

终端融合指的是硬件产品的融合，即电信（Communication）、计算机（Computer）和消费类电子产品（Consumer Electronic）的"3C 融合"，其目的是适应消费者随时随地获取海量多媒体融合内容的需要。

随着内容融合的趋势加强，人们已经可以获取海量的多媒体内容，不再受到时间地点的限制，这使得用户接收内容的终端也必须朝着融合的方向发展，以呈现融合内容。过去，我们听广播需要收音机，看电视节目需要电视机，阅读新闻需要买报纸，而随着技术的发展，如今我们只需要一台可以上网的终端设备就可以全部完成。终端融合具体形式有智能手机、平板电脑、数字电视、电子阅读器等，尤其是移动终端，市场规模快速增长，潜力巨大。

四、媒介融合实践

在美国，《1996 年电信法案》的通过解除了电信业和传媒业之间跨产业经营的限制，允许电信企业和有线电视媒体的相互渗透。1996 年，包括 CNN 在内的特纳广播（TBS）公司被并入时代华纳公司，使得时代华纳成为拥有报刊、书籍、广播电视、网络等多种媒体的传媒业巨头。2001 年，时代华纳又与美国在线合并成为美国在线—时代华纳集团,又整合了新闻业、唱片、电影等文化产业,成为媒介融合的先锋。美国报业巨头甘内特(Gannaet)公司,旗下不仅拥有《今日美国》等300多种各类报刊,还拥有21家电台和130多家网站。纽约时报集团也拥有19家报纸、8家电视台、2家电台和40多家网站。① 2005年,英国最大的有线电视运营商NTL收购了无线运营商维珍移动,成为英国第一家能够提供语音、电视、宽带、移动"四重服务"的综合运营商,由此掀起了欧洲传媒与电信的并购热潮。②

NBC是美国广电媒体集团中最早建立自己网站的一家。从1995年到现在,NBC网站经历了数次改版和完善。目前,在传统内容外,NBC网站还增加了个人主页、博客、论坛、衍生产品销售等功能。一方面,NBC通过增加社交性内容提高了受众的互动性;另一方面,由于用户黏性提高,通过衍生产品销售进一步发掘、拓展了价值链条。

除此之外,NBC还通过合作和并购完善了其在新媒体中的布局。NBC和YouTube展开合作,并由此自建了视频分享网站hulu;与微软合作创建MSNBC,成为出色的综合新闻报道平台;收购成熟的女性门户网站Village,除了向其输送内容外,也将其纳入旗下所有女性栏目交叉推广的系统中。目前,NBC环球网站的单月独立浏览用户数已近3 000万人,其中美国以外地区的用户数占比高达20.5%,已成为NBC环球内容传播的重要工具。③

2007年12月25日,英国广播公司(BBC)的iPlayer播放器正式上线,在BBC节目首播一周后的任何时间,英国用户都能利用iPlayer免费下载BBC广播台、电视台、网站上的所有音频、视频节目,然后用收音机、电视机、电脑、手机或者其他移动终端观看。至此,BBC首次从技术上打通了不同类型媒介之间的界限,实现了广播、电视、网站、移动终端等传播渠道的大融合。④

目前,我国传媒业已经形成报纸、广播、电视等传统媒体与网络、手机等新媒体相互促进、相互发展的媒体产业架构。随着新媒体技术的不断发展,媒介融合已经成为媒体产业必须关注的趋势。不仅新媒体产业不断在媒介融合上做文章,传统媒体也将媒介融合纳为自己发展的战略趋向。

我国为适应媒介融合时代的媒体产业发展,也采取了相应的政策举措。国务院于2010年1月发布的《国务院关于印发推进三网融合总体方案的通知》和于2010年6月发布的《国务院办公厅关于印发三网融合试点方案的通知》将推进三

---

① 蔡雯、黄金:《规制变革:媒介融合发展的必要前提》,《国际新闻界》2007年第3期。
② 宫承波、庄捷、翁立伟:《媒介融合概论》,中国广播电视出版社2011年版,第78页。
③ 叶君:《"内容优势"支撑传统媒体探索新媒体之路》,《第一财经日报》2010年6月21日。
④ 付晓燕:《广电媒体与网络媒体的融合策略探析——以英国广播公司"创造性的未来计划"为例》,《中国网络传播研究(第三辑)》,浙江大学出版社2009年版。

网融合作为培育战略性新兴产业的重要任务。通过三网融合,可以节省网络资源,降低业务拓展成本,提高整个网络的经济价值,并进一步加速媒介融合。目前,媒介融合已经上升到国家战略层面,日益成为推动传媒产业快速发展的全新的产业革命。

南方报业集团的媒介融合实践尤其有典型意义。

自20世纪90年代以来,南方报业实施"龙生龙,凤生凤"的多品牌发展战略,密集打造了一系列知名品牌媒体。现拥有"12报"(《南方日报》《南方周末》《南方都市报》《21世纪经济报道》等)、"9刊"(《南方人物周刊》《城市画报》等)、5个网站(南方网、南方报业网、奥一网、凯迪网、大粤网)和1个出版社。时任南方报业传媒集团董事长的杨兴锋曾表示,"我国传媒业市场正逐步从传统的报刊、广电、户外三分天下的传媒业发展格局,转变为报刊、广电、户外和渠道、网络媒体以及移动互联网五强竞争的新格局。在这种情况下,作为国内领先的平面传媒集团,南方报业必须居安思危,充分利用时代机遇,实现自身的跨越式发展。"①为此,南方报业集团从过去"裂变"开始走向"聚变"。

为保证"聚变"战略的成功,南方报业传媒集团采取了深耕平面、网络先行的方式。一方面,这样的处理方法可以保持集团各子报刊已经形成的品牌及内容优势,保证集团在平面媒体领域的持续影响力;另一方面,通过报网互动,平稳地过渡到全媒体发展,同时以报带网,促进网络媒体的迅速成长。巧妙利用子报刊的力量,促进全集团的新媒体发展。以报网互动为重要特征进入新媒体领域,这两点成为南方报业传媒集团"聚变"战略成功实施的重要保障和两大支柱。

南方报业传媒集团的战略规划,是以各子报的报网互动为核心,逐步实现全媒体的拓展和聚合:每一家报纸都有自己的相关网站,实现报网互动;整合网络平台;用公司制办法来运作新媒体;通过媒体融合,将新闻信息发到统一的编辑平台,加工以后,选择不同的平台发布和传播;最终整合资源,实现从平面媒体产品生产商向媒体内容提供商与信息服务商的转变。《南方都市报》就于2009年提出构建"南都全媒体集群",在2010年发表的《南都全媒体集群构想》中,正式、整体阐述了为实现"现代型的信息集成商、全媒体数字信息运营商、媒体和信息的混合运营商"的目标,实施"跨区域办报基础战略、跨媒体集成核心战略、跨行业拓展升级战略"及其"十大配套动作"。其中,十大配套动作分别是:全媒体理念再造、信息集成中心研发与建设、《南方都市报》报纸的数字化、数字化内容跨区域整体输出共享、奥一网与南都全媒体的深度融合、全媒体组织流程再造、全媒体品牌再造、全媒

---

① 许伟明:《南方报业:让传播立体起来》,《经济观察报》2012年5月28日。

体考核体系、全媒体产品再造、全媒体商业模式再造。①

目前《南方都市报》形成了由南都报系数字化改造而延伸出的 3D 报纸、数字报精华版、邮件版南都新闻、彩信版南都手机报、iPhone+iPad 客户端、"南都视点·LED 联播网""南都视点·直播广东"广播节目、南都官方微博群等传播媒介群。2012 年,南都结合显示器和电子纸屏,同时发布了社会化阅读形式的电子报纸——南都 Daily。

《南方周末》则主攻智能移动平台,先后推出南周阅读器 Android 版、iPhone 版、iPad 版。2011 年 1 月,南方报业新媒体有限公司正式成立,承载新媒体发展"六大平台"的重任:新媒体资源整合和综合开发利用平台,新媒体业务投资控股平台,集团网络等新媒体资产管理和技术研发平台,新媒体业务的拓展和培育平台,新媒体业务的管理、监督、指导平台,集团全媒体一体化平台和全媒体数字资源库。整体来看,南方报业的整合是成功的。

媒介融合实践也不总是风光无限。许多融合媒介形态来也匆匆去也匆匆,例如曾经在国内热炒一时的"有声报纸",已经几近消亡。究其原因,是因为媒介融合具有选择性,并非任意几种媒介就能随意融合在一起。并且,媒介融合需要市场的认可和需求,一种媒介融合产品卖不出去,没人应用,到头来也是竹篮打水一场空。媒介融合产业中,一些跨媒介集团因为经营不善、市场竞争激烈等各种原因败下阵来。曾因合并风光一时的美国在线—时代华纳公司,因为整合不力,内部矛盾重重,于 2009 年宣告解散。这说明,媒介融合是方向,但目前仍处于曲折的探索阶段。②

---

① 许伟明:《南方报业:让传播立体起来》,《经济观察报》2012 年 5 月 28 日。
② 本章参考宫承波、庄捷、翁立伟:《媒介融合概论》,中国广播电视出版社 2011 年版;王菲:《媒介大融合》,南方日报出版社 2007 年版。

第 6 章 互联网条件下的新闻生产

网络新兴媒体强势登场,改变了传统媒体的垄断格局,传统媒体的市场被蚕食瓜分,独家新闻不总是由传统媒体在第一时间发布了。同时,网络平台上新兴媒体的应用拓展了新闻传播方式,受众作为新兴媒体的参与者,互动渗透到新闻传播活动的一些环节中。社会媒体或自媒体生产的新闻通过各种传播渠道散播在互联网上,其比重与日俱增,传统意义上的"固态"新闻文本也呈现"液态化",消费者可以方便快捷地各取所需,同时也培养了新的新闻消费习惯,新闻生产方式的多元化局面正在逐步形成。

然而,在互联网新场域下,公众的共同兴趣没有变,新闻仍然固守着内容的真实、真情、真相;新闻报道在追求速度、广度、深度的突破之时,依然遵循着公开、公平、公正的原则。传统媒体在互联网环境下探寻新发展的路径,其新闻生产承载着来自政府、资本(市场)、受众(用户)等方方面面关系的压力,比以往有过之而无不及。面对复杂的互联网媒体环境,新旧媒体的新闻生产较量如火如荼。

第一节 新闻生产的新场域

一、新闻生产

新闻生产是指新近变动的事实经过加工形成新闻作品的过程。主要包括两层含义:一是指事实需要经过采写、编辑、发表等业务流程,这是新闻专业组织制造的过程及结果;二是指新闻生产者通过有意识的加工赋予新闻事实以意义从而建构了社会现实。

一个新闻报道不论以什么样的形式出现,也不论在何种媒体上刊载,都是各种社会力量合力所致,是各方博弈的结果。一系列对新闻组织的参与观察研究都证明新闻生产受媒介组织内部特定的生产逻辑与组织外部的各种社会因素左右,其中必须权衡的主要因素有新闻语境和新闻场域两大部分。新闻语境是在特定的空间、特定的时间、特定的条件下从事新闻生产的环境,包括专业标准、国内国际形势、国家制度法规等;新闻场域则包括各级决策者、媒体性质定位及市场等。

新闻生产并非只是新闻从业者个体的采集劳作,还包括新闻组织的机构运行与社会环境的互动。"新闻是人们了解世界的窗口。……窗口展示的视野取决于窗口的大小、窗格的多少、窗玻璃的明暗以及窗户的朝向是迎着街面还是对着后院。这个视野还取决于视点的位置,比如是远点还是近点,是歪着脖子看还是脑袋向前伸展,或者是侧着身使眼睛跟开窗的这面墙平行。"①盖伊·塔奇曼(Gaye Tuchman)用"框架"取景的比喻来解释新闻生产的选择性与新闻作品最终呈现于大庭广众的人为可能性。

在传统新闻生产模式中,新闻生产的过程与面向受众的新闻产品之间"窗里窗外"区隔明显。视窗后面的隐晦复杂并不直接面向公众传播,媒介组织的社会信息生产过程局限于狭窄的专业空间,真实的新闻生产幕后不像电影可以为扩大发行连同花絮版一起随DVD光盘赠送发售。印刷媒介时代的记者和编辑几乎都隐身幕后,不可能超越行业边界成为公众人物;广播媒介的主持人、播音员也只闻其声不见其人。然而,电视媒介形式上在有些新闻节目中局部突破了窗里窗外的区隔,最初如现场采访遇到的暴力阻拦,以及一些意外失控的画面,记者和摄像的工作情况往往在别家媒体的镜头上可以得到反映,用来增加新闻的真实性。当然,电视媒介的视听兼备性虽然增加了从业者在镜头前与观众"面对面"的机会,特别是电视直播使观众拥有身临其境的现场感。但实际上,直播报道幕后有协调会,工作人员都要反复地研讨摄制方案、推敲各种细节、调试直播技术流程,观众只是可以直视主持人的现场把握、解说的救场,目睹导播切换控制的画面以及被推到电视画面中的一些记者和摄制人员的工作情况。

在互联网络环境下,全球及各国社会情势都已更迭,传统媒体新闻生产的"窗户"明度有所增加,社会化新媒体的新闻生产甚至达到"裸露"的程度。公众记录的突发现场的图片、视频经常被援引;在线新闻网站的新闻随时可修订;微博中的手记、底稿、初稿、未删节稿等均如"花絮版"公之于众,一些微博中的意见和讨论可以即刻被各种媒体转载。而当微博等成为新闻发布的重要渠道之后,传统媒体的新闻从业者在社会化媒体上不再仅以作品与受众对话,而是以作品为基础发展

---

① [美]盖伊·塔奇曼:《做新闻》,麻争旗、刘笑盈、刘扬译,华夏出版社2008年版,第30页。

到寻找共同兴趣爱好、关注生活动态,甚至以观点感悟等个体表达与公众交流,冠之以"新闻背后的新闻"。媒体的新闻记者发布微博直接面向公众传播的现象在新闻实践中日益普遍。传统隐于"窗里"的新闻从业者及新闻生产过程通过微博这样的新媒体平台走向了"窗外",受众增加了对新闻生产复杂过程及其背后影响机制的理解,从业者声望也通过向受众展示日常的新闻生产过程得以塑造。

互联网促使新闻业的窗户渐次打开,媒介的变化正开启媒介组织新闻生产与社会关系的"新窗口"。

二、新闻场域

场域是法国学者皮埃尔·布尔迪厄(Pierre Bourdieu)提出的一个新闻社会学研究范式,"一个场域可以被定义为各个位置之间存在的客观关系的一个网络,或一个构型。"[1]场域理论是一种有关社会位置关系的构架,"新闻场域"是结构的和充满了不同力量对抗的动态空间。他在《关于电视》中对此做的界定是:"一个有结构的社会空间,一个实力场有统治者和被统治者,有在此空间起作用的恒定、持久的不平等的关系,同时也是一个为改变或保存这一实力场而进行斗争的战场。"[2]布尔迪厄以构成新闻场域结构的整个客观的实力对比关系为思考基点,在对电视媒体的幕后预先审查筛选及电视话语的炮制等分析中,提出需要进一步弄清新闻工作者的实践活动机制。他从收视率的判断标准揭示电视新闻场是一个被经济场通过收视率加以控制的场,电视新闻场中的不平等关系被掩盖起来,并通过各种方式加强与其他场域之间的关系。

无独有偶,报业内幕操纵的种种"独家新闻"也多是"爆炒"的产物。例如,新闻场域中各方关系比拼在美国的党派报纸因政党功能的变化而改变的报道方式中屡见不鲜。"水门事件"中,英雄的记者扳倒了至高无上的总统,也折射了尼克松政府与媒体的"恶劣"关系。白宫的"记者招待会"(Conference)改名为"新闻发布会"(News Conference),以强调它是属于总统而不是新闻界的;还成功地推广了"媒体"(Media)一词覆盖原先的"新闻界"(Press),以强调这一术语的操纵性和缺乏支持性。尼克松政府坚信,媒体并不像它们自己常常声称的那样,是人民代表的声音;也并不是许多人过去理解的那样,一方面代表富有的发行人,另一方面代表政

---

[1] [法]皮埃尔·布尔迪厄:《实践与反思:反思社会学引导》,华康德等译,中央编译出版社1998年版,第133—134页。

[2] [法]皮埃尔·布尔迪厄:《关于电视》,许钧译,辽宁教育出版社2000年版,第46页。

党机构。取而代之的是,媒体是一个独立的、危险而不负责任的权力之源。① 麦克尔·舒德森(Michael Schudson)认为,"正如'水门事件'中的新闻界神话一样,新闻界中的'水门事件'神话也有双重目的:政府利用它显示自己被不公正地围攻,新闻界则利用它来表现自己是勇敢无畏的和独立的社会力量。但是,这两种利用掩盖了事实,在很大程度上,在华盛顿的公共官员与新闻界之间仍然存留着惬意的合作关系。"② 从场域理论来审视,这种"明修栈道暗度陈仓",表面激烈争斗下的暧昧往来并不令人奇怪。

当前,新闻生产实践深陷在网络技术、特定的政治经济结构和社会多元的利益表达的混沌中,众说纷纭。而立足于新闻场理论的关系性思维,来考察21世纪互联网环境下,媒介组织的建构变化如何,博弈的权力新关系处于怎样的状态,不失为一种明智的选择。

三、传统媒体新闻生产场域

新闻生产的场域是在新闻生产过程中,新闻生产者与社会方方面面的客观关系,是社会各种力量之间博弈的场所。新闻生产的直接和间接相关的影响因素隐喻了新闻生产背后的权力关系。

在媒体日常的新闻生产中,制衡性力量强弱的位置关系主要由媒体与政府、社会、资本(市场)、公众(受众)、传媒人构成。在它们之间,有三组关系在传统媒体环境下产生着决定性影响,分别是:政府、社会与媒体,资本、公众与媒体,政府、媒体与记者编辑。

(一)政府、社会与媒体

在这三者关系中,新闻生产者几乎每天都遇到如何来平衡政府(或曰国家)的一元意志与社会的多元诉求之间的矛盾。

坚持新闻工作的党性原则,服从党的领导,宣传党的方针政策是中国媒体的基本职责。但在改革开放以后,中国社会的多元利益格局已经形成,党和政府出台的各种政策、各种举措在一定程度上必定会引发社会利益格局的调整,有因此得益的,有无利无害的,也有受到损害的,百利而无一弊的政策是空想。政府只能从利弊得失的大局出发来制定政策,尽可能趋利避害。而那些利益受损的群体,甚至有些无利无害或只得小利的群体会感到不公平。"不平则鸣",他们要求公开表达意

---

① [美]麦克尔·舒德森:《新闻的力量》,刘艺娉译,华夏出版社2011年版,第142—143页。
② [美]麦克尔·舒德森:《新闻的力量》,刘艺娉译,华夏出版社2011年版,第143页。

见以维护或寻求他们的利益。例如,国家教育部门考虑到教育资源的平衡,要求相对减少全国名牌大学在所在地的招生数,增加在全国其他省市自治区的招生数。那当然对全国大多数地方是有利的,但这势必损害名牌大学所在地公众的利益,引发他们大声抗议。再比如,人力资源和社会保障部根据目前中国公民的健康状况、劳动力短缺前景以及社保基金收支状况,提出逐步延长退休年龄的意见。全国公众有喜有忧,有拍手叫好的,有拍案而起的。还有在诸如房地产政策、医保改革、教育改革、计划生育政策等政策上,都有不同意见存在,可以说众声喧哗。在新闻报道中,如何在体现国家的一元意志和表达多元意见之中保持平衡,是新闻媒体几乎每天都会遇到的问题。

(二) 资本、公众与媒体

除了少数非营利性的媒体外,全世界绝大多数媒体需要自负盈亏,其基本的运行逻辑是:媒体向社会提供内容,吸引广大受众(用户),从而吸引广告商来投放广告,媒体依靠广告收入来获取利润。而广告投放的数量和价格是以媒体受众的数量和质量来权衡的。受众数量以报纸发行量、广播电视的收听率、收视率来衡量。这就是媒体"二次买卖"理论:把报纸卖给读者,把读者卖给广告商。在这样运作过程中,资本(广告商)、受众、媒体三者看上去很一致,但这个过程中的一个核心问题是:如何对待受众?这是在处理资本、受众与媒体三者关系中,每天都会遇到的一个问题。

按照媒体与生俱来所具有的公共性要求,媒体必须承担起社会责任,必须满足公众的知情权,向公众提供真实严肃的新闻,并对此作出合理解释。主流媒体更要把社会效益放在首位。

按照"二次买卖"理论,媒体把受众当作消费者,当作商品,为了取悦受众,他们就会大量提供娱乐内容,甚至把一些严肃内容也加以娱乐包装,"为我们提供纯粹的娱乐是电视最大的好处,它最糟糕的用处是它企图涉足严肃的话语模式——新闻、政治、科学、教育、商业和宗教——然后给他们换上娱乐的包装。"[①]为了在激烈的竞争中胜出,许多媒体甚至不惜牺牲新闻的真实要求,夸大、扭曲直到肆意炒作,甚至造谣。

媒体为谁服务?为公众、为资本、还是为自身,这往往考验着每一家媒体。

(三) 政府、媒体与记者编辑

记者编辑是新闻生产的第一线操作者,是新闻产品的最后完成者。记者编辑

---

① [美]尼尔·波兹曼:《娱乐至死》,章艳译,广西师范大学出版社 2004 年版,第 207 页。

作为个体，当然有他们自己的意志，他们的理想、追求、专业理念、职业精神和个人利益。但每一个记者编辑都处在一个组织构架之中，他们绝不可能完全按照自己的意志来决定内容取舍。政府、媒体、记者编辑都各有自身目标、自身意志、自身利益，这势必形成三方博弈。记者编辑在新闻生产过程面对着来自方方面面的压力。

可以说，新闻生产是一个错综复杂的关系处理过程，新闻产品是各种力量博弈的产物。

四、互联网新闻生产新场域

互联网媒介和当下社会情势的变化，使以上三组关系有所演变，其中最大的改变就是"用户"这一新变量的加入。在互联网新场域中，"去中心化"的网络特点使话语权更多地向"用户"转移，"用户"开始粉墨登场，重要性与日俱增。

从受众到用户转移带来的最大变化主要有两个方面。

一是媒体与受众互动关系的增强。受众不再被动接受媒体带来的资讯，而是能够主动反馈其意见。2009年，《纽约时报》设立社交媒体编辑岗位，提出"所有的一切都是关于对话"口号，替换了先前"刊载一切适于发表的新闻"的口号。[①] 这个口号的更改和一系列涉足社会性媒体的动作表明，一方面，这份百年老报在当今信息技术发展迅速的背景下深刻剖析用户需求，彰显主流媒体前瞻性的服务理念；另一方面，也意味着用户和编辑之间的对话互动传播改写了新闻生产的生产方式流程。2011年，用户通过iPad上的"News.me"服务，可以分享Twitter等社交媒体上的新闻流，以及一些网站上的RSS新闻摘要。也就是说，媒体与受众之间的关系不再是单纯的传播与接受，而是信息共享和互动，受众不但消费"享用"新闻，还能参与"生产"新闻。

二是在此基础上，受众开始运用新媒体手段打破传统专业媒体机构对新闻生产的垄断。在Web 2.0环境下，拥有基本的终端设施就拥有了表达的渠道，借由社会性媒体，公众有更多发言权，在传播中的作用和影响力也就凸显出来。借助博客、网络论坛、播客、微博和微信等，彼此就能分享意见、见解、经验和观点。传统"一对多"的信息传播模式中只作为"受众"的公众逐步转化为信息制造者、传播者和独立的信息观察员，他们在收集、筛选、甄别各种信息之后，往往会作出颇具批判意识的独立判断，并再次借助互联网传播个人观点。公众作为新兴媒体的参与者在网络上也有了"出版自由"。传统媒体因而面临用户对新闻生产的威胁，独家新

---

① 胡泳：《从"刊登一切适合刊登的新闻"到"所有的一切都是关于对话"》，《新闻传播》2012年第1期。

闻不再存在,用户用手机上传的消息、图片、视频都在与传统媒体抢占第一现场。每个人都是媒体,其速度、灵活性、覆盖范围远超传统媒体。

但问题是:网络上的点击率同样会引发各种社会相关控制力量的此消彼长。如新浪名人博客,吸引了很多名人去新浪平台开设博客,聚集用户流量。随意写博文和根据用户习惯定制新闻推送,这些看上去很美的网上个性化表达和传播,其背后仍然存在名人与普通用户话语权的差距。中国社科院信息化研究中心秘书长、《互联网周刊》主编姜奇平认为:"尽管博客最初流行时比其他平台更贴近'草根',比报纸、门户网站更能满足人们个性化表达需求。但从实质上来讲,名人博客仍然是一种以社会资源、专业权威为中心而进行传播的大众媒体。"① 近年来,博客相对衰落,但在新兴的微博等社交网络上,少数名人掌握话语权的现象仍然存在。

再者,现阶段公众作为网民,在权力对新闻话语的控制方面实际上还没形成具有一定自主诠释的成熟性;相对新闻机构而言,其新闻生产在塑造新的社会现实上并没有形成气候。网上的许多事件"曝光",不是公开分享生产过程、揭露权力操控或反思媒介生态,而只是以讹传讹的流言。

如2013年8月5日晚《焦点访谈》播出的《"真相调查"——"挑"出来的新闻》,对新近一则被很多网络媒体转载闹得沸沸扬扬的新闻——《北京颐和园佛香阁部分佛头"被斩首"》做了调查报道。调查新闻镜头中,颐和园公园的工作人员提到佛头遭破坏用了一个词叫"脱落",这跟网上说的"被斩首"从字面上来理解有很大的差异。从公园现场巡查和安防监控的情况来看,这里并未发现有人为损毁的情况。真相是:早在八国联军二次攻入北京时,许多佛头都被八国联军野蛮窃取。新中国成立后,虽然经过整修,重新安上了佛头,但由于内部结构的问题,后配装的佛头存在不稳定的因素,因此出现了个别脱落的现象。

网络上的这条新闻,由于没有对佛头脱落的原因进行核实,用"斩首"作为标题,起到了哗众取宠的效果。一桩旧事被渲染成了新闻,在没有被核实的情况下传播。像类似不实事件很容易在网上流传。虽然传统媒体也有假新闻,但网络上耸人听闻的假新闻比例之高是不言而喻的。

在这样的新场域下,传统媒体必须认清自己的优势和位置,重新定位自己,立足于专业和可信度,从而与业余的新闻生产拉开差距。以慢制快,以真制假,以深制浅,以综合性胜过碎片化。传统媒体要在互联网用户快速出击的新闻生产过程中维持冷静,求"慢"不求"快",在新闻的第二落点对事件进行确切、平衡的报道。

---

① 转引自孙奇茹:《博客十年 路在何方》,《北京日报》2013年4月1日。

同时，挖掘深层信息，以综合性的信息为受众提供全面的分析和意义阐释。中国传媒业发展的最大活力和增长点在于技术的进步和制度的改革。技术层面的东西如果不通过制度就不可能转化为生产力。互联网更为自由的舆论尺度和活跃的互动交流彰显了制度的保障，与党管媒体的政策合力，将进一步释放生产力，促使现在的中国媒体更具创造力。

社会政治结构依然，市场风云变幻，媒体生存险象环生，呼啸而来的庞大用户群欲借社交媒体之东风重构社会权利关系。面对复杂的各方位置关系，传统媒体在观念和心态上沉默坐等者寡，积极主动应声者众：一方面，开设微博、公众号、头条号等个人化的账号，面向公众进行形象营销，确认行业典范，将新闻传播活动环节推到前台，重构传播者与受众之间的关系；另一方面，游走于新闻组织内部及媒介组织间，协调着新闻生产与社会各方控制力量之关系，为公众提供多元观点和深度报道，在公共议题报道方面发挥作用。

新闻生产者在网络新媒体环境下如此应对方方面面关系，压力只增不减。在具体的新闻实践中也就应变出一些行之有效的新闻生产新模式来释放高压。

第二节　新闻生产的新模式

以数字化、及时性、互动性为特征的互联网新传播技术改变了传统媒介组织内部的沟通流程和机制，也提供了一个更为丰富的传递和分享信息的平台，多样性新闻消费给予新闻生产发展新的契机，为媒介组织的新闻采集和发布提供了新的生产模式。以下是四种当前的新闻生产新模式。

一、UGC 新闻模式

UGC 的含义是"用户生产内容"，指受众通过互联网（含移动网络），以文字、图片、影像等形式制作发布资讯和观点等内容。在传统媒体生产模式里，受众只作为受访者或是爆料人间接参与新闻生产，如今受众都已直接参与新闻生产的各个环节。尤其值得注意的是，移动 UGC 业务发展增强了人们记录真实生活的机会。在碎片时间里，人们用平板电脑写文章，用手机拍照片或视频，并可随时通过媒体公开发布。如果内容被关注，搜索引擎就会发现，门户和垂直网站编辑会向内容提供者提出合作意向并提供收益。移动运营商也希望借助 UGC 吸引更多的用户表达自己的感受，开辟新的业务增长点。这一切都将大大拓展用户新闻生产的空间。

目前，社会性媒体兴盛，UGC 已经成为新闻内容的重要来源。

UGC 新闻模式指媒介组织挖掘和利用社会性媒体用户所生产的信息内容为自身服务，降低采编成本的新闻生产模式。主要应用的分享形式包括博客、微博、微信、YouTube 和 Instagram 等图片视频分享网站等。2013 年《丹佛邮报》(*Denver Post*)"Aurora Theater Shooting"专题使用 Twitter 和 Facebook 进行报道，获得普利策"突发新闻报道"奖。该事件在 Facebook 上做了近 48 页的报道，在 Twitter 上 24 小时不断跟踪该事件的进展。这展现了社交网站在突发新闻报道方面的作用。而随着图片或视频分享网如 Flickr，YouTube，Hulu 等的普及，图片和视频素材也有了新的来源。2009 年 1 月 15 日曼哈顿哈德逊河坠机事件，用户给网站提供了大量优秀稿件和精彩的图片，其中一家软件公司的咨询师柯林斯将站在办公室窗前拍下的飞机冲进大楼时的照片传给了英国一家名叫"Scoopt"的移动网站，照片被英国的《伦敦时报》《太阳报》《泰晤士报》等报纸刊用。柯林斯的照片优于通讯社被选用的原因很简单，图片拍摄角度好，最能说明事件本身。

另外，一些非营利性新闻网站利用少数记者编辑和大量 UGC，做出了质量颇高的新闻。一个名为 InsideClimate News 的网站赢得了 2013 年普利策"国家报道"奖。该网站所报道的加拿大沥青管道泄漏事件引起了美国社会的关注，而普利策委员会认为他们严谨地报道了所在国家原油管道的制度缺陷，并且专注于沥青泄漏造成的生态威胁。InsideClimate News 网站只有 7 名全职记者和自由撰稿人，网站上的新闻来自众多业余摄影爱好者、博客写手和摄影爱好者，不出版纸质刊物。

UGC 不仅改变了媒体集团垄断内容生产及传播的局面，自身也成为新闻生产的重要组成部分。传统媒体机构一方面利用 UGC，对其内容进行筛选与优化、组织和整理，使其成为可利用的优质内容；另一方面还通过 UGC 增强体验感与媒体黏度，吸纳 UGC 用户，能带给传统媒体亲和力。同时，在 UGC 内容的生成与上传的整个环节中，用户本身已经参与了平台的搭建过程，如用户的订阅、浏览、收藏、评论等行为，实际上帮助了其他用户选择内容并提供更好的呈现方式。

当然，UGC 模式也存在着明显不足，如用户生产的优质内容相对少，信息多为零散的碎片状；虽然受众参与传播的热情高，但缺乏遴选和"把关"，信息的真实性、客观公正性与导向性缺乏，有些言论明显不妥；用户生产者未经专业训练，综合素质等方面存在不足等。在重大事件、需要深入调查的新闻中，新闻编辑们的专业性决定了专业新闻记者依旧是这个新闻业的主力军。UGC 将新媒体与传统媒体、主流与草根之间架起了桥梁，结构了一种良性的互补并存的可能，而非你死我活的零和博弈。

二、众包新闻模式

众包(Crowd-sourcing)指的是一个公司或机构把过去由员工执行的工作任务,以自由自愿的形式外包给非特定的大众网络的做法。众包行为并不是个新鲜事物,早在1714年,英国政府就悬赏2万英镑以期解决最棘手的科学难题"经度问题"。如今,互联网的普及使众包在许多领域成为可能,如Linux操作系统的开发、维基百科、视频分享网站YouTube都被视作经典的众包案例。

维基百科的新闻是使用众包模式进行内容生产的一个典型的成功例子。面对突发事件,"匿名编辑"更新新闻,不断补充内容,三至四个小时就可以完成一条基本完整的突发新闻报道,而且其细节的翔实程度有时远远超过专业新闻媒体。根据美国东北大学博士后布莱恩·基冈(Brian Keegan)的研究,维基百科已经成为重要的"众包新闻"渠道,甚至可以在重要事件发生后数小时内汇集大量信息。基冈研究了2007年弗吉尼亚理工学院枪击案、2011年挪威枪击案、2012年美国桑迪·胡克小学枪击案等。几乎每次事件发生后,维基百科都会在一两个小时内给出有关的页面,一两天内便会吸引数千次编辑。一般情况下,在事件发生后的几个小时,会有很多志愿者前来贡献内容,他们可能会增加细节信息或修正语法错误。另外,值得注意的是,桑迪·胡克小学枪击案的很多内容贡献者,之前从未在类似的枪击案中贡献过内容。从某种意义上讲,这些志愿者都成了维基百科专业编辑团队的一分子。但无论他们是何种身份,的确都在为事件的报道添砖加瓦,甚至充当了专业编辑的角色。[1]

"众包新闻"最早起源于2006年由纽约大学新闻学教授杰伊·罗森(Jay Rosen)发起的一个涵盖职业和非职业参与者的实验性新闻项目——"零任务"(Assignment Zero),由《连线》和NewAssignment网合作,试图用众包的方法进行新闻调查。2007年,"零任务"网站设立,该网站首页就有众包新闻模式——"专业+业余"新闻,英语为"Pro-am Journalism",即由Professional和Amateur合成的缩写,指专业人士和业余爱好者组合形成的"专业+业余人士"。网站通过特定软件设立了一个"虚拟新闻中心",普通人可以参与新闻生产;拥有各种专业知识的人可以在选择新闻题材时提出自己的意见,在新闻产生过程中提供自己的素材;专业新闻编辑负责收尾发布。罗森认为:"业余新闻产品和类似新闻编辑室那样的指挥控制系统之间,有着天壤之别。"当大众对记者的工作进行补充而不是重复的时候才更

---

[1] 《研究称维基百科成重要众包新闻来源》,新浪科技2012年12月20日。

有益处。他深信业余爱好者的工作不会取代职业记者体系,但会成为一个很好的补充。这些经验也启示了业余爱好者和职业人士的贡献最终会结合起来,以共同完成报道。①

在专业新闻机构中,美国甘耐特媒体集团是较早在新闻生产中使用众包模式的。早在2007年,该集团将其旗下媒体的新闻编辑室都改为"信息中心",信息中心以网络为首运作,着眼于全天候连续不断的跨媒体内容传播。充分利用互联网,放权网民,共同参与新闻生产,减轻了内部员工的工作量,降低了制作成本,同时,提高了新闻时效度和集团的品牌认知度。

三、"迭代新闻"模式

迭代新闻(Iterative Journalism)由美国学者保罗·布拉德肖(Paul Bradshaw)提出,他认为这是21世纪新闻生产的一种新旧媒体相结合的比较理想的模式。② 有国内学者将这种兼及速度与深度的新闻生产模式称为"钻石模型"。③ 迭代新闻模式展现的报道流程是以互联网为核心平台进行的新闻生产。专业人员与用户进行广泛深入的互动。在快速迭代过程中,逐渐逼近事件真相,满足受众对新闻深度的要求。这一模式反映了网络媒介环境的巨大变化:新闻从静态的"产品"变成了动态的"过程"。部分取代了线性"瀑布流水式"的太过理想化的模式。

迭代新闻生产在迭代过程中完善满足用户参与定制的信息需求。新闻从快到深分成快讯、初稿、报道、背景、分析、互动和定制七个阶段。

只要记者或编辑意识到一个新闻事件正在发生,就可以通过手机、无线网络等方式发出快讯。那些在Twitter、SNS订阅的用户很快就能得到更新的消息。快讯的好处是不遗漏重大新闻或做到独家消息的首发,这无疑会增强记者和编辑部在新闻界的名声。对一般新闻而言,也可以在报道中增加一些个性化的内容以吸引更多读者来看网站、报纸或电视。

对传统报纸文章或电视节目来说,新闻初稿显得过于粗糙,但却是完美的博客文章。发出快讯之后,记者可以在网上贴出一篇包括新闻当事人、发生地和一些细节的初稿文章,一旦有新鲜的事实还可随时补充进来。初稿可以让受到快讯吸引的读者继续留在网站上,而且随着文章在博客中的传播,可以吸引更多的读者阅读,以提高网站在搜索引擎上的排名。理想的情况下,这种做法还能获得其他人补

---

① [美]杰夫·豪:《众包——群体力量驱动商业未来》,牛文静译,中信出版社2011年版,第161页。
② 见保罗·布拉德肖个人主页,2007年9月17日。
③ 白红义、张志安:《平衡速度与深度的"钻石模型"》,《新闻实践》2010年第6期。

充或细节修正，甚至有新的线索来完善记者的报道。

接着，初稿就成了一个生产价值更高的新闻产品——成熟的新闻稿，之后，就是新闻成稿和新闻综述，可以在网上发布，也可以刊载到报纸上或在电视节目里播放。报道的发布时机则由报刊、广播、电视各自的生产流程来决定。背景的提供可以回到网上的无限空间里，利用超级文本链接到一系列文本、机构和解释，可以是内部档案，也可以是外部门户站点。

再接下来便是分析。通过收集在博客上的即时反馈，或是从消息灵通人士和有影响力的人那里得到意见，新闻报道者反思整个经历，并对新闻的意义有所阐述。

互动的出现要求投资和准备，但可以用其他媒体无法做到的方式吸引用户，为他们提供信息。同时还能作为"长尾"资源在较长时间范围内反复产生访问。例如论坛是向人们提供聚集并分享经历和信息的地方，维基也可以做到这点，但论坛效果更好。在线聊天可以让用户直接接近新闻生产者、记者和专家。

定制阶段是自动的，依赖于用户按需定制的能力。最基础的就是订阅关于某一特定新闻的邮件、短信或是 RSS 源。更先进的服务包括社会化推荐（其他阅读此新闻的读者也读了），或数据库驱动的新闻，让用户向下钻取信息（如那条街发生什么啦，在我这个邮政编码范围有多少案子，这种税对于我这样收入的人来说意味着什么等），这意味着新闻生产过程包含了元标记、可以运行数据库的界面和一种始终用这种可能性来思考问题的文化。

在速度与信源多样性方面，"Twitter 似乎是专门为报道新闻和信息而生的，但由于其信息微观和碎片化特征，它在帮助人们理解新闻事件的来龙去脉和意义方面还有欠缺。因此，很多新闻虽然通过 Twitter 首次爆发，但直到《华尔街日报》和《纽约时报》发布了报道之后，整个事件的来龙去脉才开始让人明白起来。未来的媒体正在分成两股。一股是由从 Twitter 和手机上蜂拥而来的未经加工的新闻；另一股则是来自传统媒体的新闻。通过社会性媒体发布的新闻是传统媒体的辅助。传统媒体则要关注于提供分析、上下文以及——至关重要的——智慧，而且是实时提供。"①对于传统主流媒体而言，绝佳的搭配是兼具社会性媒体的速度与主流媒体的深度。

在实践中，美国佛罗里达州坦帕市的传媒公司 Media General 就采取了这种速度与深度相结合的迭代新闻生产模式。传统媒体的专业记者通过互联网实时观测社会性媒体的举动，发现有价值的新闻线索，立刻深入采访，综合完善成有深度的新闻稿，反馈到社会性媒体上，使专业新闻生产与社会媒体及消费者循环互动，使新闻兼具深度和多元视角。

---

① 邓建国：《速度与深度：Twitter 对美国报业内容生产流程的重构》，《新闻记者》2011 年第 3 期。

四、融合新闻模式

融合新闻（Convergence Journalism）模式是新旧媒体进行跨平台合作向目标受众进行新闻传播的一种创新性的新闻报道模式。

也有许多人将其等同于多媒体新闻（Multimedia Journalism），即一种以互联网为平台，融合了文字、图片、视频等多媒体报道手段的新兴新闻报道方式。如2012年《纽约时报》网的专题"雪崩"（Snow Fall）报道了16位有经验的滑雪者在华盛顿州的卡斯卡德山（Cascade Mountains）陷入雪崩的惨痛故事。专题融汇了文字、图片、视频、动漫和交互式图形，并且是无缝式、连贯的"叙事流"，而不是把这些不同的元素拼接在一起，产生了强劲的传播效果。美国新闻编辑协会（ASNE）称它"为在线报道树立了新标准"。2013年3月该专题获得斯克里普斯·霍华德奖和新闻编辑协会2012年度最佳新闻奖等奖项。

其实，从更丰富的含义上来说，融合新闻是一个从融合多媒体表达新闻，到融合各个媒体新闻业务的合作，再到融合各个媒体所有权的由浅入深的过程。

从新闻生产方面讲，融合新闻指不同的新闻媒体可以统一在一个信息平台上，采集、编写和发布信息，相互取长补短，充分发挥各自媒介自身的特点，针对不同的受众，实现有效、广泛的信息传播。融合新闻不是同一内容不同形态方式组合叠加的"大杂烩"，是利用各种手段全方位全过程的报道，要达到一定的深度和广度，其目的是增加信息量，适合用于重大报道而不是一般新闻。2002年2月21日，中央独家授权新华网在人民大会堂对中美两国元首共同会见记者等重大活动进行多媒体现场直播，新华网的摄像机第一次与CNN和中央电视台的摄像机并排架设，开创了全球真正意义上的网络多媒体现场直播的先河。又如2006年8月，超强台风"桑美"侵袭浙江，浙江日报迅速调派10多名记者，同温州、台州、丽水、宁波等分社的20多名记者一起，投入抗台一线。浙江电台新闻台全台为了使一线防台和救援信息更充盈、报道更全面，前方记者不断变换采访点，挖掘新闻线索，推出12小时不间断直播节目，仅台风登陆当天就有9档直播节目，播出新闻400多条。特别是浙江电视台，充分利用卫星连线、光缆连线、全球眼连线、电话连线等各种电视传播手段，临时增设12档直播节目，累积播出500分钟，创下该台重大突发事件报道时间跨度最长、播报密度最高的纪录。浙江在线新闻网站协同更新报道，为政府和群众之间的信息沟通架设了开放的通道。

在报道重大事件时，提供新闻全景并非某家新闻单位轻易能够做到，传统媒体在竞合过程中逐步形成了新的新闻融合呈现形式：报纸、广播、电视、门户网站强强联合，以新闻来源和表达形式的多样化满足受众立体、全景感受新闻事件的需求，而重大事件报道一经结束,记者立即回归原有部门,暂时构建起来的融合媒体平台随之消失。如 2008 年,北京奥运会形成了一个巨大的传播舞台,我国进行了大型融合新闻报道的实践。网络媒体第一次和电视媒体并肩,并且联合手机媒体在奥运赛场上转播奥运会,网络、广播、电视、手机等几大媒体利用数字技术在新闻业务上进行了广泛的合作,做到了内容共享。这不仅在奥运转播史上具有里程碑的意义,同时对网络媒体的发展也产生极大的影响,网络媒体借机上位,大大提高了其在人们心目中的地位。如搜狐通过与央视网的奥运战略合作,获得了最全的 3 800 小时奥运视频内容,以直播和点播的方式供网民点击查看,并将 INFO2008 系统中的数据转化为赛场奥运视频,做到最快的赛场新闻发布[1]。

美国南加州大学安利伯格传播学院教授拉里·普赖尔(Larry Pryor)认为:融合新闻需要在融合新闻编辑部中产生。[2] 新闻工作者能同时为不同的媒体制作和发布新闻,利用互联网全天候更新的优势,在新闻采集上集各传统媒介的长处联合行动,以融合运作之利补各自独立运作之不足,通过生产流程的优化设计,在内部产品上做文章吸引不同受众需求,实现资源共享。

第三节　新闻生产流程再造

从生产组织方式的历史发展来看,产品竞争在本质上往往是生产组织方式的竞争。传统媒体新闻生产的过程是在以传者为中心的传播理念下组织的,严格按照新闻机构的章程与标准进行流水线般的生产,由新闻生产的各级"决定者"——编辑记者、媒体机构、政府层层把关。

如果将传统媒体对新闻事实进行选择、加工和发布的过程对应"福特制"流水线生产的话,新媒体新闻生产个性化、及时性和互动性特点可以对应"后福特制"生产组织方式:"持续创新+敏捷制造"和"专业化+网络化"。新媒体整合重构了传统媒体的新闻生产方式并逐渐衍生出新的新闻生产流程。

一、传统媒体的新闻生产流程之变

新闻生产构成环节主要有新闻的选择、加工与传播。互联网技术的介入使新

---

[1] 《北京 2008 奥运会　搜狐报道全面获胜》,搜狐网。
[2] 蔡雯:《融合:新闻传播正在发生重大变革》,《新闻战线》2009 年第 6 期。

闻生产的这一链条和构成发生了重大变化:媒体不可能垄断全部内容,其作用也不再局限在独家新闻的发布上。在这一形势下,传统媒体需要选取丰富内容,利用多种渠道,通过多媒体形式提供给受众,在对海量信息的整理中体现导向,在对网络优势的利用中满足受众日益增长的多样化、多层次、多方面需求。

(一) 报纸通讯社新闻生产流程之变

以报纸为主的传统纸质媒体的新闻生产流程,其基本环节包括:采集—加工—发布—反馈,是线性结构的,在网络化发展过程中这一结构被打破。

例如,路透社从基本的线性流程发展了树网状分布结构。"为使某地区消息在最短时间内迅速传遍全球,路透社必须在世界范围内设立层次分明的立体传播网。在对这些新闻产品进行分类时,首先根据不同的要求设定不同的分类标准。例如可以按照语种、终端渠道、媒介载体形态、报道题材等各种标准分类,等等。按照语种分类,路透社的新闻产品可以分为 19 种,其中使用中文语言的就有中文文字报道;按照终端渠道分类,路透社的新闻产品可以发到适于不同用户使用的终端,有整合了所有路透财经资讯、适合市场人士的 R3000 系统,也有适用于媒体用户的路透社接收专线,等等;根据载体形态,可以将路透社新闻产品分为文字报道、图表、电视、照片、网络多媒体报道。"①

作为英国的主流媒体,《每日电讯报》是英国每日电讯媒体集团出版的英国销量最高的报纸之一。该报的新闻编辑平台综合统筹其报纸、网站、视频等业务的组织架构和运营模式,如图 6-1 所示。

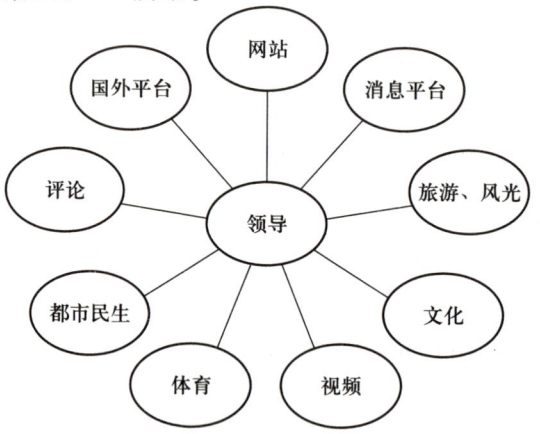

图 6-1 《每日电讯报》的编辑部新闻生产日常工作流程图②

---

① 申森、黄梦阮、詹正茂:《路透社新闻生产流程管理体制研究》,《今传媒》2008 年第 2 期。
② 根据 2013 年 4 月 11 日流媒体总监詹姆斯·威克斯(James Weeks)讲座"从报纸到全媒体的转变及视觉统一策略"PPT 和照片拍摄制作。

《每日电讯报》新闻编辑室使用大屏幕分析新闻点击量的排行情况,针对读者的阅读数量即时调整版面安排,部门小组头脑风暴和讨论决定新闻的采用等新闻生产机制的创新性变革。

(二)广播电视新闻生产流程之变

第一次世界大战期间,无线电广播充分发挥及时传播的优势,成为战争中人们接受信息的主要工具,奠定了自身作为继报纸之后又一大众传播新媒体的地位。广播的移动性、伴随性特点在今天依然非常符合移动新媒体发展,最容易利用社交媒体与广播自身结合;广播新闻采写编评与网络语言的语境特点也有貌合神似之处,给广播跨越新媒体平台提供天然优势。例如美国之音广播,充分利用信息资源,把可以上网的文字、语音、声像节目全都搬上了网站,从而大大扩展了广播内容传播的距离和广度。另一方面,美国之音网站又大力推动网民去收听收看美国之音的广播电视。英文网设置的 Broadcasts、Programs 栏,中文网设置"现场直播"栏,都起到这样的作用,而且还提供详细的节目时刻表,提供具体的接收指导。在中文网的"最新节目预告"栏里,有关于接收 VOA 卫星电视节目细致周到的服务内容。

而电视新闻生产流程在互联网环境下也发生了巨大变化。传统电视新闻制作的流程呈线性结构,如图 6-2 所示。

20 世纪 80 年代后,摄像机的更新换代突飞猛进,开始向轻便化、一体化、数字化发展,设备和技术不单革新了日常报道新闻的方法,也使新闻外景制作发生了重大改变,数字化非线性编辑大大方便了新闻的剪辑。电视新闻的流程变革,使新闻工作者将资讯、传播、出版、通信和电视融为一体,使新闻生产呈扁平化,其与图 6-1 展示的《每日电讯报》工作流程有异曲同工之处。特别是与自媒体的互动,是新闻生产流程再造的重点。

如 CNN 的 iReport 新闻制作实验充分说明了这一点。CNN 的编辑们开设了"采写任务组"(Assignments),根据当日的新闻热点以及用户们的个人兴趣选择话题,在首页用醒目的版面显示出来,用户一旦打开 iReport,能够抓住"眼球"的话题立马得到关注,CNN 鼓励对话题感兴趣或是刚好处在新闻事件现场的用户立刻上传自己制作的新闻报道。编辑们会在报道之后,利用博文对新闻点进行总结,引导受众关注当日的重大新闻事件。

这样,通过对新闻与信息的高效整合和用户自制的新闻,传统媒体也完善了自己的报道。比如 CNN 在关于飓风"艾琳"的电视新闻报道中,很大一部分影像资料都是身处飓风灾害区的广大用户拍摄并上传的。网站页面上有对用户的安全提醒,以上优化的沟通方式拉近了用户距离,也保证了源源不断的新闻现场影像。

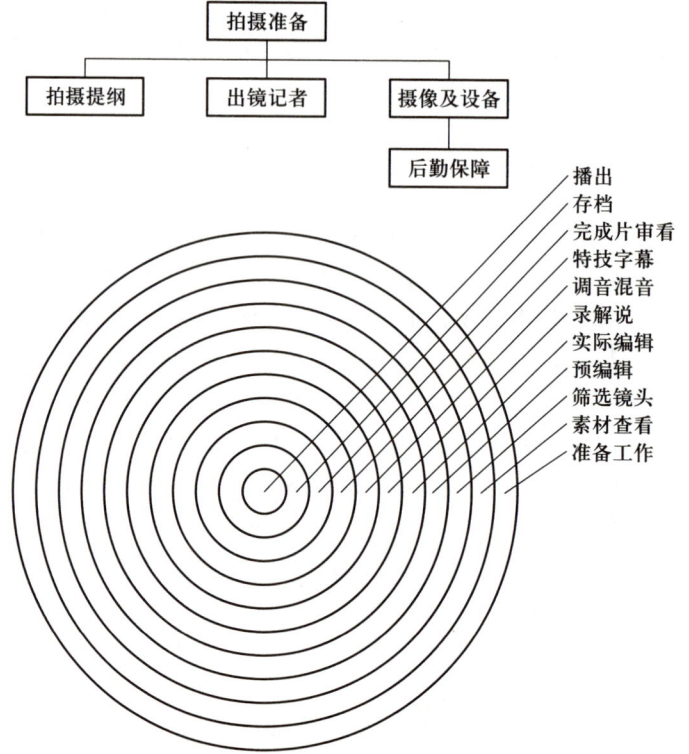

图 6-2　传统电视新闻前期、后期拍摄制作工作流程图

二、新闻生产流程再造的关键点与具体步骤

新的新闻生产模式基本是对传统新闻采编流程的整合与重构,将传统媒体新闻采集与制作的线性流程逐渐演变成在一个信息操作平台上,集中多种媒体,进行资源共享并采纳自媒体内容,按需制作成不同的新闻产品,是根据用户特点传播的非线性、立体化的新闻生产流程。

新流程再造过程中的两个关键点是:新闻传播主体的演变和新闻源的综合开发。前者是指职业新闻从业者从一家独大转变为与用户合作共享。后者是指新闻信源渠道多元与新闻信息资源的优化配置。

新闻生产流程的再造主要包括以下三个方面。

(一) 观念更新与流程再造

新闻生产流程再造是传统媒体以最低成本获取最高效度的自我更新之道,流程再造过程强调承续性、兼容性、创新性。我们先看美国一个电视剧的例子:

《发展受阻》(*Arrested Development*)于 2003 年 11 月开播第 1 季时,收视喜人。第 2 季、第 3 季时收视逐渐下降,被 Fox 分别从 22 集减为 18 集和 13 集。2013 年 5 月 Netflix 重拾第 4 季,收视惊人。新一季《发展受阻》在时长、角度、故事连贯节奏都和传统剧集不同,观众需要通过分析将一幕幕情节内容串联。而这种分线叙事、多线的结构模式打破了传统的广播电视剧集模式。Netflix 创作内容的新方式为消费者打造了一个全新的网络流媒体世界。

这种分线叙事、多线的结构模式是切合互联网媒体的一种创新,符合当今观众观看与互动参与行为,可让观众的感官有全方位的享受。所以更新思维观念是第一位的。我国中央人民广播电台将理念实践于业务上,其"新闻纵横"栏目的报道就是一个可行的制作流程:事件+相关信息背景+评论,从几个大的模块分别解读新闻事件,从新闻文本的结构上表现出非线性和灵活性的特点。如今,网络电视能轻而易举扩展和深化新闻内涵的表达空间,弹性实现新闻在线直播、新闻检索和链接,文字、音视频结合,使报道产生全方位、多层次、立体化的传播效果。因此,不同媒体单位可根据具体实情编排合理流程。

再造、优化采编流程。各个媒体单位应归纳总结采访、编辑版面或安排板块的规律,把共性的部分整理出来。为了清晰展现采、编、播流程,可以整理制作流程图或流程手册,从总体上做出阶段性规定,再做实时调整。这样,即便是面临复杂的互联网,也能应对自如。

(二) 全员参与与上下沟通

拍电影(动画)是需要高度协作的,一些影片需要大资金投入以及几十甚至几百人的协同工作。制作工作的顺利进行需要一种使得各部门分别作出各种决定并协调导演和高层团队工作的交流方法。分镜头脚本画面就是团队交流视觉构想时的必要工具,它将摄像机运动的角度、人物角色的调度、特技特效的数量按照镜号标示出来,各部门人员就可按部就班各就各位,在执行时统一审美、节约成本。

新闻制作不会像电影一样有前期设计,但其常规的流程也与分镜设计一样需要上下沟通,哪怕遇到重大和突发新闻,也可以分门别类地梳理,遵章办事,有条不紊。互联网技术可以为采编内部沟通提供网络平台,让采编实现同步交流。业务的沟通交流甚至可以越过科层,进行扁平化操作。

（三）统筹管理与机动应对

2013年雅安地震，社会性媒体上的消息传播堵塞了通信，灾区人满为患，涌入的志愿者反而造成了救助困难。"公羊队"是杭州户外应急救援队（民政部紧急救援促进中心山岳救援队华东支队）的外号，该队曾经搜救过小和山失踪男子，救助玉皇山苏州老太陆阿妹，寻找临安天目山走失老人张全才，成功解救被困临海十八潭的52位上海驴友……但在雅安施展不了拳脚。公羊队何军说："我们的信息来源，一靠媒体报道，但信息明显滞后；二靠向受灾群众询问，但也是传闻多，虚实难辨。如果有一个官方与民间人士组成的总协调部门，集中发布灾情信息、调配物资和人员，就可以引导民间救援队，到最需要救助的地方去。"另一队员陈建英说："在新媒体环境下，出现重大自然灾害时，政府应该建立一个权威的信息发布平台，对灾情进行科学的评估并及时发布。"①也有媒体评论说，无论是政府还是民间组织，不能把在救灾中发挥的作用"堵在最后一公里"，当地赈灾机构应该与民间组织合作，成立一个或者多个民间志愿者"协调中心"，做到专业对口、分工明确、责任到人、互助帮扶，通过信息、资源的共享，实现对人力的科学安排。愿望与事实背道而驰，这是传统媒体与新媒体在这次灾难报道中缺乏统筹管理的血的教训。

互联网环境下，信息源的丰富提供了开掘新的新闻价值的可能；互动传播改写了用户和编辑之间的对话与沟通的时空界限，移动终端使新闻生产的时间被进一步压缩，新闻报道成为一种进行时……在如此高压的状态下，如何保证新闻的质量和传播效果，是对媒体现有的新闻生产流程与机制的挑战。媒体机构和媒体人必须改变由管理造成的隔离局面，快速地进行新闻的发现、判断与传播，一体化、整合性地加以完善。

新闻生产的流程再造要解决海量新闻素材的选择、新闻价值的判断、内容生产的成本控制、新闻分发渠道建制、新闻产品的用户反馈，特别是用户信息管理等问题。

当今信息技术发展迅速，传统媒体在与新媒体握手言和进行流程再造时，更应注重品牌力量，利用渠道做强内容提供给受众，在海量信息流中体现导向作用，彰显价值。

---

① 陈小向：《这样一个民间专业救援队为何在雅安灾区没发挥最大威力》，《都市快报》2013年4月24日。

第 7 章 网络媒体的新闻制作

任何媒体的新闻报道都应该遵循一些基本要求：公开、公正、公平；速度、广度、深度；真实、真相、真情。

网络媒体的新闻报道同样应该遵循上述基本要求，只是和传统媒体相比，网络媒体上的新闻应该更快、更真、更广。

第一节 网络媒体新闻报道的探索和特点

我们现在把网络媒体称作"新媒体"，是相对于传统媒体如报纸、广播、电视而言的。其实，现在的传统媒体也曾是"新媒体"，报纸、广播、电视都是在不断探索中成型的。

1. 任何"新"媒体都是融合媒体（表 7-1）。

表 7-1 各种媒体融合的手段和内容

媒介	手段	内容
报纸	融合了文字、图片（画作与照片），构成图文并茂。	融合了新闻、评论、广告与文学作品（诗歌、散文、戏剧、小说等）。
广播	融合了文字与声音，构成声情并茂。	融合了新闻和各类音乐、曲艺作品。
电视	融合了活动影像与报纸、广播，构成声画并茂，是更高层次上的融合媒体。	融合了新闻、影视作品、综艺等。
互联网	融合（或聚合）了传统媒体（报纸、广播、电视）的一切手段。	涵盖了海量的内容和功能，如人们可以通过网络聊天、看视频、购物、游戏等。

2. 任何"新"媒体的新闻报道都在不断探索中才形成适合自身的报道样式，而

报道样式的定型也标志着该媒体的成熟(表7-2)。

报纸:无论中外的报纸在刚诞生的时候,新闻报道的体裁和写法都从模仿传统的文学手法开始。例如欧洲的早期报纸上新闻都以法国宫廷文学手法写就,中国近代报纸上新闻更是"百花齐放",有对话、说书、笔记小说,甚至还用汉赋方式写新闻。后来才有了倒金字塔结构和解释性新闻,标志着报纸新闻文体成熟。

广播:早期的广播新闻就是播音员拿着稿子念,稿子就按报纸新闻样式写,到后来才有适合广播媒介特质的短平快新闻和配音的现场报道。

电视:中国电视的新闻节目从播放新闻纪录片和播音员读报起步,20世纪80年代提出"集百家之长,扬独家之优势",主持人节目和现场直播的出现标志电视新闻的成熟。

网络媒体:在探索中逐步形成独具优势的新闻报道样式。早期的网络媒体直接摘抄报纸、电视上的新闻。经过十几年的探索,到目前,形成了互动式的动态新闻、数据新闻、网络直播新闻等网络媒体三大新闻样式,标志着网络新闻基本成熟。

表7-2 各类媒体的报道样式

报纸	倒金字塔的客观报道和解释性新闻
电台	短平快的新闻和现场报道(声音)
电视台	主持人节目、现场直播
互联网	动态新闻、数据新闻、网络直播

与传统媒体相比,网络媒体的新闻报道呈现以下特点:

第一,即时互动。网民可以随时随地对新闻发表自己的意见。网民反馈的数量和质量反映了新闻的价值,被媒体人戏称为"不怕网民反对,只怕没有反馈"。

第二,新闻制作由专业人员垄断的局面被打破,网络媒体的新闻由专业内容生产和用户内容生产相结合,既可以由专业人员或用户单独完成,也可以是专业生产和用户生产融合在一起的产品。

第三,网络新闻是液态的[1],不断变动着的,而不是一次成型,固定不变的。网络新闻呈现的事实在变动:随着事态的发展不断补充、修正;意义在变动:新闻报道的价值和意义经过公众的集体参与而被不断重塑。

第四,借助技术不断进步,网络媒体的新闻样式和传播样式会不断创新,例如VR/AR新闻的产生。

---

[1] 陆晔、周睿鸣:《"液态"的新闻业:新传播形态与新闻专业主义再思考——以澎湃新闻"东方之星"长江沉船事故报道为个案》,《新闻与传播研究》2016年第7期。

第二节　互动的动态新闻

在中国目前的网络媒体上,动态新闻仍然是主打产品。动态新闻都"一事一报",简明短小。动态新闻的形式有多种:一种是单元素新闻,即单一的文字或加上图片、单一的视频等;另一种是多元素新闻,包括对文字、图片、图表、视频的综合运用。

网络媒体动态新闻的构成有五大要件,缺一不可。

1. 新闻主体:呈现新闻内容,无论是单元素还是多元素。

2. 新闻来源:中国网络媒体很多没有采编权,只能登载中央新闻单位、中央国家机关各部门新闻单位以及省、自治区、直辖市直属新闻单位发布的新闻,必须注明新闻来源,这既是尊重原创、尊重知识产权,也是尊重用户,便于他们核对。

3. 相关链接:因为动态新闻都是一事一报的,用户不知前因,难以理解事件的来龙去脉以及相关的情况,"相关链接"显得十分重要。相关链接能提供新闻事件的背景、起因等相关情况,保持新闻连续性,使每一条新闻不再孤立,不再碎片化。

4. 用户评论:用户评论的意义在于:一是能显示用户对此新闻的关注度,二是能表明用户的倾向性态度,三是能多元化阐释新闻的内涵、意义、影响,四是能补充新闻中材料或纠正新闻中的谬误。尤其是知情人对新闻真假的鉴定,对细节的补充或纠正十分重要。

5. 背景说明:对新闻中提到的相关重要概念、重要人物、重大事件提供解释、说明。尤其文本中有大量英文缩写,要在背景说明展开全文,让用户明白词义指什么。

从目前情况看,网络媒体新闻目前存在的问题有如下三个方面:

第一,由于缺乏规范和行业共同认可的标准,动态新闻的五大要件往往残缺不全或者做得很粗糙,比如相关链接,作者往往从百度上复制几篇新闻,或者将相关的、不相关的寥寥一两篇,拉拉扯扯凑在一起。而对其背景,大多数网络媒体都不做说明。

第二,"标题党"泛滥。为博人眼球,很多新闻标题文不对题、哗众取宠,甚至到了骇人听闻的地步。就像人民网观点频道《三评浮夸自大文风》所批评的:近期"跪求体""哭晕体""吓尿体"等浮夸自大文风频现,消解媒体公信力,污染舆论生态,扭曲国民心态,不利于成风化人、凝聚人心、构建清朗网络空间。……新闻不是爽文。如果只讲营销不讲营养,只要眼球不讲责任,即使一时流量爆棚,也是在误导大众。①

第三,互动评论质量不高。有些用户缺乏理性,情绪极化,采用辱骂、乱扣政治帽来宣泄他们的不满,影响了评论区的气氛。

第三节 数据新闻和可视化表达

大数据时代,数据新闻应运而生。目前,数据新闻在中外网络媒体已蔚然成风。在中国,自2011年5月2日搜狐新闻创立《数字之道》以后,各大网络媒体纷纷开设数据新闻专栏,如新华社《数据新闻》、财新网《数据说》、澎湃网《美数课》都是国内知名的数据新闻专栏。

数据新闻之所以流行,就因为它是用数据说话的新闻,更具真实感、权威感,并且以可视化的方式表述,简洁、易懂、省时省力。

数据新闻主要有两种分类方式:

一是按数据来源来分,主要有原创性数据新闻和搜索型数据新闻。所谓原创性数据新闻就是数据主要来自作者的调查,比如获得第一个普利策新闻奖(2013年)的数据新闻《他们凌驾法律之上?》。美国佛罗里达州《太阳哨兵报》记者克斯汀以详细数据揭露该市警察知法犯法,导致了20起超速行车引发的交通事故,震惊全美国。这篇报道所有数据都是记者一手调查来的。搜索型数据就是用大数据挖掘方法,搜索公开报道的新闻、政府可以公开的信息以及其他数据源构成数据新闻。例如财新网《周永康的人与财》(2014年11月)所有数据都来自媒体的公开报道。

二是按数据新闻功能来分。以全球报业数据新闻做得最出色的英国《卫报》为例,《数据新闻大趋势——释放可视化报道的力量》一书收集了60个数据新闻案例②,大致有以下类型。

1. 描绘历史和现状,是数据新闻的主要类型,占比约75%。例如世界24个国家的宗教容忍度、英国人均总可支配收入、2011年世界巧克力生产与消费,等等。

2. 探索某个事件的原因、意义和影响,占总数10%左右。例如各国幸福指数

---

① 《"跪求体""哭晕体"频现,行文浮夸背后是"眼球情结"作祟》,人民网2018年6月13日。
② [英]西蒙·罗杰斯:《数据新闻大趋势——释放可视化报道的力量》,岳跃译,中国人民大学出版社2015年。下面所举列的《卫报》案例均来自该书,不另行注释。

与 GDP 的关系、社交媒体与 2011 年伦敦骚乱关系,等等。

3. 提供某一事件背景,揭示真相,占总数 10% 左右。例如《新闻中的数据:真的是 99% VS 1% 吗?》揭露美国严重的贫富差距,《跨国大公司:你们该缴税了》揭示美国有几家商业巨头获得超额利润却拒不缴税,等等。

4. 预测性报告,只占总数 5% 左右。例如全球变暖、到 2060 年北极几乎无冰、2050 年人口预测,等等。

从英国《卫报》实践看,描绘现状、预测未来、探索意义、揭示真相构成了数据新闻四大功能性类别。

从国内目前数据新闻的实践来看,最基本的问题是数据新闻领域还没有确立一套相对完整、全面、可操作且得到学界、业界认可的专业规范,数据新闻的理论与实践并不成熟,问题不少。

制作数据新闻须注意如下几点:

1. 数据新闻首先是新闻,必须具有新闻价值。费了九牛二虎之力做出一条数据新闻,却不具备新闻价值,无法让用户感兴趣。

2. 数据来源要权威,文稿中必须清楚地交代数据来源。如果不说数据来源,做出来的数据与人们感受相差十万八千里,大数据成了大忽悠。

3. 要清楚地交代数据的挖掘方法和编程过程,包括采用哪一款软件。

4. 可视化表达要简洁明快、一目了然。如果图表形式复杂,堆砌大量数字,就会让人难以读懂。

第四节　网络现场图片和网络现场直播视频

"记者还在路上,新闻已经传遍全球。"这是互联网时代的真实写照。那么,记者不传,传遍全球的新闻是谁在传播?是用户,新闻现场的亲历者。网络现场图片和网络现场直播体现互联网特征和优势。互联网时代就是人人都有"麦克风",人人都有照相机,人人都有摄像机,人人都可以当记者。在互联网时代,一切重大突发性事件的图片、现场直播几乎全部由用户完成。2005 年 7 月 6 日,伦敦正狂欢于成功申办 2012 年奥运会,而 7 月 7 日伦敦地铁发生爆炸,警察马上封锁现场,任何记者都进不去。而爆炸刚过了几分钟,第一张爆炸现场照片出现在手机博客网站 Moblog 上。该照片由亲历者现场拍摄,然后马上被 BBC 转发,随即登上世界各大新闻网站的头条。"7 月 7 日,是人类灾难史上的节点,却是新闻史上的一个转折点"①。这是重大灾难性事件中第一个非专业新闻记者拍摄的现场照片,自此以后,"专业训练、职业身份,不再是资格和权力;身在现场,便拥有了资格和权力。不会有人比他们更快,因为没有人比他们离得更近。2004年,印尼海啸,现场目击者传送图片;2006年,泰国政变,现场经历者传送图片;2010年,日本大地震,受灾民众发送现场图片;2013年,俄罗斯陨石坠落,市民拍摄到坠落瞬间;2013年,波士顿爆炸案,现场民众拍摄的图片协助警方调查。"②

而最能体现互联网优势的当属新闻事件的现场直播。电视也有现场直播,但电视直播是精心策划的媒介事件,其基本特征是:在规定时间、规定地点完成规定的动作。而网络的移动直播则具有"随时随地随机拍摄随机互动"的特点,与用户零距离、零时差,其结果具有不可预测性。比如,2004年,印度尼西亚的海啸,用户拍摄的几十米海浪呼啸而来,瞬间把惊慌逃跑的海边游玩者吞噬。更惊人的是2012年日本地震以后发生的海啸,以排山倒海之势把大地上一切都瞬间淹没,惊心动魄的现场,都是在现场亲历者拍摄。

目前,全球各大网站都成为用户展示现场图片和现场直播的平台,尤其是美国的 YouTube 以及 Facebook 旗下的 Instagram,每天上传的图片和现场直播达到上亿量级。但大多数反映个人生活,真正有新闻价值的图片、视频并不多。在中国,微博、土豆-优酷网、抖音等都是用户发送图片或视频的平台。

现场直播视频具有不可预测性以及人力不可控因素,也产生了一定负面效应,有些现场过于残酷、血腥,易造成公众的恐惧心理,引发社会和新闻界关注。

---

① 《互联网时代》(央视纪录片《互联网时代》同名图书),北京联合出版公司2015年版。
② 《互联网时代》(央视纪录片《互联网时代》同名图书),北京联合出版公司2015年版。

第 8 章 锻造中国新型主流媒体

习近平总书记在十九大报告中提出,要坚持正确舆论导向,高度重视传播手段建设和创新,提高新闻舆论传播力、引导力、影响力、公信力。① 在新的历史起点上,锻造中国新型主流媒体,凝聚社会共识,加强国际传播能力建设,是党中央在新闻宣传战线的战略部署,也是主流媒体着眼于未来发展的重大战略选择。

第一节 锻造中国新型主流媒体是新时代党中央在新闻宣传战线的重要战略部署

主流媒体,主要是指以严肃新闻为主要报道内容,具有专业理念和文化自觉精神,着力弘扬主流价值观,在竞争区域内处于重要地位并占较大市场份额,在社会发展中勇于担当社会责任的媒体。② 在传统媒体时代,我国的主流媒体主要是指在体制内的媒体机构。如党报党刊、电视台、广播电台,这些新闻媒体归国家所有,在信息、渠道、资源上有绝对优势,占据了舆论的主导地位,是信息发布的主渠道,是宣传的主阵地。随着互联网和新技术的发展,我国的传媒生态发生了深刻变化,以互联网为中心的新传播格局已经形成。就传媒体制而言,当前以混合所有制为标志的新传媒体制已经成型,网络媒体已超越传统媒体,并占据了主导地位。在网络媒体中,商业类媒体占主导地位,走市场化路线的商业类新媒体和自媒体竭力争

---

① 习近平:《决胜全面建成小康社会 夺取新时代中国特色社会主义伟大胜利——在中国共产党第十九次全国代表大会上的报告》,人民出版社2017年版,第42页。
② 强月新、陈星、张明新:《我国主流媒体的传播力现状考察——基于对广东、湖北、贵州三省民众的调查问卷》,《新闻记者》2016年第5期。

夺受众,传统主流媒体在舆论格局中的地位逐渐被削弱。

一、现有主流媒体转型发展的效果不尽如人意

为扭转被动局面,2014 年中央提出推动传统媒体和新兴媒体融合,主流媒体积极开展媒体融合实践,其中不乏亮点和典型案例。但是总体而言,在传播力、引导力、影响力、公信力等方面,当前的主流媒体仍无法满足党和人民的要求和期待。一方面,主流媒体的覆盖率和影响力尚不及商业媒体。工业和信息化部 2018 年 2 月发布的《2017 年中国网络媒体公信力调查报告》显示,在覆盖率与影响力的维度上,商业类媒体比体制内的媒体表现更好。2017 年中国代表性新闻客户端的覆盖用户数量排名前 10 位的都是商业类媒体。另一方面,虽然主流媒体的公信力高于商业类媒体,特别是中央媒体和实力较强的省级媒体如人民日报、新华网、澎湃新闻,在社交网络和微信平台上的表现可圈可点,但用户对网络媒体的严肃性、可信度与权威性的满意度不乐观,对中国网络媒体环境的整体满意度不高。① 同时有学者调查访谈发现,成为传统媒体转型"标配"的"两微一端",阅读量和受众黏度并不高,"两微一端"的主导地位可能会被兼具较高阅读效率和社交属性的新产品所打破。②

此外,主流媒体在转型过程中尚未探索出成熟的商业模式,也缺乏顶层设计。在过去的一年里,报纸衰退的趋势还在持续,党报党刊依靠国有资本和财政补贴可以维持,但都市报关停并转风潮已经扩展到县市级媒体,报业相关的上市公司经营下滑③,传统媒体人跳槽现象凸显。作为媒体融合代表模式的"中央厨房",现阶段面临着以增量带动存量,降低成本,创新考核和激励机制等挑战。在"流量至上"逻辑下,许多媒体也开始借鉴"卖萌""标题党"的新闻表达方式,降低姿态,拉近与用户的距离,2017 年也诞生了一些"爆款"新闻产品。但也有学者提醒新闻业要注意温情和煽情的边界,避免新闻内容因过度煽情而陷入迎合受众、吸引眼球的低层次传播。④ 在更加宏观的层面上,2017 年 BAT 等互联网巨鳄已经开始了"生态化"经营的布局,完善产业链建设,例如腾讯提出"泛娱乐"战略,阿里建立"大文娱"板块。与互联网企业有章有法的发展战略相比,传统主流媒体集团的发展显现出缺

---

① 《工信部:〈2017 年中国网络媒体公信力调查报告〉发布》,腾讯科技 2018 年 2 月 26 日。
② 崔保国:《2017 年新型主流媒体发展概况及展望》,《新闻战线》,2018 年第 1 期。
③ 朱春阳、曾培伦:《重整山川觅新径:2017 中国报业年度发展观察》,《中国报业》2018 年第 1 期。
④ 张志安、李霭莹:《2017 年中国新闻业年度发展报告》,《新闻界》2018 年第 1 期。

乏顶层设计和整体战略的弱点。① 可以说,在资本、技术驱动的互联网大潮中,主流媒体目前仍然站在十字路口,有些迷茫。

二、新舆论格局对主流媒体提出更高要求

从国内和国际舆论情势来看,重塑主流媒体的任务也十分紧迫。党的十九大的胜利召开,标志着中国特色社会主义进入新时代,我国社会的主要矛盾已经转化为人民日益增长的美好生活需要和不平衡不充分的发展之间的矛盾。不平衡不充分的发展影响到舆论场,则体现为社会矛盾成了网络舆情高压区。2017年的网络热点舆情中,有关社会道德争议、未成年人保护、社会欺诈、意识形态等领域的矛盾最为突出。中等收入群体成为网络主力军,不同社会阶层、年龄、地域群体在价值认识上存在一定差异和冲突,网络舆论也出现了分化。② 虽然网络空间众声喧哗是正常的社会现象,但多元的分化不利于社会团结及社会共识的达成,也会削弱党和国家的传播主导权,其极端案例就是2010年至2012年席卷中东北非国家的"颜色革命"。正如习近平所言,互联网是当前宣传思想工作的主阵地,③而主流媒体必须是宣传思想工作的排头兵。在众声喧哗之中,主流媒体应该唱出时代最强音。

从国际来看,西强我弱的国际舆论格局不仅没有根本改变,反而因为互联网无远弗届、极具穿透力的特性而得以进一步强化。这一舆论格局不仅影响到我国国内的舆论生态,更对我国在国际政治舞台上、全球经济秩序中的发展起到至关重要的影响。我们曾对G20集团(除中国和欧盟)主流媒体建构的中国形象进行研究,在对2015年18个国家36份主流媒体的2108篇涉华报道进行内容和态度分析后,发现除俄罗斯与韩国以外,其余国家对中国的态度均倾向于负面。在互联网时代,如何在全球传播新秩序中积极主动,占据有利位置,提升中国国际形象,已经是我国一项非常紧迫的战略任务。主流媒体应该成为国际舞台上最准确呈现中国立场,讲好中国故事的中坚力量。

总之,无论是为了在传媒竞争中扭转劣势,还是为了更好地履行使命,凝聚社会共识,增强国际传播力,锻造新型主流媒体,增强新闻舆论的传播力、引导力、影响力和公信力,都是新时代党中央在新闻宣传战线的重要战略部署,是主流媒体着眼于未来发展的重大战略选择。

---

① 崔保国:《2017年新型主流媒体发展概况及展望》,《新闻战线》2018年第1期。
② 祝华新、廖灿亮、潘宇峰:《2017年中国互联网舆论分析报告》,李培林等主编:《2018中国社会形式分析预测》,社会科学文献出版社2018年版,第255—272页。
③ 习近平:《习近平谈治国理政》(第二卷),外文出版社2017年版,第325页。

第二节　新型主流媒体的基本特征

新型主流媒体应该具备哪些特征？近年来学界业界众说纷纭。多数人围绕"新型"这一特征展开探讨，但欠缺宏观上对新型主流媒体特征的概括，例如新型就是指"互联网+"，是指新的传播渠道和传播手段。我们认为，新型主流媒体体现在渠道平台、内容生产、体制机制、经营管理上的深度改革，判断新型主流媒体主要基于四个要素：

一、党管媒体是前提

党管媒体是中国特色社会主义传媒管理制度的基本原则，是传媒业发展的根本保障。主流媒体是党的喉舌，属于党的宣传系统。对主流媒体的管理包括主要领导任免权、重大事项决策权、重要资产配置权、重大报道终审权，等等。

二、面向主流人群，传播主流文化、主流价值观

新型主流媒体是面向主流人群，宣传、弘扬主流文化、主流价值观的主阵地。新时代的中国，多元利益、多元文化的格局已经实际形成，多种社会思潮流行，各种思想观点并存。有不同主张、不同声音不是坏事，反而有利于造成"百花齐放，百家争鸣"的生动局面。但无论如何，一个国家必须有主流价值观来支撑，否则"百花齐放，百家争鸣"只能是一片混乱。主旋律必须高亢，否则只能噪音四起。当民营新媒体成为信息传播主体时，主流媒体需要成为中国主流价值的支撑，牢牢把握传播主导权。

三、以报道时政新闻为主

新型主流媒体要以报道严肃的时政新闻为主。未来商业媒体和自媒体可以满足用户获取信息和娱乐的基本需求，主流媒体应当成为"严肃新闻"代表，权威解读国家的方针政策以及重大举措，冷静判断纷繁复杂的国内外局势和走向，调查公布扑朔迷离的重大事件真相。在重大时刻、重大问题上，主流媒体必须听从党的指

挥,并在传媒业中产生示范效应、发挥引领作用。

四、以互联网为主要载体

重塑主流媒体的本质是塑造互联网化的主流媒体,重建主流媒体与用户的连接,使之成为传播网络中的重要节点。截至 2018 年 6 月,我国互联网普及率达到 57.7%,网络新闻用户规模达到 6.63 亿,手机网络新闻用户规模达到6.31 亿。[①]在新型主流媒体的架构中,报纸、电视、广播等传统媒介形态将与互联网长期共存,但主流媒体最主要的载体和传播渠道一定是互联网,特别是移动互联网。

第三节　新型主流媒体的基本目标和最低要求

在移动互联时代,传媒业呈现出多元主体竞合的态势,没有固定的发展模式和路径。在眼花缭乱的新技术、新形态面前,新型主流媒体建设的基本目标依然是清晰的,概括起来是"四全":

全时段——监测社会环境的实时变动,在以秒为单位的竞争中,争取首发权、议程设置权。

全方位——涵盖国内外重要领域的重大事件,既有动态追踪,又有深度解读。

全媒体——采用最新的传播技术手段,结合多元传播形态,提升用户新闻体验。

全覆盖——覆盖全媒体公众,既有大众传播,又有小众化、个性化的差异化传播。

主流媒体发展的基本目标是根据传媒和社会发展的趋势而定的,其新闻实践的具体表现形式和运作机制还需要探索和试错。在确立目标的同时,媒体仍要认清自己的"底线",有所为有所不为。内容生产是传统媒体的强项,重塑主流媒体的最低要求是要保证其政治的权威性、内容的专业性,因此在新闻实践中要做到"四不"[②]:

1. 不失真。工信部调查显示,提供真实可靠的新闻资讯,恪守新闻报道职业规

[①] 中国互联网络信息中心:《第 42 次中国互联网络发展统计报告》,2018 年 7 月。

[②] 参见李良荣、仇逸:《不失真、不失语、不失调、不失品——守住主流媒体的底线》,《新闻记者》2013 年第 11 期。

范,秉持客观中立的态度是受访网民对网络新闻媒体社会责任感的最主要期待。①主流媒体的新闻报道必须真实,要让公众信任主流媒体,建立"只要上了主流媒体,那就可以相信"的信任感。

2. 不失语。"互联网+"时代的新型主流媒体必须关注社会发展的关键问题,并为社会主流受众提供资讯和设置议题。② 对公众所关心的一切大事件,主流媒体应决不回避,决不躲躲闪闪,而是要主动出击,增强在热点事件中的议程设置能力和舆论引导能力。

3. 不失品。主流媒体是严肃的媒体,影响社会上有影响的人,决不炒作,决不媚俗。

4. 不失位。主流媒体的基本功能就是宣传党和国家的方针政策、党的理论、思想、主张,培育主流价值观,弘扬正能量,宣传方法可以灵活多变,基本原则决不动摇,决不随波逐流,决不见风使舵。

第四节 锻造新型主流媒体的必要条件和举措

一、主管部门给予媒体必要的政策和经济支持

锻造新型主流媒体,是一场持久战、攻坚战,涉及技术、观念、体制机制方方面面的改革和调整,困难和反复是常事。新闻主管部门要给予主流媒体充分的政策、技术、资金方面的支持和保障。例如,坚持党报的行政订阅制度;授予主流媒体重大事件的独家采访权,在重大时刻,中央、省(自治区、直辖市)主要领导应该接受党报单独采访,发布重大信息、重大决定,增强党报的权威性。经营方面,坚持新闻生产和经营分离,形成稳定的国有资本和政府财政补贴制度,谨慎引入社会资本,鼓励国有传媒集团适度地投资和探索多元化经营。

二、给予主流媒体新闻工作者充分信任

从制度上、机制上充分调动主流媒体新闻工作者的积极性、主动性、创造性,是

---

① 《工信部:〈2017年中国网络媒体公信力调查报告〉发布》,腾讯科技2018年2月26日。
② 喻国明:《打造新型主流媒体价值范式与影响力的关键——以北京广播电视总台线上直播平台"北京时间"G20杭州峰会报道为例》,《新闻与写作》2016年第10期。

锻造新型主流媒体根本性条件。近些年,主流媒体流失了一批业务骨干,但整体上看,现在坚守主流媒体的从业者,从领导到各业务岗位,都是目前中国传媒业者中最优质的新闻人才。他们具有很强的党性原则和专业精神,具备熟练的职业操作能力,这是一支可以让党和人民放心的新闻职业队伍。党管媒体,主要是把握媒体的政治方向以及事关全局的重大报道。具体业务应该放手让媒体去做。如果大事小事,事事都要汇报,事事都等领导批复,那往往就会错失报道的最佳时机。新闻工作的特点就是"快",百密一疏,快了就免不了会出错。出点小差错是新闻工作的常态,只要不是政治性、全局性的大错,小差错不必过于计较,更不能"小错斩大将"。否则,新闻工作者只能战战兢兢,以不出错为最高标准,那绝不会有新闻工作的新局面。没有新闻工作者的积极性、主动性、创造性,就不会有新型主流媒体。

三、坚持主流媒体的差异化发展

主流媒体发展程度差异很大,应该针对不同类别的媒体,予以不同限度、不同侧重地引导和管理,媒体内部转型也要分阶段,有重点,逐步推进。从媒体级别上看,中央级媒体握有最丰富的各类资源和顶尖新闻人才,要放眼全球,打造具有国际影响力的传媒标杆。省级、市地级媒体要探索"宣传+本地服务"新模式,既做好政务宣传,又服务好地方民生。县级的媒体要整合资源,重点挖掘互联网服务地方经济的潜力,打造信息融通平台。

从媒体形式上看,传统媒体要继续"去产能、调结构",报纸要从以提供动态信息为主的信息媒体转变为以解读信息为主的意义媒体,从大众媒体转向精英媒体。网络媒体要坚持"移动优先",突出"用户"观念,完善网络新闻生产和传播机制。

四、要处理好两组重要关系

锻造新型主流媒体还要注意处理好两组重要的关系:一是行政管理与市场竞争的关系,二是正面宣传与舆论监督的关系。

1. 要处理好行政管理与市场竞争的关系

锻造新型主流媒体,应该坚持市场调节为主,行政手段为辅,鼓励主流媒体参与网络平台做大做强。党和政府在布局和引导主流媒体的发展过程中,要自觉遵守新闻传播规律、新兴媒体发展规律和市场运作规律。主流媒体的主导权和话语权归根究底应该通过与国内外媒体的竞争来确立。主流媒体能否成为"主流"的根本判断依据是群众满不满意,喜不喜欢。所以媒体应该在充分的市场竞争中,坚持公开、公正、公平,追求速度、广度、深度,展现真实、真相、真情,以新闻立身,以思想取胜。

尽管在政策和资源方面对主流媒体予以倾斜,但仍应该给商业类新媒体保留一定的发展空间。商业类新媒体目前在我国拥有广泛的用户基础,一定程度上满足了民众便捷获取生活资讯、消闲娱乐的多元需求,还会激发主流媒体的竞争意识,是我国传媒体系的重要组成部分。同时也要注意对商业类新媒体进行合理引导,防止其受利益驱使触碰法律和道德的红线。

2. 要处理好正面宣传与舆论监督的关系

正面宣传和舆论监督都是主流媒体重要的社会功能。正如习近平在全国宣传思想工作会议上强调的,团结稳定鼓劲、正面宣传为主,是党的新闻舆论工作必须遵循的基本方针。同时新闻媒体要直面工作中存在的问题,直面社会丑恶现象,激浊扬清、针砭时弊,同时发表批评性报道要事实准确、分析客观。[①] 习近平任上海市委书记期间视察新华社分社时也曾说过,舆论监督和正面宣传"横看成岭侧成峰",角度不一样,动机、目标是一致的。南方报业传媒集团总编辑黄常开认为,如果把舆论监督的内涵收窄到"建设性"和"帮忙不添乱"上,那它和正面宣传的交集就很大很多,甚至就是正面宣传的一部分。[②] 所以,无论是正面宣传还是舆论监督,其主要判断标准有两个,一个是媒体的报道动机和出发点是否为了改进、推动和促进工作,二是媒体报道方式是否符合时、度、效的基本要求,是否坚持新闻的真实性。锻造中国新型主流媒体的过程中,要坚持正面宣传和舆论监督相统一。

[①] 习近平:《习近平谈治国理政》(第二卷),外文出版社2017年版,第333页。
[②] 顾勇华、田宏明:《舆论监督与正面宣传何以"是统一而不是对立的"——广东新闻舆论业界学界四人谈》,《新闻战线》2017年第2期。

第9章 互联网与民主政治建设

互联网的兴起对民主政治建设影响深远。网络空间为公民的知情权、参与权、表达权和监督权等政治权利的实现提供了更加现实广阔的空间,从而加快了民主政治建设的进程,为民众参与国家治理探索出了新的道路。

第一节 网络与"四权"建设

党的十七大报告明确指出,人民当家做主是社会主义民主政治的本质和核心。要健全民主制度,丰富民主形式,拓宽民主渠道,依法实行民主选举、民主决策、民主管理、民主监督,保障人民的知情权、参与权、表达权、监督权。因此,互联网在民主政治方面的应用首先应表现为其是实现公民"四权"的重要工具。

一、网络与知情权

互联网的兴起与普及有助于改善政府科层制中信息层层下达带来的信息失真、延时以及不对称等现象,全国各级政府纷纷开通政府官方网站,公布公示政策、管理规定等信息,政府的工作程序和内容进入普通民众的视野,公共政策的制定和执行过程也更加透明,民众通过网络可以更方便地获悉公共事务信息。通过红头文件层层下达的政策宣讲逐渐被灵活、迅捷的网络公开所取代,公众可以随时上网了解所关心领域的公共政策及其最新变化,这无疑是一个巨大的进步。

与此同时,网络时代的政府工作也面临着前所未有的挑战。公众知情权意识的日益增长与政府公开信息的深度和广度的不足扩大了网络中的张力,这尤其体现在一些突发事件之中,"石首事件""周老虎事件""7·23 动车事故"等网络事件的发生在某种程度上都因政府部门信息发布不及时、不真实引发了公众的不满。当权威可信的信息缺位时就有可能出现谣言,从而使政府威信受损,造成社会不稳定。在网络条件下,各级政府机关及其工作人员应适应信息公开的大环境,提高服务意识,转变长期形成的封闭的工作模式与作风,有效保障公众的知情权,变消极的解释说明为积极的提供信息,变被动的封堵谣言为主动的权威发布,将依法行政与提高政府公信力有机地结合在一起。①

二、网络与参与权

参与权是指公民有依照法律的规定参与国家公共生活的管理和决策的权利。互联网的发展构建了各种新型的政治参与方式,极大地增进了公众的政治效能感,增强了参与政治的积极性。同时,互联网带来的低成本、便捷灵活的联通公众的方式为政治参与的完善提供了有潜力的工具。网络背景下的政治参与内容更丰富,是一种指向社会生活方方面面的政治参与,更有利于民主政治的发展。

公民在现实生活中进行政治参与,一方面需要付出时间、金钱和精力等成本,还可能要放弃一些机会或闲暇,而发生在现实空间的政治集会、抗议示威等较激烈的政治参与形式会对社会的有序运转构成压力。相比而言,利用网络进行政治参与所需付出成本则要低廉得多,对社会的冲击也小得多。从长远来看,网络技术有利于实现对公民政治参与的信息化、科学化管理。如在选举中,通过网络,选民可以快速查阅候选人信息,了解选举规则,就相关问题向候选人进行即时发问。同时,选举机关可以利用网络在第一时间内收发和统计选票,在网上公开计票结果,这无疑将改进传统的选举方式,增加选举的科学性和公开性。②

微博上的"围观"也是互联网丰富公民参与政治形式的好例证,相对短小的篇幅不论是发表、查看、转发都方便容易,而其发散式的转发链条更有利于公共事务聚集关注和形成舆论气候。2010 年被称为微博元年,从这一年起绝大多数公共事件都发端于微博,在微博上哪些事件得到关注以及形成的对事件的总体意见,甚至是意见的分歧都是民众政治参与的结果。国家也积极将互联网上的意见纳入政策轨道,例如邓飞在微博上发起的"免费午餐"公益活动不仅得到了社会各界人士的支持,更得到了国家政策的回应,这样一种对社会政策查遗补缺的

---

① 韩强:《关于网络知情权的几点思考》,《现代交际》2012 年第 3 期。
② 白淑杰:《网络政治参与对我国民主政治的影响及发展趋势探析》,《法制与社会》2008 年第 9 期。

政治参与是值得鼓励的。同时,当得到政策回应的时候,民众的政治效能感得到提升,即对自己政治参与的有效性感到自信,也更有助于提高民众政治参与的积极性。

三、网络与表达权

公民有权遵照法律的规定表达自己对公共事务和公权力的看法,随着信息技术的发展,公民利益的诉求可以通过网络更为自由、开放地表达,具有鲜明的时代特色。与传统的媒体环境相比,网上舆论环境相对宽松,网络民意的表达议题广泛,较能真实反映社会生活的全貌,甚至揭示许多深层社会问题和矛盾,所以网络在反映社情民意方面具有更大的优势,成为民众表达愿望和要求的重要渠道。同时,网络上激烈的言论也具有释放情绪和缓解心理压力的作用,是社会压力宣泄的重要渠道。

维护和完善公民网络表达权有利于促进政府与民众的良性互动,改进政府工作的方式,提高工作效率。网络民意一定程度上表达了某一时期人民群众的愿望、呼声和要求,是政府联系群众的全新方式。通过网络获悉民意,既可降低政府工作成本,领导干部又可及时便捷地了解社情民意,了解民众的真实情绪,还能够推动政府集中民智,提高决策的科学化、民主化水平,这对提升执政质量、打造清正廉洁、务实高效的现代政府具有积极意义。网络舆情分析师就是一个应运而生的新职业,人民网舆情监测室举行的首期舆情分析师培训包括舆情分析和研判方法、舆情危机处理与应对等课程,考试合格者将获得网络舆情分析师身份证明和从业凭证。他们的工作包括收集网民观点和态度,整理成报告,递交给决策者。

我国正处于社会转型期,社会结构发生了很大的变化,多元利益主体的愿望、要求必然在政治上要有所表达,网络上的自由表达可以防止敌意倾向的积累,进而起到社会安全阀的功能。通过网络,民间话语自由表达,把在传统媒体中不宜也不可能发泄的怨气发泄出来,对社会稳定有着积极意义。如果没有社会安全阀提供的发泄敌意与表达不同意见的渠道,社会成员就会感到不堪重负,整个社会有分崩离析的风险,网络上相对自由的表达无论对于个人还是社会,都具有积极的作用。

政治在某种程度上是一种可以习得的技艺,即如何表达观点,如何看待别人的利益诉求,如何在其中找到平衡,而表达政治观点是参与政治的第一步,通过与其他利益阶层的观点交锋,真理越辩越明。完善网络民意表达有利于民众丰富民主体验,培养政治参与技能,提高有效表达和自主表达的能力和水平,促进民众民主心理的发展与成熟,完善政治人格,培养政治理性和宽容精神,为推进政治社会化奠定坚实的基础。①

四、网络与监督权

《中华人民共和国宪法》规定:"中华人民共和国公民对于任何国家机关和国家工作人员,有提出批评和建议的权利;对于任何国家机关和国家工作人员的违法失职行为,有向有关国家机关提出申诉、控告或者检举的权利"。监督权是我国宪法明确保障的公民基本权利,是人民主权原则的具体表现。

民众的监督权一直以来都主要通过传统媒体来行使,以舆论监督的方式对腐败和不当作为进行制约。随着科技的发展,反腐也从现实走入网络世界,形成了民间的网络反腐。早在2008年,时任南京市江宁区房产管理局局长周久耕因为发表"雷语",网友通过"人肉搜索"后发现周久耕抽天价烟,戴天价手表,亲属涉足地产。在一系列证据面前,周久耕被免职,并于2009年10月被判处有期徒刑11年。这一案例的成功,引发网民反腐热情,并逐渐形成了民间网络反腐的模式:网友贴出举报线索,更多网民人肉搜索,传统媒体跟进,有关部门介入,官员落马。② "网络反腐"近些年来成为热词,网上曝光的腐败事件层出不穷,落马官员级别也逐年上升,通过细心网民的"扒粪",违法乱纪的官员和事件被曝光,一时间官员们都"谈网色变",以微博等为代表的民间网络反腐显出强大"火力"。

但任何新兴事物都需要在实践中检验,互联网上舆论监督权的行使也面临诸多问题,如诬告、误伤、传播虚假信息甚至谣言,是网络反腐很难避免的缺陷。2013年9月9日,《最高人民法院、最高人民检察院关于办理利用信息网络实施诽谤等刑事案件适用法律若干问题的解释》出台,曾风光一时的微博、论坛等平台上网民反腐似乎遇到"寒冬"。与此同时,新版中央纪委网站上线,接受网络信访举报是其六项主要功能之一。新浪等门户网站也推出统一的网络举报专区,这个平台上拥有纪检、组织、两高、国土等部门的网络举报入口。网络反腐的正规军渐成"建制",在网络反腐上,官方正从"幕后"走向"台前",官方网络反腐的优势在于专业,民间网络反腐的优势是快速、透明,能不能让公众信任,最主要的是在举报后反腐机构的惩治能否及时有效③。

---

① 李飞、张炳照:《浅析完善网络民意表达权》,《新视野》2008年第11期。
②③ 刘一丁、邢世伟:《网络反腐:中纪委从幕后走向台前》,《新京报》2013年9月18日。

第二节 网络问政

互联网为公民各项民主政治权利的实现提供了新的平台,相应的,民众参与政治的方式也有了新的形式。"网络问政"就是一系列以互联网为媒介的政治参与模式的统称,这一概念涵盖的范围很广,概括地讲主要有三个方面:了解民意,问"需"于民;汇聚民智,问"计"于民;民主监督,问"察"于民。[①] 而究其本质,则是探索如何真正用好互联网,让民众更有效地、有序地参与国家治理,将民众意见和智慧更好地聚焦在政策的制定、出台和完善上。

一、政务公开与上情下达

2006年1月正式开通的中国政府网是中华人民共和国国务院和国务院各部门,以及各省、自治区、直辖市人民政府在国际互联网上发布政府信息和提供在线服务的综合平台,是政府面向社会的窗口,是公众与政府互动的渠道,也是网络问政的重要载体。该网首页现开通"国务院、总理、新闻、政策、互动、服务、数据、国情"等8个一级栏目,2013年正式开通新浪微博、腾讯微博以及微信,截至2018年7月底,新浪微博粉丝为1 711万,2015年3月4日,正式入驻今日头条政务头条号,头条粉丝达450万。网站内容十分丰富,几乎涵盖了网络问政的所有领域,这对于政府促进政务公开、推进依法行政、接受公众监督、改进行政管理、提高治理能力具有重要作用。

在搜索引擎中搜索"网络问政",我们会看到从中央到地方,各级政府都开启了网络问政的网站,有的还开设了官方微博和官员的个人微博,通过更加短平快的模式与民众直接沟通。这类与政府及公共事务有关的微博统称政务微博,根据人民日报、微博联合发布的《2017年年度人民日报·政务指数 微博影响力报告》,截至2017年12月底,经过微博平台认证的政务微博达到173 569个,其中政务机构官方微博134 827个,公务人员微博38 742个。政务微博在2017年总发博数8 092万,较2016年增长了8%,政务微博的总粉丝数达到24.6亿,较2016年增长了12%,新增粉丝数中30岁以下的用户达到了82%,政务微博总阅读量3 303亿,

---

[①] 刘军汉:《"网络问政"的作用及其局限》,《行政与管理》2011年第3期。

总互动数 54.5 亿。开通微博的地区涉及全国所有的省、直辖市、自治区,政务微博不仅在庞大的基数上继续稳定扩张规模,还发力朝纵深化、精细化、专业化、垂直化发展。① 根据 2014 年发布的《全国法院新浪微博运营报告》,全国有 31 个省级高级法院微博悉数开通,中院有 361 个开通,基层法院已开通 2 850 个,开通率为 91%,全国法院微博四级体系已经形成。②

多种多样的政务公开形式是政府对公民积极参与政治的愿望的回应,极大拓展了民众对政府行为和政策领域的知晓。政府从后台走向前台,表明政策立场,回应民众疑问,这样的上情下达有效避免了科层制中信息层层下达时会出现的变形和缺失,也使政策的宣讲更加亲民,为政府塑造了透明、可信、高效的形象。

二、参与决策与下情上达

网络问政的另一题中之意就是将民众的需求和对公共事务的意见以有序、高效的方式输入到政府决策体系中去,即通过下情上达使民众参与到决策中去。

2003 年的广东"孙志刚事件"在互联网上引发热烈讨论,众多网民争论《城市流浪乞讨人员收容遣送办法》是否违宪,最后这起事件导致了《城市流浪乞讨人员收容遣送办法》的废除,网民成为影响政府决策的重要群体之一,这也成为网络问政中最易被提起的案例。除了针对某项个案的讨论,对国家的政策变化,公众也有了发言的空间。2012 年 6 月初,人力资源和社会保障部官员就当前涉及社会保险的热点问题答复网友时表示,推迟退休年龄已是一种必然趋势,人社部当前正在对此进行研究;与此同时,部分学者也建议通过"小步渐进"的方式,每 3 至 5 年延迟 1 岁,逐步到 2045 年无论男女退休年龄统一调整为 65 周岁,一时间"延迟退休年龄"引发了全民热议。网络上,有关是否赞同延迟退休也分成了鲜明的两派,争论不休。③ 养老保险空账以及养老双轨制等问题被不断抛出,形成了激烈的讨论。

这样围绕公共事务议题的讨论乃至争论给政府提供了一个了解民众态度和心理的难得机会,通过网络舆情调查等手段,了解社会上对具体政策的看法,了解民众关心什么样的议题,有利于政府决策科学化、民主化。

---

① 《2017 年年度人民日报·政务指数 微博影响力报告》,人民网舆情频道 2018 年 1 月 23 日。
② 《〈全国法院新浪微博运营报告〉发布》,新浪科技 2014 年 12 月 4 日。
③ 梁超:《一石激起千层浪:延迟退休年龄带来的争议(上)》,《人力资源管理》2012 年第 10 期。

第三节　网络理政

网络问政是单向的,由网民问责政府,是政府被动地接受网民的质疑,而且仅仅停留在政策问询的层面和阶段。网络理政指国家和社会通过互联网,实现公共事务有效治理、公共利益全面增进的活动与过程。把"网络理政"提高到国家治理的高度,从网络问政到网络理政,是执政理念的有效变革,也是国家治理方式的重要转变。

在中国,治理以政党为主导。网络理政首先是中国共产党作为执政党来主导治理的过程。互联网上凸显的社会矛盾层出不穷,需要执政党创新治理理念、措施和机制,来更加有效地治理国家。正如习近平所说:"各级党政机关和领导干部要学会通过网络走群众路线,经常上网看看,潜潜水、聊聊天、发发声,了解群众所思所愿,收集好想法好建议,积极回应网民关切、解疑释惑。"①

中国的网络理政是治理的创新,着眼于政府内部机构和部门的整体性运作,从分散走向集中,从部分走向整体,从碎片化走向整合,进行总体的谋划、统筹和协调。中国网络理政应包含安全、开放、回应、协商和服务等五大理念。在整体性治理的框架下,安全是保障,开放是原则,回应是态度,协商是过程,服务是目标。这五种理念共同构成了网络理政的整体性框架,凸显了政党主导下国家和社会的协调合作。

一、网络安全

网络安全是治理的安全保障。随着互联网的普及,网络安全作为非传统安全正逐渐受到重视。互联网的安全分为基础设施安全、数据和信息安全两部分。基础设施安全主要涉及自然灾害、人为事故、网络安全漏洞、网络恐怖主义、云安全、物联网安全、无线局域网安全七个部分;数据和信息安全则涉及个人信息安全、企业信息安全、网络色情信息、网络暴力、政治安全五个部分。《中华人民共和国网络安全法》《中华人民共和国国家安全法》都明确使用了"网络空间主权"的表述,并就主权适用于网络空间安全治理提出了自己的主张,表明中国已经把网络安全上

---

① 习近平:《习近平谈治国理政》(第二卷),外文出版社 2017 年版,第 336 页。

升到国家战略的高度,设置高级别的协调机构,维护网络基础设施,打击网络犯罪和网络恐怖主义,并且参与到国际治理中去。

二、数据和信息开放

开放是治理的原则。数据和信息是一种公共产品,它是国家治理、社会生活的重要组成部分,是对公民知情权的保障。关于政府运行、社会生产、人民生活的重要数据和信息只有政府才拥有,因此政府有责任也有义务向全社会公开权威的数据和信息。首先,在互联网上公布数据和信息节约了很多行政成本,减少纸张印刷、交通邮电等方面的费用。其次,公众获取信息更方便,公众可以通过网络很容易地接触到政府法规、条例、命令、政策等各种信息。政府通过网络公开信息,充分保证了公民的知情权。大数据时代信息开放走向数据开放。2015年9月初,国务院印发《促进大数据发展行动纲要》指出,2018年底前建成国家政府数据统一开放平台,率先在信用、交通、医疗等重要领域实现公共数据资源合理适度向社会开放。在此之前,广东、辽宁、四川等省份均已有地方政府成立大数据管理局,拟由政府牵头,统筹公共数据开放,推动产业发展。数据和信息在互联网上公开的要求是及时、全面、客观和准确。时间上是定时,机制上要有保障。数据和信息公开是为了建构信息政府,形成数据征求、挖掘利用和服务的体系,置政府行为于民众的压力之下,为建构信息政府提供保障。

三、政府回应

政府回应是治理的基本态度。政府回应包括三个方面:第一,政府对公众接纳政策的情况和提出的诉求进行及时的回应和回复,并且采取积极措施来解决问题;第二,政府应该定期地、主动地就公共政策公开征询公民意见,解释政策和回答问题,并对公共政策的制定进行及时的调整;第三,建立危机事件处理过程中的行政问责机制。大数据技术有助于精确识别、分析公众需求,为优化政府回应创造了技术条件。在实践层面,中国政府网开通了总理"留言板",使得网民可以在互联网上随时向总理问询相关事宜,政府回应从定期与网民交流互动发展到了常态化的建言收集。

四、网络协商

协商民主的核心要素是协商与共识。互联网为协商民主提供了基本的渠道和平台。一方面,在互联网上网民可以相对自由地发表言论,公开交流,把关人相对而言较少。但另一方面,互联网上发表的言论容易失去理性,走极端,变成个人私愤的宣泄。在这种情况下,网络协商需要以下几种机制:第一,有专门的机构(政府所属机构或者相关的专业组织)科学地归纳分析网络言论;第二,线上线下的互动机制,即线上的观点和线下的协商能够结合起来。特别是需要有一些相关的社会组织(如智库)组织政府相关部门和网民代表或者网络团体就一些公共议题进行民主协商,达成共识。

五、网络服务

网上政务办事大厅运用现代新的技术构建服务型政府。利用互联网来进行政务服务的机制应该包括:第一,利用网络向公众提供各类政务服务;第二,部门之间在互联网上的协同服务;第三,公众对政务服务质量的反馈机制。服务是治理的目标。网民对政府机构的服务范围、服务标准、服务质量是否达到规定的要求等方面的判断和评价可以通过互联网向政府反馈,以驱动政务服务的创新。与公民合作管理公共生活要求政府提供在线的公共服务,并根据公众不同的需求提供个性化的服务,将需求者和服务提供者匹配起来,构建以公民为中心的服务型政府。网络政务服务机制的目标是建立"整体政府"(也称"一站式政府"),要求加强政府各部门之间、政府与非政府机构之间的有效合作以实现协同治理。2016年4月26日,国务院办公厅正式发布通知,提出全面推广以"一号"申请、"一窗"受理、"一网"通办为典型经验的"互联网+政务服务",通过强化政务服务部门间互联互通、数据共享、协同联动。① 公民可以获取更广泛的政府服务,拥有更高的公民参与度。政府可进一步整合运作,降低成本,并提高服务的质量和效率,这些好处使得政府对将电子政务转型为数字治理有了更为迫切的需要。

安全指的是国家对整个互联网基础设施、数据和信息的保障,信息和数据开放指的是政府向公众的主动开放,回应指的是政府回应公众的质疑和需求,协商需要政府和公众共同参与协商和治理,服务则指的是在互联网环境下构建服务型政府的目标。网络理政指的是执政党在互联网新媒体迅猛发展的条件下,加强与社会各界的沟通,随时了解社会的基本动态和利益诉求,宣传和解释自己的执政理念和方针政策,以及主动征求解决有关问题的建议。网络理政下的数字政府建设,指的是借助最新的数字技术提高执政能力与水平,让各界人士借助互联网更好地参与

---

① 《实施推广"一号一窗一网"打造信息惠民服务升级版》,新华网2016年4月27日。

到国家和社会的治理中来,最终实现社会的公平与和谐。在党的十八届三中全会的文件中,"治理"一词被提到 24 次之多,网络理政中的"理"更多的是治理的意思。当今,互联网已成为一种新的交往方式和平台,治国理政能够也应该运用互联网来保障和实现人民的利益。网络理政其实就是扩大人民民主,丰富民主形式,拓宽民主渠道,发展更加广泛、更加充分、更加健全的人民民主,真正实现人民当家作主。

第四节　网络与协商民主

协商民主理论的兴起,是对多元文化社会面临的诸多问题的回应,其核心是在公共协商过程中,公民通过自由、平等的对话、讨论、审视各种相关理由从而赋予立法和决策合法性,实现公民平等地参与公共事务与公共决策。协商民主的核心是公共协商,基本特征是合法性、公开性、责任性、程序性和参与性。在现代社会中,协商民主能够促进决策合法化,培育公民美德,平衡自由主义的局限,以及控制官僚自由裁量权。① 十八大报告中提出"社会主义协商民主是我国人民民主的重要形式。要完善协商民主制度和工作机制,推进协商民主广泛、多层、制度化发展。"互联网上的平等互动有助于实现有效的政治沟通。

一、协商民主的精神

2011 年个人收入所得税调整法律草案一审通过后三天之内因为民意强烈而调整,这无疑是网络在协商民主中起到重大作用的一个例证。2011 年 3 月 2 日,国务院常务会议讨论并通过个人所得税法修正案草案,在 2011 年 4 月底至 5 月底为期一个多月的时间里,启动了个税法修正案(草案)征集意见流程,意见数超过 23 万条,创下人大单项立法之最。2011 年 6 月 15 日人大网站公布了公众意见汇总,其中对于将工资薪金所得减除费用标准,即个税起征点调到 3 000 元这条,共有 82 536 人发表意见,15%赞成,要求修改的占 48%,35%反对,其他意见占 2%。倾向性的意见是希望进一步提高个税起征点。与此同时,个人收入所得税成为微博上的一个热议的话题。人大常委会于 6 月 27 日至 30 日举行的常委会第二十一次

---

① 李红亮:《协商民主理论探析》,厦门大学硕士论文,2006 年。

会议上,根据征求意见进行了审议。二审开始时,全国人大仅仅是将最低税率从5%下调到了3%,对于起征点却未做任何改动。6月27日,提交常委会审议的草案上依然写着3 000元,三天后,最终通过的《全国人民代表大会常务委员会关于修改〈中华人民共和国个人所得税法〉的决定》将这一数字改写成3 500元(2018年又调到5 000元)。据媒体对相关人士的采访报道,最后修改的结果要"归功于网民的呼吁和草案征求意见中'83%的反对数'"①。

二、互联网与协商民主的实现

互联网突破了传统媒体由于时空间隔而造成的种种信息传输障碍,它能够为民众进行利益的聚合表达、输入输出政治意愿提供更加丰富、便捷、全面的信息和行动选择。众所周知,传统媒体中,报纸每天的版面是有限的,广播和电视也分别受到播出时段和频道的限制,其信息总量总是有限的,但互联网却能使各种信息在瞬间生存,光速传播,实时互动,高度共享,信息资源可以无限扩展。网络中的每一个成员,都可以最大限度地参与信息的交流,这也是协商民主中涵盖的一项思想,即不存在特殊成员的利益具有超越其他任何公民利益的优先性。无疑,这种互动、平等、虚拟的特性能够进一步促进公众的言论自由、社会平等和政治公开。

网络的公共协商极大地消解了现代化过程中的不稳定因素。处于转型中的我国,推进现代化、实现现代性是未来长时期的任务。现代性是目的,现代化是手段,而现代化要促进社会变迁,就意味着动态,其中难免夹杂着不稳定因素,民主政治的发展必须要有稳定的社会环境,因此必须建立一个行之有效的利益表达机制,为社会公众表达自己的利益提供一个畅通渠道,并对这些利益要求作出及时的反应。如果公众的诉求长期得不到回应,就可能会采取某些极端的手段来引起社会关注,一些网络事件便缘于此。公民的网络政治参与过程体现了与协商民主理论在一些方面的一致性,网络政治参与在"近似地"实践着协商民主的理想,协商民主强调公民通过自由而平等的理性对话、辩论、推理和审议等方式来参与公共生活,赋予政府立法和决策以合法性,从而保证公民自治和真实民主的实现,推动民主政治的发展。②

总之,网络的兴起为扩大公民的政治参与,让协商民主从理想成为现实提供了可能。作为一种借助于信息技术的政治参与方式,网络政治参与体现了协商民主

---

① 李欣、詹小路:《自媒体——非制度化的利益表达渠道》,《中国广播电视学刊》2011年第10期。
② 唐琼:《网络政治参与——协商民主的新形式》,《法治与社会》2009年第28期。

的核心精神,它的兴起为一直困扰人们的大规模政治体系中如何实现协商民主的问题找到了解决之道,并将推进草根民主的发展。例如在早期的网络论坛上,公民可以匿名、实时参与话题,直接交流讨论。论坛为民众提供了超越社会背景和从属关系,真实表达自我的机会,公民参与公共论坛中的交流是无拘束的、自发的,是一种松散的、非正式的协商形式,通过形成公共舆论对具有制度性决策群里的国家机构施加影响。论坛上轰动一时的抗议北约轰炸我国驻南联盟大使馆、孙志刚案、郎顾之争等事件都引起国内、国际的传统媒体关注。① 网络论坛这一互联网应用的形式因为其公开、匿名讨论的架构在中国的互联网政治参与发展中形成了独特的景观,其蕴含的协商民主的精神值得探讨。

---

① 陈剩勇、杜洁:《互联网公共论坛:政治参与和协商民主的兴起》,《浙江大学学报》(人文社会科学版)2005年第5期。

第 10 章　互联网与网络舆论

网络舆论是互联网技术在应用和发展中的一个衍生物，是其对社会、政治、文化全面渗透和影响的重要体现。在当下中国，一个重大事件发生后，公众通过网络发表言论，回帖、跟帖动辄几十万甚至上百万条，各种意见、各种争论、各种思想在网络上呈现，多元利益群体和社会思潮在网上交汇，使网络舆论逐步成为社会舆论的主要源头和窗口。互联网作为一种新的传播技术和媒介形态，不仅为社会舆论提供了呈现和发布的新渠道，而且影响着舆论的形成、传播和作用方式。伴随着互联网主流技术形态的升级，网络舆论不断发展和演变，其独立性也日趋显著，呈现出与一般社会舆论不同的特点。

第一节　互联网：新的舆论场

伴随着社会转型，社会结构变动，社会意识悄然变化，互联网在中国的发展推动着社会舆论的嬗变及其在网络空间的呈现。从 20 世纪 90 年代末汹涌的民族主义，到 21 世纪市场经济迅猛发展催生新自由主义，及至当下多元社会思潮进入网络话语空间，互联网作为一个独立的舆论场折射出社会意识的变动不居。

一、网络舆论的萌芽期（1999—2002）

1994 年我国接入互联网后，以经济和文化精英为主的第一代网民推动着网络舆论在中国的萌芽。这一阶段网民的主要特点是知识层次普遍较高，网络舆论多由社会精英主导。特别是 20 世纪 90 年代后期，当互联网逐步走出科研院所，面向社会公众普及之际，全球化进程中国家经济的强势崛起和中国在国际交往中的悲喜交集是网络论坛中的主导性议题。

1999年5月8日,以美军为首的北约战机在科索沃战争中轰炸了位于贝尔格莱德的中国驻南斯拉夫大使馆,造成多名中国公民和工作人员伤亡,使馆严重被毁。事发后,国内群情激奋,民众抗议此起彼伏。5月9日,《人民日报》网络版开通"强烈抗议北约暴行BBS论坛",使激愤的民情获得宣泄的渠道。同年6月19日,抗议论坛正式更名为"强国论坛"并沿用至今。国家级网络论坛在特殊时期的出现,首次将大国网民的民意呈现在世人面前,成为中国网络舆论发展历程中一个具有里程碑意义的事件。

由于互联网技术形态和普及程度的限制,当时的网络舆论对社会的渗透程度有限,只有当涉及国家主权的重大事件发生时,网络舆论才会进入社会公众的视野。但是,由千千万万普通民众构成的网民群体正在逐渐孕育并不断壮大,他们在网络空间内日益形成影响,不仅是国家意志作用的对象,同时也是悄然作用于国家意志的力量,不仅是精英推动的对象,也逐渐成为推动精英的力量,网络舆论在网民的不断成长中集聚发展的能量。

二、网络舆论的成长期(2003—2008)

2003年,是中国接入互联网的第十个年头,这一年的孙志刚事件、哈尔滨宝马撞人事件等在网上引发了巨大民意声浪,在我国网络舆论发展的历史坐标上留下了清晰印记。自2003年出现12起网络舆论事件以来,互联网激发出巨大的社会能量,事件数量逐年增加,爆发力度越来越强,见表10-1。2005年,中国网民总数首次超过1亿,在全球化和市场化的推动下,普通网民可以与西方发达国家网民近乎同步地分享互联网主流技术升级所创造的最新成果。在中国语境中,公众运用这些技术成果创造出具有中国特色的网络舆论表达。

表10-1 2003—2011年中国网络舆情事件数量

年份	2003	2004	2005	2006	2007	2008	2009	2010	2011
数量	12	34	63	85	132	186	248	274	349

注:2003—2008年数据根据网络资料统计,2009—2011年数据根据中国人民大学舆论研究所发布的《中国社会舆情年度报告(2012)》统计。

2007年,依托Web 2.0技术浪潮,新闻跟帖、聚合新闻、聊天室、社区论坛、即时通信等主流技术形态升级,互联网逐渐成为社会舆论的主力媒介。各种公权力大、公众关注度较高的公共部门和公职人员成为网民关注的焦点,社会民生问题成为网络舆论的重点,以厦门的PX项目事件、陕西的"周老虎"事件、重庆"最牛钉子户"事件和山西黑砖窑事件等四大事件为标志的公共事件形成强烈的社会舆论,推动了相关社会问题的解决,网络舆论的影响范围也逐步扩大到政治领域,成为社会舆论的重要组成部分。

这四大事件体现了中国互联网舆论的两个较大特点:一是新老媒体互动是网络舆论真正影响大多数人乃至事件走向的重要因素;二是政府感受到网络舆论的强大力量,在舆论面前承认、纠正错误。2008年,胡锦涛在人民日报社考察时指出:"互联网已成为思想文化信息的集散地和社会舆论的放大器,我们要充分认识以互联网为代表的新兴媒体的社会影响力,高度重视互联网的建设、运用、管理,努力使互联网成为传播社会主义先进文化的前沿阵地、提供公共文化服务的有效平台、促进人们精神生活健康发展的广阔空间。"[①]。

三、网络舆论的爆发期(2009—2013)

随着互联网应用渗透社会各阶层、覆盖各领域,网络舆论表达的形态也日趋丰富。2009年开始,网络舆论事件数量每年都在200个以上,其中包括网民对政府失职渎职行为的问责,对违法乱纪官员的监督鞭挞,对弱势群体的同情声援,对公权力阳光下运行的期盼和对社会道德滑坡的疾呼。根据中国人民大学舆论研究所发布的《中国社会舆情年度报告(2012)》显示:2011年全年具有社会影响力的网络热点事件总计349个,平均每天0.96个[②],中国进入了危机常态化社会,网络成为舆论的主要源头。

尤其是2009年新浪微博投入使用后,4A传播(Anyone 任何人,Anywhere 任何地方,Anytime 任何时间,Anything 任何事情)带来了"大众麦克风"时代。移动互联网的普及使普通民众通过文字、音频、视频等方式实现对线下事件的同步现场报道,高交换率和强扩散性进一步加速舆论风暴的形成。2010年,以"我爸是李刚"为标签的河北大学撞车事件以及随后的郭美美事件在国内引发舆论啸聚后,分别登上美国《纽约时报》。一人一地之事,在短时间内演变为全球关注的公共事件,凸显了新媒体借助全球化和个人化两大潮流释放的巨大能量。国内国外、网上网下互动成为常态,虚拟的网络政治在多元社会力量和网络化逻辑的推动下,不断趋向实体化,虚拟空间与现实空间的交织互动呈日趋频繁之势。

互联网早期的民意表达,带有较强的知识分子气质,到2003年"孙志刚收容致

---

① 胡锦涛:《在人民日报社考察工作时的讲话》,人民出版社2008年版,第7页。
② 喻国明:《中国社会舆情年度报告(2012)》,人民日报出版社2012年版,第20页。

死案"引发新民权运动时,精英的主导作用还是显而易见的。但随着互联网的普及和下沉,网民主体的知识层次下降,到了 2007 年前后,新意见阶层崛起,普通网民在更大范围内自主地问政问责。从重庆"最牛钉子户",到厦门 PX 项目事件,再到山西黑砖窑事件,网民在早期精英的带领下,逐渐熟悉了互联网的环境,开始发挥更加主动的作用①。但是,我们也要看到,在越来越复杂的互联网环境下,网民面临着更多的资讯、更多的意见选择,意见领袖从这里又获得了新的机会。在这一过程中,草根意见领袖崛起,极具爆发力。

第二节 网络舆论的成因

互联网不仅为网民发表意见提供了一个平台,而且还糅合社会心理、公众言论表达行为以及新传播技术等变量形成了一个崭新的时空环境,它们相互作用并合力塑造出网络舆论形成宏观语境。

一、权利意识觉醒推动公众表达

网络舆论的形成源于公众借助互联网对特定的议题或事务所表达的意见和态度。公众的表达意愿越是强烈,网络舆论就越是活跃。在我国的历史上,曾有过绵延数千年之久的封闭专制的政治统治,"庶人不议"的戒律造就了臣属型的政治文化,民众对政治参与和言论表达持被动态度,在政治生活中信奉的基本原则是服从和沉默。改革开放以来,经济的发展和社会的进步使公众的自主性不断彰显,公众对巩固和维护自身权益有了更加主动的追求。与此同时,互联网推动信息自由流动,意见自由表达和政府公开透明等观念不断向社会渗透,增强了公众的表达意愿和表达能力,推动公众对具体问题、事件、政策等发表评论,促进了新的政治文化的形成。

随着改革步入深水区,各种经济和社会问题集中爆发,民众权利意识不断觉醒,维权意识不断增强,一大批独立的、倾向于主动参与和发声的公民在网络空间内发育成长,对公民权利的践行与争取知情权和传播权的努力交织在一起。通过互联网,人们以更低的成本和风险表达利益诉求,越来越多的公众倾向于通过网络

---

① 李永刚:《中国互联网上的民意表达》,《二十一世纪》2009 年第 112 期。

发出自己的声音。一项基于全国 12 个城市互联网使用情况的调查报告显示,"71.8%的网民和 69.1%的非网民都非常赞成或比较赞成'通过互联网,可以有更多的机会表达观点';60.8%的网民和 61.5%的非网民都非常赞成或比较赞成'通过互联网,可以有更多的机会评论政府的工作'"①。互联网成为当下中国最重要的意见表达渠道,通过网络表达意见已成为一种最广泛且最触手可及的政治参与形式。

二、网络传播催生虚拟表达群体

在任何媒介环境中,舆论的生成都需要以群体的作用为动力,从而使分散的意见表达形成规模效应。与口耳相传的人际传播和报刊、电视等大众传播环境有所不同,网络传播赋予公众更多的能动性,并使公众之间呈现出更为显著的互动性特征。正如舍基所言,网络时代"一则新闻可以在刹那间由一个地方扩散到全球,而一个群体也可以轻易而迅速地因合宜的事业而被动员起来"②。网络舆论的参与者是普通网民,在特定的舆论过程中,维系彼此关系的是围绕某一议题所建构的共同意义,由此形成了一个基于特定议题的虚拟表达群体,他们的离散聚合决定着网络舆论的生成、演化乃至消退。

网络传播技术的不同形态对虚拟表达群体的形成具有不同的影响。门户网站以信息发布为主,以新闻跟帖、评论作为用户互动的主要机制;论坛、社区对网站内部使用者的发帖和评论等行为进行组织和管理,论坛的管理人员具有把关人的性质,他们对帖子的置顶、加精、分类等能够直接影响网站内信息的呈现以及议题的显著性,从而使网络舆论以组织化和结构化的方式表现出来;本质是用户参与的 Web 2.0 应用到如今的 Web 3.0,以个性化、开放性、互动性等特征使自媒体传播呈现出与 Web 1.0 时代截然不同的特点,使用户能全方位参与到网络内容的提供和信息分享的过程中,信息的自由流动加速群体意见的形成。2009 年以来,微博、微信等社交媒体的应用进一步凸显了网络的聚合力量,改变了舆论的生成、交汇和呈现形式,成为舆论发布的第一载体和热点事件集中呈现的主要场所。社交媒体不仅制造了人们社会生活中争相讨论的热门话题,而且使意趣相投的用户可以在网络空间内找到自己的归属。基于这种聚合机制,一件看似不起眼的小事,经过网民即时传播和情感发酵,能够迅速集合虚拟表达群体,在短时间内掀起舆论风暴,引发举国关注的舆论事件。

---

① 杨桃源等:《塑造大国网民》,《瞭望》2004 年第 8 期。
② [美]克莱·舍基:《人人时代:无组织的组织力量》,胡泳、沈满琳译,中国人民大学出版社 2012 年版,第 10 页。

三、社会转型重塑社会心理场

舆论总是在一定的意识环境中产生和传播的,德国心理学家勒温最早提出的社会场论先后被发展为"心理场""舆论场"和"环境场"等概念,并用于分析舆论所处的宏观社会语境,而其实质是指一种刺激舆论形成的社会共振圈。社会变迁或转型时期是社会非常规变动时期,各种社会问题层出不穷易于引发舆论波动,各种与公众有较高关联度的事件、人物、现象或话题都能激发社会舆论热潮。当前我国经济社会发展正处于一场史无前例的变革之中,社会阶层之间、城乡之间、经济发展与社会建设之间出现诸种不平衡、不协调的现象,各种社会问题和社会矛盾此起彼伏,各种指向政府的议题,各种与公众生活密切相关的领域,如食品、医疗卫生、教育、住房、户籍、社会保障等民生问题频频成为引发网络舆论的争议性话题,足以在具有同质化生活经历和情感体验的大比例人群中激发认同感。

社会转型在推动社会结构分化的同时,也加速了社会成员的阶层意识分化。社会意识的碎片化导致社会共识难以形成,尤其是在一个"断裂的社会"中,对社会公平正义的认知和判断在相当程度上决定了公众的态度和情感。在特定的舆论表达过程中,公众在社会心理场的作用下进行"我们"和"他们"的划界,作出强势群体和弱势群体的区分,易于形成阶层间的对峙感和相对剥夺感。弱势身份的体验一旦被焦点性事件激发,就倾向于跨越年龄、职业、经历的区分而形成虚拟表达群体,由于弱势群体的利益诉求在现实社会中缺乏表达渠道,网络就成为汇聚舆论和反映民意的平台,因此,互联网成了折射转型时期社会变迁的舆论镜像。

第三节 网络舆论的特点

网络传播的技术特性和我国网民群体的结构特征,使网络舆论在形成、传播和发展的各个阶段和环节上呈现出与传统舆论不同的特点。把握网络舆论的特点对于认识网络舆论的社会影响,并在此基础上做好引导工作具有十分重要的意义。

一、网络舆论形成的突发性

网络传播是一种多层面、立体式的传播,融合了人际传播、群体传播、组织传播和大众传播等传播形式,多元传播主体在舆论形成过程中扮演着不同角色,它们交互影响,相互推动,共同决定着舆论的走势。当一个事件和议题产生后,舆论不断发酵、聚合、扩散、裂变,在不同传播形式的综合作用下,其爆发速度、波及范围与影响力度较传统舆论呈现几何级数的增长,舆论形成的速度、广度和强度也随着互联网主流技术形态的演进而增长。

在网络舆论的形成中,初始信息可由专业记者从网络媒体挖掘并向传统媒体扩散,也可以由网络搬运工由一个地方性的论坛向大型综合论坛传播,还可以依托微博编织的复杂用户网络实现裂变式的分享,相应地,舆论爆发的时间可以由几天缩短至几小时。与人际传播推动舆论由局部向全局扩散的费时费力不同,在网络社会,任何一个偏僻角落导入的信息都可以迅速进入全国乃至全球传播网络,最终成为复杂网络中的一个信息节点,从而使一个地方性议题快速升级为全国性议题甚至全球关注的公共事件。以新传播技术作为动力,网络舆论能够在越来越短的时间内实现由小及大、由点及面,由局部向全局蔓延的态势。因此,政府应对网络舆情的黄金时间也由 24 小时缩短到 3 至 4 小时。

与此相对应的是网络舆论的易逝。网络舆论的诉求基本上是利益诉求,即维护自身利益不受损害,一旦这样的诉求得到满足,一场舆论就会平息。

二、网络舆论鲜明的指向性

网络舆论事件最关注的问题是政府官员的行政问题与民生问题。这些问题常牵涉到普通百姓的敏感神经,稍有不公,容易引起群情激愤,形成网络暴力。政府管理阶层的贪污腐败、工作作风和生活作风问题成为网民关注的重点。

近年来,网络舆论形成了指向政府、官员的鲜明指向性,尤其是地方政府的不当作为、官员的腐败等,这在很大程度上与中国政治传播的现状有关。自 20 世纪 90 年代以来中国社会出现的结构断裂反映了权力分配不公和部分社会成员地位的相对下降,导致社会关系出现张力。民众中存在的仇官仇富心态可以看作这一断裂的现实呈现。同时,制度结构的特点导致大量分化的利益不能通过体制内方式表达,而群体自发的利益表达所需要的回应机制却处于失效状态。在这样的条件下,中国互联网出现了功能扩展的现象,即现实中互联网逐步替代现有的制度化通道,成为政治传播系统中为民众传递诉求的通道,而原有的诉求渠道虚化且流量减少,这就使得针对公权力的监督、对权力腐败的不满等隐藏在日常生活中的结构张力在特定的事件中爆发,并以网络舆论的方式呈现出来。

三、网络舆论传播的符号化

网络舆论的传播过程是传播场域各传播主体以信息文本为中介进行互动的过程。一则信息要从成千上万的话语生产中脱颖而出,引发网民关注,形成滚雪球式的传播效应,就需要有夺人眼球的信息特征。近年来蹿红网络的"欺实马""范跑跑""楼脆脆""躲猫猫""俯卧撑"等流行语以及"脑残体""知音体""蜜糖体""丹丹体"等不时翻新的网络语体表明,网络舆论信息的传播有其内在的文本逻辑,短小、精悍、传神、概括力强的词汇和修辞语句能够推动舆论信息文本传播加速,它们可以被视为网民基于特定的社会语境在网络传播中展开的修辞创造,一般都能成为网络舆论事件的标签。这种符号化传播的特征一方面与网民的从众心理有关,即网络空间群体表达的极化现象会使网络社群所使用的语言表述风格趋于同化;另一方面符号化的舆论表达在特殊的社会语境中不仅便于受者解码和形成认同,而且使二次传播得以依托特定框架而减少对琐碎细节的依赖,以至不失信息内核的精神实质。在舆论传播的过程中,网民的嬉笑怒骂折射出他们谐谑、悲情、反讽、调侃等情绪和态度,借助反讽、调侃等网络话语实践,特定的情感在网络社群内可引发极大的共振,构成了一种符号学意义上的情感表达(见表10-2)。

表10-2 部分网络舆论事件中的符号化表达

事件名称	符号化表达
微笑局长杨达才	微笑局长、表叔
陕西孕妇引产事件	强制引产
7·23动车事故	至于你们信不信,我反正信了
郭美美事件	郭美美、炫富姐
中石化酒单事件	天价酒
郑州财政官员质问记者	你是不是党员
武汉少年黄艺博走红网络	五道杠少年
河北大学校园撞人案	我爸是李刚
富士康员工跳楼	十三跳
医生玩网络游戏延误五个月婴儿就医致死	徐宝宝
韩峰局长日记	局长日记、香艳日记
云南晋宁看守所李乔明猝死	躲猫猫
上海钓鱼执法	断指证清白
杭州飙车案	欺实马
河南民工张海超尘肺事件	开胸验肺
周久耕事件	天价烟

具有传播标签的网络舆论事件能够激发并塑造社会的集体记忆,尤其是在以情感诉求为主要诉求特征的网络集群中,潜伏在社会心理底层的文化积淀极易被唤醒。一些具有符号化表达的舆论事件能够放大网络空间内舆论的强度和烈度,使其呈现出独特的舆论样态。

四、网络中意见领袖的作用显著

网络舆论的形成和演化具有自组织的特性,理论上每一个网民都可以通过有意或无意的传播行为制造舆论热点,掀起舆论风暴,但是网民的结构特征和网络空间内部的权力运行机制使自发的网络舆论呈现出组织化的特征。在我国,规模庞大的网民具有显著的二元特征,即数量较少但影响巨大的意见领袖和经济文化精英占据着左右事态进展和掌控解读框架的主导地位,是放大传播效应的关键群体;而数量可观但影响力较弱的普通网民,他们是响应者、围观者,以人多势众凸显民意汹涌。2011年5月,Yahoo Research对Twitter两个月内的12亿条微博调查显示,71%的微博没有任何回复,只有极少数微博成千上万地被转发和讨论,仅占用户总量0.05%的精英用户吸引了超过一半以上用户的注意力[①]。

网络舆论的演化可被视作不同网民协同互动的结果,它通常是由一部分网民陈述社会现象,一部分网民展开质疑,更专业的网民对其进行深度分析与讨论。在主流解释框架式微的背景下,处于经济社会体系中高层的意见领袖和关键网民凭借自身的社会资本和个人声望积累起对普通网民的动员能力,可以在瞬时间对网络舆论形成有力的牵引。当网民的响应达到一定强度时,他们的意见或情绪就会形成广泛的共鸣,尤其是微博等社会化媒体信息发布门槛低、频率高、传播速度快,为海量的低收入但却有强烈表达欲望的网民提供了参与讨论、交换感受、分享认同和发泄情感的通道。因此,互联网一方面为现有利益格局中原本处于权力远端的边缘群体提供了聚合行动力量的媒介、呈现利益诉求的工具和非制度化参与的可能,另一方面再中心化的趋势又导致社会表达系统中新的"中心—边缘"结构的产生。在这样的舆论生态中,网络舆论独立性的增强使网络推手和网络水军的运作出现了新的特征,信息操纵的职业化和专业化水平不断提高,转型时期利益关系的错综复杂可能导致围绕着舆论呈现和作用影响的控制、操纵和博弈,网络传播与传统媒体的互动炒作也对网络舆论的发展产生重要的影响。

---

① 《2万精英用户吸引Twitter近50%注意力》,和讯科技网2011年3月27日。

五、网络舆论依托新老媒体互动得以发酵

新传播革命之前，舆论就是来自传统媒体的报道。公众议程想要对政策议程有所影响，必须通过传统媒体的报道。现在，依托互联网的新的话语空间诞生，在虚拟与现实、官方与民间、公民行动和高层决策之间形成了多方互动，构建了一个公众参与公共事务讨论的新舆论中心。与此同时，越来越多的重大社会事件及其引发的舆论发端于互联网，或以互联网为主要的发酵地，冲击了以往简单、线性的传播机制。传统媒体中以网络发端的事件为报道内容的比例越来越高，讨论热烈的网络事件自然就具有了新闻价值。意见领袖为传统媒体设置议程已经不再罕见。

但是，以报纸、杂志、广播、电视为主的传统媒体依然重要。微博上的公共事务想要在社会上获得更大程度的认知，往往需要通过传统媒体。经过传统媒体的审核、放大，一个事件才会最终成为真正的社会事件。网络媒体与传统媒体并不是相互对立的，它们的作用完全可以互补。当某个议题引起网民广泛关注时，传统媒体往往会马上介入，进行采访和深度报道，郭美美事件、"表哥"事件、京沪高铁事件都是这样的例子。反过来，某家传统媒体机构对个别事件的报道也可能在网络论坛上引起轩然大波，使它迅速变为公众议程的一部分。在更多情况下，网络媒体与传统媒体交互作用，很难辨别是谁引导谁。

六、网络舆论的"马太效应"

"先入为主"是舆论传播中的一般规律，网络舆论中也存在着类似效应。一个事件发生后，首先出现的某个或某类观点对后续舆论的发展具有显著影响。通过对国内网络论坛中大量舆论事件的实证分析可以发现，网络空间的舆论存在一种"前十效应"，对网络上出现的某些新闻或社会现象，前十位网民的意见和评论决定了后续的数十甚至成百上千的意见和评论的内容与态度。根据"沉默的螺旋"等传播学经典理论，网民在发表评论时首先会探察已经存在的"意见气候"，权衡意见发表后的效果，信息传播技术的发展使网民能轻而易举地获取网络空间内的主流意见，前十条评论无形当中成为后续评论的参照，当一致的意见越来越多，新意见所需要突破的心理压力也就越来越大，多数人的附和会逐渐提升优势意见的强度。[①] 因此，一旦

---

① 李良荣、于帆：《网络舆论中的"前10效应"——对网络舆论成因的一种解读》，《新闻记者》2013年第2期。

出现热点信息,随着不同类型网民的集聚,主导性意见就会不断占据上风,这种意见的优势越是明显,参与讨论的网民就越容易受从众心理的影响,主动放弃与主流群体相抵触的意见,而当网民发现有许多人同自己保持相同的观点时,对自己观点所持的立场就会更加坚定。

"马太效应"除了在特定的舆论议题中有所表现,在不同的网络舆论平台上也有所显现。比如,网民会选择那些高关注度的网络平台发布信息,从而导致网民注意力越来越集中在少数知名网站上;微博可以通过定制功能选择性地接受符合个性特征的信息,从而逐渐形成一些比较封闭的舆论圈。这种"马太效应"的出现会导致网络舆论中极化现象的产生。美国学者凯斯·桑斯坦早在20世纪末曾对仇恨团等网络分裂和虚拟串联现象进行细致研究,在他看来群体极化过程的突出表现是,团体成员一开始即有某些偏向,在商议后,人们朝偏向方向继续移动,最后形成极端的观点①。马太效应对舆论样态的直接影响是,网民的舆论表达会呈现出高度类型化的特点。在我国网络舆论生态中,突出表现为舆论的单一性或舆论的对峙性。中国人民大学的舆情研究报告显示,2009年和2010年典型舆论事件中的意见类型个数分别为1.7个和1.8个,2010年有41.9%的舆论事件意见类型个数为1个,而41.1%的有两个针锋相对的意见类型②。舆论样态的类似特征表明,中国网络空间的舆论质量仍有较大提升空间。

七、网络舆论的"次生效应"

次生灾害是对自然灾害中一种衍生现象的指称,它是指高等级、大强度自然灾害发生后接连发生的一连串其他灾害,在这一灾害链中最早发生的灾害被称为原生灾害,而由原生灾害所诱导出来的灾害则被称为次生灾害。网络舆论有议题广泛、瞬息万变、热点频出的特点,尤其是在一些针对公权力或公职人员的负面舆论事件中,当事人或当事方的不当应对是推动网络舆论升级和加速传播的重要影响因子。它们会使舆论在发展过程中形成类似次生灾害的"次生事件"。这类事件的发生一般是由于从舆论爆发到发酵,再到形成更大规模舆论风暴的过程中,出现了公众诉求点的转移,在原来的事件之外,出现新的诉求目标,推动事件快速升级。比较典型的发生网络舆论次生事件的有"7·23动车事故"和郭美美事件等。在2011年7月23日甬温线动车追尾事故发生后,相关部门回应的迟滞导致事件信息

---

① [美]凯斯·桑斯坦:《网络共和国》,黄维明译,上海人民出版社2003年版,第47页。
② 喻国明:《中国社会舆情年度报告(2012)》,人民日报出版社2012年版,第42页。

的缺失和处置不力,网络舆论中先后出现了公众对政府工作效率的指责,对事故中死亡人数以及火车信号灯等事故原因的质疑,不断形成的舆论新焦点在政府不当应对的条件下,形成了节外生枝和舆情转向的空间,进而升级了舆论事件的强度和烈度,并推动事件由虚拟空间向现实空间延伸。郭美美事件中更是出现了从讨伐"微博炫富"上升到质疑中国慈善事业的议题转向。网络舆论中的次生效应一方面与政府的不当应对有关,另一方面也与网民的批判性和情绪性表达有关。在这个意义上,"次生事件"产生的根源与现实社会中的"泄愤事件"有相似的内在机理,即没有直接利益关系的网民借突发事件来表达对社会的不满,以发泄情绪为主,绝大多数的网民都抱着"路见不平"或"借题发挥"的心态,意见领袖则在舆论发展的关键节点转移议题框架,通过迎合网民的利益诉求和偏好,达到吸附大规模网民群体的舆论效果。网络舆论的次生效应表明,舆论环境的不确定性已构成政府执政的一个基本场景,正是网民与网络管理应对体系的互动、网民与社会结构的相互作用导致了网络舆论的形成、发展、演变和消散。

第四节　网络舆论的社会影响

互联网通过推动信息公开、言论表达和决策监督促进了新的政治文化的形成,网络舆情的主流是积极的,有利于惩恶扬善。网络舆情一定程度上表达了民意,是以最小成本来化解人民内部矛盾,但其负面作用也不可小觑。互联网有时成了转型时期民粹主义的放大器,网络话语碎片化的特点和网民的结构特征导致网络舆论空间存在情绪化的宣泄和非理性的表达,部分网络群体性事件还演化至群体极化,形成网络暴力,甚至发展到社会暴力的阶段。

一、网络舆论的积极影响

(一)网络舆论推动舆论监督的发展

在我国,舆论监督在很长一段时间内,是指由新闻媒介代表公众对公权力所进行的监督。在这种情形下,舆论监督更多的是传媒展开的批评报道,这样做相当程度上反映的是政府的意志,何时批评、如何批评以及批评的程度都需要服从政府的意志。网络民意的崛起使舆论监督的主体实现了由传媒向公众的部分转移,使舆论监督相对摆脱了传统媒体的束缚。从过去政府给媒体设置议程,媒体再给大众设置议程,到如今公众通过网络给媒体和政府设置议程,口目耳舌无处不在,一个发帖或者一张图片就能够曝光,网络舆论把问题呈现在公众的面前,形成聚合效应,呈现在政府的面前,产生压力效应。通过网络表达,网民参与政治和影响政策的意愿得到更便捷的实现。互联网把原本分散的公众连接起来,使他们在网络空间中获取政治信息,关注政治事件,感受政治生态,展开政治讨论,进行政治协商,直到参与到政治决策中,进而引发自下而上的舆论风暴。网络舆情能把相关部门推上风口浪尖,使相关问题成为各级政府和机构必须妥善处理的紧急事务,甚至是压倒一切的紧迫事务。网民的监督推动着立法进程,包括收容遣送办法、食品安全法、房屋拆迁条例等与公众息息相关的法案在民意的倒逼下重新修订。与传统舆论监督相比,网络舆论使普通公众之间形成了监督的合力,增强了监督的公开性和透明度,自下而上的民意表达使舆论监督的内部性得到了有效突破,在真正意义上构成对政府决策的压力。网上施压者的广泛性能促使有关部门重视相关问题,在总体上加强了舆论监督的密度与力度。与此同时,网民监督与传统媒体的监督之间正在形成一种竞争与合作的复杂关系,民意表达成为传媒监督的合法性来源,网民成为延伸传媒监督边界的力量,使传统媒体在现有制度架构中得以实现局部性的突破,产生更大的作为。自上而下的有组织的舆论监督,与自下而上的去科层化的监督形成合力,使舆论监督日趋显性化和常态化,导致政府以及监督对象必须对民意作出回应,在政府与公众互动的过程中,公众创造出了更易获得回应的政治参与渠道。

(二) 网络舆论具有社会减压阀的功能

网络舆论的喧嚣折射出转型社会的问题列表,通过网络这个平台,公众表达着自身对个别官员的愤怒讨伐,对一些地方政府政策的鞭挞问责,对腐败恶行的揭露围观,对公民权益的积极维护,无不反映出社会现实中的突出矛盾和社会运行中存在的诸多弊端。这些矛盾和弊端如果不能得以揭示,长时间得不到解决,日积月累,就会导致社会情绪淤积过深,民怨的堰塞湖溃堤而出。网络舆论表达中那些富于理性和建设性的言论,可以为相关职能部门化解矛盾提供有益的线索,同时也有充满谐谑调侃、嬉笑怒骂乃至恶语相向的情绪性表达,透过这些言论,政府可以洞察网民的内心诉求。在互联网出现之前的中国社会,公众言论表达的途径匮乏,与政府直接互动的渠道受到较多的限制,如今互联网增强了参与的便捷性、时效性和互动性,日趋多元的表达维度和相对自由的表达空间有助于公众畅所欲言,有利于政府问政于民。因此,网络舆论可以以较低的代价、较温和的方式来缓解社会紧张、化解社会矛盾,政府可以以较小的成本了解公众利益诉求,纠正施政偏差。互联网扮演的社会减压阀角色,对创新社会管理,促进社会和谐具有积极的意义,公众通过网络表达和各种自发行动,在微观层面积累着政治参与的实践。在这个过程中,意见表达的各种可能性得到了拓展,各种行为体间的关系在冲突和震荡的过程中不断得以规范,虚拟空间对现实空间不断释放出正向的促进作用,使政府针对不断出现的新问题和新挑战作出反应,调适自身,国家与社会在自下而上的压力与自上而下的应力间形成良性互动的局面。因此,网络舆论的勃兴体现了国家与社会关系的动态调整。

(三)网络舆论促进政府信息公开

互联网经历了从电子邮件到社交媒体这一基于个人用户信息交流的媒介社会化过程。社交网络的兴起为网民开启了信息交流和互动的空间,通过社交网络,网民可以分享信息和讨论问题,通过持续的聚焦和放大,不断生成热门话题和焦点事件。基于虚拟互动社区的网络社群的形成,对公众参与和政治生态产生了渐进的影响。美国学者宾伯指出:"信息技术影响政治的最重要的表现在于,其使边缘组织克服了资源的限制和其他更重要的障碍从而取得政治权力"[1]。社会网络化使社会信息的生产和沟通以几何级数倍增,信息的生产者不再局限于专业化和组织化的传播机构,每一个可接近传播终端的个体都可能参与到信息的发布和互动中去。在前互联网时代,基于非对称性信息的社会管控将信息传递建立在科层制的架构上,权力的层级化分配建立在信息的层级化占有基础之上,最上层者对最下层者可进行信息垄断。网络社会的来临对这一信息结构形成了巨大冲击,传统的权力形态面临着失灵的危险,传播的个体化与全球化在公民行动的语境中实现连接。

互联网在今天的中国已渐渐成为政治文化的一部分,网络上的讨论和争论就是中国现实生活的反映,虽然这种反映可能夸张或变形,但与传统的闭塞的表达和参与渠道相比,互联网已给予普通民众一个聚集、讨论、交流的场所以及在公共事务和公共生活中扩大声音分贝的工具。因此,互联网对建立在信息垄断基础上的传统权力结构的重塑,不仅是通过对信息流的再造实现的,而且也是通过由表及里的文化冲击逐渐形成的。如果把传统的执政环境比作"城堡政治"的话,那么互联网对于中国的意义就是使这个曾经一直封闭的城堡缓缓地向它的人民敞开,并逐渐向世界开启。新媒体传播孕育着与其相适应的新型权力关系,而这,正是当下中国所需面对的新执政环境的本质所在。尤其是在信息化时代,社会管理和国家治理的公开化和扁平化趋势不可违逆,公民的政治参与成为推动政府管理模式和决

---

[1] [美]布鲁斯·宾伯:《信息与美国民主:技术在政治权力演化中的作用》,刘钢等译,科学出版社2011年版,第225页。

策方式不断更新的重要力量,而提高政府现代化执政能力特别是建设一个开放政府和回应政府必将成为国家治理的重要任务。在此进程中,将公众的有序参与纳入国家治理的轨道中来,使其成为一个公共利益的表达和综合过程,不仅有助于塑造开放式的公共决策系统和治理环境,而且有助于增强公众的政治认同。

总体而言,当前我国网络舆论呈现的强度和烈度,是特定时空背景下,公民日益增长的权利意识、表达诉求、政治参与热情与现有体制结构下制度化表达渠道相对不足的矛盾产物。化解这一矛盾,关键在于顺应网络民意崛起之势,弥补特定历史环境下制度化参与渠道的匮乏,创造性拓展公众表达渠道,使自上而下的合法性需求,与自下而上的维权与充权需求交汇于网络舆论表达的空间之内。

网络上的反腐风暴并不在于抓出多少贪官,而在于使我们的所有政府官员对公众有敬畏感,感到耳朵无处不在,眼睛无处不在,嘴巴无处不在,并且始终对官员的一举一动进行监督,从而使其兢兢业业,形成不敢贪、不能贪的社会环境。

二、网络舆论的消极影响

由于网民主体具有"三低"的特征——低学历、低收入、低年龄,容易缺乏理性思考,爱跟风、起哄,因此当前网络舆论呈现出质量低、群体极化严重等特征,网络暴力就是其中一个非常直接的后果。网络暴力是网络舆论展示社会影响、干预社会现实的一种特殊形态,其主要表现形式是在网上发表具有攻击性、侮辱性和煽动性的言论,从而给当事人造成名誉伤害以及隐私侵犯等消极后果。

网络暴力凸显了网络传播人多势众的特征,体现了虚拟空间对现实空间的影响力。在引发众多网民参与的舆论事件中,网络暴力表现为剧烈的舆论渲染、辛辣的言语攻击和如潮的责难质疑。由于网络水军、网络哄客和形形色色的围观网民等动机不一的网民群体隐去了真实身份,其言论表达更加肆无忌惮,除了在微博、博客、论坛等地方发帖外,还会通过QQ群、手机短信、邮件群发等对当事人进行人身攻击、恶意诽谤,甚至以恐吓、威胁等方式危及其人身安全。

少数网民在实施网络暴力的过程中通常采取道德审判的姿态,以人多势众的围观效应展示力量,以短时间内的众人响应提高舆论声势,吸引更大范围群体的参与,从而形成压力效应。比如在药家鑫事件中,意见领袖凭借强大的号召力和庞大的粉丝群在舆论言辞上质疑、否定、夸大、渲染、鼓动,利用部分网民仇视"官二代"和"富二代"的社会心理,将药家鑫塑造成平时生活奢华的富二代,使其遭受了比司法审判还要严酷的舆论审判。

人肉搜索与停留在语言攻击上的网络暴力行为相比,表现出更多的网上网下互动特征。它建立在网民互动分享和相互链接的传播行为上,是虚拟互动与现实互动合力作用的产物，在舆论层面能掀起巨大波澜，在现实中也能对相关方造成实际干扰。因此，人肉搜索以其较强的破坏性被视为网络暴力的一种表现形态，集群性是其重要的特征。通常在事件的起始阶段，搜索发起人或早期的参与者与当事人没有直接的利益关系，而是因当事人某些激起公愤的行为发起搜索，通过虚拟空间中跨阶层、跨地域，具有不同知识、经历和职业背景的网民相互链接、协作、接力，不断地挖掘相关信息，介入当事人的私人空间，在此过程中将更多与事件并无直接利益关系的行动主体卷入传播过程，互不相识的网民在搜索链条中被一种基本相似的情感和道德认知所鼓舞和激发，从而形成过激言论和群体暴力。人肉搜索不仅通常伴随着对当事人隐私的侵犯，而且还能导致网络暴力向现实暴力的阶段发展。

同时，网络舆论呈现出一个新的特点，就是跟风严重，一旦某个事件成为网络热点，网络上就会出现一系列相似的案例，而其中很多都是子虚乌有或是刻意杜撰、造谣。例如在网民揭发了名下房产众多的"房姐""房叔"之后，网上立刻出现了一大批对"房爷""房祖宗"的揭露，但细看之下，都没有确凿的证据，只是一味炒作、争夺眼球。

第11章 互联网与新意见领袖

互联网时代,新意见领袖(New Opinion Leader)作为一个群体出现是个值得关注的现象。几乎每个网络热点事件背后都有新意见领袖的推动。他们借助新媒体,把握话语权,依托公众的追捧,掀起一波又一波的舆论风暴,在纷繁复杂的变化中左右着舆论格局,成为一股全新的社会力量。①

第一节 谁是新意见领袖

一、新意见领袖的概念和特征

新意见领袖是相对于旧意见领袖而言的。早在20世纪40年代,美国著名的传播学者拉扎斯菲尔德在《人民的选择》中提出了"意见领袖"这一概念。大众媒体的信息并不是直接"流向"一般受众,而是经过意见领袖这一中间环节,即"大众媒体—意见领袖——一般受众"。但在大众媒体不发达的年代,意见领袖也只能在碎片化的人际传播中偶然发挥传播、解读、引导作用。随着大众媒体尤其是电视普及,意见领袖这一中间环节的空间越来越小,影响日渐式微。

而新意见领袖却是叱咤风云的一个新群体。这种叱咤风云的力量是其背后有数以万计的忠实

拓展阅读

中国微博意见领袖研究报告

---

① 本章参见李良荣、张莹:《新意见领袖论——"新传播革命"研究之四》,《现代传播》2012年第6期。

粉丝群。技术的发展使其常态化地、在第一时间发表观点成为可能。

忠实粉丝群赋予新意见领袖一呼百应的强大的社会动员力。他们引领新的消费浪潮，倡导公益活动，像"随手拍解救乞讨儿童"、为贫困地区学童提供"免费午餐"、"拯救南京梧桐树"等，都有数百万、上千万公众踊跃参与。相关研究显示，在市场营销、创新扩散、政治选举、公共决策、政策执行、公共事务、医疗、外交、管理、旅游、时尚等领域中，[1]意见领袖均发挥着影响力，都能看到他们活跃的身影。

二、新意见领袖的分类

一般来说，互联网上的新意见领袖群体大致可分为三类：第一类是文体界明星；第二类是以记者、作家、专家、律师等为主体的公共知识分子，也包括一些人气颇高、敢说真话的地方官员；第三类是草根领袖。

第一类的文体明星。他们不仅在其惯常影响的领域，如娱乐、消费等领域继续发挥着影响力，还在号召公益、评述热点等方面掀起了声势浩大的浪潮。

第二类以公共知识分子为主。公共知识分子在中国因为没有明确的界定，指代范围较为广泛。

传统媒体的记者、编辑、主持人、专栏作家，他们利用与自己所在岗位不同的平台，以个人身份发布新闻或评论，较少地受制于体制内框架的约束，在时效性、真实性上都产生了重要的作用。互联网上短平快和无障碍地报道新闻、尖锐评说时事的方式，比他们从业的传统媒体更具活力。[2]

另一些人具有某领域的学术背景和专业素质。他们思想敏锐、写作能力强、反应迅速，有独立的思考与审视精神，通常有鲜明的观点和立场。

而企业界的商界成功人士，在网络上，他们不吝于发表观点，一方面为自己的企业营销鼓而呼，一方面大量发表对某些事情的看法和意见，形成巨大的声势。

少数积极接触网络的党政官员也成为意见领袖。体制内意见领袖有利于促进官民沟通，有利于舆论新格局的形成。此外，近年中国政坛形成的部分官员上网、部分官员"网络恐惧"和"雷人雷语"并存的特有现象，值得关注。

第三类是草根领袖。草根网民要想在没有实名认证的情况下，在微博上成为意见领袖相对困难。通常其本身是新闻源，通过发布一些事件进展或表态，从而引起全社会的关注和争议。比如药家鑫事件中的受害者家属、"7·23动车事故"中

---

[1] 朱洁：《中西方意见领袖理论研究综述》，《新闻与传播研究》2010年第6期。
[2] 刘鹏飞：《2010：网络舆论格局新变及传统媒体的作为》，《新闻记者》2011年第1期。

的幸存的小伊伊的家属等。再比如各地楼市 2011 年在调控后下跌时,不少蒙受损失的老业主中出现了一批积极分子,创办起一个个维护老业主利益的微博,发布维权进展,动员继续抗争。

但草根要想形成气候,大部分还是依托人民网强国论坛、天涯论坛、百度贴吧、西祠胡同 BBS 等著名论坛。他们通过幽默、犀利、富有感染力的语言,对正在传播的信息与事件做出深层次的分析,深度解读信息背后的信息,从而赢得更多的拥护。或者利用 QQ 群、微博群、人人网、微信群等社交网站、网络社交圈,充当各自圈子里活跃的意见领袖。比如"犀利哥"就是被天涯论坛 ID 为"街头湿人"的网友挖掘出来的。再如网友"屠夫"对邓玉娇案的现实参与。这类草根意见领袖的特点是关心公益,同情弱者,疾恶如仇,勇于表达也不惮在网下付诸行动。

总体看来,草根意见领袖在数量上相对娱乐明星、公共知识分子意见领袖较少,且具有不固定性,通常需要依靠传统媒体或影响力更大的意见领袖的支持才能形成影响力。

第二节　新意见领袖的影响力

一、新意见领袖——互联网催生的新权力层

米尔斯(C. Wright Mills)在《权力精英》中指出,权力精英对教育和媒介的控制,从而实现了广泛而分散的权力向集中化权力的转移,这正是权力精英崛起在权力结构演变中的实质。但是米尔斯没有充分论证"媒介在这个转变过程中的运作过程"①。如果互联网和新媒体的出现乃至普及发生在米尔斯的年代,那他一定不会遗忘掉这个重要的一环。

互联网时代,我们习以为常的传统的社会权力结构正经历着深刻的变化。政府和传统媒体不再是唯一发布新闻的机构,各类精英、群体纷纷利用互联网登台发声,公众也在不断地学习使用这种便捷的技术为自己的各项权利做抗争。在互联网上,人们聚合在一批人的周围,听他们发表观点,在网上发出或支持或反对的声音,甚至延伸到网下,采取相应的行为。这样被包围着的一批人,就是新意见领袖。

2010 年 9 月 10 日,江西省宜黄县凤冈镇发生一起因拆迁引发的自焚事件,3

---

① 吕鹏:《米尔斯:美国社会权力结构已失衡》,《中国社会科学报》2011 年 8 月 30 日。

人被烧成重伤。自焚者声称是该县副县长李敏军率队强拆所致;而宜黄县政府公布声明中称"拆迁对象泼洒汽油不慎烧伤"。9月16日,被拆迁户的钟家两姐妹准备赴京上访,结果被宜黄县委书记邱建国率官员围堵在昌北机场女厕。钟家两姐妹在女厕内发短信四处求救,曾任《凤凰周刊》首席记者的邓飞获此信息后发出自己的微博;几乎在同时,邓飞的同事、好友、粉丝们纷纷转发,数小时之内,几十万点击、转发、跟帖,让钟家姐妹命运、让宜黄拆迁自焚事件成为全国关注的焦点,要求严惩宜黄政府官员的呼声山呼海啸。为平息事态,9月17日,宜黄县上级领导抚州市委对此事件8名相关责任人作出处理决定。其中副县长李敏军被免职、立案调查,县委书记、县长被立案调查。就在宜黄拆迁事件的处理过程中,国务院法制办在京召开备受关注的《国有土地上房屋征收与补偿条例》草案专家研讨座谈会,新条例突出强调公民的基本权利。不久,该条例正式颁布。实施多年、诟病多时的《城市房屋拆迁管理条例》被废除。①

一名记者,一条微博,一场暴风骤雨般的舆论风暴,一个新法规的诞生。从宜黄事件,我们看到了舆论的力量,看到新意见领袖的能量和作用。

二、舆论风暴——新意见领袖的能量所在

最让新意见领袖群大显身手的领域是网络舆论。

像邓飞在宜黄拆迁事件中发挥作用那样,新意见领袖在网络舆论引发、引导、引爆过程中发挥着不可或缺的影响力。在有些事件中,发挥着关键性作用。我们梳理2009—2010年两年间196个网络群体性事件(亦可称为网络舆论事件)中发现,有两个因素在每一起网络群体性事件中都发挥作用。一个是传统媒体与新媒体互动,另一个就是意见领袖们的作用。也就是说,意见领袖的影响是构成网络舆论的充分条件。意见领袖们或直接提供信息或转发事件,从而为公众设置议程;或提供真相,揭示事件性质,引导舆论方向。依仗着庞大的粉丝群,意见领袖们引爆了一次又一次网络舆论风暴。

如果说宜黄事件是在短时间内将矛头指向地方政府的舆论风暴的话,那么,PM2.5事件则是一个新意见领袖领导的相对长时间的、向高层建言、协商的舆论引导过程。2011年10月,北京被严重的雾霾笼罩。潘石屹于10月22日在新浪微博上发布了一张手机软件截图,图上显示:北京的空气质量"有毒害",PM2.5浓度是408。此后,潘石屹坚持每天发布美国驻华大使馆关于PM2.5的监测数据,让

---

① 杜骏飞:《危如朝露》,浙江大学出版社2011年版,第69—79页。

PM2.5 迅速闯进了公众的视野,并且因为其数据与北京市环保局的监测数据有巨大差别还在网上引发了广泛的讨论。他与其他意见领袖,如任志强、郑渊洁还有北京市环保局前副局长杜少中等人在微博上积极互动,向公众普及知识,呼吁政府公布 PM2.5 数据,还发起了投票。其间几多波折,几个月的抗争有了实质性进展,2012 年 2 月 29 日,时任国务院总理的温家宝主持召开国务院常务会议,同意发布新修订的《环境空气质量标准》。新标准增加了细颗粒物(PM2.5)和臭氧(O_3)8 小时浓度限值监测指标,并且规定 2012 年在京津冀、长三角、珠三角等重点区域以及直辖市和省会城市开展监测。2013 年在 113 个环境保护重点城市和环保模范城市开展监测,2015 年在所有地级以上城市开展监测。① 同年 5 月潘石屹被中央统战部邀请参加 2012 年全国无党派人士考察调研活动②,共同把脉 PM2.5 的治理。我们可以看到,多年来,一些非政府组织致力于相关的呼吁,但是鲜有成效。虽然有人质疑潘石屹作为地产商,最初动机是不是为了推广他的现代化楼盘采用的"新风系统",但是不可否认的是,潘石屹等人在这次把 PM2.5"推入"公众视野乃至政府工作中功不可没。

第三节　新意见领袖的产生

新意见领袖现在已构成一个很大的群体。以粉丝数量来衡量,早在 2012 年初,拥有百万以上的意见领袖还是十几名,几十万粉丝的上百名。而时至 2018 年 7 月,新浪微博中拥有千万以上粉丝的博主已有 452 名③。仿佛一夜之间从地下雨后春笋般地冒出来。意见领袖一时间的井喷,是网络"去中心化—再中心化"的必然结果。

一、去中心化—再中心化

"去中心化—再中心化",是第五次传播革命的基本特征。社会变动加速,每个个体都有利用互联网来获取特定信息的需要,从而为采取行动提供依据。"去中心化",就是指互联网技术本质上是以个人为中心的传播技术,具有天然的反中心

---

① 武卫政:《空气质量也是民生》,人民网 2012 年 2 月 26 日。
② 崔静:《小颗粒 大问题——无党派人士把脉 PM2.5 治理》,新华网 2012 年 6 月 3 日。
③ 根据截至 2018 年 7 月 21 日的新浪微博官方人气榜榜单。

取向。在传统的媒介环境下,信息传播权掌握在极少数的大众传媒手中,它们垄断了信息的传播以及如何传播,受众缺乏选择性。而互联网技术解构了国家对传播权力的垄断,这部分权力实际在一定程度上下放到了社会,受众拥有更多的自主权,可以按照个人需要和喜好来获取信息,并按照自己的想法来发表意见。

但是,互联网还有一个特点——可以容纳海量的信息,每个人都可以在网上说话,每一秒都有无数人在同时说话,一条信息很快就会淹没在不断新涌现出来的信息里。面对海量信息,听谁的?在愈来愈碎片化的信息面前,怎么听?真的、假的,重要的、次要的,真理、歪理,在海量信息面前的分辨、判断,已大大超过了每个普通网民的能力。他们就需要寻找一个他们可以信赖的委托人以帮助他们筛选信息,研判事实,这就必须产生新一轮的中心建构。网民所寻找的信息处理的委托人,就是新意见领袖。

网民把某个博主视为自己的意见领袖,是自发、自觉的选择。一群人、一大群人自发、自觉地追随某个博主,这说明这一群人、一大群人有了共同的志趣、共同的偏好。在微博出现之前,潘石屹、任志强等人在新浪房产博客的点击率也超过数千万次。而微博出现后,这些粉丝也迅速跟随着他们的意见领袖,转战微博圈。

这就构成了一个新群体,形成了一个"茧蛹"效应——把自己捆绑在一个圈内。当所有的人都从事相像的锻炼项目时,自我意识的东西就会减少。在特别营造的小天地之中得到虚假的保证,仿佛与自己的信念相抵触的事实全都不再存在。① 每一个"茧蛹"形成一个中心,从而使互联网形成了多个中心、多元中心。

二、社会资本——新意见领袖的权力来源

如果说新意见领袖群体的出现是互联网的必然结果。那么,社会上谁能成为新意见领袖却有其偶然性。无论是哪一类,他们成为意见领袖的权力都源于社会资本——以名望、声誉而获得公众的认可。"在大众社会,随着作为传播手段的公共媒体的使用,认可的传播加速了……像货币一样成为社会群体中普遍流通的财产。"②只不过,前两类意见领袖的名望是从现实社会中获得而自然延伸到虚拟世界的;草根领袖则纯粹是在互联网上挣得的。

意见领袖既然是以一定数量的网民的认可为前提,那么,这种"认可"是维系意见领袖的关键所在。一旦网民不再"认可",那么这个"茧蛹"随之破裂,意见领

---

① [美]比尔·盖茨:《未来之路》,辜正坤主译,北京大学出版社1996年版,第260—261页(译文有改动)。转引自胡泳:《众声喧哗》,广西师范大学出版社2008年版,第218页。

② [美]林南:《社会资本:关于社会结构与行动的理论》,张磊译,上海人民出版社2005年版,第154页。

袖就不复存在。"行动者通过互动获得社会资本"①，这种互动就是意见领袖与粉丝们的互动。在互动中不断增进相互认同，意见领袖的社会资本不断增加，群体就不断巩固、壮大。而粉丝们最大的不认可，则是意见领袖的意见不能获得粉丝们的赞同。法国学者勒庞在评价当时的报业说道："它在公众思想的变化中随波逐流。出于竞争的必要，它也只能这样做。因为它害怕失去自己的读者。"②而这也适用于新意见领袖的做法。为什么呢？勒庞以广场演讲为例，"个人可以接受矛盾，进行讨论，群体绝对不会这样做。在公众集会上，演说者哪怕做出最轻微的反驳，立刻就会招来怒吼和粗野的叫骂。在一片嘘声和驱逐声中，演说者很快就会败下阵来。"③在互联网上，意见领袖和粉丝们呈现的关系就是这样微妙。意见领袖们一旦害怕被粉丝们抛弃，那么他们只能随声附和粉丝，只能在粉丝们的变化中随波逐流。这样一来，到底是意见领袖领着粉丝前进，还是粉丝们推着意见领袖走，那就成了一个"鸡生蛋、蛋生鸡"的难解之题。

第四节　新意见领袖的新动向：商业化、职业化、群体化

目前的趋势是粉丝们在与意见领袖们的互动中，越来越握有主动权。原因就在于当前新意见领袖群体出现了一个新动向：一批意见领袖正逐步走向商业化，甚至职业化取向。

一、对新意见领袖的争夺

当前，各大商业门户网站，尤其新浪、腾讯，为争取人气，以其雄厚的资本实力争夺意见领袖群体到他们的旗下。为此，他们给这些意见领袖以科研经费、补助、出国考察，甚至直接按月发薪水等待遇。而广告客户同样加入对意见领袖的争夺，以多种方式资助意见领袖，为其产品做广告。而待遇的高低，基本以意见领袖所拥有的粉丝数量和活跃程度为依据。

2013年央视"3·15"晚会进行中，何润东突然以"#315在行动#"为标签从iPhone发出一条微博，"苹果竟然在售后玩这么多花样？作为'果粉'很受伤。你

---

① ［美］林南：《社会资本：关于社会结构与行动的理论》，张磊译，上海人民出版社2005年版，第47页。
② ［法］古斯塔夫·勒庞：《乌合之众：大众心理研究》，冯克利译，中央编译出版社2000年版，第126页。
③ ［法］古斯塔夫·勒庞：《乌合之众：大众心理研究》，冯克利译，中央编译出版社2000年版，第10页。

们这样做对得起乔帮主吗？对得起那些卖了肾的少年吗？果然是店大欺客么。大概8点20分发。"微博结尾的"8点20分发"立即被网友质疑是为央视"3·15"晚会当"托"。无独有偶，当晚几乎同一时段网络红人"留几手"、作家郑渊洁等名人也纷纷以"#315在行动#"为标签在微博上发表"攻击"苹果的言论。事发后，何润东立即删除微博并称微博账号被盗，但这缺乏说服力的说辞更加激起"托"声四起，"8点20分发"也成为一段时间以来的网络热词，这从侧面证明了，新意见领袖成了网络营销公关争夺的对象。

这就使意见领袖走向市场化、商业化——制造粉丝，依附粉丝。在目前，有30万左右粉丝的意见领袖，依靠网站和广告客户所给予的报酬，基本可以衣食无忧，这使极少数的意见领袖以经营微博、博客为业，开始出现职业意见领袖。由于害怕失去粉丝而失去自己的市场地位和商业价值，一批意见领袖不能不追随粉丝们的集体意志，不管他们是对是错，是理性表达还是情绪发泄，纵使是网络暴力，他们也只能跟着粉丝们一起集体起舞。

二、新意见领袖的"圈子"

与商业化、职业化同时推进的，还有意见领袖或明或暗的群体化走向——上下左右的协商。新意见领袖，尤其是有较大影响力的新意见领袖，通常是一个相对固定的群体，要想进入这个圈子不容易，要想出来恐怕也常常身不由己。

无论是网下定期或不定期聚会的强联系，还是使用网上QQ群、微信等网络通信工具商谈的弱联系，每当有重大事件发生，或者采取一些有影响的行动，意见领袖们常常会事先协商。纵向的是大意见领袖征询作为其粉丝的小意见领袖们的意见；横向的是各自独立的意见领袖们交换意见，商讨行动计划；或者纵向横向同时进行。这样做，可以协调一致，造成更大的声浪，但更大目的是以此可以有效压制粉丝群里的异见者，维护集体内部的一致。

以电影《致我们终将逝去的青春》为例。这部制作成本仅有6 000万元，却在上映12天票房就超过5亿元的电影，其成功与微博上的一众新意见领袖的推广密不可分。据不完全统计，"几个参与转发的微博大V，区区24个账号，粉丝总数已经接近3.7亿"[1]，这些大V，主要是导演赵薇的圈内圈外好友，他们纷纷利用自己的微博前来捧场，称赞导演，称赞这部电影，相互转发、评论，在最短的时间内使这部电影的宣传扩散到了最广的范围，达到最立竿见影的效果。

---

[1] 张俊良：《〈致青春〉：一场引爆社交网络的周密策划》，虎嗅网2013年5月9日。

三、正确看待新意见领袖

毫无疑问,无论是作为一个新的社会权力层,还是一股新的社会力量,新意见领袖群的崛起对虚拟世界的影响日益强大,对现实世界的作用也日趋明显,这是不争的事实。但新意见领袖毕竟是新生事物,他们的变数很不明确。他们主要代表哪个群体的利益?他们和政府是什么关系?他们对于建设和谐社会会有什么积极或消极的影响?他们未来会走向哪里,真的会出现一个职业群体吗?

新意见领袖容易引发的群体激化值得高度重视。比如,针对药家鑫案件中是否存在网络对审判的影响,时任陕西省高院副院长的黄河认为,"网络监督有积极的一面,也存在信息失实误导公众、恶意炒作的情况,某种程度存在'网络审判',影响司法机关独立公正审判。"[1]有媒体评论认为,"在死刑存废仍存争议的当下,非专业人士对一个21岁的生命轻下判词,无论具有多大的正当性,都不应当鼓励。""司法不公、媒体审判,至少还有反思的主体和纠偏的逻辑,但一旦社会审判盛行,谁又能代表社会来进行纠正呢?把社会拉回理性的轨道,比司法改革、媒体自律困难得多。这种趋势不应轻视。"[2]所以一定的合理诉求是值得认可的,但是不应演化成群体激化、网络审判、网络暴力。这就需要意见领袖的理性引导。

新意见领袖本身的是非对错也是值得关注的问题。在2012年初的方舟子和韩寒之争中,"无数名人名流与无名草根义无反顾投入混战"[3],双方的粉丝甚至一些意见领袖都进入一种群情激愤的态势。而泛滥于网络的各种谣言,也常常因为意见领袖的加入,变得扑朔迷离,真假难辨,极易诱发公众的负面情绪。新意见领袖的态度、立场或是利益所在,使他们常常为自己的诉求或利益摇旗呐喊,分毫不让,这是值得关注的现象。

2013年8月,全国公安机关开展打击网络有组织制造传播谣言专项行动,给网络意见领袖圈带来不小的震动。一些曾经的网络红人相继被捕。媒体揭露,"秦火火""立二拆四"等人通过制造谣言,炒作话题,组织网络水军,煽动网民情绪,恶意诋毁公众人物,引发网民对官员、对政府、对社会等的不满。"'秦火火'承认,2011年以来,他制造并传播的谣言多达3 000余条……'秦火火'还和某些网络'大V'

---

[1] 杨章怀、陈惟杉、潘若辰:《陕高院副院长谈"药家鑫案":"网络审判"影响司法》,《南方都市报》2012年3月8日。
[2] 曾东萍:《药家鑫的社会审判》,《南风窗》2011年4月7日。
[3] 余亮:《就算是整风》,《新民周刊》2012年第5期。

达成了协议,互相帮转微博,还有人提示他近期要关注什么。"①这些被编造的谣言经更多意见领袖的转发,负面影响大面积扩散。"网络维权斗士"周禄宝因涉嫌多次敲诈勒索寺庙也被批捕。他敲诈勒索的手段就是发负面帖文,从而索取高额的"封口费"。周曾经先后参与曝光一系列网络事件而名声大噪,微博的粉丝数量最高达110多万。② 这些曾经风光的意见领袖往往自诩站在"网络反腐"的前沿,却利用人们的猎奇心理、不满情绪等,凭借在网络上散布谣言来提高知名度、聚集人气,以获利为主要目的。根据"立二拆四"的供述,其网络推手公司成立7年来,毛收入达到1000余万元,纯利润有数百万元之多。③ 在获利之外是否还有别的利益诉求,我们不得而知,但这使网络环境变得更加扑朔迷离。

  2013年8月,"网络名人社会责任论坛"在北京召开,与会的网络名人就承担社会责任、传播正能量、共守"七条底线"达成共识。这"七条底线"是:法律法规底线、社会主义制度底线、国家利益底线、公民合法权益底线、社会公共秩序底线、道德风尚底线和信息真实性底线。④ 无论未来如何发展,毫无疑问的是,网络环境的造就,需要新意见领袖的以身作则、率先垂范。

---

① 《谣言就这样被捏造——网络推手"秦火火"等人"谣动"中国的背后》,新华网2013年8月26日。
② 袁国礼:《网络爆料人周禄宝被批捕 涉嫌敲诈寺庙》,《京华时报》2013年8月25日。
③ 《谣言就这样被捏造——网络推手"秦火火"等人"谣动"中国的背后》,新华网2013年8月26日。
④ 《中国互联网大会倡议共守"七条底线"》,新华网2013年8月15日。

第12章 互联网与社会思潮

近十多年来,随着互联网在我国逐渐普及,现实社会的思潮开始延伸至网络空间,并利用互联网和新媒体进行传播。

第一节 网络社会思潮及其特点

一、社会思潮与网络社会思潮

社会思潮是社会意识的产物,形成于一定的社会经济政治条件的基础之上。它因社会上出现的各种问题、现象、矛盾和冲突而触发,表现为意识形态层面的思想理论,是社会心理的反映。当一定时期的社会问题增多、社会不满情绪增长,社会思潮也就会开始涌动并传播开来。了解、认识社会思潮的演变和交锋,是我们理解社会历史发展的一把钥匙。

当代中国社会思潮,是指改革开放以来特别是21世纪以来中国民间自发形成的,具有不同的价值取向,需要运用不同的理论资源来应对中国当下的问题、矛盾、冲突或困境的不同思想派别。[1]

网络社会思潮,就是在互联网上传播的社会思潮。网络社会思潮是现实社会思潮的延伸,与现实问题联系相当紧密,它反映和表达的依然是现实世界的不同意见、态度和倾向,以及话语和利益诉求。网络社会思潮主要表现为网民利用网络表

---

[1] 萧功秦:《当代中国六大社会思潮的历史与未来》,载马立诚:《当代中国八大社会思潮》,社会科学文献出版社2012年版,第290页。

达经济政治诉求,并希望通过网络舆论形成的压力促成社会问题解决的。

社会思潮是一定时期的思想观念,而网络又具有凝聚人气、放大舆论的功能,所以社会思潮很容易在互联网上传播。网络时代的到来,模糊了虚拟空间和现实世界之间的界线。现实世界的种种社会思潮,得以在网络空间中广泛传播并显现出更大的影响力。借助互联网信息传播迅速便捷的优势,网络社会思潮能敏锐地感知由社会基本矛盾引发的种种现实事件,在第一时间做出反应。网络社会思潮衍生出不同于现实社会思潮的新特点,又会扩展到现实中,并且和现实社会运动并存交织,互动发展。网络思潮超越了时空界限,爆发出巨大的能量,产生了巨大的社会影响力。正是由于互联网和新媒体的这一特点,一些学者、意见领袖纷纷在网上传播其思想和主张。

构建有利于思想创新、思潮自由涌现的现实环境和网络环境,促进各种思潮健康发展,也是文化创新、增强软实力的必要之举。

二、网络社会思潮的内涵与特点

网络社会思潮的主体是分散的、不确定的网民,并且以"草根"中青年群体为主,网络社会思潮主要体现的是中青年网民的群体意识。

网络社会思潮的内容,是民众的各种诉求。网络社会思潮虽然在网络的虚拟空间中传播,但它指向的依然是现实社会中的问题。网络思潮从根本上来说,依然是对现实社会的反映,表达的是网民对自身利益、要求以及公共利益的诉求。

网络社会思潮以网络媒体为载体和传播渠道,而且互联网的一些技术特性,成为诱发和推动网络社会思潮的因素。互联网的分布式网络结构消解了权威,带来了网络空间的碎片化和个人化,这极大地增强了网民的自由度。各种言论、意见得以在网络上充分、自由表达,孕育了网络社会思潮产生和传播的环境。网络的匿名性特点不仅促使网民平等、自由地交流,也可能诱发"群体极化"的出现。网络具有的巨大动员能力,是网络社会思潮涌现的基础。网络社会思潮具有以下特点:

首先,网络社会思潮的传播者趋于多元化、大众化。传统媒体时代,社会各界的精英人物是社会思潮的发起者、传播者,相对于大众来说,他们扮演的是启蒙者的角色。而在互联网和新媒体时代,新媒体技术和新传播革命改变了人们的交流方式和思考方式,进而也改变了社会思潮的传播路径和接受方式。互联网和新媒体的个人化、去中心化和碎片化特征打破了传统媒体时代社会精英和普通民众二元对立的格局,瓦解了传统的中心话语模式。在互联网和新媒体传播中,任何人都可以提出自己的观点,倡导某种思想或观念,推介、提倡某种生活方式。互联网和新媒体已经成为社会思潮的重要传播手段,也是当前多样化社会思潮争夺话语权的重要工具。

其次,互联网扩充了传统媒体时代的传播途径和传播方式,社会思潮的生成、传播更为便捷、迅速,互动性强,思想共享的可能性得以提高。网民可以通过 BBS、论坛、博客、微博、QQ、微信等社交媒体发帖、回复、留言、加关注等方式来发表关于某种思潮的见解,普通人接触社会思潮的通道被拓宽,个人获得了前所未有的表达权。在传统媒体和网民的合力下,现实社会中的普通事件可能转化为新媒体事件,使得特定观点、思想更受关注,更易传播,进而凝聚为一种社会思潮。

最后,就传播效果来说,网络技术的便捷使得网络社会思潮的传播极为迅速,但虚拟空间和现实场域的相互结合又增加了对其把握的难度。现实社会的思潮是网络思潮形成和发展的基础,网络思潮是现实思潮的延伸。网络思潮跨越现实社会和虚拟社会,在两个空间中交织并存,互动发展,使得人们难以确定某种社会思潮传播的源头和路径。此外,网络上将会出现哪种社会思潮,也难以预测。社会思潮的一个重要来源地是境外,互联网和新媒体的普及更是便捷了境外思潮的输入,中国网民可以随时在虚拟空间中接触到西方思潮,这也增加了网络社会思潮传播的复杂性。

三、社会思潮的本质是一种民众评价机制

社会思潮不是对社会存在简单的镜子式的映射,而是以评价为主的反映。它不仅包括思想家们在群体利益的基础上对社会上存在的普遍性事件和基本问题进行评价的理论成果,也包括数量广大的民众对众多社会事件进行评价的思想成果。因此,社会思潮揭示了群体性主体和社会存在之间的关系,在本质上是一种社会评价活动。由于数量众多的民众是社会思潮的主体,所以社会思潮的本质不仅是评价活动,而且是民众评价活动,即数量广大的民众"没有经过某种程序的组织"而对某些带有普遍性的事件和基本问题表达"他们意志和意见"的评价活动。[1]

社会思潮不等于学术思想。学术思想的生产者是学者、思想家个人或少数人,这种个人的思想成果、理论观点称不上社会思潮,只有当某种思想被社会上数量众多的民众所掌握,成为覆盖面、传播面广泛的社会意识,才能成为思潮。

社会思潮不等同官方的政治意识形态。社会思潮是以社会实践为宏大背景,以一定历史阶段的社会心理为意识基础,具有一定影响力的社会意识的活动形态,是在广泛的人群中产生的,最终能形成具有广泛性、流行性的一些想法和观念。它

---

[1] 陈新汉:《论社会思潮的民众评价机制》,《攀登》2003 年第 3 期。

是人们因利益相近、价值取向相似而对社会现象作出的同样的反应，是民间自发生成的，最能集中和鲜明地反映部分社会群体利益的思想观念。

社会思潮不同于社会舆论。舆论是在特定的时间空间里，公众对于特定的社会公共事务公开表达的基本一致的意见或态度。但某一社会思潮的主体虽然是数量广泛的民众，并不一定占有绝对多数。舆论强调对某一问题的"一致性"认识，但针对某一社会问题或现象，往往会形成多元的社会思潮。

由于社会是不断发展变化的，社会思潮也不是静态的，它随着社会总体形势的变化而变化。下节中我们所列举的思潮，并未穷尽当代中国社会思潮的全部，在思潮内部也可以进一步细分，而且各种社会思潮之间存在着相互冲击、碰撞、交汇和融合。

综上所述，社会思潮体现出群体性、民间性、公共性、自主性和流动性等特征。

四、网络社会思潮是一种用户的解读框架

社会思潮是一种特殊的思想现象，属于意识形态的范畴。特殊社会现象、社会问题、社会矛盾是社会思潮得以形成的原动力。当互不相识的人们面对各种社会问题和矛盾进而寻求解决方案时，由于利益相近，价值取向相似，他们往往会对社会现象做出同样的思考和反应，形成一定的社会思想观念。但面对同样的社会现实，社会的思想观念不会是单一的，往往多种思想观念并存，这些不同的思想观念会发展成不同的思想潮流。因此对民众来说，社会思潮是用来解读信息的，它是一种解读社会现象的框架。而不同的网络社会思潮，是在现实社会中处于不同阶层的网民解读社会现象、认识社会现状和评价社会问题的不同框架。

所谓框架，是人们在认识事物时既已存在的一种认识模式。面对纷繁复杂的社会现实和层出不穷的社会问题，一般社会大众不得不依靠一种自己能接受的认识方式、解读符码和逻辑思维来理解。框架就是可以把各种各样的信息组织起来的基本模板或资料结构，其功能在于既可以对记忆中的经验作结构化处理，又可以对新的对象或者情景作出预期。框架能有效协助人们思考或整理信息，但也会使人们形成刻板印象，"框限"人们的认知活动，具有负面效果。①

群体性的社会思潮是对社会困境与矛盾的反映与反思。不同社会思潮在同一时期出现，是与当时的社会问题、社会矛盾存在着对应关系的，这也是一个社会内

---

① 框架理论有社会学和认知心理学两条理论线索。请参阅黄旦：《传者图像：新闻专业主义的建构与消解》，复旦大学出版社 2005 年版，第 233—234 页；以及张克旭、臧海群、韩纲、何婕：《从媒介现实到受众现实——从框架理论看电视报道我驻南使馆被炸事件》，《新闻与新传播研究》1999 年第 2 期。

部同时存在多种思潮的原因。而互联网是一个各种不同利益群体在其中争夺信息传播权、舆论领导权的虚拟空间,存在各式各样的意见、观点、思想,而且网民因自身种种条件的差异,会采用不同的方式、符号、语境等理解社会,这就需要一种解读框架来认识。

社会思潮作为民众评价活动,体现着群众的利益和要求,因而具有能动作用。社会思潮越活跃,说明社会的开放、包容程度越高,思想、观点越多元。此起彼伏的网络社会思潮一方面说明现实的社会热点、社会问题与社会矛盾日益增多;另一方面,则凸显出这些问题在现实的社会与媒体语境中还难以自由、公开地表达、论争,只好借助于网络这一开放空间。网民们正是以网络思潮的形式来表达自己的政治理想和思想倾向。

第二节 互联网上多种思潮激荡

自 1978 年以来,中国进入了改革开放的历史新时期。40 多年来,中国的经济结构、社会结构乃至政治体制都发生了广泛而深刻的变化,中国经历了真正的"千年未有之变局"。巨大的社会变迁深刻影响着中国人的思想认识和行为方式。当代中国的思想文化、社会思潮日趋多元,呈现出"百花齐放,百家争鸣"的繁荣局面,反映了社会思想界的空前活跃,折射出中国社会发展进程中丰富多彩的社会生活场景,也表达了不同社会阶层、社会群体在急剧变动时代的思想与观念。

一、新自由主义思潮

1690 年,英国思想家约翰·洛克的《政府论》出版,标志着古典自由主义的形成。1776 年,亚当·斯密的《国富论》从经济层面丰富了古典自由主义的主张。古典自由主义高扬人的权利,否定了君权神授的观念,主张限制政府权力,信奉自由竞争,依靠市场发展经济。

新自由主义在古典自由主义的基础上发展而来,形成于 20 世纪 30 年代,主要盛行于经济领域。在 20 世纪七八十年代,新自由主义一度成为西方发达国家占统治地位的一种社会思潮。新自由主义主张自由放任的市场经济,反对国家干预,认为私有制是自由最重要的保障;在全球贸易领域,主张全球化,支持世界贸易组织;在政治领域,主张民主宪政。

20 世纪 70 年代末,在改革开放和思想解放运动的初始时期,新自由主义登陆中国。当时,新自由主义支持思想解放,支持改革开放,支持个体私营经济。20世纪90年代中后期,中国的新自由主义开始在范围更广的理论和实践领域发挥更大的影响。当代中国的新自由主义主要主张:保护私人产权和自由竞争,建立法治社会;呼吁政治体制改革,扩大公民政治参与,保障人权;认为腐败的主要原因在于权势集团对权力和资源的垄断以及对经济活动的过度干预;支持全球化和世界贸易组织。"中国的新自由主义思潮,从根本上来说,是试图效法现代西方社会的经济、政治、文化模式,全面改造中国社会,使中国融入所谓世界潮流的意识形态。"①

二、新左派思潮

中国的新左派思潮产生于20世纪90年代,他们的思想来源主要是西方马克思主义、后殖民思想以及后现代理论。西方新左派反对资本权势、反对政治权势、批判市场经济的要义,也成为中国新左派的思想资源。新左派的"新"在于反思传统社会主义,"左"在于批评资本主义与西化潮流。

当下中国的新左派思潮关注社会公正,否定资本主义,批判资本,反对市场经济,反对和质疑全球化和跨国公司,批评世贸组织。新左派认为中国社会的腐败是市场经济和国际资本结出的恶果。新左派批评中国市场化改革带来的利益分化和社会公平缺失以及对相当数量的社会成员生活的冲击。他们将诸如社会不公等社会问题归因于市场化改革、国企改制以及集体资产流失等。新左派否定民主,批判和质疑文明、理性、启蒙等"现代性"概念。2004年以来,新左派思潮在媒体(包括网络)上主要表现为对国有资产流失的批评,认为这是产生社会不公正问题的主要原因。可以说,在上述问题和现象的看法上,新左派和新自由主义是完全对立的。"从总体上看,新左派思潮具有鲜明的现实批判性。批判市场化、批判现代性和批判经济决定论,诉诸民主、诉诸群众,主张社会均衡发展等,体现了新左派的基本思想倾向和理论主张。"②

三、民族主义思潮

民族主义是以血缘为基础的排他性的情感力量和思想意识。在来自民族、国家外部的挑战或威胁下,民族主义会激发起人们维护本民族利益的热情、责任与使

---

① 房宁:《影响当代中国的三大社会思潮》,《复旦政治学评论》2008年12月。
② 房宁:《影响当代中国的三大社会思潮》,《复旦政治学评论》2008年12月。

命感。对统治者来说,民族主义也是一种天然的政治资源。

民族的概念来源于西方。近代中国遭受西方侵略,中华民族面临救亡图存的历史重任,中国的民族主义由此诞生。改革开放以来,中国经历了长期的高速增长,已成为一个有影响的大国。这些都大大激发了国人及海外华人的民族自信心和民族自豪感,引发了社会心理变化。20世纪90年代,由于中国与西方在价值观方面存在的固有差异,以及改革时代的中国与西方之间存在利益博弈和冲突,在迅猛发展的经济全球化面前,中国应如何应对这一机遇与挑战,关于这一问题的思考和讨论,一定程度上促成了中国民族主义思潮的崛起,激发了民族主义情绪的爆发。20世纪90年代初,一篇来自海外署名"闻迪"的文章《只有社会主义才能发展中国》,对20世纪80年代政治精英们的思想倾向提出了全面质疑,民族主义思潮与新自由主义思潮展开了对话。民族主义思潮中认为全球化是一种帝国主义的、反民主反自由的过程,只是西方利益的普遍化。因此,中国在不可避免地参与全球化的过程中,必须自觉地有选择地抵制全球化。[1]

1996年,台湾地区领导人李登辉访美和随后的台海局势,骤然激起民族主义的狂潮。此后几年,"南斯拉夫炸馆事件""撞机事件"、申奥过程中的相关事件、"抵制家乐福事件",以及"钓鱼岛事件"的发生,激发了中国民众的民族主义情绪。而《中国可以说不》《妖魔化中国的背后》《全球化阴影下的中国之路》《中国不高兴》《碰撞》《威胁中国的隐蔽战争》《中国站起来》等被境外舆论认为是反映当代中国青年一代民族意识代表性的著作的出版,以及中华网、铁血网等网站对民族主义议题的渲染,表达了民族主义的诸多诉求,其中最突出的是反西方和抵制全球化。

民族主义不仅是一种学术思潮,更是一种在民间有着广泛影响力的现实运动。在网络上,民族主义更为盛行,反映了民族主义强大的民意基础。由现实冲突而引发的网络民族主义表现尤为激烈。中国互联网上掀起的每次民族主义大潮,都与重大的国际事件相关联。网络民族主义具有两面性,应辩证看待。它有时可以发挥出强大的凝聚人心的整合力量,保卫本民族的正当利益;有时则会使民众陷入狂热,导致混乱和退步。

四、民粹主义思潮

民粹主义作为一种社会思潮,发端于19世纪后期。民粹主义的源头主要有两个方面:一是19世纪末美国人民党反对垄断资本的激进运动,二是19世纪下半叶

---

[1] 房宁:《影响当代中国的三大社会思潮》,《复旦政治学评论》2008年12月。

俄国农奴改造运动中民粹派知识分子鼓动农民革命的风潮。民粹主义的内容非常复杂,俞可平认为,"作为一种社会思潮,民粹主义的基本含义是它的极端平民化倾向,即极端强调平民群众的价值和理想,把平民化和大众化作为所有政治运动和政治制度合法性的最终来源,以此来评判社会历史的发展。"①

当代中国的民粹主义思潮,反对精英主义,极端平民化,以穷人的是非为是非;反对间接民主基础上的代议制民主和程序民主,要求普通民众直接参与政治决策过程;经济上主张"均贫富",要求结果均等,反对市场化;主张道德至上,并认为道德只存在于底层大众之中;崇拜那些从底层崛起的传奇型、道德型、魅力型领袖。概括来说,民粹主义就是"唯民是举",并塑造了民众与精英、大众与政府的绝对的二元对立。当代中国民粹主义思潮的主要特征是草根性、非理性和抗争性,具体话语表达和行为则主要表现在仇官、仇警、仇富三个方面。

当代中国民粹主义滋生于转型过程中的社会断裂、差距悬殊以及政府公信力流失等社会现实和社会问题,而其声势与互联网的迅猛发展以及中国网民构成中的"草根性"有密切的联系。民粹主义在一定程度上表达了一部分群众的情绪、意愿,应引起重视,但其中的一些极端表达,也需要正确引导。

五、文化保守主义思潮

文化保守主义,又称新保守主义、文化守成主义,兴起于20世纪90年代,主要表现为对儒学文化传统的重视与认同,是对自"五四"以来中国主流知识分子中激进的反传统主义的反向运动。当代文化保守主义思潮的出现,伴随着国力上升带来的国民文化自信心增强,是国人对全球化浪潮冲击的文化回应。文化保守主义主张以传统文化的价值作为民族凝聚力的基础,并经由传统文化为载体的基础上引进外来文明。文化保守主义不赞成剧烈突变的革命,但不排斥自由民主,也并非一味维持现状,而是致力于以自己的主张改进现状。

当代文化保守主义在新兴中产阶级中有广泛的影响力。近年来,不少学者积极倡导文化保守主义并开展活动,如《原道》杂志及中国儒学网的创办,2004年《甲申文化宣言》的发表,各地"读经活动"渐渐成风,著名大学开办"国学班",央视"百家讲坛"热播,以及多位著名学者联手建立"乾元国学圈"、中国孔子网等,鼓励对民族国家的认同,激起回归传统的风潮。文化保守主义思潮从传统媒体向网络空间延伸的趋势不断加强,大大加速了其在网络空间和现实世界的传播,逐渐渗透到

---

① 俞可平:《现代化进程中的民粹主义》,《战略与管理》1997年第1期。

教育、文化、学术等领域,逐渐形成了一种与经济、政治相呼应的文化潮流。正如《甲申文化宣言》所强调的,文化保守主义"对于思考和消解当今世界个人至上、物欲至上、恶性竞争、掠夺性开发以及种种令人忧虑的现象,对于追求人类的安宁与幸福,必将提供重要的思想启示。"①

在现阶段,文化保守主义的出现也有其合理性。它反映的是一种正常的文化选择,是一种面对内外环境变化和挑战的历史性反应。它主张昌明本民族的文化传统,珍视伦理、道德、审美、语言方面的宝贵遗产,以现代思维方式和文化精神来阐释、保留传统文化的精髓,倡导宽松的思想空间,保持稳定的社会秩序,这些都是现阶段的中国所需要的。

六、新消费主义思潮

消费主义作为 20 世纪在西方出现的一种文化思潮和生活方式,产生于 20 世纪二三十年代的美国。消费主义不同于一般经济意义上对商品和服务的使用价值的消费,而是在文化和意识形态的意义上对符号象征意义的消费。因此,它是一种新的消费观念和消费文化,即消费的目的并不在于满足实际需要,而是为了满足不断被制造出来、被刺激起来的欲望。炫耀性、时尚性和挥霍性是消费主义的基本特征。新消费主义在这个基础上出现了新的变化。

新消费主义是因时代特征和消费群体构成的变化而产生的一种新的消费理念。进入 21 世纪后,随着经济发展带来的市场繁荣,产品选择日益多样化,人们对产品的要求逐步提高,传统消费已经不能满足众多消费者的购物需求,中国逐渐进入到继对生活必需品和家电之后的满足质量、品牌、时尚、食品安全卫生为需求的第三个消费高峰。独生子女特别是"90 后"逐步成为消费的主体,这个新消费群体热爱网购、追求新奇、喜欢互动,热衷于商品的符号价值、网络游戏道具、网络虚拟物品等的购买。新消费群体非常重视购物过程的享受,如环境的舒适度、购物场所的交通是否便利等。新消费群体以网购为主要的、新的消费方式。新消费主义在消费主义的基础上,又具有消费的感性化、小众化、娱乐化、狂欢化、新媒体化和互动化等新特征。特别是在节庆日的消费,如元旦、国庆、西方情人节,以及所谓 11 月 11 日的"光棍节"等,上述特征表现更为明显。据报道,自 2009 年天猫首次开启"双十一"网上购物狂欢节以来,每年销售额飞速增长。2017 年 11 月 11 日当天,全网"双十一"总销售额达 2 539.7 亿元。其中仅天猫总销售额为 1 682 亿元,比去

---

① 《甲申文化宣言》,《中国青年报》2004 年 9 月 8 日。

年增长475亿元,①这一数字比2017年美国黑色星期五网络销售单日最高销售额79亿美元(约合540亿元)高出了1 000亿元,②可见中国消费者的消费热情和消费力超乎想象。

大众传播媒介是推动新消费主义在我国扩散的重要力量。传播内容上,大众传媒大量的节目以国外发达国家的生活方式为核心,大肆渲染国内新富阶层消费观念和生活方式;媒介传播的主体形象从政治、经济领域中的英雄人物、著名人士转向适应市场经济需要的成功人士、影视娱乐界人士及体育明星等"消费崇拜"的对象。大众传媒不仅向人们传播了新消费主义生活方式和价值观念,它本身也必然受到了影响,表现出一定的新消费主义倾向。③ 基于新消费主义生活方式和价值观念形成的新消费主义思潮正在不断影响更多的人接受新消费主义生活方式。

在新媒体环境下,新消费主义价值观可以看作一种个人表达、群体身份认同和重组社会权利的手段。从这个意义上讲,新消费主义价值观具有积极的作用。但尽管如此,就我国现实国情来看,不宜提倡把追求符号价值以获得精神上的满足感作为目标的新消费主义价值观。

第三节　网络社会思潮与大众政治

一、社会思潮"百家争鸣"是社会多元开放的标志

不同的社会思潮,对应着不同的思想来源和理论脉络,包括来自西方社会科学领域的思想理论。例如,当代中国新左派的思想资源是新马克思主义;新自由主义思潮的理论来源主要是经济学家哈耶克的思想和西方经济学新制度学派的交易成本理论;文化保守主义是对儒学文化传统的重视与认同。但社会思潮不是体系化的思想,而是因特定的社会具体问题,基于某种现实焦虑,有感而发的意见。当代中国网络上六种社会思潮与当下中国社会问题相联系,是对具体社会问题的看法和意见的集中表达,是社会现实在思想文化领域里的反映,具有鲜明的现实针对性,其思想理论的原创色彩浓厚,是中国社会发展进程的精神表现。例如,新自由

---

① 《星图数据:全网"双十一"总销售额达2 539.7亿元》,新华网2017年11月14日。
② 《美国感恩节及黑色星期五在线销售额再创新高》,凤凰网财经2017年11月26日。
③ 秦志希、刘敏:《新闻传媒的消费主义倾向》,《现代传播》2002年第1期。

主义、新左派、民族主义等思潮都对中国的现实有着强烈的干预倾向,但它们的角度、立场和要求解决问题的方向却是不同的。新自由主义思潮崇尚自由、财产权利等。新左派思潮则关心社会公正、平等、对劳动权利的保护。民族主义思潮认为要辩证地对待全球化,反对美国为首的霸权主义;而新自由主义思潮则认为中国必须完全与国际接轨才会有出路。民族主义思潮强调在经济体制改革和经济发展过程中应注重国家的政治稳定,一致对外,关注更多的是国家利益,强调社会团结、和谐、和解,希望全社会用一个声音讲话,具有统一的意志和行动;新左派思潮则更多地关注社会不同阶层的利益是如何分化的,自觉地站在弱势群体一边,更强调阶层、利益集团的差别。

社会思潮纷繁复杂,众声喧哗,表明当今中国思想界充满活力,"各家各派"均能自由发表意见。而且,社会思潮之间不仅相互排斥,相互撞击,而且相互吸引,相互影响。思潮活跃,百家争鸣,表明我国社会具有强大的思想原创力,充分展现了当前价值观与社会心理的多元化面相。各种思潮的交流、交融、碰撞、交锋,是有利于中华民族文化创新的新气象,也是软实力喷涌的源泉。

处在转型期的当代中国,为各种社会思潮的传播、争鸣提供了舞台,互联网和新媒体的普及又为社会思潮的广泛传播提供了更为宽广的渠道。一元主导的意识形态和多元共生的社会思潮并存的局面,充分展示了不同阶层、不同利益群体对社会现状的看法,表达了各自的愿望和意志,是公众积极参与社会建设、民主政治的表现形式。

二、网络社会思潮支撑着大众政治

传播技术的发展与大众政治的兴起有密切的关联。从古至今,传播媒介不仅对现实政治起着建构作用,而且还是社会组织和政治动员的工具。网民们借助新媒体技术和传播可以随时发起如捐赠、比赛、哀悼、"打拐"等社会行动。网络与新媒体时代,是一个全民论政的时代,是一个全民要求并且可以参政议政的时代,因而也是一个大众政治的时代。网络社会思潮往往与重大公共民生问题息息相关,体现了多元价值观从精英知识分子流转到普通大众、青年群体,从理论界转向市井,影响着特定的群体心理和行为。网络社会思潮反映的社会心理的变动大多以具体的、合理的利益诉求为主,并非"异质思维"或对抗性质的观点。网络社会思潮体现着网民对公共事务的价值取向从旁观式关注到参与式行动。

自 2007 年后,网络群体性事件频繁地进入公众议题。2008 年 6 月,胡锦涛在视察《人民日报》时做客"强国论坛"与网友在线交流,指出:"互联网已成为思想文化信息的集散地和社会舆论的放大器。"①此后,"两个舆论场"的提法得到了普遍的认同。2016年4月19日在网络安全和信息化工作座谈会上,习近平强调"互联网已经成为舆论斗争的主战场""根据形势发展需要,我看要把网上舆论工作作为宣传思想工作的重中之重来抓"。② 在网络群体性事件及其生发的网络舆论当中,新思维、新价值观念及其引发的社会思潮不断涌现,体现出网络社会思潮与网络舆论、大众政治之间的多重关系特征。

社会思潮与和它并存的社会制度、社会结构相关联,与社会制度、社会结构中的不同人群相对应,所以社会思潮的本质是不同利益群体的人们对社会现实问题的不同解读,以及进而提出的解决方案。当下中国被认为是新自由主义、新左派和文化保守主义三种思潮鼎立,代表着三种现代化模式的选择和冲突。可以说,任何社会思潮都和政治相联系,完全脱离政治的社会思潮是没有的。而网络与新媒体时代,传播技术赋权让人们获得了参政议政的渠道和实实在在的权利,大众政治因而勃兴。在2011年的"7·23动车事故"、2012年的"方韩大战"和"抵制日货"等事件中,网民们的意见并不一致,争论激烈,甚至有"泛政治化"的倾向。而且,在上述事件的网络讨论中,都可以看到新自由主义思潮和新左派思潮以及民粹主义思潮的交锋,网络群体性事件成为为掌握话语而进行的符号斗争。网络公共事件、全民论政的背后,其实是各种社会思潮的交锋。但无论其观点、主张如何,都体现了公众参与政治现实的热情与愿望。

三、重视网络社会思潮的群体极化现象

心理学研究发现,人们接触信息时存在选择性机制,即对与自己原有认识趋同或一致的信息、观点保持接触、理解、记忆,而会过滤掉与自己相左的观点或不利的信息。而在网络空间中,一些网站或网络精英只会提供相似的观点。这样,在双重机制的作用下,网民只会接触同质性的信息和趋同的观点,而较少看到相异的信息和观点。久而久之,会发生桑斯坦所说的"群体极化"现象。所谓群体极化是指,"团体成员一开始即有某些偏向,在商议后,人们朝偏向的方向继续移动,最后形成极端的观点。在网络和新的传播技术的领域内,志同道合的团体会彼此进行沟通讨论,到最后他们的想法和原先一样,只是形式上变得更极端了。""新科技,包括网络,让人们更容易听到志同道合的言论,却也让自己更孤立,听不到相反的意见。

---

① 胡锦涛:《在人民日报社考察工作时的讲话》,人民出版社2008年版,第7页。
② 习近平:《在网络安全和信息化工作座谈会上的讲话》,人民出版社2016年版,第7页。

仅仅由于这一原因,这就种下了极端化的因子,对社会和民主都是潜在的危险。"①

单面信息或观点会导致网民观点的片面性,产生偏激的价值观念。于是,一些思潮在无法吸收更多异质信息和观点的情况下趋向极端。例如近年来一直比较强烈的网络民族主义情绪,因其不成熟性而具有极端因素。网络民族主义指向美、日、法等豪强和国内分裂势力,直接起源于重大事件的刺激,主要表现在涉及中国的外交事务方面,主张对一切批评中国、损害中国的言行都要"旗帜鲜明"地反击,并批评政府"韬光养晦"的外交政策。自1999年"中国驻南斯拉夫大使馆遭炸事件",到奥运火炬传递中的事件,乃至2017年的"6·18中印洞朗对峙事件",在一系列涉及中国外交事务的重大事件中,网络民族主义大潮都会爆发。如前所述,1999年南斯拉夫使馆事件后,人民网开设了"抗议北约暴行论坛"(随后更名为"强国论坛"),此后,网络上很多网站、论坛、博客、微博等都成为传播网络民族主义的重要领域,形成了浓烈的民族主义气氛,成为网络民族主义情绪的宣泄地和民族主义者的聚集地。

当前的网络民族主义思潮虽然具有极端的一面,但其主流是爱国的,反映了中国民众对国家和民族的热爱与责任感,是对中国崛起的呼应,不能将它与狭隘的民族主义相提并论。当代青年大学生是当前国内网络民族主义思潮的主要参与者,他们虽然充满爱国激情、思想开放活跃,但因其思想的不成熟性,又缺乏对社会现实的充分认知,他们的思想和言论往往会带有一些非理性的因素,不能因此否定当前国内网络民族主义思潮的本质与主流。②

网络社会思潮的另一个"群体极化"表现是网络民粹主义。网络民粹主义思潮虽然有深刻的社会根源,但中国网民构成中的"草根"特色也注定了其广泛流行。在网络上,民粹主义塑造了民众与精英、大众与政府的二元对立,表现出鲜明的反专家、反权威甚至反知识的"反智"色彩。

网络民粹主义确有其消极的一面,但也有其积极的方面。网络民粹主义在一定程度上呈现出民意的走向,有助于弱势群体表达自己的声音。网络民粹主义聚焦的问题多指向社会不公及主要矛盾,若以此为契机,引起全社会关注,进而解决问题,也是推动社会公平的有益方式。而且,网络民粹主义也是网民的一种政治表达,是民众参与政治的方式。不过网络民粹主义思潮只表达了一部分群众的意见,并非是大多数意见。因而,要对网络民粹主义思潮保持应有的正确态度。

社会思潮存在于社会意识的层面,并未付诸实践,但从实践层面看,并非每一种社会思潮都是正确的。因此,互联网上多样化的社会思潮有可能造成民众价值

---

① [美]凯斯·桑斯坦:《网络共和国——网络社会中的民主问题》,黄维明译,上海人民出版社2003年版,第47—48页。

② 卜建华:《中国网络民族主义思潮的功能与影响研究》,兰州大学博士学位论文,2012年。

选择的困惑,增加了人们价值选择的复杂性,也有可能动摇人们的价值观、人生观、世界观。例如以获得符号象征意义为目标的新消费主义价值观在很大程度上消解了人对理性、终极价值和生命本质的精神追求,带来了信仰和道德危机。在当下的网络环境中,由于绝大多数中国网民的"草根性",再加上"信息蚕茧"和"群体极化"的负面作用,网络社会思潮有可能会走向极端,增加大众政治中的非理性成分,从而给社会带来一定程度上的混乱。对此应引起重视。

第四节　传统媒体的责任

一、主动担当,传播当代中国主导性思想

十八大报告提出,倡导富强、民主、文明、和谐,倡导自由、平等、公正、法治,倡导爱国、敬业、诚信、友善,积极培育社会主义核心价值观。社会主义核心价值体系,是社会主义意识形态的本质体现,是全国人民团结奋斗的思想道德基础。

一个国家如果只有一种思想,那是可怕的;一个国家如果有多元思想,却没有占统治地位的主导性思想或核心价值观,那同样是可怕的。主导性思想缺失,就会引发社会思想混乱,很难达成社会共识。十八大所倡导的核心价值观应该是中国人民的精神支柱。因此,传统媒体不应放弃自身的责任和功能,应加大对社会主义主导思想和核心价值体系的传播。传播普及的力度很大程度上决定了价值观能否被社会成员广泛认同。首先,传统媒体在传播社会主义主导思想和核心价值体系的同时,应发挥自己深度解析、公信力强等特点,不回避社会矛盾,广泛报道、深入挖掘、分析当下社会热点和社会问题,传播社会主义核心价值体系。其次,系统分析、梳理民族精神和时代精神,展现优良传统,弘扬时代主旋律,多层次、多侧面、生动形象地诠释爱国主义、创新精神的内涵。最后,邀请专家、学者,以专栏、专题等形式,深入解析马克思主义基本理论和社会主义核心价值体系,以正确的理论指导公众,占领思想阵地。如自2012年10月起,上海的《东方早报》连续发表《马克思为什么是对的》《教条主义是对马克思主义的背叛》等系列文章和专家访谈,传播社会主导思想,获得了良好的社会效果。

二、积极介入,促进社会思潮"百家争鸣"

社会思潮本质上是一种民众评价性机制,是一种解读信息、透视社会的框架。

每种思潮都有其特定的社会基础和民众认识的基础,但它并不完全都是正确的,也不是一成不变的。而且,有些思潮中的部分内容是非常极端甚至有害的。由于互联网上信息鱼龙混杂的特点,一些网络思潮的极端化现象严重,这应引起我们的重视。

当代中国社会思潮的多元性和社会阶层分化、群体利益多元有密切关系,也反映出思想界和社会文化领域丰富多元的色彩。各种思潮都与社会发展过程中的重大问题、现象有关。例如,新自由主义思潮对法治、启蒙、自由、民主的追求,对发展市场经济、参与国际竞争的强调,反映了中国人在"文革"后所追求的价值的重大转向;新左派思潮对改革开放的反思,对公平、平等价值的重视,对社会腐败的鞭挞,对底层利益的关注,对中国社会问题的切肤之痛与现实关怀,也是民主多元社会可珍视的价值;文化保守主义强调民族文化认同,寻求的是重新适应、解决复杂的国内外社会环境所带来的新问题的解决之道;民族主义则强调国家利益,看重的是国家、民族凝聚力和民族内部的团结,但也要区分民族主义和极端民族主义,对民族主义既不能一概肯定也不能一棍子打死。社会思潮多元性的意义,就在于它提供了更多的试错机会与方案,这样的机会与方案越多,社会的应变与适应能力就越强。① 当今中国各种思潮的交锋与交融,不仅有利于中华民族文化创新,也有利于提升中国的软实力。

要树立这样一种观念,即各种思潮的互动有利于思想发展、文化繁荣和社会进步,对社会多元、均衡发展有莫大好处。应坚持在"百花齐放、百家争鸣"和"洋为中用、古为今用"的原则基础上,主张不同文明、不同文化形态之间的相互借鉴和吸收,允许和提倡哲学、宗教、艺术等以多样化的形式与个性反映和表现社会生活,并在主导性思想指导下允许其自由发展。开放的社会当中,信息的自由流动、思想的自由开放、思潮的互相制衡,是社会有机体健康发展的必要前提。传统媒体不应故步自封,畏首畏尾,应主动介入到社会思潮的传播与交锋当中,担当社会思潮的渠道载体和集散地的功能。这对各种思潮交锋带来的强大势能有缓冲作用。

三、打破禁忌,不回避、不打压某些社会思潮

中国近些年来的发展变化,很大程度上得益于思想解放和多元观点的交流碰撞。思潮的碰撞是民族精神发展的条件,思潮多元化也是中国社会多元制衡的先

---

① 萧功秦:《当代中国六大社会思潮的历史与未来》,载马立诚:《当代中国八种社会思潮》,社会科学文献出版社 2011 年版,第 290 页。

决条件。不同角度对问题的思考,能激发民众更加全面地审视社会问题。1978年"真理标准"问题的大讨论,20世纪80年代关于"年广久现象""关广梅现象""潘晓现象"的讨论,1992年前后关于社会主义市场经济的讨论,其结果都是人们思想的解放和社会的进步。但是各种思潮都不能触犯宪法、法律的底线,必须坚持四项基本原则。要正确处理各种社会思潮之间的关系,贯彻"双百"方针,防止人为地用一种思潮代替、掩盖另一种思潮的错误倾向,防止从一个极端走向另一个极端,促进各种思潮健康发展。当下中国知识分子的思想分化是正常现象,如果能摆脱网络与新媒体传播中的谩骂、"约架"等戾气成分和暴戾倾向,能在相互宽容理解中互动,这对于中国民主政治的建设具有积极的意义。

四、疏通渠道,引领多样化的社会思潮

社会思潮的主流,决定了社会的发展方向,决定了社会的安定和谐,是衡量社会安定局面的重要标志。尊重差异,吸收多样化社会思潮中的积极因素,是调动一切进步思想的关键。引领多样化的社会思潮,不是简单地取消或整合,而是使正确与进步的社会思潮在多样化社会思潮中不断壮大,使落后与错误的社会思潮逐渐消失。要用社会主义核心价值体系引领多样化的社会思潮,并批判多样化社会思潮中的消极错误因素。

在互联网和新媒体时代,传统媒体议程设置的能力仍不应被忽视。报纸、杂志、书籍、广播、电视、电影仍在舆论引导和思潮引领方面具有解释、整合、引导功能。研究发现,在大部分群体性事件中,民众的利益诉求指向地方政府时仍然以社会主义核心价值观为标准,这说明主导思想和主流意识形态具有很强的生命力。而以什么样的"解释框架"去说明、解释、解码核心价值观和核心价值体系,就成为问题的关键。传统媒体应该突破一元化政治话语时代的传播方式,积极介入公众议程,创新"解释框架",改变话语方式,把握社会思潮的运动方向。传统媒体应积极疏通并充当人民群众表达利益诉求的渠道,协助党和政府建立完善社会利益协调机制,包括利益表达机制、利益引导机制、利益申诉机制和基本利益的保障机制等。

第 13 章

互联网与文化

当今,互联网发展的两大支撑点是全球化和个人化。网络世界前所未有的多元文化现象均可大致归为全球化和个人化在文化领域的具体表现,"全球化"主要表现为流行文化的全面渗透和多元文化的高度活跃;而"个人化"则表现在亚文化的兴起和对传统主流文化的解构。正如英国文化研究学者约翰·斯道雷(John Storey)所说,"后现代主义被视为宏大叙事与普遍真理的掘墓者,必将开启一个尊重差异、文化多元的新时代",在丰富的网络亚文化圈中,各种各样的声音都得以呈现,"边缘"与"中央"取得了同等的地位。网络亚文化的繁荣,正在走向一个"异质性压倒同质性的时代"①。

第一节 互联网与大众文化

"大众文化"是什么?

首先,大众文化是草根的、原生的文化形态。约翰·菲斯克(John Fiskc)认为:"大众文化是由居于从属地位的人们为了从那些资源中获取自己的利益而创造出来的。另一方面,这些资源也为支配者的经济利益服务。大众文化是从内部和底层创造出来的,而不是像大众文化理论家所认为的那样是从外部和上层强加的。"②其次,大众文化是不断变化的,是一种意义的不断构建过程。"大众文化始终处在运动过程中,其意义在一个文本中永远都不能确定,因为文本只有在社会关

---

① [英]约翰·斯道雷:《文化理论与大众文化导论》(第五版),常江译,北京大学出版社 2010 年版,第 227—228 页。

② [美]约翰·菲斯克:《解读大众文化》,杨全强译,南京大学出版社 2001 年版,第 2 页。

系中和互文关系中才能被激活,才有意义。一个文本只有进入社会和文化关系中,其意义潜能才能被激活。"①同样,也有人将大众文化看作是社会对总体性的把握,比如斯图亚特·霍尔(Stuart Hall)认为大众文化是"创造总体性的社会观念"的场所。而文化理论家约翰·斯道雷提出不妨从一个显而易见的定义方式入手,即"所谓大众文化,是指那些被很多人所广泛热爱与喜好的文化。"②最后,若我们进一步考察大众文化的含义,它还代表了一种自由的力量,这种大众文化的流行与传播的力量来自新的"技术赋权"。拉克劳(Ernesto Laclau)和墨菲(Chantal Mouffe)就提出了"作为媒体发展所带来的必然结果,文化民主化(Cultural Democratization)包孕着对基于旧社会形态的种种特权的质疑。传媒将受众质询为平等的消费者,赋予其行动的能力,激励成千上万群体奋起反抗持续存在的、真实的不平等现象"③,这种对大众文化的定义主要着重大众文化的解放性质。

一、网络形式的大众文化

在全球化、市场化的推动下,网络形式的大众文化呈现出区别于以往的鲜明特征。

(一)符号的生成速度远远大于中心化的媒体

各种各样的新旧符号的不断叠加生成是流行文化的一个重要特征,这些符号规定着我们的行为,尤其是消费行为。比如网络上,"小清新"们的典型形象是男生戴黑框眼镜,穿格子衬衫和帆布鞋,而女生则戴上草帽,穿上波希米亚风格的长裙,手中拿着价格不菲的单反相机。这些形象深入人心,而这种标签化带来的是可预测的、固定的消费习惯。另外一点,符号消费的另一特征则是人们可以选择自己的标签,我今天可以是"小清新"风格,明天则可以是"潮人"风格,戴棒球帽,穿蓬松的T恤、牛仔裤和耐克鞋,后天要工作则可以穿着"OL"风格的衣服。这时,从消费的角度来看,人与人之间质的差别的不可预测性被大大降低,个性的标签化使得资本不用再在意人的差别,而只需要了解不同符号下的购买行为。大众文化的不断变化则能够不断产生符号,刺激消费,而大众文化对人的影响力能够使消费主义

---

① [美]约翰·菲斯克:《解读大众文化》,杨全强译,南京大学出版社2001年版,第3页。
② [英]约翰·斯道雷:《文化理论与大众文化导论》(第五版),常江译,北京大学出版社2010年版,第6页。
③ Ernesto Laclau& Chantal Mouffe, *Hegemony and Socialist Strategy*(2nd Edition), Verso. pp.164(2001),转引自[英]约翰·斯道雷:《文化理论与大众文化导论》(第五版),常江译,北京大学出版社2010年版,第244页。

进入人们的意识结构之中,大众文化在塑造人们的自我认知时已经将特定的消费形象灌输进去。

(二) 小众文化和大众文化之间的界限不断模糊

任何符号都有可能进入大众文化的漩涡中心。苹果公司近几年的成功就是一个绝好的例子。苹果公司首先通过音乐播放器 iPod 占领较为小众的音乐发烧友市场并形成一种符号化的"时尚";然后通过广告扩散这种符号,使得音乐发烧友形象进入主流文化之中。紧接着,它又将其产品形象与运动相连接,同时推出更为小巧的 iPod nano,并生产了配套臂带,消费者臂上开始戴着 nano,头上戴着耳机进行运动。这样,苹果就成功地将自己和这样一种小资生活方式的符号连接在了一起——他们有闲暇时间能够运动,又有一定欣赏力爱好音乐。这样,消费主义和大众文化的共谋使得这样一种本来属于小众的消费行为逐渐成为大众文化的一部分。

(三) 用户参与流行文化生产

网络时代流行文化的另一个本质特征在于:众多普通网络用户共同创造文化内容,这些内容具有广泛性和普遍性的特征。"流行"(Popular,亦常常被缩写成 pop)自身又被赋予了"活泼的非正式的色彩,使得它容易带有'浅薄'的意涵。"[1] 可以说,互联网时代的网络大众文化,最终回到了 Popular 一词的拉丁文词原意——"属于民众"及其现代意涵中的"受喜爱的"和"受欢迎的"意涵。[2] 往往一个人的无意之作在网络上几乎可以一夜爆红,于是,大众真正成为大众文化的创造者。

在互联网时代,流行文化本身就呈现出极大的多样性,很难说出某种文化就是主宰互联网的流行文化,甚至可以说,在互联网时代,想要把握住流行文化几乎是一种虚妄的尝试,因为互联网的去中心化导致一种似乎所有东西都在同时流行的现象。当然,我们还是能够区分出哪些东西更为流行,而哪些相对来说不那么流行。

我们可以把流行文化想象成一个舞台,对于传统媒体而言,是一人独舞(电视、广播、报纸等),其他人在舞台旁边看,独舞的人可以邀请某一个人上来一起跳舞,这就是传统媒体下的流行文化;而网络时代则是所有人都可以走上舞台来跳舞,无法分出谁是主角谁是配角,但是竞争也更为激烈,随时会有人被挤出舞台。当然

---

[1] [英]雷蒙·威廉斯:《关键词:文化与社会的词汇》,刘建基译,生活·读书·新知三联书店 2005 年版,第 357 页。
[2] [英]雷蒙·威廉斯:《关键词:文化与社会的词汇》,刘建基译,生活·读书·新知三联书店 2005 年版,第 355 页。

这个舞台的大小也非传统媒体可以比较的,无论是微博还是其他社会性媒体,由于其去中心化的特质,人人都可以成为中心,等于说每个人相对于他人都是一个大众媒体,虽然每个人传播的范围较小,但在所有人都传播的情况下,形成的舞台比传统媒体大得多。这也是为什么网络时代流行文化的广度大为增加,网络作为符号产生机器,无疑比传统媒体有更大的传播效果。

二、网络流行文化的独特式样

网络推动着各种文化流行,而作为网络上的流行文化,有一些独特的式样,形成了独特的景观。

(一) 网络语言

语言是我们思考和交流的媒介,任何在思想上的变化都会体现在人所使用的语言当中。网络语言异常丰富,也体现出了极大的随意性,可能一种说法随着一个视频的流行就成了大家的日常用语。网络语言可以说是一个大杂烩,但同时这些流行语往往来源于某个很小众的语言,经过口口传播之后反而"跨界"产生了巨大的影响力。比如"PK"本来是网络游戏用语,却由于湖南卫视的电视选秀节目"超级女声"而变成了日常语言,可见,在网络时代,语言更新迅速前所未有。

据不完全统计,互联网上的文字已经远远超出了人类全部历史上所曾产生的文字的总和,"仅仅从规模上来讲并不能说明什么,真正值得关注的是,在青年的网络交往中,作为传播符号的网络语词本身成为一种极具文化内涵的文本,每个语词单元自身都体现出特定的网络文化内涵。通过对种种丰富的文本进行分析,可以从一个侧面理解网络文化与青年文化的内在联系。"[①]网络语境同时也是一种"社会语境"(Social Context),网络流行语,可以"视为青年网上社会互动的一种特殊的传播符号、一种特殊的传播方式、一种特殊的社会过程。"[②]这些网络语言其实都反映了、也塑造了与其相应的主角的社会关系。而从分类上来看,网络语言大致包括[③]:

1. 特定的网络使用语言,如 BBS、跟帖、灌水、潜水、楼主等;这些词都是特定的网络情景下自发产生的语言。

---

① 杨鹏:《网络文化与青年》,清华大学出版社 2006 年版,第 119 页。
② 杨鹏:《网络文化与青年》,清华大学出版社 2006 年版,第 125 页。
③ 本文中的分类方式参考周敏、杨富春:《新媒介环境与网络青年亚文化现象》一文中的分类,人民网传媒频道 2011 年 10 月 8 日。

2. 中文拼音缩写,如 GG(哥哥)、BS(鄙视)。

3. 英文缩写,比如 Q(Cute 的音译,可爱的意思)、BTW(By the way,顺便的意思)。

4. 简化数字,比如 886(拜拜喽,即"再见");233(原本是论坛上表示"大笑"表情的一个代码,现在直接用这些数字表示大笑的意思。)

5. 谐音或方言读音,比如粉(很)、筒子(同志)、童鞋(同学)、稀饭(喜欢)。

6. 动漫术语,如萝莉、御姐、正太、吐槽、腹黑等。

7. 起源于网络的特定语言风格和语言样式,如中国 2011 年的流行语"给力""神马都是浮云";2012 年的流行语"元芳,你怎么看"等,以及例如咆哮体、淘宝体、凡客体等特定的语言句式;2014 年的"No zuo,No die""有钱就是任性",2015 年的"Duang",2016 年的"蓝瘦香菇""洪荒之力""厉害了,我的哥""葛优躺",2017 年的"扎心了,老铁""Freestyle""尬聊""戏精"等。

8. 热点新闻事件的派生词,如 2009 年网友为了表示对当年 5 月发生的"杭州富家子弟"驾驶三菱跑车撞死浙大学生事件的不满而杜撰出来的词——"欺实马",以讽刺肇事司机声称当时车速只有"70 码"并未超速的谎言。2012 年陕西省安监局局长杨达才被网友人肉搜索出在不同场合佩戴各类名表而被封为"'表'哥",2013 年陕西神木市农村商业银行副行长龚爱爱因伪造不同身份证在北京拥有数十套房产而获封"房姐"等。这些网络流行语大多以幽默的方式表达了对新闻人物的调侃或讽刺。

另外,不同的亚文化小群体或者是亚文化虚拟社区,还有各自的语言体系,通过语言的使用,建构群体成员的身份认同。同时,这些词语的快速流行往往伴随着特定时期内的"网络狂欢",通过互联网链接的每一个"个人"渴望一个共同体,哪怕这个共同体只是在网络上通过一些暂时的语言构建出来的。

(二) 网络文艺

主要的表现形式可以分为由普通网民创作的网络文学和由网络歌手创作的网络歌曲两种。这两种文艺形式的共同点是由普通人创作,并通过互联网这一开放平台发布。

"1998 年的网络小说《第一次的亲密接触》是较早的热门网络原创文学作品,此后玄幻武侠、都市情感、游戏竞技、灵异惊悚、草根说史等各种类型的文学形式粉墨登场。"[①]2004 年,由网络歌手杨臣刚创作的《老鼠爱大米》,歌词通俗,旋律简单

---

① 周敏、杨富春:《新媒介环境与网络青年亚文化现象》,人民网传媒频道 2011 年 10 月 8 日。

朗朗上口,红遍大街小巷,一举成为网络歌曲的代表,并登上了 2005 年春晚的舞台。2010 年,由慕容晓晓演唱的《爱情买卖》以直白的歌词、宣泄式的曲调,成为年度"网络神曲"。当下,网络艺术和现实的距离已经越来越近,走红的网络小说往往能够出版成书,走红的网络乐手也往往会被唱片公司看中而获得出专辑的机会。

此外,近年来的趋势是网络艺术的形式不再局限于传统艺术,而是和网络的一些特点结合得更紧密。比如,一些视频可以通过观看者的选择来影响结局;或者像"数码涂鸦"(又称"神奇触屏"),因为基于互联网技术,可使不同地方的参与者,通过触摸特定的屏幕喷画出缤纷的图案或音乐来合作完成一项作品;而新兴的 3D 打印技术更是开启了让人人都成为艺术家的可能性。

(三) 网络恶搞

"'恶搞'一词源自日语'Kuso',原意为'可恶'或'粪、屎'等意思,是用于发泄不爽情绪时的口头语。作为一种特殊的互联网文化,'恶搞'由日本的游戏界先传入中国台湾、香港等地,后传入中国大陆"①。

2006 年,胡戈根据陈凯歌执导的电影《无极》改编的《一个馒头引发的血案》成为中国网络集体恶搞的鼻祖。"'恶搞'采用非常规的形式完成诙谐、幽默,或是荒诞的作品,用背离传统的思维方式和审美方式质疑社会的权威,充分体现出颠覆经典、解构传统、张扬个性、讽刺社会的反叛精神。"②网络的普及,使得每一个使用者在初步学会使用网络的技术后便能低成本地将自己制作的恶搞作品上传至网络平台,进而通过网络点击、转发等手段广泛传播,形成大范围的影响力。此外,网络恶搞也成为很多公司做广告的方式之一,比如可口可乐公司旗下的雪碧品牌,就曾将自己的广告制作成恶搞视频的形式,吸引年轻受众,追求出奇制胜的传播效果。

(四) 网络模仿

所谓"网络模仿",即是通过网络平台,用户发布模仿名人形象、流行音乐作品、著名电视节目等的行为。

2009 年春节,网民"北漂老孟"施孟奇挑头叫板央视的山寨春晚成了当时最具话题性的一个文化事件。"老孟声称要搞一台'山寨春晚'并在大年三十和中央电视台的春晚同时直播。2010 年春节之际,各种网络春晚纷至沓来。"③2008 年,韩

---

① 余建清:《网络恶搞:仪式下的狂欢与抵抗——基于〈一个馒头引发的血案〉的分析》,《重庆邮电大学学报(社会科学版)》2008 年第 1 期。
② 周敏、杨富春:《新媒介环境与网络青年亚文化现象》,人民网传媒频道 2011 年 10 月 8 日。
③ 琚圆圆:《从亚文化视角看网络春晚》,《新闻世界》2010 年第 7 期。

国女子偶像组合 Wonder Girls 的 *Nobody* 引发全球模仿狂潮；而到了 2012 年，同样是来自韩国的歌手朴载相，以一曲《江南style》拿到了美国 Billboard 下载量第一（30.1 万）、英国 UK 单曲榜榜首、YouTube 音乐排行的第一名、领跑全球 30 多国的 iTunes 榜单，全球各大视频网站上出现全世界各年龄阶段的模仿视频，其风靡程度更超 4 年前的 *Nobody*；而到了 2013 年初，YouTube 网站上视频 *Harlem Shake*（哈林摇摆舞）也引得人们疯狂模仿，这段舞蹈结合其催眠般的节奏，快闪和夸张搞笑的动作和服饰赢得了网友的喜爱和效仿。

第二节　互联网与主流文化

"文化"是一个处于不断生成中的概念，面临社会经济结构巨大转型的中国社会，人们对于"主流文化"的认同也处于一个变迁的过程中。我们大致可以认为，在改革开放之前，中国社会的主流文化是爱国主义和集体主义。但随着改革开放经济不断发展，中国的主流文化就开始逐渐变得不那么明晰，种种不同的思潮都影响着人们，但总体上仍旧以爱国主义和集体主义为主流价值取向。

一、互联网时代的中国主流文化

随着网络的普及和经济的发展，中国主流文化变得更为模糊，甚至有人认为中国正处于主流文化缺失的时代。或许这种批评过于激进，但是我们可以看到，中国的主流文化正在逐渐边缘化，原因有两方面：一是主流文化受到了娱乐化的流行文化的挤压和消解，二是主流文化本身面对新的环境，需要调整。

网络这种新兴媒介本身作为一个文化的发生域，对主流文化的冲击作用十分明显："新的文化形态与大众传播的扩张有密切关联。大众传播……导致新兴大众文化的出现，进而极大地撼动了传统的深厚根基。"① 网络的出现对于中国主流文化来说既是挑战也是机遇，一方面它给予我们一个平台，让受众一体化，这有助于最终形成主流文化，起到社会整合稳定作用；另一方面，主流文化要能在网络这个"泥沼"中生存下来，必须变得足够灵活来适应新的情况。

---

① Ernesto Laclau & Chantal Mouffe, *Hegemony and Socialist Strategy* (2nd Edition) , *Verso*. pp. 163 (2001) , 转引自［英］约翰·斯道雷:《文化理论与大众文化导论》（第五版），常江译，北京大学出版社 2010 年版，第 244 页。

一切文化都是随着社会需要的发展而演变的,主流文化是我们传统社会文化的核心,互联网的出现导致了文化控制力的转移,互联网创造的新的社会需要对主流文化形成挑战。有学者指出,文化是社会演进的产物。在网络时代,文化控制力随着技术变迁和社会需要发生转移,作为我国传统文化核心的主流文化正遭遇极大的挑战。网络的发展对主流文化的冲击主要体现在两个方面。首先,互联网的出现导致了文化的多元化,推动了个人主义,消解了主流文化的主导地位;其次,互联网的出现冲击了主流文化推崇的伦理价值体系。①

在互联网时代,主流文化概念本身已经和传统媒体时代有所不同。在传统媒体时代,电视、广播等中心化的传播方式还可以将某些特定的精神提取出来作为主流文化来塑造,主流文化可以通过一种有意识的行为建构出来并影响受众。但是在网络时代,文化是现实发生的过程,它在很大程度上逐渐脱离了人们的控制能力。如果我们认为主流文化是某种真实文化发生的抽象和总结,那么网络时代的主流文化则难以抓取,因为无论将哪种精神抽象为所谓的主流文化都会剥离这种真实文化中很大一部分。在这种理解下的主流文化是时时刻刻与亚文化相互动的,甚至这两者之间的差别也已缩小了。作为文化具体体现的语言,网络语言包含了几乎所有亚文化的元素。不同亚文化之间的不断互动、竞争、融合构成了网络中的"主流文化",而这个"主流文化"又不断与传统媒体构建出来的"主流文化"相互影响、相互渗透。总而言之,由于中国地区、人群、阶层、文化的巨大差异,要把握作为文化总体的"主流文化"是较为困难的。

在互联网时代,中国与世界联系得更加紧密,通过互联网,国外各种各样的思想和信息也都直接或者间接地影响着中国文化的走向,如个体化、经济利益至上、消费主义等。新的形势和发展中存在诸多的社会问题,对于这些问题的不满和批评也表现在网络亚文化对主流文化的消解和反抗之中。

当然,这并不意味着我们就必须放弃主流文化这个概念,或者无法对当前文化进行有效的定义。我们可以把主流文化理解成一种规范性的文化取向,即一方面找到文化中的"最大公约数"从而找到主流文化的基础;另一方面有效引导,建设核心价值,让主流文化重新起到树立社会规范的作用。有学者指出:"面对自主的文化主体和铺天盖地的文化信息,主流文化阵地已经失去了国家权力单纯的、强制的有效保护,如果再失去现代化的传播手段和形式多样的传播渠道,主流文化就会渐渐地在人民群众视线中淡出,其主流地位也会在一片加强的空谈声中丧失。"②

---

① 戴元光、赵士林、邢虹文:《互联网与文化重构及社会分化》,《上海大学学报》(社会科学版),2002年第2期。
② 陈莉莉:《现代信息手段推动主流文化认同研究》,《理论学习》2010年第9期。

当今中国的主流文化仍然是爱国主义和集体主义,当然,互联网时代的主流文化一定要能够做到"海纳百川"。

互联网给我们带来了前所未有的机遇。互联网文化是一潭活水,只要适当地予以引导和规范,就能在更高的层面上重新丰富爱国主义和集体主义的内涵。而实现这个目标,仅仅依靠宣传主流文化是远远不够的。网络时代的受众能够选择自己所想看到的内容,因此,网络时代的主流文化必须以亚文化作为自己的补充。从这一点上来说,亚文化的反抗和消解不应仅从负面的角度来理解,它们恰恰是主流文化适当的补充,亚文化中那些消解和反抗的维度提示了主流文化所应努力的方向,例如亚文化中隐含的政治经济结构性张力、城乡差异、地区差异等问题。此外,对于主流文化,我们的思路不应仅仅是宣传、灌输,这些手段效果并不理想甚至有时起到负面作用,应尽量通过大众文化去识别社会的关键问题,同时提供平台,加以引导,让主流文化适应新的传播条件,使受众自发产生且能接受,真正实现主流文化的内化,这样的传播才能有效果,主流文化也才能起到稳定和规范社会的作用。

二、传播主流文化

若要在互联网这个大平台扩大主流文化的影响力,需要管理者有较强的媒介素养,具有对互联网的传播规律十分敏感的嗅觉,时刻对网络热点保持关注,并对新兴事物采取开放的态度,能够及时收集信息,清楚了解不同亚文化中的用语特点。在网络上传播主流文化有几个关键点值得注意:

(一)转变传统宣传方式,积极利用新媒体平台

根据《第 42 次中国互联网络发展状况统计报告》,近年来,我国各级政府部门纷纷开设官方网站、官方微博、微信、头条号和推行网上政务服务等,截至 2018 年 6 月底,我国共有政府网站近 2 万个,切实消除"僵尸""睡眠"等现象,进一步推进政府网站集约共享,经过新浪平台认证的政务机构微博约 13.77 万个,政务头条号约 7.5 万个,微信城市服务累计用户数 5.03 亿(截至 2018 年 5 月)。我国在线政务服务用户规模达 4.7 亿,占总体网民的 58.6%。[①] 像这样较为亲民的方式在线解答网民的疑问和建议,一下子拉近了政府与网民的距离,产生了正面的影响。同样,对于主流文化的传播,也可以采取类似的方式,注重贴近受众,从过去单向传播

---

① 中国互联网络信息中心:《第 42 次中国互联网络发展状况统计报告》,2018 年 7 月。

模式转为互动传播模式,采取一些较为人性化的手段吸引受众。

(二) 转变话语方式,用"生动"取代"说教"

在话语方式和语言风格上,主流媒体并非需要通过严肃的、说教的传播方式以体现其权威性;主流媒体同样可运用较为生动活泼、贴近人民使用习惯的语言进行传播。例如人民日报客户端创意出品并主导开发的互动 H5 产品《这是我的军装照》就取得了不错的传播效果,上线两天页面浏览量超过 1.2 亿,令人耳目一新。

(三) 传播网络的正能量

主动策划正面的网络事件,引导并传播网络"正能量"来扩大主流文化的影响力,有助于加强受众对于主流文化的认同感。例如各大主流媒体对于"感动中国"系列活动、2011 年"最美妈妈"吴菊萍、2012 年黑龙江"最美女教师"勇救学生等事件的集中报道都取得了正面的传播效果。有主流媒体认为,他们的事迹在网上被转载近百万次,可以"释放出几何倍数的道德力量"①。主流文化只有有机地加入社会正向舆论的生成过程中,才能真正成为人民的主流文化。

第三节 互联网与亚文化

关于"亚文化"的概念,有各种分类方法,社会学教授罗兰·罗伯逊(Roland Robertson)将亚文化分为人种的亚文化、年龄的亚文化和生态学的亚文化等。如年龄亚文化可分为青年文化、老年文化;生态学的亚文化可分为城市文化、郊区文化和乡村文化等。亚文化是一个相对的概念,是相对于主流文化而言的。

一、中国互联网上的亚文化

根据中国的网络媒介生态而言,亚文化的特征可以大致归纳为:第一是区域上的地方性,非全国性或者世界性;第二是群体数量上的局限性,是一个由相对人数较少的群体所共识的文化;第三是阶层上的局限性,且通常有相对的持续性,不像

---

① 许晓青、周蕊、张梦洁:《我国互联网主流文化变迁观察》,求是理论网 2012 年 6 月 6 日。

流行文化那样很快被新的潮流所取代。

中国的网民结构的变化,一定程度上导致了不同亚文化的生成,首先体现为中国亚文化群体年轻化。这和中国网民中高中以下学历的人数比例较高有关。根据《第 42 次中国网络发展状况统计报告》,截至 2018 年 6 月底,农村网民规模为 2.11 亿,比 2016 年底增加 997 万人;而网民中,小学及以下人群比例为 16.6%,初中学历人群占比为 37.7%,初中及以下学历人群占比超过网民占比的一半。互联网在该学历人群中渗透速度比较快。① 从使用的语言来看,往往是高年龄层次逐渐学习模仿低年龄层次,或者说,亚文化群体是由年轻人起主导作用的。其次是中国亚文化的模糊性。各种亚文化之间并没有形成非常明显的边界,亚文化群体的群体认同感较高,但总体而言,并不排斥其他亚文化群体。再次是中国亚文化群体的虚拟性。中国的亚文化群体相对于国外来说主要还是在线上互动更为广泛,较少形成特定的社会组织宣传表达自己的诉求,所以中国的亚文化群体诉求主要还是较为隐性的,通过话语等来表达的。大部分中国的亚文化尚在形成之中,并没有完全分化,大部分也没有成为具体的社会力量。

在网络时代的中国语境下,亚文化一方面表现为对主流文化和现实的批判。迪克·赫伯迪格(Dick Hebdige)将亚文化视为一种反常的断裂,他提醒我们,"我们不应该低估惊世骇俗的亚文化的表意力量(signifying power),亚文化不仅作为一种隐喻,象征着潜在的、'存在的'(out there)无政府状态,而且还可以作为一种真实的语意紊乱的机制:再现系统中的一种暂时堵塞。"②亚文化群体传递了一种对高雅文化和主流价值体系的反抗的力量,并形成一种对社会秩序的象征性抵抗。"然而,亚文化所代表的对霸权的挑战,并不是由亚文化产生出来的,更确切地说,它是间接地表现在风格之中的。"③

另一方面,与西方社会已形成原子化个人社会不同的是,中国人注重家庭和传统,因而在亚文化上体现的反抗和批判的维度较少,而更多的是调侃和戏谑的维度,表现为娱乐和个人兴趣的表达。这由于中国人的闲暇时间较少,多数人仍旧以职业或家庭为导向,也由于对社会政治活动的限制较多。由此,中国人的亚文化很少体现为身份政治,甚至在网络上的亚文化较少地转化为线下活动,因而中国的网络亚文化没有形成一种集体的行动力(Agency for Act),绝大多数的亚文化群体也就止于兴趣,与现实生活有较大的差距。在这种前提下,亚文化无法达到完全肯定

---

① 中国互联网络信息中心:《第 42 次中国互联网发展报告》,2018 年 7 月。
② [美]迪克·赫伯迪格:《亚文化:风格的意义》,胡疆锋、陆道夫译,北京大学出版社 2009 年版,第 111—112 页。
③ [美]迪克·赫伯迪格:《亚文化:风格的意义》,胡疆锋、陆道夫译,北京大学出版社 2009 年版,第 19 页。

性的表现,其自我确认主要由否定性来表现,具体表现为对主流文化或者其他亚文化的蔑视和调侃。就像朋克文化戏仿那些业已引起社会学家关注的异化与空虚一样,网民们"通过故意的和任性的方式……并以嘲弄的口吻,模仿英雄风格的措辞,为社区和传统的意义形式的崩溃而欢庆。"①

二、亚文化的几种表现形式

作为后现代性在文化领域的集中体现,亚文化的表现形式丰富多样,且处于不断变化发展的过程之中。亚文化的形成受经济、社会阶级、民族、种族、地域及性取向等影响。在当代中国,尤其是借助于互联网的工具,形成了具有中国特色的亚文化表现形式。

(一) 性别取向为区分的同性恋亚文化

相对于在社会中异性恋的主流性取向,同性恋一直处于亚文化的地位。由于中国文化的保守性,同性恋亚文化一直处在地下、低调的存在状态。但是由于互联网的技术普及和匿名性等特征,网络成为同性恋群体(或者广义上说非异性恋群体、酷儿②群体)沟通、社交的理想平台,并从此出发,逐渐成为社会上可以辨别、被越来越多的人了解和接受的亚文化类别。网络的匿名性为他们提供了身份和隐私的保护,而互联网的跨地域性又为他们交友、结识拥有相似经历的朋友提供了平台,大大扩大了他们的交友圈,进而扩大了他们的活动范围,他们的活动从地下转移到线上,影响力逐步扩大。例如最早由浙江杭州的大学生创立的"酷儿论坛"、豆瓣网的讨论"小组"和微信的"公共账号"等社交网络媒体的讨论空间等,都为互联网上同性恋亚文化群体的交流提供了平台支持,同时也促进了线上线下同性恋亚文化的发展和传播。同性恋群体在时尚、艺术等方面也常被人们标签化。

(二) 因年龄段的区分而形成的青年亚文化和老年亚文化

由于社会不同历史阶段的断代,不同的年龄阶层往往会形成自己的亚文化。最为突出的是青年亚文化。青年人在网络上较为活跃,又喜好各种不同的东西,充

---

① [美]迪克·赫伯迪格:《亚文化:风格的意义》,胡疆锋、陆道夫译,北京大学出版社2009年版,第100页。

② 酷儿(queer)一词在英语中的原意为"怪异""反常",在性别研究中常指涉包括男女同性恋者、双性恋者和变性者在内的人群。该词在汉语中常被翻译为"酷儿"。

满活力且有热情,青年亚文化也往往是最有影响力的亚文化。比如说游戏亚文化:魔兽世界、DotA 等亚文化都十分盛行,许多游戏术语也都进入了网络日常语言当中,如"技能点""团灭"等。再者,如动漫亚文化。很多青少年热爱动漫(尤其以日本动漫为主),他们在网络上形成的亚文化也独具特色,他们有自己独特的语言体系(通常都是日本漫画语言的翻译体),例如他们将"吐槽"(类似"抬杠""拆台"等意思)、"逆袭"(困境中反击)、"违和感"(不协调、不合适、疏离感)等起源于日本动漫的词汇带入广泛的网络流行语当中。根据年代而分出的 80 后、90 后、00 后都有属于自己的亚文化标签,例如 90 后被认为喜爱自拍、爱比"剪刀手"等。

除此之外,老年人借由互联网的便利也已经形成老年亚文化。中国 50 年代、40 年代的老年人往往有共同的爱好,而与子女、孙辈的文化有很大差异。他们通常喜欢国画、书法、诗词、旅游等。网站上呈现出的老年亚文化颇具特色。

(三)由兴趣爱好所区分出的诸多亚文化

现代人由于兴趣爱好而在网络上聚集,晒成果、交朋友,使得很多原本很少见或是知音很少的亚文化成为非常有影响力和知名度的群体。例如"驴友",即是对户外运动和自助旅行爱好者的称呼,他们喜爱自己携带野外生存工具去一些少有人去但是有独特风景、人文体验的地方。通过网络平台,驴友们可以交流旅行心得、呼朋引伴一同出游,一时间成为很有知名度的群体。还有"发烧友",这最早是对于音响器材的爱好者的称呼,后来泛指对某些事物尤其是器材非常着迷和追求的群体,例如汽车发烧友、摄影发烧友等。基于这些兴趣,往往有非常专业的网络平台供他们交流。这样基于兴趣而产生的亚文化常常会被商业利用而扩大,例如针对驴友的线路组织和设计、针对发烧友的器材买卖、活动组织等。

(四)基于阶层和种族、民族等的亚文化群体

在互联网上有一个特殊的群体,他们致力于"汉服运动",即通过穿汉服,建构汉族的民族服饰、复兴包括汉文化在内的中国传统文化。他们会根据古代仪制制作、改良汉服,通过聚会制作、品尝传统食物,制作宫灯、体验射箭等,他们彼此称"同袍",这场运动从一开始就是借助、依托、成长于互联网,以网站、论坛、博客等为平台展开的,也制造了许多公共事件,例如在网络上提倡和传播所谓"中国式学位服"等。

借助网络平台宣传其理念的还有面对乙肝歧视挺身而出的诸多乙肝病毒携带者,他们抗议自己受到的不公平待遇,通过"肝胆相照"这个网站传递治疗肝病的经验,普及肝病常识,同时也为自己争取权益,这种面对主流社会的不理解而反弹

形成的亚文化正是依托互联网平台而抱团取暖，为人所知。

三、互联网时代的亚文化影响

（一）形成文化区分

由于网络时代"去中心化""微内容聚合"的特征，Web 2.0 时代在塑造"大众文化"的同时也在消解大众文化，同时创造出大量碎片化的"小众文化"。"约翰·梅里尔和拉尔夫·洛温斯坦认为，随着教育的进一步发展，社会分工越来越细，人们的闲暇时间越来越多，人类将会迈进专业文化时期。那时，不同的人群将根据各自不同的兴趣和需要来选择自己参与的文化活动。Web 2.0 对'微内容'的发现、组织和利用已经具备专业文化的这些特征，开始把受众分成越来越小的部分，正如社会学家理查德·梅塞尔所说的形成'文化区分'。"①

Web 2.0 的特征似乎也"印证了哈罗德·因尼斯（Harold Innis）'未来社会信息传播必将回归个体传播'的预言。"②学者彭兰对网络分化有很好的总结，"网络传播是一个由传播者与受众共同实现的信息活动过程，从另外一个角度看，它是一个受众主动选择媒体、使用媒体的过程，互联网的技术特性决定了受众使用媒体的过程中，会有'分众'或'受众区隔'现象的出现"③。

此外，新媒体已不再像传统的大众媒体，传送有限的信息给同质化的受众。学者彭兰强调，由于受众获取信息的渠道越来越多样，他们变得更会选择，而这种选择倾向则强化了信息区隔并促进传者与受者之间的关系。"日本学者伊藤优一（Youichi Ito）分析了日本媒体的演进历程后也指出，由于新传播科技聚焦于多样化的专业信息，大众社会逐渐演变为'片段化社会'（Segmented Society），因此阅听大众日渐因意识形态、价值、品位与生活风格的不同而分化。正如美国学者唐纳德·肖等人在'议程融合'理论中所指出的，人们选择、使用媒介往往是出于对社群的归属需要，因此，媒体使用本身是在强化这种归属，也就是强化人群的分化。"④当然这种人群的分化是一方面，另一方面，在新的社交媒体的发展和网络行为主体的变化下，人群在分化的同时，每个人本身也在分化。

我们注意到，文化区分得越细，并不代表具体在亚文化中的人对特定的亚文化

---

① 农民庆：《Web 2.0：从大众文化到专业文化》，《新闻爱好者》2010 年第 20 期。
② 农民庆：《Web 2.0：从大众文化到专业文化》，《新闻爱好者》2010 年第 20 期。
③ 彭兰：《网络传播与社会人群的分化》，《上海师范大学学报》2011 年第 2 期。
④ 彭兰：《网络传播与社会人群的分化》，《上海师范大学学报》2011 年第 2 期。

忠诚度会更高,也就是说人会选择自己想属于的亚文化,但并不一定一个人只属于一种亚文化圈。一个人完全可以有很多种兴趣,他可以属于多个亚文化群体。这一点在网络上更为明显,网络的匿名性、非公开性使得具体个人加入特定亚文化的门槛越来越低甚至没有门槛。同时,线下亚文化群体所造成的身份认同成本在线上也较低,比如现实中你要想成为朋克亚文化的一员,你可能需要特定的着装、发型等显示身份认同。但假如你只是在网上加入一个朋克讨论区的话,就大可不必这样了。所以每个人就可以同时属于朋克亚文化,或者其他的亚文化群体。

(二) 小众群体浮出水面

在传统社会中,小众群体的声音很难被大众听到,他们的需求也很少被社会了解和满足;这些群体通过在网络上形成虚拟社区,传播自身文化,从而被大众所关注。例如同性恋群体浮出水面后,他们背后的另一些群体也浮出了水面,例如"同妻"们,即那些在不知情的情况下嫁给男同性恋的女性。

小众文化逐渐成形不仅仅只是一种文化现象,它还是一种潜在的社会现象,就如同同性恋现象背后的酷儿理论一样。酷儿理论(Queer Theory)"作为一个研究领域,努力探索男女同性恋者与无所不在且持续排他的异性恋文化之间的关系……酷儿理论并非仅仅'关于'同性恋者,正如女性研究也并非仅仅'关于'女人一样。事实上,酷儿理论所要攻击的乃是……'理所当然性',及其所竭力维护的异性恋霸权"。[①] 虽然现在小众群体大多还没有明显的政治经济诉求,但是一旦他们的活动从线上转移到线下、声音被听到,如果他们能够形成某种社会组织而作为有组织的力量发展起来的话,其社会推动力也是不容小觑的。

(三) 大众文化对亚文化的消费

除了上述两点,我们还要注意在网络时代下大众文化对亚文化的消费,这种消费体现为调侃和排挤,以此确认自身的社会坐标和获取符号资本。以当下流行的"搞基"文化为例,异性恋人群们纷纷开玩笑地将自己的许多行为称为"搞基""搞拉",将朋友称为"基友""拉友",其实质是对"腐女"文化的消费和反抗,"腐女"们通常是"耽美作品"爱好者,她们将身边所有男性看作潜在的同性恋倾向者。而"搞基"文化就是对"腐文化"的反动,这种反动表现为消费和反抗,异性恋们从调侃的言语上迎合了"腐文化"的倾向,从而减少自我认知和他人认知之间的不协

---

① Paul Burston, Colin Richardson, *A Queer Romance: Lesbians, Gay Men and Popular Culture*, Routledge. 1995. p.1.

调,缓解自己的身份压力的同时也消费了"腐文化",似乎成为这种文化的认同者而实际上将其从话语上解构掉。

另外一种典型的主流文化对亚文化的消费则是"文艺青年"或者"小清新"对"非主流"和"杀马特"①文化的消费。"非主流"文化主要是一些常年接触网络的"农二代"试图融入城市文化的一种方式。小资的生活方式他们消费不起,于是只能投靠国外的"哥特"和"朋克"亚文化元素作为自己的文化资本。他们打扮夸张,穿着皮衣,使用深色眼影,留遮住眼睛的发型,热衷文身,但却被主流文化所排斥和消费。"小清新"们认为他们还是太土并觉得这样非常可笑,就通过故意使用他们的语言,并配上一些"非主流"的照片来调侃他们,在豆瓣网"金镯男子"等小组十分常见;而这种消费是一种排挤,一种将两者决然分开的身份政治,对于"小清新"们来说,城市文化无法接受这些"非主流",这会侵占他们自己的文化资本。这类"消费"的后果和"腐文化"消费的后果截然不同;如果说对"腐文化"的消费还能够使得同性恋这种亚文化在主流文化中更容易接受的话,那么对"非主流"文化的消费则一方面增加了这些特定人群的焦虑感,让他们更难融入城市生活;另一方面也让人忽视了这背后的政治经济上的不平等,他们选择"非主流"是因为他们从经济上无法选择"小清新"。这里的"非主流"亚文化的选择不是作为反抗,而是一种生存策略。

---

① "杀马特"即 smart,一种日本与欧美视觉结合体的街头非主流文化。

第14章 互联网时代的精准营销

互联网技术的发展给营销环境带来了巨大变化：丰富的产品生产、海量的信息传播使得市场提供的选择大大增加。受众对互联网的使用越来越主动，需求更加个性化，并且更易结成基于共同兴趣爱好的小群体。营销活动已经开始适应新的环境，不断应用新技术，更注重营销活动的针对性和有效性。传统的营销策略并没有消失，但精准营销发挥巨大作用的时代已经到来。

第一节 Web 2.0 时代营销的变化

一、受众更加主动

（一）碎片化的受众群体

互联网技术的发展带来了社会关系的改变——传统的社会机构、社会组织的功能有所弱化，受众在网上更容易形成基于共同兴趣的小群体、小圈子。"社会不再是一个大熔炉，而被分成了一个个有着不同喜好和生活方式的群体。那些小的、新的、热情的群体，正在社会发展中起着重大作用。"美国著名分析家马克·佩恩在其《小趋势：决定未来大变革的潜藏力量》一书中提出了以上观点。人们按照自己的喜好不断投入到一个又一个的小群体之中。在互联网社区中，基于社交媒体形成的小圈子，其吸引力要大于传统组织机构。[①]

[①] [美]汤姆·海斯、迈克尔·马隆：《湿营销——最具颠覆性的营销革命》，曹蔓译，机械工业出版社2010年版，第10页。

豆瓣社区就是一个典型的例子。豆瓣社区创立于2005年,是一个UGC网站。在豆瓣,社区用户以兴趣爱好为结合点,可以选择加入某个主题的部落、小站、小组,并自由发表关于电影、音乐、书籍的评论,还能与其他社区用户进行交流,内容涵盖了衣食住行、摄影旅行、美容健康、品牌购物等多个方面。"豆瓣帮助你通过你喜爱的东西找到志同道合者,然后通过他们找到更多的好东西。"截至2018年初,豆瓣网注册用户达到31.6亿,月活超过3亿,①其用户形成了无数个小众群体,每个群体成员有着相同的兴趣爱好,对网站的忠诚度也很高。

在这样的受众群体碎片化背景下,传统营销手段作用逐渐减小。大众传播的公关和广告很难对这些新的小众群体产生作用,甚至小圈子会抵制公司的营销行为。"大型企业会发现他们的客户群逐渐分散,小区里生意兴隆的工厂小店也会渐渐发现昔日无比忠诚的顾客全都跑到了越来越人性化的网上购物。"②

身处某个小圈子中的个人更相信群体内部的信息沟通,趋向于依赖群体内部值得信任的人的推荐来选择产品,因此,营销需要理解群体化、组织化的消费者如何进行选择和行动,在群体成员之间进行口碑宣传,提供针对小圈子之中的消费者的个性化营销。

(二)受众权力扩大

传统的购买过程中,消费者处于被动的一方,产品信息由企业提供,很难找到对某项特定产品的使用评价。而在互联网时代,数量巨大、多样化的信息,潮水般涌入消费者的世界中,消费者会主动搜集自己需要了解的产品信息,没有边界限制。并且,由于这种信息的收集是消费者主动进行的,因此需求明确,有针对性,对最终的购买决策起到直接作用。这就改变了企业单向提供产品信息的局面。对消费的控制权被转移给了消费者受众,企业对消费者产品购买的控制能力越来越弱。消费者收集的信息中,小群体的评价成为重要组成部分。人们不仅需要了解企业提供的产品或服务的介绍性信息,还需要知道谁用过该产品,有什么样的感受,是否推荐他人使用,等等。

现在的消费过程可能是:消费者从广告中获知某种产品,从而使用互联网收集更详细的产品信息,并到自己经常活动的网络社区中获取他人对该产品的评价,对所获得的以上信息进行综合,作出购买或者不购买的决策。对于线上购物更是如此,电子商务网站将购买过某产品的消费者的反馈信息列出,供其他人参考。淘宝

---

① 吴晓宇:《喊了一年商业化和上市的豆瓣,这次能成功吗?》,中关村在线2018年5月10日。
② [美]汤姆·海斯、迈克尔·马龙:《湿营销——最具颠覆性的营销革命》,曹蔓译,机械工业出版社2010年版,第6页。

网上各家网店极其重视的"好评率",正是消费者对产品的使用评价信息,对产品来说,"好评率"影响着未使用过该产品的消费者的购买决策;对店铺来说,"好评率"是商店的信誉,而信誉是消费者进行选择时所要考虑的重要一环。

受众权力扩大的另一个表现是,受众可以参与内容生产。消费者可以对任何东西进行混合加工,这极大地改变着生产者和消费者之间的关系,二者之间的界限变得模糊。

传统的产品经营,由生产者把产品设计好,并制造出来,最终推销给消费者,是一种由产品生产者主导的产品交付模式,此过程中,消费者只能被动地接受产品。而在Web 2.0时代,消费者不仅仅是产品的接受者,还可以是产品的设计师,将自己对产品的需求反馈给产品生产者,主动参与到产品的设计和研发中,使最终生产出的产品最大限度地满足消费者的需求。

在互联网上,产品或服务的"用户",可能同时是消费者和内容生产者。斯坦福大学法律教授劳伦斯·莱斯格用"只读模式"和"读写模式",形象地表示老式模拟信号媒体和新式数字媒体之间的区别。[①] 同样,消费者对所购买的产品也不再仅仅是"只读模式"(只能原封不动地消费),还可以是"读写模式"(对于所消费的内容,消费者可以阅读也可以修改)。

以美国图片分享网站Flickr为例,用户浏览的所有照片都来自用户的"生产"(这种浏览也就是消费行为),网站的发展完全建立在用户的主动传播之上。除了浏览,用户还可以真正地进行消费,例如购买Pro账号以获得更多的服务,付款将自己的照片进行印刷;同时,Flickr也可直接销售用户生产的图片,在获得授权之后将照片出售给新闻机构或广告公司。在这个网站中,生产、消费交织进行,生产者、消费者没有明确的界限。

二、产品无限丰富

伴随着社会生产力的不断发展,我们所生活的已经不是以往资源匮乏的环境,而是一个"丰裕型经济"的时代。市场中有的是类目繁多的各类产品,这些产品能够满足消费者各种各样的需求。而互联网更是为这些产品从生产到到达消费者的各个环节提供了更为方便的技术,使得这个拥有海量产品的市场能够获得巨大的收益。

[①] [美]汤姆·海斯、迈克尔·马龙:《湿营销——最具颠覆性的营销革命》,曹蔓译,机械工业出版社2010年版,第101页。

如此多样的产品与受众的需求密切相关,大众营销早已走向分众。Web 2.0 时代,受众的需求进一步被细分,应运而生的便是在功能上被无限细分的各类产品。互联网则大大降低了消费者接触各类商品的成本,产品变得不仅丰富,而且容易获得。戴尔公司每年生产数百万台根据客户的具体要求组装的计算机。支持戴尔公司做到定制化的生产与服务正是网络技术——购买者通过电话或网络查询报价并在线完成购买流程。

现代营销策略理论都是将顾客置于中心地位的,然而不同类型的产品要准确地到达需要它的消费者并非易事,需要的是对受众心理、行为的精准分析。市场要求企业能快速对消费者需求做出反应,提供高度定制化、个人化和小批量的产品。

三、线上世界兴起

Web 2.0 时代,电子商务以迅猛的速度改变了人们的消费方式,渗透到人们生活的方方面面。网购衣服、电器、家具、书籍,网上付费下载音乐、电影,通过网络订餐、在网上超市买菜,等等,日常生活的各个环节几乎都可以"电子商务化"。电商的营销活动甚至会引爆一场场购物狂潮:自 2009 年"光棍节"天猫首次开启"双十一"网上购物狂欢节以来,电商营销单日最高总额不断被刷新,2012 年的"光棍节"淘宝网总销售额达 191 亿元,是传统百货公司 3 年的营业额;2017 年"光棍节"天猫总销售额为 1 682 亿元,①这一数字比 2017 年美国黑色星期五网络销售单日最高销售额 79 亿美元(约合 540 亿元)高出了 1 000 亿元。②

就在电子商务发展如火如荼之时,传统零售业也开始寻求新的模式——建设网络门店。比如,大型家电零售连锁企业国美电器已经建立了网上商城"国美在线",而其他传统零售如王府井百货、百联集团等,也都开辟了各自的网上商城。

传统商业进军网络已是大势所趋。据统计,目前在美国开展网络营销的企业中,有 70% 来自传统企业。而英国著名的传统零售商乐购(Tesco)从 1996 年开始就从事线上销售,服务全英国 90% 的人口。可见,在经济发达的西方国家,网络营销作为传统企业的销售和服务的延伸,日益显示出其巨大的发展潜力。③

不仅仅是电商发展迅速,营销方式也在发生变化。对数字媒体的应用是 Web 2.0 时代的营销相较于传统营销的一个显著不同。根据中国互联网协会公布的《中国互联网发展报告 2018》,2017 年度中国网络广告市场规模达到了 3 828.7 亿

---

① 《星图数据:全网"双十一"总销售额达 2 539.7 亿元》,新华网 2017 年 11 月 14 日。
② 《美国感恩节及黑色星期五在线销售额再创新高》,凤凰财经 2017 年 11 月 26 日。
③ 邹奕萍:《淘宝年成交额超沃尔玛 3 倍 网购终结传统零售?》,中国新闻网 2008 年 1 月 31 日。

元,在中国广告市场占比超过50%,预计到2019年其规模将突破6 000亿元,仍保持着高速增长。①

对此,欧莱雅原美国首席市场营销官Marc Speicher这样说:"数字媒体不仅仅是一个传播工具,随着消费者消费行为的变化、商业环境、商业模式的改变,对该平台的使用已经上升到商业战略的层面。"②例如,欧莱雅的媒体实际投放曾在2010年前10个月达到10亿美元,其中有更大的部分用在数字化媒体的投入上,2011年6月,美国欧莱雅的美妆网站Makeup.com上线。通过这一旨在打造"最佳内容美妆网站"的平台,借此介入消费者的考虑评估环节,用"消费达人"、专家交流的社交化传播方式,建立品牌同消费者之间的情感纽带。③

Web 2.0时代,消费者的主动权前所未有的扩大,对品牌的选择和影响也更加主动,利用沟通、互动性更强的数字媒体开展营销将成为不可阻挡的趋势。

四、未来营销的趋势

(一)移动互联网成为广告新阵地

从技术上来看,互联网已经不仅仅局限于桌上的电脑了,移动互联网的快速发展给营销产业又开辟了新的战场。据美国市场研究公司IHS发布的移动广告市场研究报告显示,2016年全球移动广告市场规模为830亿美元,相较于2015年增长了60.5%,其中一半以上的移动广告收入与显示屏有关,占450亿美元(54.0%),基于搜索的广告收入为360亿美元(42.8%),基于消息的广告则持续下滑为26亿美元,占比仅为3.1%。④

就目前而言,移动互联网广告具有传统广告无可比拟的真实有效性,以及到达受众的精准性。与传统广告相比,移动互联网更像是用户"主动定制"或"个性化定制"的广告,可有效规避传统广告受时间、空间或受众偏差等因素所导致的无效投放。同时,移动终端如手机所具有的沟通功能和电子商务功能,也为移动互联网广告主提供了无限的附加回报可能,从而使广告信息实现单位价值最大化。⑤

---

① 中国互联网协会:《中国互联网发展报告2018》,2018年7月12日。
② 康迪:《全球市场:完整的品牌世界——欧莱雅集团董事长兼CEO安巩》,《成功营销》2011年第11期。
③ 康迪:《全球市场:完整的品牌世界——欧莱雅集团董事长兼CEO安巩》,《成功营销》2011年第11期。
④ 《IHS Markit:2016年全球移动广告收入830亿美元》,新浪科技2017年7月20日。
⑤ 黄华:《试论移动互联网广告》,《今传媒》2010年第11期。

从终端上来看,我们正处在一个"多屏时代"。消费者与媒介的接触点在发生着变化,手机、平板电脑、户外屏幕、车载电视等等,无时无刻不在刺激着消费者的眼球。根据尼尔森 2011 年上海跨屏研究样本调查显示:在上海地区,有 30%的消费者会在收看电视的同时使用手机和电脑,11%的消费者同时收看电视并使用电脑,以及有 9%的消费者在收看电视时使用手机。同时根据尼尔森最新的一项调查显示,在中国消费者每天花在智能手机上(170 分钟)和电脑上(161 分钟)的时间已远超他们观看电视的时长(89 分钟)。① 与主要为单向传播的电视不同,消费者利用手机、平板电脑这些"屏幕",结合互联网,可以实现与他人甚至是企业的交流、互动。可见,多屏时代下,用户选择性更强、更多,用户更多参与和互动。同时,多屏的使用带来消费者时间、行为碎片化,但终端的随身性也使受众更依赖于这种信息接触行为,整体使用时长在增加。

由此,多屏时代的受众具备更加明确和精准的可测量性,使得营销活动能够从战略上进行更具针对性的安排,从而提升营销的效果。

(二)价值观营销提供"意义"

从理念上来看,如营销大师科特勒所说,未来的营销将是价值观驱动型营销,除了满足受众的功能需要,更注重消费者的情感需求,注重人文精神,寻求为受众提供"意义"。

这一方面,2012 年伦敦奥运期间,耐克公司在刘翔摔倒退赛后的营销推广,已成为经典营销案例。当刘翔再次折戟奥运十多分钟后,耐克微博发布了刘翔跌倒后第一条"活出你的伟大"的图片广告,刘翔的面孔旁是这样几行字:谁敢拼上所有尊严,谁敢在巅峰从头来过,哪怕会一无所获,谁敢去闯,谁敢去跌,伟大敢。此后几天内,耐克官方微博继续有节奏地不断发出系列平面广告图片,响应着从 7 月 26 日开始的"活出你的伟大"营销方案。耐克这一系列广告受到网民热捧,在新浪耐克官方微博上,这一系列广告几乎每条都能获得数万条的转发。耐克的这次情感式营销,着眼于整个中国市场,对中国体育受众当时受震撼的心灵进行抚慰,准确抓住了情感,获得了巨大关注,对品牌塑造大有裨益。

消费者不是机械的商品选择者,而是"具有独立思想、心灵和精神的完整的人类个体"②。在受众主动权越来越大的网络时代,营销需要真正以顾客为中心,企业不仅需要了解其人口统计特征、心理统计特征、消费目的,还需要研究消费者的

---

① 王智星:《尼尔森最新调查:谁看到了我的广告?》,广告门网 2015 年 4 月 27 日。
② [美]菲利普·科特勒等:《营销革命3.0》,毕崇毅译,机械工业出版社 2011 年版,第 4 页。

生活方式乃至价值观。不断地根据顾客的需求和偏好来开发、分销和传播产品，并"努力为消费者提供生活上的连续感、沟通感、方向感"①，最终才能通过获得最佳的市场份额来获得最大的投资回报。

第二节　新的营销模式

面对受众新的特点，借助新的技术形式，一些新颖的营销模式也逐步涌现出来。下列是当前一些典型的新营销模式。

一、搜索引擎营销

搜索引擎营销（Search Engine Marketing，SEM），是一种新的网络营销形式。不同用户对搜索引擎有不同的使用方式，在用户信息检索的过程中，SEM 将营销信息尽可能地传播给目标受众。这一营销方式追求最高的性价比，以最小的投入，获得最大的来自搜索引擎的访问量，并由此产生商业价值。作为一种新兴的网络营销形式，SEM 已成为当前众多企业主流的营销方式之一。②

根据 Analysys 易观产业数据库近期发布的《中国搜索引擎市场季度监测分析》数据显示，2018 年第 1 季度中国搜索引擎运营商市场规模为 203.74 亿元，同比增长 29.21%。同时根据其历次监测数据统计，2017 年中国搜索运营商市场规模为 775.16 亿元，较 2016 年增长 7.14%。③ 搜索行为贯穿于用户互联网使用的方方面面，"无上网，不搜索"的大搜索局面已经形成。搜索已经成为网民寻找信息和资源的主要方式，消费者"先搜索、再购物"的消费方式已经逐步形成。据调查，94.6% 的搜索用户通过综合搜索网站获取信息。巨大的搜索引擎市场和消费习惯的改变让企业不断思考如何应用搜索引擎技术让消费者更快地寻找到自己的产品。营销大师科特勒也表示，搜索营销是企业在中国以及世界范围内建立品牌最有力的工具之一。

搜索引擎营销可分为搜索引擎优化和搜索引擎广告。搜索引擎优化（Search Engine Optimization，SEO），通过总结搜索引擎对搜索结果的排序规律，对企业网站

---

① ［美］菲利普·科特勒等：《营销革命 3.0》，机械工业出版社 2011 年版，第 15 页。
② 中国电子商务研究中心：《SEM 搜索引擎营销全方位解读》，网经社 2011 年 6 月 27 日。
③ 易观：《2018 搜索引擎市场份额占比报告》，2018 年 6 月 15 日。

进行合理优化,提高网站和产品信息在搜索引擎提供的结果中的排名。网络营销的关键因素是争夺注意力,产品信息在用户的搜索结果列表中排位越靠前,越有可能被用户注意。由于大多数网民只会浏览搜索引擎提供结果的前两页,因此通过技术手段提高企业链接的能见度,即搜索引擎优化成为重要的营销手段。

这一手段可以帮助企业掌握消费者的相关数据。由于搜索是消费者主动进行的行为,因此其搜索网页所使用的关键词、浏览痕迹等数据可以被跟踪,从而有助于企业对消费者细分并形成数据库。

另一种方式是搜索引擎广告,其中点击付费模式(Pay Per Click,PPC)的竞价排名是最重要的形式。点击付费广告是大公司最常用的网络广告形式。提供点击付费的网站很多,如各大门户网站(如搜狐、新浪)、搜索引擎(Google 和百度),以及其他浏览量较大的网站等。越是著名的搜索引擎,起价就会越高,最高可达数万甚至数十万。

搜索引擎广告具有高度目标性,消费者搜索特定的关键词,搜索结果会显示已付费的广告主网站链接,因此广告投放比较精准,直接针对有需要的客户。企业也可以通过设定不同类型的关键词来追踪到不同类型、不同需求的消费者。

根据艾瑞咨询最新报告,2016 年中国搜索引擎企业收入规模增长放缓,亦主要受政策影响,尤其是头部搜索企业营收受到较大冲击,从而影响了整体市场。预计到 2019 年,中国搜索引擎市场规模将超过 1 500 亿元。① 尽管大量新的网络营销手段不断出现,但搜索引擎营销以成本低廉、流量价值高的特点仍然受到广告主的青睐。

二、社交网络营销

Web 2.0 时代,受众之间的社会关系正在发生变化,除线下传统的机构、组织之外,受众能够在互联网上相互结合。社交网络(Social Network Service,SNS)网站不仅已经改变了许多人的日常行为习惯,宏观上,SNS 网站也对整个社会的人群行为带来巨大变化。

所谓的 SNS 网站,即人与人之间基于兴趣爱好、结交朋友、进行交易等关系建立起来的社交化网络结构。这一网站形式自 2005 年在国内兴起以来,用户规模急剧上涨。根据《第 41 次中国互联网络发展状况统计报告》显示,截至 2017 年 12 月底,微信朋友圈、QQ 空间用户使用率分别为 87.3% 和 64.4%。而 2017 年第 3 季

---

① 艾瑞咨询:《2017 年中国网络经济年度监测报告》,2017 年 5 月 27 日。

度,微博的月活跃用户达 3.76 亿,使用率为 40.9%,知乎、豆瓣、天涯社区使用率均有所提升。①

SNS 网站所具有的高度参与性、互动性及真实性的特点,吸引着越来越多的受众,也使得此平台对人们的工作、生活影响越来越大。对企业而言,SNS 网站有助于了解用户喜好,是开展网络营销的有效渠道,也促使着企业信息传播方式由单向、大众传播向着一对一、个性化传播转变,营销活动变成企业与消费者发生互动关系的过程。

目前主要的社交网络营销方式有以下几种。

(一) 博客和微博营销

博客营销,也就是指企业设立博客,发布宣传型与广告型文章,介绍企业的相关情况与产品、服务情况,借助网络与潜在顾客进行沟通的新型营销方式。博客大约在 2005 年开始普遍流行,大量企业利用博客提供商品信息、公司新闻和服务。由于受众与企业博客运营者间可就博文进行评论、交流,因此博客同时具有参与性、交互性的特点,为企业开展营销提供了机会。

随着技术的发展,博客的影响力日渐式微,微博开始上线并迅速火热起来,吸引了大量用户的使用。微博综合了短信、博客、社交网站、IM(即时通信软件)的特点,具有用户门槛低、内容极简、全时性、交互性强、信息裂变等特点,受到人们的青睐。如今,微博营销也已经成为网络营销有力的新方式。如运动品牌回力借助博客开展的"老国货回潮"的创意营销。

拓展阅读

"回力"博客营销

微博营销主要模式是:通过企业开设的机构微博账号,将微博作为实时广告发布的平台;通过不断更新高质量的内容吸引潜在受众的关注并与受众互动;制造热点议题,利用门户网站本身的聚合力提升影响力;借助"大 V"推广产品。

微博营销在实践中已经应用得非常广泛。2012 年,雀巢推出一款"可以剥开吃的冰淇淋"——笨 NANA,并通过微博制造了热点话题,吸引大批受众购买笨 NANA 并将产品照片"晒"到微博上,新奇的产品不断吸引着更多的消费者参与体验,最终通过微博营造了"笨 NANA"新时尚,消费者自身成为产品的代言人。

又如,2011 年 12 月 18 日,小米手机开始线上销售,3 小时后,10 万台小米手机

---

① 中国互联网络信息中心:《第 41 次中国互联网络发展状况统计报告》,2018 年 1 月。

销售一空。至 2012 年 3 月之前，小米手机的曝光渠道只有微博，也就是说，微博营销为小米手机带来了 6 分钟销售 2 亿元的奇迹。[①] 通过微博平台，小米手机介绍产品信息，开展"转发送手机"的营销活动，并通过知名度较高的微博博主的转发赢得良好的口碑和消费者的信任，通过微博平台，小米手机塑造了品牌，获得了销量。

成功的微博营销案例还有很多。可以看到，微博营销具有互动性强、参与度高、注重口碑的特点，并且容易形成受关注度较高的话题，借此吸引消费者眼球。微博营销成功的关键还在于，企业在微博网站上开设的机构微博与"粉丝"们是平等的，少了"居高临下"感。企业微博不仅仅通过自己的官方网站定期或不定期单向发布企业的动态和产品信息，还与消费者进行即时的沟通，吸引消费者参与到营销活动中去。这也是新的网络环境所提出的要求：受众在互联网中逐渐小群体化，对企业单向发布的产品信息有抵触心理，作为企业要利用微博开展有效的营销，唯有"打入受众群体内部"，以接近甚至成为群体一员的身份与受众平等交流，通过有趣的话题拉近与消费者的距离，才能最终促成消费者的购买行为。

（二）人人网和开心网营销

博客和微博具有较高的虚拟性，除了少数社会知名人士及组织机构，多数人是使用自己的"网名"在博客和微博中发言、活动的。还有一类社交网站，人们用自己在现实生活中的真实姓名注册并使用，向同样使用该网站的好友公开自己的真

拓展阅读

人人网营销
案例

实照片、真实资料等，国内曾风靡一时的人人网、开心网就是这类社交网站的典型代表。在这类网站开展营销，和用户的交流效率更高，线上和线下的结合更加紧密。

社交网站营销可以在受众的日常社交中渗透品牌形象，是一种令消费者感到"亲切"的行为，有效利用社交关系使信息更易被信任，有助于进入消费者的群体内部。

三、移动终端营销

这里所说的移动终端，不是指传统意义上产品销售渠道的末端，而是指营销的媒介终端，如智能手机、平板电脑等。采用移动终端传播的理念，为消费者带来不

---

① 刘敏、张颖绿荞、罗俊宇：《粉丝不等同客户 微博营销怎么赚钱？》，《重庆商报》2012 年 8 月 13 日。

同的体验和服务,最终建立良好的品牌形象和与消费者之间的品牌关系。移动终端营销具备了体验性和活动性的双重特点,能够与消费者之间建立对话的纽带,业界有人说,"终端是一个点,一个离消费者最近的点。有效的终端传播,不仅可以决定性影响消费者的行为,也可以把点的影响力扩大到面。"①

基于位置的服务(Location Based Service,LBS)营销是利用移动终端营销的新型方式。LBS 营销通过电信移动运营商的无线通信网络如 GSM、CDMA 或外部定位的方式,获取移动终端用户的位置信息,继而为用户提供相应服务。随着移动互联网和社会化媒体的快速发展,LBS 营销越来越深入地影响到营销传播的形式。

LBS 营销可以同手机上的应用程序相结合,为用户带来新鲜的体验。美国咖啡连锁公司星巴克在全美七大城市推出了基于 LBS 服务的手机应用 Mobile Pour。用户安装该应用后,可以随时下单订购星巴克咖啡,随后就会有踩着踏板车的咖啡配送员将咖啡送到用户手中。据星巴克官网介绍,这项服务是为了满足那些想喝咖啡但在自己所在位置附近又找不到星巴克门店的消费者。服务推出之后迅速走红,用户都觉得新奇、好玩。对该应用的分享又进一步提升了星巴克在消费者心中的品牌形象。

LBS 网站可以积累大量的用户数据和消费者行为数据,据此,企业可以精准地覆盖到其目标受众,也可以由线上活动延伸至线下,通过有趣的营销使消费者的忠诚度得到提升。目前,LBS 已广泛用于各类生活服务软件。

四、其他营销模式

(一) 团购网站

网络团购,是继 B2B、B2C、C2C 之后依托信息技术发展起来的又一电子商务模式,国际上通称为 B2T(Business to Team)或者 C2B(Consumers to business)。团购网站是联系商家与消费者的纽带,在联系好商家提供有吸引力商品或服务之后,团购网站在保证购买者数量的情况下,通过限时抢购、超低折扣等方式吸引用户消费,而受惠后的用户也自发通过社交网络进行传播宣传,为其带来规模效应。与传统营销手段不同的是,团购网站不仅是销售商品的渠道,更是为企业"赚人气"的广告平台。进行过团购的消费者往往以口碑传播的方式帮助企业"义务宣传"。因此,团购网站是一种将促销和宣传结合的营销方式。

---

① 张惠辛等:《头脑风暴 close to you——移动路演终端营销》,《中国广告》2012 年第 5 期。

（二）病毒式营销

病毒式营销和病毒营销广告是指利用社会网络进行自我复制的类似于病毒传播的过程，来提高品牌知名度的营销手段。这是一种常用的网络营销方法，一般用于网站和品牌的推广活动。病毒式营销并不是互联网时代的新鲜事，但互联网以其快速和广度大大扩展了病毒式营销的作用范围和效果。在互联网上，病毒营销依靠的是"口碑传播"，这种传播类似病毒繁殖一样可以迅速蔓延，产生大量的营销信息，从而使营销活动变得高效。并且，这种传播在用户之间自发进行，因此几乎不需要任何费用。

互联网病毒式营销借助视频、Flash 动画、电子游戏、图像、数码产品等表现形式，通过电子邮件、网页、社交网络等渠道快速传播，吸引潜在消费者。社交网络的互动性催生了许多病毒式营销的成功案例。

（三）微信营销

微信营销是伴随微信这一手机应用程序而生的全新营销模式。商家也可以应用微信，成为消费者所关注的"朋友"，由此向受众推送产品信息。

微信是腾讯旗下的一款语音产品，支持发送语音短信、视频、图片和文字，也可实现群聊。微信营销是借助社交网络平台而开展的，其特点在于"点对点"，企业与用户之间的对话是非公开的、私密的，这个特点正适合做真正满足客户需求和个性化的内容推送。当然企业也可以利用公共主页的功能，将信息同步发送给自己的众多"粉丝"，但与"大众传播"不同的是，这样的信息到达率是很高的。因为用户选择关注企业的公共账号就是一种主动行为，是企业值得抓住分析的用户心理倾向。如此，微信"粉丝"的质量是很高的，企业只要控制好发送频次与发送的内容质量，一般来说用户不会反感，并有可能转化成忠诚的客户。

第三节　长 尾 理 论

互联网环境中，整个市场都在发生变化。能抓住消费者眼球的不一定是广告主力推的流行产品，受众的兴趣爱好无限多元化，市场被无限细分，以往"默默无闻"的小众产品也可能因为受到无数个性化需求的消费者的青睐而聚集成规模效益，长尾理论开始盛行。

一、互联网带来长尾效益与长尾

（一）从二八理论到长尾理论

所谓"二八"，即整体的20%和80%。二八定律认为，在任何一组东西中，最重要的只占其中一小部分，约20%，其余80%的尽管是多数，却是次要的，因此又称二八法则。这一定律由意大利经济学家帕累托（Pareto）提出，他在研究英国的社会分配时发现，20%的人控制着80%的财富，并根据这一结果建立了模型。之后，许多人在社会各领域都发现了这一"二八"现象。

二八定律也成为传统营销市场的主流理论，它提醒着营销人员密切关注那关键的20%并对之进行重用。在营销领域中，80%的销售额由20%的商品产生，于是，这20%的商品成为重点商品，成为营销的重点。剩余的80%的商品则成为"冷门"，得到相对很少的关注。这符合传统的成本和效率的要求，受到商品货架空间和地理位置的局限，企业要在有限的空间和地理范围内赢得最多的销售额，于是只能将精力放在受到多数人欢迎的"热门"商品上，其余可能为各部分少数人所喜爱的产品被"抛弃"，即使亏损，也会由20%的重点商品弥补回来。总之，二八理论聚焦核心产品和核心消费者。

但在网络时代，二八法则已经不再占据营销领域的统治地位，互联网带来了长尾。2004年，克里斯·安德森首次提出了长尾理论，他以在线音乐曲目销售为例，提出非热门曲目各自的小需求可以迅速聚合成为大需求，由此带来可观的收益[①]。

在二八法则中不被重视的80%就是长尾，它是正态分布曲线右侧需求量逐渐减小的一部分曲线的形象表示。相对于头部，"长尾巴"的规模同样可观，将足够多的非主流、非热门产品聚集到一起，可以形成一个堪比热门市场的大市场。

这个大市场离不开互联网。网络使得货架空间无限大、渠道无限宽广，人们接触商品的成本大大降低，因此以前需求极低的产品同样有人会买，这些小的需求量的总和与主流产品的市场份额不相上下甚至更大。这样的例子在网络世界已数不胜数：Google的大多数收益并非来自大广告商，而是来自小广告商；亚马逊网上书店提供成千上万本图书供消费者选择，除畅销书外的"冷门"书籍几乎都有人买，这些销量加起来已经相当可观。"如果更多的消费并不会带来更多的成本，你就很有可能更多地消费。"[②]

[①] ［美］克里斯·安德森：《长尾理论2.0》，乔江涛、石晓燕译，中信出版社2009年版，第9页。
[②] ［美］克里斯·安德森：《长尾理论2.0》，乔江涛、石晓燕译，中信出版社2009年版，第138页。

与二八法则不同，长尾理论的着眼点在于小需求累积而成的价值贡献，营销者在互联网时代要将目光转向有着各种各样的需求的各种各样的受众，由大众营销转向被无限细分了的市场，抓准不同消费者的需求，转向精准营销。

（二）一个无限选择的市场

长尾在互联网时代之前就已经存在，但是网络赋予了长尾产生大规模效益的力量。互联网带来一个无限选择的市场，带来多样化的产品也满足多样化的需求。

随着社会的发展，人们生活日益富足，产品的生产也日益多样化，超市里仅洗发水一项就能摆满几排货架，电视台播放的节目让人眼花缭乱，在线商店里的商品更是无奇不有——各个领域，都带给受众无限丰富的选择。如果说在实体商店中，顾客购买产品还受到店铺位置、货品摆放的影响，那么在网络商店里，这一切限制都被打破，任何人几乎可以购买到任何自己需要的东西。

对于营销来说，过去，货架库存空间有限，货架上的每一个位置都非常宝贵，让只能零星销售的商品上架是对货架的浪费，人们考虑的是如何利用有限的空间获得最大的销量。① 但互联网"解决"了这个问题。网上商品有无限的"货架空间"，消费者在任何地点都可以实现购买而不必再受到地理位置的限制。因此，营销突破了对于20%重视的局限，更加重视不同消费者的不同需求，分散的、小规模的需求也能够带来大规模的收益——这是一个无限选择的市场。

二、长尾时代的营销

互联网催生了长尾时代。在这个时代，值得被重视的需求不仅仅是过去能带来大规模收益的少数产品，需求曲线尾部的许多少数产品已经和主流的流行产品一样具有吸引力。长尾之所以能够在网络中普遍存在，有三方面的因素不可或缺，即要有人生产，有人购买，有人提供方便购买的信息。

这就是安德森所提出的长尾的三种力量。长尾的产生需要大量的产品，在今天，生产者已经由少数的企业、机构转向了无数的消费者个人。通过电脑、平板电脑、手机等各种终端，每个人都可以是内容的生产者；通过互联网在线商店，每个人都可以是自己感兴趣的产品的提供者。由此，受众的选择空间高速膨胀，成倍地扩展了可选产品的队伍。

有了丰富的产品，还需要愿意接受这些产品的消费者，否则长尾无法存在。受

---

① ［美］克里斯·安德森：《长尾理论2.0》，乔江涛、石晓燕译，中信出版社2009年版，第157页。

众的需求愈发多样化,在浩如烟海的市场中总是能够获得和自己兴趣相投的产品。例如今天,网友用"万能的淘宝"来形容在线商店对自己需求的满足程度。几乎任何商品都能够在网店里找到,无论是日用品还是书籍,无论是大型家电还是各种工具配件,几乎是能想到就能得到。

　　网络降低了消费者对于所需产品的接触成本,让购买行为变得快捷。但是选择太多也可能带来问题,即如何在这个大市场中找到自己所需要的东西?安德森提出了长尾的第三种力量也就是连接供给与需求的搜索工具。这一工具可以是搜索引擎,可以是如今越来越智能的网站"推荐"功能,也可以是消费者之间的口口相传或者借助博客、微博发表的看法意见。受众需求各不相同,但总能通过搜索工具找到自己所需要的产品,剔除掉不需要的"噪音"。

　　这三种因素成为推动需求从曲线头部走向长尾的强大力量。新的网络技术将人们联结在了一起,使生产者的队伍、消费者的队伍都急剧壮大,同时,网络又提供了受众进行交流的数种平台,让以往受到时空限制的沟通变得毫无障碍。由此,长尾时代既创造了一个无限选择的市场,也为营销提供了更多的角度和方式。

三、长尾理论应用案例

　　长尾理论已经成为一种商业运作模式的基础,以 APP Store 和淘宝网为例,可以看到,这种理论为营销带来了一些机遇。

　　APP Store 是一个由苹果公司为手机 iPhone 和播放器 iPod Touch、平板电脑 iPad 以及电脑 Mac 创建的服务平台,用户可以在 APP Store 浏览和下载一些为 iPhone 或 Mac 开发的应用程序。用户可以购买或免费试用,程序包括游戏类、社交类、工具类、摄影类等。根据数据公司 APP Annie 发布的报告,从 2010 年 7 月到 2017 年 12 月,iOS APP Store 应用下载量超过 1 700 亿,用户总支出超过 1 300 亿美元。另据应用数据分析机构 APP Annie 发布的《iOS APP 商店 10 年数据纵览》显示,从 2007 年 7 月到 2017 年 12 月,APP Store 的全球总下载量已超 1 700 亿次,用户支出超过 1 300 亿美元。APP Store 已累计发布超过 450 万款 APP,2017 年的 APP Store 用户支出为 425 亿美元,预计到 2022 年将达 757 亿美元。[①] 有人称 APP Store 是长尾理论在移动互联网上的完美实现。APP Store 拥有无数散落在长尾中的软件开发者,合作的多样性使得 APP 可以尽可能多地增加原创性内容,这不仅吸引了狂热的应用开发者,也不断地吸引兴趣爱好多样化的受众。另外,应用程序

---

① 《苹果 APP Store10 年:下载量与用户收入均超千亿》,界面新闻 2018 年 6 月 3 日。

也被无限细分,与早期的软件不同,APP 的每个应用程序致力于实现一个核心功能,不求面面俱到,但求有特色,能满足消费者的某项需要。通过 APP Store,苹果公司得以成功地将更多的手机用户聚集到 APP Store 之下,掌握了巨大的客户资源,这是以内容为核心的长期战略所需的用户基础。

另一个案例来自国内,淘宝网由阿里巴巴集团建立于 2003 年 5 月,目前被称为亚洲第一大网络零售商圈,中国深受欢迎的网购零售平台,每天的在线商品数已经超过了 8 亿件,平均每分钟售出 4.8 万件商品,现有注册用户近 5 亿,每天有超过 6 000 万固定访客。这样一个巨大的网上商场,号称"没有淘不到的宝贝,没有卖不出去的宝贝"。淘宝网聚集了长尾商品,从淘宝的细分目录中就可以看到,这里几乎囊括了商品的所有种类,当受众要购买的商品在实体商店中比较难买到的情况下,淘宝网往往能够提供这一"冷门"商品。

对于商品提供者来说,在淘宝网上开店铺非常简单,能够省去实体店的许多费用,大大降低了成本。同时,网络空间没有货架限制,无须担心将小众产品摆上店铺是一种浪费——在消费者长尾中,总有特殊偏好的人。并且,现代物流的发达又解决了消费者获得产品在地理位置上的限制。由此,市场种类繁多的商品,为消费者提供了无尽的选择空间。这已经改变了受众的购买流程:现在,许多人要购买一件商品,首先到淘宝网了解其大致行情,如商品价格和使用反馈等,最后选择最优的性价比。同时,如果淘宝网上只有毫无规律摆放的成千上万商品,也不能为消费者带来真正的便利——因为混乱中消费者无法找到自己所需要的产品。所以,淘宝网的成功,还因为它为消费者提供了选择上的帮助,关键字搜索功能帮助受众迅速寻找到自己所需要的产品,推荐功能为消费者提供了可能感兴趣的产品,信用评价体系则帮助消费者在虚拟世界中判定商家的信用水平,显示已购买者对商品评价的页面又能提供给受众有关产品质量和商家售后的信息,并且这些评价由于是其他消费者提供的,相对于卖家单方的信息显得更为亲切可信。

第四节 "大数据"蕴含了无限商机

随着技术的发展,大数据浪潮汹涌而来,成为崭新而又充满力量的时代主题词。它被用来描述和定义信息爆炸时代产生的海量数据,并命名与之相关的技术发展与创新。[①]

[①] 黄荷:《大数据时代降临》,《半月谈》2012 年 7 月。

对营销来说，大数据会起到至关重要的作用。海量数据中蕴含了无限商机，对数据的有效利用能使营销明确且精准地把握客户需求，从而更有针对性地开展营销活动。

一、大数据的"海量"

数据每时每刻都在产生。公民个人的生活信息如消费记录、医疗记录等，政府管理的公民个人身份信息、交通情况、经济发展状况等，各行各业的生产信息、营业额统计等，以及浩渺无边的环境数据，等等。由于互联网的发展，这些数据呈爆炸性增长的趋势。据 IBM 公司的估算：

过去 3 年产生的数据量比以往 4 万年的数据量还要多；

2010 年，全球数据量已达 1.2ZB（1.2 万亿 GB，1ZB 相当于 1 万亿 GB）；

2011 年，中国互联网行业持有数据总量达到 1.9EB；

2011 年，全球被创建和复制数据总量为 1.8ZB；

2013 年，生成这样规模的信息量只需 10 分钟；

2015 年，全球被创建和复制数据总量将增长到 8.2EB 以上；

2020 年，全球电子设备存储的数据将暴增 30 倍；

……

如此庞大的数据蕴含着巨大的商业价值，因为，大数据之大，并不仅仅在于"容量之大"，更多的意义在于："通过这些数据的交换、整合和分析，人类可以发现新的知识，创造新的价值。"[①]大数据时代，决策将越来越少地依赖于直觉和经验，演变为"循数管理"的过程。

维克托·迈尔-舍恩伯格、肯尼思·库克耶在《大数据时代》一书中以谷歌对甲型 H1N1 流感爆发的预测为例讲述了大数据的力量。在甲型 H1N1 流感爆发几周前，谷歌公司依托自己庞大的搜索数据库资源，分析比较用户的搜索记录，特定的检索词条是用户为了在网上得到关于流感的信息，这些搜索词条可以用来判断人们是否患上了流感。通过建立 4.5 亿个不同的数学模型来分析"特定检索词条的使用频率与流感在时间和空间上的传播之间的联系"[②]，最终，谷歌的预测和官方发布的数据可达到 97% 的相关性。并且，谷歌的判断更及时有效，能为公共卫生机构提供非常有价值的数据信息。而谷歌公司对于 H1N1 流感的预测，依靠的

[①] 涂子沛：《大数据》，广西师范大学出版社 2012 年版，第 57 页。

[②] ［英］维克托·迈尔-舍恩伯格、肯尼思·库克耶：《大数据时代》，盛杨燕、周涛译，浙江人民出版社 2013 年版，第 3 页。

不是医学手段上的口腔试纸或医生的病历记录,而是大数据。通过对海量数据进行分析,获得蕴含巨大价值的信息,最终改变我们的生活。

由此可见,数据无处不在,而且呈爆炸性增长的趋势。但纷繁的大数据并不是无意义的混杂堆积,它承载着信息。通过对数据的整合分析,可以预测事物的发展趋势。对营销来说,大数据也为精准地分析用户需求提供了可能。

二、大数据营销的"精确"

大数据时代,营销也将变得更加科学和有效。以往企业对消费者的了解非常有限,营销决策也多依靠经验来完成。但开展任何营销活动的前提都是企业要了解自己的客户。对客户需求把握的准确与否直接影响营销的成本与成败。美国营销大师菲利普·科特勒曾说:营销管理是艺术与科学的结合,是选择目标市场,并通过创造、交付和传播优质的顾客价值来获得顾客、挽留顾客和提升顾客的科学与艺术。而科学的营销,有赖于对数据的搜集与分析,在此基础上明确客户需求,精准选择渠道。对数据的使用贯穿营销过程的始终,并从根本上影响着营销的效果。

大数据时代,消费者的整个购买过程都是有意义的,过程反映着消费者的需求和想法,这些基本的信息构成了消费者的需求数据库。基于对客户这样的了解才有更准确的把握,由此才能够进行更准确的个性化营销。因此在整个营销流程中出现各种数据调查服务,如索福瑞的电视收视率和广播收听率、CTR 的广告投放监测数据、消费者行为调研、AC 尼尔森零售研究、新生代消费行为研究[1],等等。数据和营销的关系已经密不可分,加上合适的数据收集、处理的方法和手段,营销将变得更加科学和有效。例如,传统的营销邮件被消费者视为烦恼并拖入垃圾邮件箱中,使营销意图基本失败。而大数据时代,企业可以利用数据对消费者个人行为进行精准分析,最终提供契合消费者需要的产品信息,从而使客户获得全新体验。

因此,大数据将成为营销的战略选择,而非锦上添花的工具。耐克公司推出了一种名为 NIKE+的新产品,并借此转向大数据营销。所谓 NIKE+,是一种"耐克跑鞋或腕带+传感器"的产品,它通过"无线 NIKE+iPod"运动组件与互联网实现信息互通。只要运动者穿着 NIKE+的跑鞋进行运动,iPod 就可以存储并显示运动日期、时间、距离、热量消耗值和总运动次数,运动时间总距离和总卡路里等数据,运动者可以将数据上传至互联网,与其他用户进行交流、比赛。由此,凭借运动者上传的数据,耐克公司已经成功建立了全球最大的运动网上社区,拥有超过 500 万活跃的

---

[1] 黄升民,刘珊:《"大数据"背景下营销体系的解构与重构》,《现代传播》2012 年第 11 期。

用户。这些用户每天不停地上传数据,这些海量的数据对于耐克公司了解用户需求、习惯进行产品改进、精准投放以及精准营销起了不可替代的作用①。

　　这说明,大数据已经影响并改变了营销的各个环节,针对用户的数据收集、挖掘和分析成为营销成败至关重要的因素。了解客户,本身就是营销活动的前提。大数据正在要求这种了解变得更加精准和有效。用户的个人需求、情感、意见等信息可以通过互联网进行表达,企业要在消费者表达的海量信息中进行分析性的检索,才能有针对性地进行个性化营销。

---

① 马可佳:《追捧大数据:分析隐私还是挖掘金矿》,《第一财经日报》2012年9月14日。

第15章 网络媒体的经营

网络媒体与传统媒体的商业模式迥异。分析商业网站的营收来源,除了依赖广告之外,网络游戏、电子商务、增值服务等也占了相当大的比重。长期以来,以免费服务吸引用户,再通过广告、增值服务等方式赢利的模式在网络媒体中被广泛采用,是否该采用"收费模式"提高网络媒体的经营效果也有诸多讨论。此外,应该以"内容为王"还是"渠道为王",也是在网络经营中经常被提到的问题。本章将从这些问题入手,探讨如何经营网络媒体。

第一节 不同网络媒体的经营特色

如果将网络媒体当作一种传播工具和渠道来理解,指的就是作为信息传播与交流平台的整个互联网本身;如果当作一种媒体机构来理解,网络媒体就是指利用互联网传播与交流信息的各类网站(含应用);以媒体产业和经营管理的角度定义,网络媒体是以一定社会目标和经济利益为目的,以互联网为载体,提供信息产品和服务的机构或公司。

网络媒体类型多种多样,广义来讲,不仅包括从事信息生产与发布的营利网站,也包括各企业、非营利机构、国际组织、个人在网络上开办的以信息公布、宣传为目的的非营利网站。由于本章讨论网络媒体的经营,所以只关注以营利为目的的网络媒体。

按资本构成和运营模式,可以大致分为两类网络媒体:传统媒体网站和商业网站。

一、传统媒体投资创办的网络媒体

这类网络媒体由传统媒体作为母体,由传统媒体投资,产品也大多依托母体,主要提供新闻信息。例如,著名的纽约时报网、金融时报网、央视国际、人民网、南方周末网,等等。

由于媒体体制不同,中国传统媒体网站建立的动机和目标与国外同类网站迥异。最早一批建立网站的传统媒体大多是在政策催动和商业网站的逼迫下开始上网历程的,不仅要考虑商业因素,还要受到政策环境影响。由国家重点扶持的网络媒体一开始就肩负着赢利和创造良好的国内外舆论环境的双重重任。从政治属性上说,这些网站是党和国家重要的舆论工具,不同于一般以经济利益为主的商业网站。

中国传统媒体创办的网站可分为几个层级,一是中央级新闻单位网站,如人民网、新华网、央视国际等;二是地方重点新闻网站,如东方网、奥一网等;三是其他各级媒体网站,如南方周末网、财新网、东方早报网等。[1] 2014 年,中央明确提出推动传统媒体与新兴媒体的融合,各级传统媒体积极开展转型探索。从目前来看,无论是坚持"内容为王",或是"渠道为王",还是"内容+渠道"双驱动,传统媒体经营的网络媒体尚未建立成熟稳定的商业模式。

我国当前新闻媒体网站盈利主要依靠以下四种模式:

1. 信息出售盈利模式

即出售新闻及相关资讯资源。根据国家规定,"申请互联网新闻信息采编发布服务许可的,应当是新闻单位(含其控股的单位)或新闻宣传部门主管的单位","非公有资本不得介入互联网新闻信息采编业务"[2],因此新闻网站可以出售新闻类的信息以获得收入。2017 年 6 月 1 日新版的《互联网新闻信息服务管理规定》将各类新媒体纳入管理范畴,开放商业新媒体申请牌照,但仅限于转载服务和传播平台服务,显示出传统新闻媒体在新闻生产方面的巨大优势。除了向商业网站出售新闻信息获取利润之外,新闻网站可以通过出售增值的信息获得收入。例如,澎湃新闻开设了"自贸区邮报"栏目,除了提供信息外,它还融合智库、金融、中介服务业态,为中国自由贸易区以及关注自贸区的企业和个人提供服务。目前,"自贸区邮报"已举办多期沙龙活动,采用专家讲座的方式,向参与者收取活动经费。

---

[1] 高钢、彭兰:《三极力量作用下的网络新闻传播——中国网络媒体结构特征研究》,《国际新闻界》2007 年第 6 期。

[2] 《互联网新闻信息服务管理规定》,2017 年 6 月 1 日。

2. 网络广告盈利模式

网络广告是有传统媒体背景的新闻网站上网之初就考虑的营利模式,即通过提高网站的浏览量来吸引网络广告的投放。相比于商业网站而言,新闻网站的广告收入不是很理想。

3. 电子商务盈利模式

电子商务模式也是新闻媒体增收的一个手段。所谓电子商务模式,就是以网站为依托,利用媒体品牌建立网络商城,开展销售业务。例如,2015 年,浙江安吉新闻集团上线了"安吉购"家居(椅业)电子商务分销平台,整合安吉家具(转椅)产业资源,向家具经销商(线上线下)、家具供应商提供垂直的"产、供、销"服务,媒体从交易中收取一定费用。

4. 增值服务模式

在新闻网站发展早期,传统媒体的增值服务主要以多平台推送新闻资讯的无线增值服务为主。在新一轮的媒体融合转型中,新闻媒体向商业网站学习,加强"渠道""平台"建设,通过延伸性服务和增值服务实现一定的流量变现。如杭州日报报业集团的《都市快报》创办"19 楼"网站,以"分享生活、温暖你我"为宗旨,从当地社区网站一跃成为全国最大的城市社区网站。2012 年该网站全国注册用户1 900 万。19 楼网站以用户为本的经营方式大获成功,2012 年实现营业收入约为1.4 亿元。[①]

母体媒体对网络媒体来说,即是优势又是限制。尤其是国家和地方扶持的新闻网站,沿袭传统媒体"事业单位企业化管理"方式,体制不够灵活,管理者的观念和手段经常难以跳出传统媒体的窠臼,在激烈的网络媒体市场竞争环境中,往往反应滞后。从多数新闻媒体网站来看,提供的内容大多是简单地把现有的母版内容变成网络版,创新很少。同时,在人才、技术、资金等诸多方面,传统媒体新闻网站都面临相当大的困境。

二、商业网站

商业资本进入网络媒体,打破了中国新闻媒体构成的传统格局,一方面是因为互联网发展初期政府对网络的媒体属性和技术进步尚无预见性,为商业网站违规登载新闻信息留下了空间,另一方面商业资本对网民需求十分敏感,新闻信息市场

---

① 钱晓文:《传媒融合转型作为商业模式创新的特点、利弊及启示》,《上海师范大学学报》(哲学社会科学版)2018 年第 6 期。

广阔,商业利益巨大,吸引商业网站进入新闻传播领域。由于商业网站大多是从网络技术领域起家的,对互联网传播特性的利用往往有独到之处,再加上商业网站受到的制约没有传统媒体严格,有更多自由空间,商业网站的发展在中国的网络媒体中扮演了相当重要的角色。

在国外,传统媒体与其他网络媒体之间是水火不容的竞争关系。传统媒体除了向自家创办的网络媒体开放资源外,不会轻易为其他网络媒体供稿,商业网站基本是靠自己的新闻生产力量获得新闻信息。而在中国,传统媒体与商业网站之间形成了联合:传统媒体借商业网站扩大影响力,而商业网站则整合传统媒体提供的内容再供应给用户。尽管商业网站机制灵活,资金渠道广,在技术和对互联网的理解上都占有竞争优势,但软肋是缺乏权威的原创新闻信息,时常因为虚假新闻和过于耸动的标题被人诟病。这一方面是由于网络媒体同质化竞争严重,为争夺注意力资源而形成的恶性竞争;另一方面是因为我国商业网络媒体在时事新闻领域没有独立的新闻采编权,不得不依赖传统媒体供稿,只能在新闻上做"表面文章"。几大商业网络媒体首先看到这一问题,一方面招兵买马,吸收传统媒体精英,另一方面通过评论、专题制作、与传统媒体合作等方式向深度和专业方向进军。

按照提供的产品与服务的不同,主要有综合性门户网站、垂直门户网站、电子商务网站、社会化媒体网站、网络视频网站等,它们各自依靠自身优势,打造自身的特色和核心竞争力。

(一) 综合性门户网站

综合性门户网站是在互联网上整合并提供综合性信息服务的网站,业务涉及面广,被称作"互联网信息超市"。顾名思义,综合性门户网站就像通往各类信息的"门户",用户一打开网页,就可以通过门户网站进入到自己想要获取的信息和服务中。综合性门户网站主要以提供搜索引擎业务起家,如雅虎、搜狐等。在中国的传媒环境下,网民对新闻信息有巨大的需求,为了吸引更多网民的关注,综合性门户网站后来也开始提供新闻信息服务。新浪网在成立之初就以提供综合性网络信息模式吸引了大量用户,形成了自己的优势业务,为后来各项业务的开展积累了用户基础。2000年左右,当时的三大门户(网易、新浪、搜狐)借助传统媒体提供的新闻资源凝聚了一大批用户,又借助无限增值业务实现互联网泡沫后的首次赢利。腾讯虽然是综合性门户网站的后来者,但凭借即时通信软件 QQ 积累的大量用户,逐渐发展成为市值最高的门户网站。今天的综合性门户网站,在新闻上仍然延续建立之初的免费模式,并依然依靠传统新闻单位提供新闻资源。同时,随着网民对互联网服务需求的增加,综合性门户网站逐渐拓展了各种新的业务类型,提供新闻、电子邮箱、网络游戏、电子商务、虚拟社区等综合服务。

（二）垂直门户网站

垂直门户网站又称专业网站。相比综合性门户网站，垂直门户网站不侧重提供全面综合的信息，而是挖掘某一领域的深度内容和服务，提供细分化、专业化的信息产品，主打产品仍是新闻。

垂直门户网站提供的服务主要包括金融财经、娱乐休闲、求职招聘、科学技术、旅游出行、交友征婚等。例如，只关注体育的虎扑网，只关注财经信息的和讯网，只关注 IT 的中关村在线网等。垂直门户网站的优势是对所关注领域的深刻了解，往往可以比其他网络媒体更快、更专业、更有深度地提供相关领域的信息。同时，权威、专业的内容吸引的是对该领域有所关注、有一定购买能力的用户，因此更受广告商青睐，扩展电子商务业务也更容易成功。

（三）电子商务网站

电子商务网站是指在互联网上实现整个商务过程电子化的网站，包括在线商店、网上直销、在线服务、通过增值网络进行的电子交易和服务以及通过连接企业或机构的计算机网络发生的交易和服务等。① 电子商务网站主要模式有 B2B（Business to Business）、B2C（Business to Customer）、C2C（Customer to Customer）等模式。

B2B 是企业与企业之间通过电子商务进行交易，阿里巴巴是这类网站的典型，主要靠收取会员费或中介信息费赢利。

B2C 是企业通过网络直接面对消费者的电子商务模式，当当网、卓越网、京东网都是此模式代表。

C2C 模式是消费者与消费者之间的电子商务，闲鱼网、拍拍网是代表，主要靠免费政策吸引人气，以广告赢利。

从 1996 年中国第一笔网络交易出现到现在，中国电子商务网站有了巨大的发展，市场规模日益庞大，2018 年上半年全国网上零售额达到 4.08 万亿元，成为国民经济中不可忽视的增长点。

（四）社会化媒体网站

社会化媒体是满足用户交流沟通需要，由用户自己参与内容生产的一类媒体，

---

① 高丽华：《新媒体经营》，机械工业出版社 2009 年版，第 80 页。

不再是"点对面的传播",而是"对话式"的双向互动传播,因而从产品生产、营销、赢利模式等方面都与以往网络媒体有所不同。社会化网络媒体具体形态主要有论坛、社交网站、博客、微博、知识社区,等等。

社会化媒体网站与门户网站和其他商业网站的不同之处在于,它不仅提供新闻信息,而更多的是用户基于兴趣和关系的讨论与交流,用户创造内容是其最大特点。BBS、聊天室、新闻组等是最早出现的社会化网络媒体形式。2005 年底,国内一批大型社区网站相继获得国内外风险投资机构千万美元以上的投资,猫扑、天涯等国内一线社区网站都获得融资。Web 2.0 概念兴起以后,博客、微博、社交网站异军突起,成为市场关注的热点。

社会化媒体网站经营,主要有两种模式,一是以广告、电子商务为主的虚拟社区模式,二是以广告、增值服务、休闲游戏为主的社交网络模式。除此之外,社会化媒体网站的营销价值也很明显,由于用户之间是由兴趣或共同的社会关系聚集在一起的,口口相传的病毒式营销比一般的互联网广告更有效果。

(五) 网络视频网站

作为 Web 2.0 中引人注目的应用之一,商业性的视频网站影响力日益扩大。2006 年,网络视频崭露头角,经过两年的发展,在 2008 年迎来了整个网络视频行业的大爆发,2008 年 6 月 CNNIC 报告显示,我国使用网络视频的网民达到 1.6 亿人,相当于每 1.3 个网民中就有一个网络视频用户。而到 2010 年 12 月,中国网络视频受众达 2.84 亿人,其中超过 4 000 万人为网络视频独占群体[1]。截至 2018 年 6 月,中国网络视频用户规模已达 6.09 亿,占网民总体的 76%。手机网络视频用户规模达 5.78 亿,占手机网民的 73.4%。[2] 经过激烈的竞争,网络视频市场逐渐形成爱奇艺、腾讯、优酷三足鼎立的局面,行业内容生态体系逐步建立。

网络视频网站的赢利,主要靠广告、优质内容收费、增值服务等。视频网站尽管发展势头正盛,用户人气很旺,却一直处于"烧钱"状态,多数面临亏损。原因主要有两个方面:一是宽带费用和版权成本消耗巨大,成本过高,其中逐年递增的版权成本约占总成本 20%;二是盈利模式过于单一,过度依赖在线广告,尽管近年来用户付费、网络自制剧使得视频网站收入多元化,但广告仍是视频网站主要的盈利方式之一。

---

[1] 张恒军:《论中国网络媒体发展的阶段性特征》,《新闻界》2010 年第 3 期。
[2] 中国互联网络信息中心:《第 42 次中国互联网络发展状况统计报告》,2018 年 7 月。

三、网络媒体提供的产品

总体来说,网络媒体的产品就是经过数字化加工的信息,主要提供内容产品、服务产品、社区产品等。网络媒体实现赢利,要通过网络,为用户创造价值才能得以实现。网络媒体的产品通过对信息资源的收集、整合、处理、储存等过程,或者降低用户的成本,或者提高用户的收益,提升了信息的价值。

内容产品:内容产品是由网络媒体呈现给用户的各类文字、图片、声音、视频等,主要满足用户对信息的需求。视频网站、新闻网站都是主要提供内容产品的网络媒体。一个好的内容产品不仅应提供信息本身,更应该提供对海量信息的整合,降低用户搜寻专业信息的成本。网络新闻是用户需求量最大的内容产品,但依靠内容的赢利模式尚在探索中。

服务产品:服务产品是为用户提供某种工具和平台,满足用户的特殊需要,主要包括搜索引擎、网络游戏、网络购物、网络课堂、即时通信、无线增值服务、电子邮箱,等等。这些服务涉及用户所需的各种互联网应用和服务,以满足网民的需求为导向,往往是网络媒体拓展赢利能力的重要关注点。

社区产品:与内容产品不同,社区产品主要依靠用户创造内容,是具有相似兴趣或相同社会关系的用户组成的虚拟社区。主要包括社交网络(SNS)、网络论坛、聊天室等。Web 2.0 应用的蓬勃发展使得社区产品成为网络媒体的新宠。

第二节 从免费午餐到收费大餐:网络媒体的赢利模式

一、赢利模式趋势:从免费到收费

互联网中,"免费经济"到处存在,免费阅览新闻、免费电子邮箱、免费网络游戏等在网络媒体上已经是相当成熟的商业模式。实际上,"免费"并非全然没有收入。从成本上说,在达到一定规模后,信息产品每增加一名用户成本几乎不增加,边际成本是递减的;另一方面,网络媒体用于促销或者实用的产品大多是"虚拟产品",几乎不需要付出成本。比如,在网络游戏中,运营商常常会赠送给用户一些免费的虚拟道具,以激励玩家继续留在游戏中。对运营商来说,增加虚拟道具的数量几乎是不需要成本的。从赢利的角度说,免费也是一种获利的商业模式。通过产品免费,网络媒体吸引了大批量的用户,再吸引其中的一部分为了换取更好的产品和服务而付费。另外,免费模式吸引的大量用户可以通过"二次售卖"从广告商和第三方那里获得收入。实际上,免费商业模式是将一部分用户使用产品和服务的费用转嫁到另一小部分用户或者第三方身上。

免费经济模式已经成为互联网不言而明的规则,但是,一切都免费是不正常的经营模式。免费往往造成网络媒体难以为继,而习惯了免费产品的消费者难以接受收费的产品。免费是一种定价策略,但不一定是最好的定价策略。由于免费模式过于依赖用户数量,而用户数量并不一定可以直接转化成现金,采用免费模式的网络媒体抗泡沫化的能力差。在实体经济中,一般采用成本定价法,每卖出一份产品就可以获得相对应的利润。而在网络经济中,大量利润的来源是广告主和有购买增值服务意愿的小部分用户。如果用户基础不够大,或者用户购买意愿不强烈,网络媒体就无法获得利润。2000年互联网泡沫,一个原因就是各大网络媒体赢利模式单一,过分依赖网络广告,导致持续盈利能力不足,发展不稳定。同时,经济危机的影响也使得免费经济模式遭人质疑。一个互联网创业公司发展模式一般是:好的创意—吸引风投融资—免费提供产品服务以占领市场—继续融资扩大规模—被大公司并购。金融危机后,融资逐渐困难,单有好创意没有盈利模式不足以支撑网络媒体撑过创业时期,用户对网络产品的需求也在降低,无法扩大市场规模。为此网络媒体开始寻求创建初期即可以卖产品获取现金的模式。越来越多的网络媒体正在改变免费模式,在原有服务免费的基础上开展新的收费业务,以介入互联网利益分配链条。

在网民习惯了免费服务的情况下,网络媒体建立新的收费商业模式较为困难。选择收费模式的前提是提供的服务和产品应具有不可替代性,不易被竞争者模仿,同时还有赖于网上支付机制的完善。在基础服务继续免费的同时,网络媒体还应该发掘消费者需求,创造消费者愿意付钱的产品,体现为用户创造价值的理念。

二、网络媒体的多种盈利模式

盈利模式也称商业模式,解决的是网络媒体靠什么获利以及如何获利的问题。对于网络媒体来说,选择适当的盈利模式尤其重要,不仅要针对已经成熟的盈利模式加大投入,还应考虑到网络自身的特点,选择恰当的新盈利模式。在网络媒体这个每天都在爆发新商业奇迹的行业,没有一成不变的通用盈利模式,只有最适合自身定位和用户需求的盈利模式。在谷歌之前,从没有人想过搜索引擎的网络广告可以成为一桩赚钱的买卖,但如今谷歌的"Adwards"广告模式已经成为网络媒体最为重要的盈利模式之一。一种已在其他公司成功的盈利模式,即使短期可以带来巨大的利润,但并不代表能被市场和投资者完全接受。中国网络媒体在经历过新世纪初的网络泡沫后意识到,不能仅仅扩大市场空间,还应该选择可以直接转换成利润的盈利模式,把用户转化成稳定的产品收入。

(一) 内容售卖

信息经营是媒介经营最传统的方式,15世纪的手抄报卖的就是载于媒体之中的信息。网络媒体也将内容售卖作为盈利重要方式,但与传统媒体时代不同,网络媒体在一开始就采用"免费信息"的模式,以吸引用户,换取广告收入。在网络媒体发展早期,信息同质化严重,行业竞争激烈,内容收费会导致用户寻求其他替代者,网站访问量大幅度下降。"免费信息"观念已经深入人心,培养用户的付费意识任重道远。尽管对内容收费的尝试仍面临较多不确定性,但网络媒体不应放弃这一盈利模式。近年来,用户的网络版权意识逐步增强,为优质内容付费正被越来越多的人所接受,内容将会成为竞争中取胜的关键。

综合目前中外网络媒体信息内容营收模式看,大体有以下三种:

用户付费浏览网站及内容。如优酷网对一些版权视频收费,用户支付一定费用才可观看。网络视频网站在经历了免费内容广告获利的模式之后,逐渐意识到版权内容的价值,付费点播模式重新受到重视,一些视频网站还在探索自制或合制节目,拓展赢利渠道。

对差异化内容和数据库收费。这在财经网站中比较常见。财经类网络媒体在内容售卖上具有先天的优势,专业的财经信息和分析具有相当大的不可替代性,且用户具有较强的支付能力,收费较易实行。2017年11月,财新传媒正式启动财经新闻全面收费。基于不同的用户需求,财新推出"四通"优惠订阅专享计划。"四通"产品即周刊通、财新通、数据通和英文通。"周刊通"用户可在多平台无障碍阅读《财新周刊》全部内容;"财新通"为财新网每日新闻以及"周刊通"全部权益;"数据通"再覆盖"周刊通"和"财新通"全部权益;"英文通"除涵盖财新英文平台 Caixin Global 的全部内容外,还享有"周刊通"和"财新通"的权益。

打包向其他网站、媒体和企业出售信息。有独立生产内容能力的网络媒体可以采取此种方式。如,新华网拥有新华社新闻资源的独家信息网络传播权,可以将新闻资源向各网络媒体出售。

从实践上看,内容收费的成功需要有信息质量高、内容独特性高、付款机制方便完善、消费者付费观念健全、上网费率低、明确的市场区隔、内容不易被仿冒和复制等苛严的因素。在网络媒体中,有专业采编能力的传统媒体网站更容易对内容进行收费,纽约时报网、华尔街日报网是为数不多的靠内容收费获取利润的成功先例。有偿信息选择还不是网络媒体的主要盈利点,但获利比较稳定,值得网络媒体在这方面投入和创新。

(二) 网络广告

网络广告是基于互联网的新兴广告形式。网络广告是指利用国际互联网这种载体,通过图文或多媒体方式,发布的盈利性商业广告,是在网络上发布的有偿信息,类型包括电子邮件广告、横幅广告、互动广告、搜索引擎竞价排名,等等。在我国网络媒体产业的盈利模式中,广告产业的盈利方式与传统媒体类似,主要价值链包括广告主、广告商、网络运营商、平台提供商、用户等①。基于"二次售卖"的广告自传统媒体时代就是媒体行业最重要的盈利方式,网络媒体在发展的初期就完全接纳了这种成熟的商业模式。

与传统广告相比,网络广告有以下五个特点:第一,针对性强,根据对用户信息的收集,可以针对明确的目标用户投放广告;第二,效果统计精确,网络媒体可统计出网络广告的浏览量、浏览时间、浏览地点等数据,可以精确地测量广告效果;第三,传播范围广,突破了传统广告的地域界限,可以面向世界各个角落发布广告;第四,互动性强,大量交互性广告提高了潜在消费者的参与度;第五,表现形式丰富,可以实现图片、文字、音视频等多媒体融合的广告形态。

从世界来看,网络媒体在全球范围内正处于蓬勃的发展阶段。以美国、中国等为代表的国家,新媒体不断涌现,网络广告产业不断进化,相对于传统媒体更加有活力,增长速度相对更快。2017 年,中国网络广告的市场规模已达 3 828.7 亿元,在中国广告市场中占比超过 50%。②

(三) 网络增值业务

增值业务是指针对用户的特殊要求,提供个性化或超过一般的服务,收取一定费用。例如,一些网站一般提供免费电子邮箱服务,用户如果需要更大的邮箱空间、更稳定的收发速度则可以购买收费电子邮箱服务。一些网络视频网站为收费会员提供去除贴片广告的增值业务,扩大了盈利渠道。腾讯的即时通信服务附加了大量增值服务,比如,用户可以免费使用 QQ 的基础服务,同时提供收费会员服务,可以在积分、建立 QQ 群等方面享受更好的服务。用户为了个性化,使自己的虚拟形象更加醒目,还可以购买"QQ 秀"等虚拟物品装扮自己的虚拟人物。

---

① 宫承波、翁立伟:《网络媒体产业的中国模式审视》,《中国广播电视学刊》2011 年第 4 期。
② 中国互联网协会:《中国互联网发展报告 2018》,2018 年 7 月。

(四）移动增值业务

移动增值业务是在移动通信网络上提供数据服务的相关业务,具体包括短信、彩信、铃声、手机图片、手机游戏、手机新闻等。

在2000年左右,各大商业网站开始发展短信等移动增值业务,而到了2002、2003年,这项业务已经成为几大门户网站实现扭亏为盈的重要武器。移动增值业务之所以在当时成为一种成功的盈利模式,是因为迎合了中国民众喜欢用短信发布节日祝福的习惯,并从一开始就确立收费的模式,培养了用户的收费习惯。每当有重要节日和突发事件,短信服务的销售收入往往占到门户网站全部销售收入的一半以上。[1]

（五）网络游戏

网络游戏是一种基于互联网的互动娱乐方式,根据运营方式的不同,网络游戏主要有多人在线游戏、游戏平台、网页游戏等。

网络游戏拥有巨大的市场规模。根据中国互联网协会的《中国互联网发展报告2018》显示,2017年中国网络游戏用户规模达4.42亿;中国网络游戏市场规模达2 354.9亿元,同比增长31.6%,预计到2021年网络游戏市场规模将超4 000亿元。[2] 网络游戏近年发展迅速,有巨大的商业效益。

实际上,网络媒体在网络游戏价值链中一般扮演的是代理商和运营商的角色。随着国内网络游戏产业的发展,也有网络媒体向产业链上游转移,自主开发运营网络游戏,利用积攒的用户资源实现企业的多元化盈利。网络游戏盈利模式主要靠销售各种游戏充值卡、出售虚拟物品、开发周边产品、收取会员费等几种方式获取利润。经过高速发展,中国网络游戏行业目前已经形成了包括研发发行、游戏分发、营销广告等完善的产业链条。

网络游戏曾一度是中国网络媒体盈利重点,网易、腾讯、盛大等一批互联网公司涉足游戏行业。据艾瑞咨询统计,2016年腾讯、网易游戏部分营收占国内整体市场规模的55%。中国网络游戏行业的一个重要趋势是"泛娱乐化",游戏成为企业泛娱乐布局的重要一环,与影视、网络文学、直播、金融、体育等领域的联动将更加频繁深入。同时,针对网络游戏的行业监管也将更加严格,要求网络游戏企业切实担负起内容管理的主体责任。

---

[1] 陈彤、曾祥雪:《新浪之道——门户网站新闻频道的运营》,福建人民出版社2005年版,第267页。
[2] 中国互联网协会:《中国互联网发展报告2018》,2018年7月。

(六) 电子商务

电子商务是指在互联网上实现消费者的网上购物、企业之间的商业交易,是网络媒体搭建的重要盈利模式之一。电子商务方便高效,运营成本低,利润空间大,吸引大批网络媒体利用电子商务模式。

除了电子商务网站以外,其他网站也通过开展电子商务实现多元化经营。尤其是垂直门户网站和社会化媒体网站,凭借细分的用户作支撑,更容易实现电子商务盈利。电子商务在前已有叙述,这里不再赘述。

第三节 网络媒体经营模式

一、品牌经营

品牌是能够区别不同产品和服务的名称、标志、符号、设计等,是在竞争基础上的产物。互联网信息海量,媒体之间竞争激烈,品牌的意义尤为关键。大部分用户访问习惯是固定的,品牌是吸引用户访问的重要因素,不仅可以使网络媒体在用户中树立起良好的认知形象,还使网络媒体建立起公信度和美誉度,受到用户认可。品牌与网络媒体的经济效益有着直接的关联,由品牌带来的"注意力"资源有助于掌握广告经营的主动权,提升各种盈利方式带来的利润。

网络媒体品牌经营要注意以下几方面:

首先,在广泛的市场调研分析的基础上确认自身的目标市场,针对适合的目标受众有的放矢地提供产品和服务。网络媒体不可能满足所有用户的所有需求,需要确定明确的用户群,做好定位,才能树立起独特的品牌。其次,明确品牌战略,以定位细化品牌,强调与同类网站的差异化和品牌个性。再次,要重视网站宣传,利用整合营销提高网站知名度。最后,在前三点的基础上保证产品和服务品质,做到"人无我有,人有我优",并利用多种手段巩固与用户的关系,在与用户的交互中传播品牌信息。

二、内容经营

在网络媒体盛行的现在,"内容为王"有人重提,也有人质疑。如今,网络媒体的信息早就过剩,用户不再只对信息的"量"有要求,还更关心信息的"质"。

网络媒体行业是典型的注意力经济,衡量一个网站成功与否,网站访问量、用户黏性是重要标准。访问量测量访问网站的人次,直接影响网络媒体吸引广告商的能力。而用户黏性则与用户停留在网站上的时间有关。网站访问量和用户黏性归根到底要靠网站提供具有核心竞争力的特色内容和服务,没有特色内容的网站在竞争激烈的网络产业中注定要失败。网络媒体奉行的是"赢者通吃"的准则,信息产品的特性决定了用户只认第一,不认第二,只会选择同类网络媒体中最优秀的一家。

(一) 打造特色内容产品

网络媒体对受众的吸引力与影响力主要来源于它的主导产品和特色服务。这就要求网络媒体不断地推出适合受众需求的精品栏目和特色服务,在某些内容、某些服务上做得最好、最深、最专。例如,商业门户网站在新闻信息的获得上不仅仅是单纯地摘抄来自传统媒体的内容,同时还应积极与全国的传统媒体进行深度合作,充分利用传统媒体遍布全国的采编网络和专业记者队伍,并且与知名评论家合作,约请刊登最新的作品,组织名家名人和读者在网络上进行交流,充分发挥网络媒体的优势。各大门户网站在新闻上可以说是在拼"专题",一有突发事件,网站编辑立刻反应,搜集各方信息制作高水准的专题报道。腾讯的"今日话题"、新浪的"专题",都是深受用户喜爱的"拳头栏目"。

(二) 内容产品的精确定位

内容经营的核心在于认清自身优势,精确定位,提供与竞争对手不同的差异化产品和服务。各种网络媒体都拥有自己的核心优势,新闻媒体网站优势在于母体的强大新闻资源支撑,商业门户网站优势在于灵活的机制和对信息的整合能力,专业网站优势在于深度和专精,不同的网络媒体要充分利用自身优势,满足用户的差异化需求。

(三) 充分利用用户生产内容

内容不仅仅是新闻,博客、论坛、微博、微信公众号也在每天不停地生产着内容。利用微博、博客等 Web 2.0 技术,用户可以从事内容创作、整合与发布,这既冲击了专业媒体的内容生产,也同时提高了用户在内容生产中的影响力。对用户生产的内容进行挖掘和组织,可以形成商机,创造利润。一些网络媒体推出微博产品,实际上就是通过微博用户创造的内容聚拢更多的用户,创造营销价值,再通过增值服务和广告等方式赢利。

三、资本运营

资本运营是指企业遵循资本的运动规律,把可支配的各种资源和生产要素进行运筹、谋划和优化配置,以实现最大限度增值目标的一种经营管理方式。① 网站的资本运营是一个纵横交错的运作结构,它包括融资、上市,也包括并购、重组、杠杆投资等横向运营模式。

融资就是筹措资金,而上市是融资的一种手段。网络媒体通过融资可以扩大经营规模,迅速抢占市场。融资是商业网站的"必修课",互联网的商业成功离不开商业资本的参与。在成立初期,商业网站投入高,盈利见效慢,大量商业资本的进入为这些有盈利前景但缺乏资金的商业网站提供了财力保障。中国网络媒体上市,集中在美国纳斯达克(NASDAQ)、纽约证券交易所、香港证券交易所、深圳证券交易所等地。国内网络媒体行业的龙头企业大多通过融资上市获得大笔现金。如国内市值最大的两家网络媒体,百度和腾讯,分别在纳斯达克和香港证券交易所上市。但是,上市"圈钱"并不等于解决一切问题的"万能钥匙",也不是网络媒体的终极目标。如果对未来前景和市场情况没有准确估计,盲目的上市可能导致市场反应冷淡,对企业产生不利影响。

风险投资也称创业投资,是由职业金融家投入到新兴的、迅速发展的、有巨大竞争潜力的企业中的一种股权资本。② 风险投资也是网络媒体融资的一个重要手段。1999 年,新浪获得了多家海外风险投资机构的 2 500 万美元,这在当时是国内互联网行业获得的最大一笔风险投资。2005 年,Web 2.0 概念兴起,风险投资机构又纷纷把视线转向博客等类型的 Web 2.0 网络媒体,如"博客网"获得来自 GGV、软银亚洲、BVP 等多家国际顶级风险投资机构的 1 000 万美元风险投资,"Blog CN"也获得了来自 IDG 和 GGV 相当数量的风险投资。近年来,以互联网、金融、电子商务等行业为代表的新经济引发了创业潮,诞生了一批依托大量风险投资的高估值企业,其中估值超过 10 亿美元的未上市企业被称作"独角兽",如蚂蚁金服、今日头条、滴滴出行等。根据胡润研究院发布的报告,中国 2018 年第三季度每 2.6 天诞生一家新的独角兽,截至第三季度,中国共有 181 家独角兽企业。③ 但大量独角兽的未来还需要时间来验证,独角兽概念的火热让所谓的"独角兽"企业鱼龙混

---

① 谢耘耕:《传媒资本运营》,复旦大学出版社 2006 年版,第 4 页。
② 谢耘耕:《传媒资本运营》,复旦大学出版社 2006 年版,第 45 页。
③ 胡润研究院:《胡润研究院发布〈2018 第三季度胡润大中华区独角兽指数〉》,2018 年 11 月 2 日。

杂,很多独角兽在很长一段时间内仍是没有实现盈利的。一项研究数据显示,独角兽企业的整体投资回报率为 7 倍,但平均需要花费 6 年时间,至少需要 9 500 万美元的融资来帮助自己成长。①

并购是指公司间的兼并和收购,是一种通过转移公司所有权或控制权的方式实现资本扩张和业务发展的手段,是企业资本运营的重要方式。网络媒体采取并购的动因则是基于通过并购可以在企业之间形成资源共享,提高资源利用率,降低成本费用,提升行业战略地位,增强企业的竞争力,使联盟各方均获得收益。2010 年 10 月,Google 公司以价值 16.5 亿美元的股票收购著名视频娱乐网站 YouTube。这一交易意味着 YouTube 成为第一家交易金额超过 10 亿美元的社会化媒体网站。2018 年 4 月 2 日,阿里巴巴签订收购协议,将联合蚂蚁金服以 95 亿美元对饿了么完成全资收购,成为中国互联网历史上最大一笔现金收购。

---

① 王莹:《多家独角兽企业曝成功融资:概念火爆　警惕高估值风险》,《国际金融报》2018 年 6 月 2 日。

第16章 依法治网

第一节 虚拟世界带来治理新矛盾

新媒体为我们带来的一个全新的世界。在促进经济和社会发展的同时,它也有一些随之而生的失序乱象,给我们带来了挑战。据统计,1998年立案侦查的计算机违法犯罪案件仅为百余起,2006年已上升到5100多起,其中90%以上的案件牵涉网络,而且犯罪类型和手段多样化。① 而到了2018年上半年,网络安全事件报告累计54 190件,相比2017年同期的48 283件增长12.2%。② 目前网络犯罪占犯罪总数近1/3,而且每年以近30%的幅度上升,已经成为第一大犯罪类型,并且呈现出犯罪主体日趋年轻化专业化、犯罪形式日趋多变隐蔽、犯罪活动日趋组织化集团化等特征。③

涉网犯罪主要有网络诈骗、网络淫秽色情、网络赌博、黑客攻击破坏、网上销售违禁品、侵犯知识产权等几种以侵财为主要目的的犯罪类型。2017年,全国共破获电信网络诈骗案件13.1万起,查处违法犯罪人员5.3万名,同比分别上升57.8%、53.09%;共立案59.6万起、同比下降5.2%,造成经济损失131.5亿元,同比下降33.5%。总体来说,网络世界治理矛盾包括以下几个主要类型。

---

① 郝文江:《我国互联网安全形势及对策研究》,《江西公安专科学校学报》2007年第7期。
② 中国互联网络信息中心:《第42次中国互联网络发展状况统计报告》,2018年7月。
③ 万静:《网络犯罪每年造成全球经济损失已逾万亿》,《法制日报》2017年12月4日。

一、劣质、有害信息泛滥

（一）虚假信息

所谓虚假信息，就是不真实的信息。网络的出现，为虚假信息提供了丰富的土壤。因为互联网的开放性，虚假信息在生产与传播上达到了"五零条件"：零编辑、零技术、零成本、零形式及某种程度的零体制。

就虚假信息而言，如果说传统媒体是"有和无"的矛盾的话，那么，在新媒体语境下，则是"多与少"的问题了。而互联网巨大的影响力，使得网络虚假信息对社会的危害远大于以往的任何一种媒体。

（二）垃圾信息

垃圾信息的四个要素包括未经用户授权，用户不愿接收，用户无法拒收，内容以广告为主。从接受载体来说，目前，垃圾信息主要包括垃圾电子邮件（以下简称垃圾邮件）和垃圾手机短信（以下简称垃圾短信）两种。对于这种不请自来的垃圾信息，用户的烦恼可想而知。

根据12321网络不良与垃圾信息举报受理中心（下称"中心"）的数据，2016年下半年，中国网民平均每周收到垃圾邮件数量为16.8封。① 2018年7月，"中心"接到举报内容为垃圾类短信的就达1.1万件次，占比62%，而内容涉嫌违法类的共0.7万件次，占比38%。②

（三）淫秽、色情信息

在眼球经济的刺激下，有些网站为追求点击率，将淫秽、色情信息放在网页的显著位置，或通过超链接的形式，链接一些内容低俗的网站，这在互联网上已是屡见不鲜。据中国互联网违法和不良信息举报中心的披露，截至2015年5月，该中心受理的总举报量达43万件，其中淫秽色情占70%。③ 另据《百度色情信息综合治理成果报告》显示，2017年上半年，仅百度公司所清理的9大类主要侵害网络健康的有害信息中，黄赌毒类信息的排名占第一位，累计处理色情信息共计2 233

---

① 12321网络不良与垃圾信息举报受理中心：《2016年下半年垃圾邮件调查报告》，2017年3月31日。
② 12321网络不良与垃圾信息举报受理中心：《12321举报中心工作情况月报》，2018年8月16日。
③ 《网上低俗信息侵害青少年，举报中淫秽信息占七成》，《中国青年报》2015年5月29日。

万条。①

"我国扫'黄'工作,20世纪80年代重点是印刷出版物,90年代重点是VCD等电子出版物,至世纪之交,制止和清除互联网上的淫秽色情内容成为突出课题,后来又发展为整治网上低俗。"② 2004年,最高人民法院、最高人民检察院(下称"两高")发布了《关于办理利用互联网、移动通讯终端、声讯台制作、复制、出版、贩卖、传播淫秽电子信息刑事案件具体应用法律若干问题的解释》(下称《解释一》),针对直接制作、复制、出版、贩卖、传播淫秽电子信息的犯罪行为规定了定罪量刑标准,为严厉打击上述犯罪提供了明确依据。但随着智能手机的普及,淫秽电子信息又在手机网络中泛滥。因此,"两高"在《解释一》的基础上,于2010年发布了《解释二》,为有效治理基于手机网络传播淫秽电子信息提供了法律依据。

(四)宣扬邪教及其他危害社会的信息

我国法律明确禁止在大众媒介上传播邪教。"两高"于2017年出台《关于办理组织、利用邪教组织破坏法律实施等刑事案件适用法律若干问题的解释》,对以下七种邪教犯罪行为予以从重处罚:与境外机构、组织、人员勾结,从事邪教活动的;跨省、自治区、直辖市建立邪教组织机构、发展成员或者组织邪教活动的;在重要公共场所、监管场所或者国家重大节日、重大活动期间聚集滋事,公开进行邪教活动的;邪教组织被取缔后,或者被认定为邪教组织后,仍然聚集滋事,公开进行邪教活动的;国家工作人员从事邪教活动的;向未成年人宣扬邪教的;在学校或者其他教育培训机构宣扬邪教的。

同时,出于对未成年人的保护需要,我国法律法规对涉及封建迷信、暴力、赌博、恐怖等内容予以限制。这些禁止性规定都纳入以《中华人民共和国未成年人保护法》为主体、其他配套性规定为辅的未成年人法律保护体系之中。

(五)宣扬危害民族平等与团结的信息

一些民族分裂分子开始利用互联网、手机等新媒体,从事各种民族分裂活动。以2009年的乌鲁木齐"7·5事件"为例。当年6月,在韶关发生了一起新疆籍员工与当地员工的群殴事件,但这一普通治安案件却被境外"世界维吾尔代表大会"(下称"世维会")等东突组织利用。附属于"世维会"的另一个组织"东突厥斯坦新闻信息中心",同属第一批"东突"恐怖组织。该组织擅长利用互联网进行恐怖主义、极端主义的宣传,教唆以暴力恐怖手段进行"圣战"。2003年1

---

① 《百度发布2017上半年色情信息治理报告》,光明网2017年9月13日。
② 魏永征:《新闻传播法教程》(第三版),中国人民大学出版社2010年版,第78页。

月至3月,发生在甘肃兰州至新疆哈密铁路上的爆炸破坏活动正是出自该组织之手。我国是一个统一的多民族国家,《中华人民共和国宪法》(以下简称《宪法》)第四条规定,"中华人民共和国各民族一律平等。国家保障各少数民族的合法的权利和利益,维护和发展各民族的平等团结互助和谐关系。禁止对任何民族的歧视和压迫,禁止破坏民族团结和制造民族分裂的行为。"《宪法》是维护民族团结的根本大法,此外,我们还有《中华人民共和国民族区域自治法》等贯彻民族政策、维护民族团结的基本法律以及其他相关法律法规。

(六) 宣扬危及国家安全与国家秘密的信息

在新闻传播活动中,危害国家安全的情况通常有两种:煽动危害国家安全和泄露、非法获取、向境外非法提供国家秘密。根据《中华人民共和国刑法》规定,涉及煽动危害国家安全的有两个罪名:"煽动分裂国家罪"和"煽动颠覆国家政权罪"。近年来,利用互联网进行煽动犯罪的案件也时有发生,并引起了各国政府的重视。

随着互联网和新媒体的普及,保密工作"目前处于泄密高发期,其中计算机网络泄密发案数已占泄密发案总数的70%以上,并呈逐年增长趋势,国际安全与利益受到严重威胁。"[1]"据不完全统计,近年来,国家安全机关已发现数百起境外间谍情报机关对我国实施的大规模网络技术窃密案件,全国共有8 000余台(个)计算机及电子邮箱被境外间谍组织远程控制,涉及我党政机关、军事单位、驻外机构等涉密单位,先后有200余万份文件资料被盗,其中,明确标注绝密级、机密级的高达6 000余份,给国家安全和利益带来不可估量的巨大危害和损失。"[2]

2014年11月1日和2015年7月1日,全国人大常委会分别通过了《中华人民共和国反间谍法》和《中华人民共和国国家安全法》,这为我们治理网络泄密提供了法律依据。

二、网络侵权现象严重

网络上的侵权是指未经权利人许可,擅自上载、下载、转载或在网上以其他不正当的方式行使专由权利人享有的权利行为,主要可能侵犯公民、法人的人格权和著作权。"据西城法院统计,去年(2015年,作者注)该院共受理人格权纠纷案件74件,其中发生在网络环境中的纠纷有45件,占比60.81%;今年1月至11月共

---

[1] 《网络泄密占泄密案7成》,《深圳商报》2009年6月23日。
[2] 《间谍可能就在你我身边 网络保密务必严防四大禁区》,《广州日报》2016年4月15日。

受理人格权纠纷案件 141 件,涉信息网络人格权纠纷有 91 件,占比 64.54%。"①

(一) 侵犯著作权

所谓利用网络侵犯著作权犯罪,是指"以营利为目的,违反著作权管理法规,未经许可利用互联网对享有著作权的文字作品、图片作品、音像作品以及计算机软件等进行非法复制、发行、传播,违法所得数额较大或者有其他严重情节的行为。"② 互联网的出现,丰富了作品的传播手段,但是,也为著作权保护添加了难题。

以盗版软件为例。由于软件产品复制成本低、复制效率高等特点,知识产权被侵犯的现象严重。"2004 年,美国执法机构破获'WAREZ'软件盗版犯罪集团案件,该盗版组织制作的盗版品曾在 10 分钟内将软件发布在内部各 FTP 站点,在 6 至 12 个小时内传播到全球一万个互联网站点上。2005 年,美国商业软件联盟(BSA)公布了委托市场研究公司 IDC 所作的调查报告,2004 年全球计算机使用的软件 35% 是盗版,略低于 2003 年的 36%。③

由于网上信息容易获得,网络盗版与抄袭、剽窃行为日益严重。2011 年 3 月 15 日,包括贾平凹、刘心武、韩寒、郭敬明、麦家、慕容雪村等在内的 50 位作家和出版人联名发表《3·15 中国作家声讨百度书——这是我们的权利》,声讨百度的侵权行为,称百度旗下的百度文库对中国原创文学造成了毁灭性伤害,呼吁全国作家联合起来共同起诉百度,采取措施维护自己的权益。2012 年 9 月,法院认定百度侵犯韩寒的三部作品的著作权,共赔偿韩寒将近 10 万元。最后该案以作家"有条件胜诉"暂告段落。此次百度文库侵权事件中,提出起诉的都是一些知名作者,他们对其作品或许都署以真名,比较容易确定。但对于在创作网络作品时使用的是笔名或者假名的大量网民来说,他们没有很高的知名度,因此,要想证明网络上的署名就是自己有很大难度。④

网民习惯于在网络上阅读各种免费书籍,下载免费歌曲,观看免费电影。随意下载使用过程中,会伴随网络剽窃,抄袭等现象。据 2011 年一项调查显示,不少大学生有通过网络下载文章来完成作业的经历,其中部分同学已经或计划在网上购买课程或毕业论文。⑤ 这种情况在我国高校中常有发生,比如有大学生"认可网络上的信息应该具有知识产权,但却有八成大学生在撰写课程论文、个人总结、交流

---

① 黄晓宇:《网上点名骂人 网民会惹官司》,《北京晨报》2016 年 12 月 23 日。
② 董克云:《网络环境中侵犯著作权犯罪若干问题的研究》,华东政法大学硕士学位论文,2007 年。
③ 王志广:《跨国侵权犯罪:互联网上涌动暗流》,《人民公安报》2006 年 1 月 18 日。
④ 陈璞:《网络传播的著作权问题探析——以百度文库侵权事件为例》,《新闻前哨》2011 年第 6 期。
⑤ 薛伟莲,刘权威:《大学生网络道德现状调查与分析》,《辽宁师范大学学报》2011 年第 3 期。

发言、思想汇报等作业或材料时,抄袭网络上的内容。"①这些剽窃、抄袭问题,主要缘于版权意识淡漠,责罚措施较轻,而同类情况在欧美国家会受到严厉惩处。

(二)侵犯隐私权

根据《中华人民共和国民法通则》,公民的人格权利包括:生命权、健康权、身体权、肖像权、姓名权(名称权)、名誉权、荣誉权、婚姻自由权。在网络侵权行为中,常涉及的权利主要是名誉权、隐私权和肖像权等。相比名誉权和肖像权,隐私权已成为网络侵权中的"重灾区"。究其原因,"新闻传播以公开为要旨,而且要求信息量大,时效性快,而个人隐私则需保密,两者关系处理不当,就会发生冲突。"②

网络隐私权是指:"公民在网络中享有的私人生活安宁与私人信息依法受到保护,不被他人非法侵犯、知悉、搜集、复制、公开和利用的一种人格权;也指禁止在网上泄露某些与个人有关的敏感信息,包括事实、图像以及毁损的意见等。"③包括的主要类型有:

1. 在互联网上披露他人隐私

人肉搜索是一个典型的例子,它是"在广大网友参与下对特定人物或特定事件的信息进行搜索,借助计算机网络进行广泛传播,将隐藏起来的不为人知的信息经过搜索呈现在众人面前的一种搜索行为。"④

2008年发生的"死亡博客事件"是第一例真正进入司法程序的针对网络暴力侵犯隐私权的案件。2007年12月29日,北京市民姜某因丈夫王某有婚外情而愤然自杀。姜某生前好友张某开设网站"北飞的候鸟",披露了事情经过以及涉事人个人信息。2008年第一场网络风暴随之开始。网民在转帖此事的同时,动用"人肉搜索",披露王某更多的个人资料。在饱受长时间的网上与网下的谩骂与骚扰之后,王某对张某及两家网站提起诉讼。2009年12月23日,北京市第二中级人民法院做出终审宣判。张某之举构成侵害王某隐私权、名誉权,承担删除网页,赔礼道歉,赔偿精神抚慰金等民事责任。大旗网也承担侵权责任,天涯网因于诉前删除侵权贴,故不构成侵权。

2. 非法跟踪他人网上活动,窥探、窃取他人隐私

目前,实施这种行为,多依靠黑客技术。通过非法登录和攻击用户的计算机系统,从而达到窃取或篡改用户私人信息的目的。

---

① 曹荣瑞、廖圣清等:《上海市大学生网络使用状况调查报告》,《新闻记者》2012年第4期。
② 魏永征:《新闻传播法教程》(第三版),中国人民大学出版社2010年版,第165页。
③ 李德成:《网络隐私权保护制度初论》(第一版),方正出版社2001年版,第30页。
④ 石瑛:《人肉搜索的道德和法律出路》,河南大学硕士学位论文,2011年。

3. 网络服务商将用户信息用于商业使用

随着电子商务对网民生活的渗透,网络服务商掌握了越来越多的网民的个人信息、消费喜好乃至信用与财产状况。通过数据挖掘和二次开发,网络服务商可以根据网民的不同特点,开展促销活动,泄露了隐私,也破坏了用户在网上享有的私人生活安宁。还有公司将用户信息出售给其他公司非法获利,个人信息买卖已经形成了一条灰色产业链。网页浏览记录、联系方式、家庭住址甚至个人开房纪录和打车记录等个人隐私信息正成为商品,在人们不知不觉中被贩卖,信息的暴露程度远超我们想象。

4. 机构对个人的隐私权侵犯

雇主出于有效管理或保守商业机密的需要,或明或暗地对雇员的网络行为进行监控,这样,雇员的网络隐私权也会遭到侵犯。同样,公权力机关在行使行政与司法权力时,也会获得公民的个人隐私。但如果收集程序不正当,或者保管处置不妥善,也会侵犯公民的隐私权。

第十一届全国人民代表大会常务委员会第十二次会议于 2009 年 12 月 26 日通过《中华人民共和国侵权责任法》,并决定于 2010 年 7 月 1 日起开始施行。这是"隐私权"第一次被列为独立的民事权利。公民隐私能纳入法律的范围而直接保护,这显然是一种进步。

(三) 侵犯名誉权

名誉权是指自然人对自己社会评价所享有的不受他人侵犯的人格权。网络恶搞易侵害名誉权,其构成要件有:通过恶搞捏造事实,侮辱诽谤他人名誉的行为,造成权利人名誉受损,进行恶搞的照片所登载栏目及相关旁注内容可明显体现出恶搞、嘲讽之意,客观上对原告的名誉造成了损害。① 如《老汉遭恶搞成"网络小芳"状告传播网站胜诉》:②

> 由于着花袄、梳小辫、在街头溜达的肖像被多家网站入选"为整蛊版之'村里有个姑娘叫小芳'"的组图,63 岁的精神残疾男子张某(女儿为监护人)将传播恶意搞笑照片的一个网站起诉到法院,要求网站立即停止侵害、赔礼道歉,并赔偿其精神损失费 5 万。6 月 18 日,北京市宣武法院判决被告北京中经网联合信息咨询中心在中国经济网上以登载十日声明的形式向原告张某赔礼道歉,同时给付原告张某精神损害抚慰金人民币 2 万元。

---

① 曾彩阳,周洁:《网络恶搞与侵权研究》,《法制博览》2012 年第 2 期。
② 萧萧:《老汉遭恶搞成"网络小芳"状告传播网站胜诉》,中新浙江网 2007 年 6 月 18 日。

（四）侵犯肖像权

肖像权是指自然人对自己肖像在一定范围内享有利益并排除他人侵害的人格权。如今，网上经常可见对他人肖像的恶搞之作，在不知情的情况下将含有他人肖像的视频传至网上，侵犯他人的肖像权。对他人肖像的使用应该取得权利人的同意，同时应保护权利人的利益，娱乐应以不损害他人利益为前提。

三、对计算机系统和互联网的攻击活动日益增多

网络信息安全是对网络社会基础的网络信息的完整性、隐蔽性、控制性的保护。非法入侵实际上是指未经计算机机主自身的允许而擅自进入他人的计算机系统，通过对他人电脑的数据的篡改和对他人隐秘信息的窃取，以达到自身的目的。"黑客"成为"信息时代"的一大社会隐患。网络上的黑客现象有：利用网络散发影响社会稳定的言论；宣传色情淫秽内容；盗用他人账号上网，窃取科技、经济情报，进行经济犯罪；恶意攻击网络，致公用网络瘫痪。① 统计显示，截至 2018 年 6 月，国内遭遇设备中毒或木马的网民比例为 18.8%，较 2017 年末下降 3 个百分点。但是，遭遇账号或密码被盗则上升了近 1 个百分点，达到 19.7%。②

病毒入侵是普遍的现象。1986 年，我国大陆发现了第一例计算机病毒"小球病毒"以后，计算机病毒在全国大范围蔓延开来，给国家造成的损失也越来越大。据统计，2016 年我国计算机病毒感染率为 57.88%，病毒主要通过网络下载、局域网传播、移动存储、电子邮件、网络游戏、系统和应用系统漏洞等途径传播。③

互联网的开放性，使其面对黑客入侵时，显得非常脆弱。国内第一起网络攻击事件发生在 1993 年底，中科院高能所的计算机发现有"黑客"侵入现象。1998 年后，黑客入侵活动日益猖狂，国内各大网络几乎都不同程度地遭到黑客的攻击。据统计，截至 2018 年上半年，我国被篡改的网站数量为 15 672 个，其中，政府网站被篡改数量累计 320 个；被植入后门的网站数量为 16 210 个，其中，政府网站为 470 个。④ 当前，黑客攻击目标已从个人电脑、企事业单位转向关键信息基础设施领域。政府、金融、能源等行业成为黑客攻击新目标。

---

① 周兴生：《青年网络伦理》（第一版），光明日报出版社 2011 年版，第 87 页。
② 中国互联网络信息中心：《第 42 次中国互联网络发展状况统计报告》，2018 年 7 月。
③ 国家计算机病毒应急处理中心：《第 16 次全国计算机和移动终端病毒疫情调查分析报告》，2017 年 6 月。
④ 中国互联网络信息中心：《第 42 次中国互联网络发展状况统计报告》，2018 年 7 月。

第二节　世界各国对互联网的管理

因为国情不同,各国的互联网管理模式有两种:一种是政府主导型模式,一种是政府指导行业自律模式。前者强调政府在治理中的作用,侧重于立法、司法和过滤技术等手段,代表性国家有新加坡、德国、澳大利亚等;后者则是在通过立法规范的同时,强调从业者的自律,代表性国家有英国、加拿大、日本等。① 各国对互联网的管理不外乎是立法、行政、行业自律等手段。

一、立法

首先,立法工作面临两个问题:一是界定网络言行的性质,二是明确涉网各方的权利义务。

美国是世界上拥有互联网法律最多的国家,对互联网进行规范的范畴已经涵盖基础资源管理、国家安全、电子商务、网络犯罪、未成年人上网保护、个人隐私、知识产权保护、垃圾邮件等几乎各个互联网领域。其立法注重结合互联网的实际情况,对现有的法律、法规和政策进行拓展和补充,如 2001 年 10 月 24 日国会通过的《爱国者法》,第一部分第 2 节第 201、202、204、210、211、212、217、220 款有涉互联网管理和监督的内容。同时,也适当地出台新的法律,以适应实际的需要。目前,代表性的法律包括《信息自由法》《个人隐私法》《伪造访问设备和计算机欺骗滥用法》《计算机安全法》《电信法》《互联网免税法》《数字千年版权法案》《公共网络安全法案》等。

其次,立法保护国家安全。"9·11"事件后,重视互联网信息安全成为各国的共识。时任美国总统的布什先后签署《爱国者法》和《国土安全法》,授权政府或执法机构监控和屏蔽任何"危及国家安全"的互联网内容,要求提供互联网服务商在调查机关要求下,有义务向美国政府提供用户的有关信息和背景,当局无须事先征得法院同意,即可监视电子邮件和互联网上的其他相关信息。2010 年,美国《国家网络基础设施保护法案 2010》规定,国会应在网络基础设施保护领域设置"安全线",以保障美国的网络基础设施安全,并在政府和私营部门之间建立起网络防御

---

① 赵水忠:《世界各国互联网管理一览》,《中国电子与网络出版》2002 年第 10 期。

联盟的伙伴关系,促进私营部门和政府之间关于网络威胁和最新技术信息的信息共享。

俄罗斯于 2006 年 1 月出台有关法令,决定对上网行为实施监控,要求本国互联网接入服务商安装网络监控设备,为联邦安全局的工作人员设置网络监控后门。俄罗斯 2015 年 1 月开始实施《俄联邦关键网络基础设施安全》法案,对关键部门信息系统强化安全保护。韩国在 2001 年 4 月发布《不当 Internet 站点鉴定标准》,开始实施互联网内容的鉴别与过滤;2001 年 7 月,又公布《互联网内容过滤法令》,在全国范围内"过滤违法和有害信息"以及预防"网络空间性暴力",限制色情及"令人反感"网站的接入。英国《调查权法案》、日本《犯罪搜查通信监听法》、澳大利亚《联邦政府互联网审查法》等也授权本国调查机关必要时可对互联网信息进行公开或秘密的监控等。2014 年 11 月 6 日,日本国会众议院表决通过《网络安全基本法》,规定电力、金融等重要社会基础设施运营商、网络相关企业、地方自治体等有义务配合网络安全相关举措或提供相关情报,以加强日本政府与民间力量在网络安全领域联动协调能力,更好应对网络攻击。2015 年 7 月 10 日,德国议会通过《德国网络安全法》,其重点是加强对关键信息基础设施的保护力度,明确了"关键基础设施"运营者的责任、扩大网络监管权、确定网络安全报告制度和增设电信运营商的义务。

最后,涉网法律普遍重视对未成年人的保护。作为政府主导型治理模式的代表,德国对互联网一直采取相对严格的管理态度。2009 年,德国出台《阻碍网页登录法》。根据该法案,联邦警局将建立持续更新的封锁网站列表,互联网服务商则根据列表,封锁相关的儿童色情网页。此外,他们还制定新的打击互联网儿童色情犯罪的法案,将由原来的"封锁"儿童色情网页改为"删除"网页。政府的目标是删除网上儿童色情网页,并最终出台一部以"删除"为重点的反儿童色情法。2009 年,日本颁布实施《加强青少年网络环境安全法》,规定电信商等服务机构必须要在未成年人购买的手机上安装能有效过滤有害网站和阻遏不良信息的软件。同时,日本政府还推出一系列针对未成年人的"上网安全套餐"。表 16-1 列举了世界几个国家保护未成年人立法的情况。

表 16-1　世界几个国家保护未成年人立法情况[①]

国家/地区	法律名称
美国	《儿童在线隐私保护法案》《未成年人互联网保护法》

---

① 王雪飞、张一农、秦军:《国外互联网管理经验分析》,《现代电信科技》2007 年第 5 期。

续表

国家/地区	法律名称
欧盟	《保护未成年人和人权尊严建议》(1998)、《保护未成年人和人权尊严建议》、《儿童色情框架决定》(2004)
英国	《青少年保护法》
法国	《未成年人保护法》
德国	《传播危害青少年文字法》
韩国	《青少年保护法》
巴西	《青少年保护法》

二、行政管理

首先,加强内容审查与信息过滤。韩国最早设立了互联网审查机构。1995年,韩国国会修改通过新的《电气通信事业法》,将"危险通信信息"作为管制对象,并根据该法令组建了信息通信伦理委员会。该委员会主要业务包括接受不良信息网上举报、对网络进行监察、为网络纠纷进行仲裁、关闭国内非法或不健康网站、屏蔽国外不良网站等内容。2008年,韩国政府新成立了"广播通信审议委员会",接手了上述职责。

美国中小学电脑统一联网。以华盛顿为例。市教委负责辖区内儿童在校上网情况。新加坡对一些网站及关键词进行屏蔽与过滤。法国则在2006年6月增加"互联网服务供应商必须向用户介绍并推荐使用内容过滤软件"的法律条款。日本、欧盟重点加强过滤技术的研发,以封堵色情、暴力网站。[1]

其次,通过内容分级以保护儿童。分级主要针对色情内容划分等级,以帮助家长规范儿童上网行为。

美国对娱乐软件业实行分级制度。该分级制度由美国的娱乐软件定级委员会(简称ESRB)制定,分为两个部分:一个部分是位于游戏产品包装背面的内容描述,用特定的词组描述游戏画面所涉及的内容,如暴力、血腥以及游戏中人物对话是否粗俗等;另一个部分是位于游戏包装正面的等级标志,共分7个级别,按年龄划分,以游戏适合的年龄段英文首字母来命名,特定等级的游戏产品只能卖给特定

---

[1] 王雪飞、张一农、秦军:《国外互联网管理经验分析》,《现代电信科技》2007年第5期。

年龄的消费者。①

意大利于 2010 年 2 月生效了一份对网站视频进行审查的法令,要求包括 YouTube 在内的互联网网站上传的视频都需要受审核。在此后 5 年内,该国已经出台了 10 项关于网络监管的政府提案和法律修正案。

再次,加强政策指导,保护未成年人。在美国,有关部门面向家长发布了指导手册,内容涉及家长如何发现孩子上网受坏人引诱的迹象。同时,也向家长提供有关网址、网络专页和电话专线,并发布涉及儿童色情的最新网络动态,以警醒家长。

在英国,2001 年成立的儿童网络保护特别工作组,负责研究儿童上网安全。针对家长需要,教育与技能培训部开办网站以发布安全信息。内政部还开展了相应的宣教活动,以帮助家长提高认识。此外,政府还设立儿童热线,全天候为家长与儿童服务。②

最后,通过税收手段以遏制不良信息。根据《网络免税法》(1998 年),美国政府在两年内不向网络交易服务征新税或歧视性捐税。但是,若色情网站有如下行为:面向 17 岁以下未成年人提供色情文字或图像,则不得享受免税政策。③

三、行业自律

相比传统媒体,互联网更需要通过行业自控来实现健康有序的发展。"首先,在这个动态系统的语境中,非正式的处理过程更能适应变化,且不容易抑制创新;其次,最能理解和执行规章的不是法官和政界人士,而是互联网行业的从业者和软件工程师。"④

西方各国普遍重视行业自律与各方协调,以实现网络的多元治理。

美国电脑伦理协会制定了"十诫",美国互联网保健基金会的网站规定了八条准则,1998 年美国出台《网络免税法》,对自律较好的网络商给予两年免征新税的待遇。

欧盟于 2004 年建立"安全互联网论坛",邀请包括企业代表、法律强制机构、决策者以及用户群体代表在内的各界人士参加,为各方提供了一个经验交流和借鉴以及共谋对策的平台,对希望建立自律机构的国家给予建议和支持等。

英国于 1996 年 9 月成立了半官方性质的网络观察基金会,在英国贸工部、内

---

① 王雪飞、张一农、秦军:《国外互联网管理经验分析》,《现代电信科技》2007 年第 5 期。
② 王雪飞、张一农、秦军:《国外互联网管理经验分析》,《现代电信科技》2007 年第 5 期。
③ 王雪飞、张一农、秦军:《国外互联网管理经验分析》,《现代电信科技》2007 年第 5 期。
④ Ang P H. International Regulation of Internet Content: Possibilities and Limits, in Drake W J (eds) Governing Global Electronic Networks: International Perspectives on Policy and Power, MIT Press, 2008.

政部和英国城市警察署的支持下开展日常工作,主要解决互联网上日益增多的违法犯罪活动问题,如色情、性虐待、种族歧视等,尤其致力于解决儿童色情问题。①

日本总务省邀请网络服务运营商、软件开发企业及消费者代表组成自律性组织,并引进分级管理制度,待组织成立并正常运作后,政府则退出该组织,完全由民间组织的力量,对互联网内容进行监督并实行行业自律。

当然,行业自律组织的出现,也并非仅着眼于使行业行为符合国家法律规定和道德要求,它还是政府与行业间沟通的平台,既可以代表行业,来与政府沟通谈判,以保护本行业的权益,同时,也可以为本行业成员提供交流与合作的机会,从而推动业务的拓展。

第三节　中国对互联网的管理

2016年12月27日,经中央网络安全和信息化领导小组②批准,国家互联网信息办公室发布《国家网络空间安全战略》(下称《战略》),这是继《中华人民共和国网络安全法》(下称《网安法》)之后又一件具有里程碑意义的大事。《战略》的制定和公开发布,将成为在网络空间落实依法治国基本方略的重要指导性文件。具体而言,我国对互联网的管理主要是从法制建设、行政管理、行业自律和技术手段等几方面来落实。

拓展阅读

《网安法》

一、法制建设

1994年4月20日,中关村地区教育与科研示范网络接入国际互联网,实现了中国与全球互联网的连接。不到两年时间,即1996年2月1日,国务院便发布了《中华人民共和国计算机信息网络国际联网管理暂行规定》,两个月后,原邮电部又公布了相关的管理办法,这标志着我国依法治网的开始。

涉网法律的大规模出台开始于2000年,这是与我国互联网的高速发展相匹配的,其中影响较大的有《全国人民代表大会常务委员会关于维护互联网安全的决

---

① 鹤子:《借鉴国外经验　净化网络环境》,《科学决策》2007年第5期。
② 中央网络安全和信息化领导小组成立于2014年2月(下称"小组")。

定》(2000年)(下称《决定》)。"2005年后,管理部门在互联网管理上的职责分工和管理思路日渐清晰,相关立法虽然数量增长趋缓,但分量很重"[1],影响较大的有《侵权责任法》(2010年)、《刑法修正案(九)》(2015年)。目前全国人大常委会制定的法律文件,有《中华人民共和国电子签名法》以及全国人大常委会《关于维护互联网安全的决定》和《关于加强网络信息保护的决定》,还有网络领域基本法律之称的《网安法》。在行政法规一级中,有关于网络安全方面的《计算机信息系统安全保护条例》《计算机信息网络国际联网安全保护管理办法》等,有关于网络基础和增值经营业务管理的《电信条例》,有关于网络信息服务管理的《互联网信息服务管理办法》,有关于网络知识产权保护的《信息网络传播权保护条例》和《计算机软件保护条例》等。[2] 其中《网安法》已于2017年6月1日正式施行,这标志着我国在依法治网的道路上达到了一个新的里程碑。据2015年国家网信办统计,目前官方认可的常用的网络法有:"法律1件,人大常委会决定2件,行政法规10件,部门规章28件,司法解释13件,规范性文件32件,共86件;还有时常适用于互联网的法律法规28件。"[3]

这说明,"中国构建起了法律规范、行政监管、行业自律、技术保障、公众监督和社会教育相结合的互联网治理体系。"[4]同时,这些法律法规的出台,目的在于体现道德准则、保障公民权益、维护社会稳定、规范市场秩序、确保意识形态安全。它们为依法管理互联网提供了基本依据,为维护网络信息安全发挥了重要作用。

二、管理方式

与世界上大多数国家一样,我国通过立法手段、行政管理、技术控制和行业自律等方式进行网络治理。

一是通过立法手段使网络发展走上法制化道路。

二是通过行政手段进行管理:定期检查网站内容,临时下达各类要求,随时布置网站工作重点,控制网络信息资源等。

三是借助技术手段来控制:设置防火墙,封锁敏感网站;安装过滤软件,过滤敏感词汇与相关网页与邮件;实施内容监控,在网络终端进行全程监控,在网吧安装报警软件等。

---

[1] 唐海华:《挑战与回应:中国互联网传播管理体制的机理探析》,《江苏行政学院学报》2016年第3期。
[2] 魏永征:《网络法和传媒法》,《网络空间研究》2016年第8期。
[3] 《中国互联网法规汇编》(第一版),中国法制出版社2015年版。
[4] 陈家喜:《中国共产党与互联网治理的中国经验》,《光明日报》2016年1月25日。

四是行业自律的约束:2001年5月25日成立的中国互联网协会,是国内影响力最大的管理与协调互联网的行业协会,它出台的《互联网行业自律公约》,针对国内所有网络从业者,对其网络行为进行规范。此外,还有互联网领域里某一具体行业的联盟,通过共同制定更有针对性的行业规范来约束竞争行为,如《网络服务业(提供者)自律公约》《软件工程师道德规范》《网络广告业自律公约》《电子商务者自律公约》《网吧自律公约》等。①

我国互联网管理体制有四个特色:发展与控制并行不悖的管理思想;政策与法规相结合的管理依据;社会监督与个体自律并重的多元管理手段;适应网络经营者成分多元的分类管理。②

首先,采取了"政府主导型模式"。我国强调以立法管理和行政监督作为重要手段,因此,在互联网的治理上体现出鲜明的行政管理色彩。

其次,高度重视网络信息安全。我国提出"积极防御、综合防范"的方针,来建设一个安全与发展并重、管理与技术相结合的网络信息安全保障体系。

再次,强调意识形态领域的安全。这表现在:中央各机关积极参与互联网的建设,宣传部门强调对网站与机构的监管,重视网络舆论引导和舆情监控,在中小学开展"安全上网""绿色网络"活动,政府主导建设一批主旋律网站。以舆情监控为例,各地网络新闻宣传管理部门设置了一个内存庞大的搜索引擎终端,重点对其管辖区的网络舆情进行全面监控。各网站又配有专门的管理人员对其网站内容进行全天候的监控,及时发现问题并通报处理。同时,使用关键词过滤,并对有问题的端口地址与不良信源进行封堵,从而多渠道、多角度地控制有害网络舆论信息的进入。上述措施充分体现出党对互联网领域意识形态的重视。

最后,对网络新闻信息传播行为予以特别规定。早在2000年11月6日,国务院新闻办公室(下称"国新办")和信息产业部(2008年更名为工业和信息化部,下称"工信部")就联合发布了《互联网站从事登载新闻业务管理暂行规定》,到2005年9月25日,它被《互联网新闻信息服务管理规定》(下称《规定》)替换。根据《规定》,网站从事登载新闻业务被依法界定为"互联网新闻信息服务",并实行"互联网新闻信息服务许可证"制度。面对涌现的互联网媒体,2017年6月1日开始施行的《互联网新闻信息服务管理规定》,明确了互联网新闻信息服务的许可、运行、监督检查、法律

拓展阅读

《互联网新闻信息服务管理规定》

---

① 钟瑛:《我国互联网管理模式及其特征》,《南京邮电大学学报》2006年第8卷第2期。
② 钟瑛:《我国互联网管理模式及其特征》,《南京邮电大学学报》2006年第8卷第2期。

责任等，并将各类新媒体纳入管理范畴。此外，在新版《规定》中，网信办将许可事项修改为"提供互联网新闻信息服务"，不同于原来的新闻单位设立采编发布、非新闻单位设立转载和新闻单位设立登载本单位新闻信息的三类互联网新闻单位的管理模式，新版《规定》包括了互联网新闻信息采编发布服务、转载服务、传播平台服务三类。这样按照行为来申请对应牌照的监管方式，可以较为清晰地界定媒体行为是否合规，为政府的管理工作以及媒体自身的权益保护工作带来便利。

三、存在的问题

（一）政出多门，职能交叉

管理体制上不完善，是目前虚拟社会管理中的一个突出现象。从管理机构来看，参与互联网管理的机构有：中宣部、国新办、工信部、文化和旅游部、公安部、安全部、国税总局、教育部、国家卫生健康委等多家主管部门。因为各机构的职权边界不清晰，加上部门立法多局限于某一具体问题，视野较为狭窄，造成了一些领域政出多门，而某些领域又处于管理真空的状态，非但没有形成合力，反而相互掣肘制约。

2014年"中央网络安全和信息化领导小组"的成立，实现了从"九龙治水"向"顶层设计"的提升。但是一些问题依然存在，这是因为，互联网几乎冲击了政治、经济、文化和社会生活的方方面面，各职能机构参与治理本是题中应有之义，但由于部门立法多从自身职能出发，必然带来部门间的职能交叉。此外，出于维护自身利益的需要，某些领域常常会成为人们争抢的"香饽饽"，反之，另一些领域则无人问津。

（二）立法存在空白

目前，我国关于互联网的法律法规出台了上百种，但现实中还是经常出现无法可依的情况。

一个重要的原因是，这些法律法规多以行政性法规为主，在民、商事等方面的立法有所欠缺。因此，涉及机要信息的泄露、知识产权的保护、网络黑客的攻击、网络货币的兑现、虚拟资产的盗窃等情况时，常出现无法可依的现象。具体表现在：网络电子证据力度不够，调查举证难度增大；网络犯罪后果缺乏权威评估，实际损失难以量化；网络虚拟财产流通局限性强，现实经济价值难以认定；网络犯罪案件跨域性广，管辖权限难以明确等复杂问题。因此，我国针对虚拟社会还需尽快完善法律规范。①

必须承认,对虚拟世界里的违法犯罪行为,在形式、原因和综合防控及对策方面,我们缺少深入系统的研究。在这种情况下,不少法律法规的出台都有不完善之处。

而且,我们还有另一个误区,即总是倾向于把虚拟社会视为一个全新的世界来对待,因此,面对虚拟社会出现的每一个新现象,都希望设计一部针对性的法律来对应。其实,有些新现象尽管出自虚拟社会,但完全可由现有法律来规范,如涉及国家安全、侵犯他人人格权利等。即便现有法律法规无法覆盖,也可以通过增加条款或司法解释来解决。这样,既可以减少单立新的法律法规的麻烦,也有助于发挥现有法律的效力与权威性。

(三) 相关法律法规表述笼统

首先,尽管我国出台了上百个有关互联网的法规,但由于立法主体多、系统性和协调性较差,使得现有网络违法犯罪认定原则笼统。

其次,在哪些内容需要管制方面,常常是原则性的内容多,操作性的内容少,缺乏具体的判断和认定标准,导致涉网法律法规缺乏可操作性。其后果是,某些现象或行为是否违法,最终往往取决于执法部门甚至个人的主观认定,比如,我们要求网站对不良信息进行审查,并负有删除的义务。但实践证明,网站缺乏做出这种判断的知识与能力。即便做出了判断,也有可能招致用户的反对,甚至出现侵犯用户言论自由权利的情况。更为重要的是,网站作为一个企业,本身也不具备鉴定网络内容的合法权力,有些声明性内容也难以落实。

最后,涉网法律法规偏重强调民众的责任。"在法治国家,法律既要管理民众,也要约束政府。民众的行为不能超越法律的禁止,法无禁止即自由。政府的行为必须拥有法律的授权,法无准许不可为。以互联网上常见的屏蔽、删帖、封号、关闭账户等现象为例,现行法律法规多强调网站和网民的责任,如许可制、实名制、文责自负等。但是,如果上述屏、删、关、封等行为出现了错误,那么,当事人的补偿与救济又该如何落实?"②

(四) 立法层次多

我国的涉网法律法规多为行政法规或部门规章甚至是地方政府规章,法律位

---

① 杜晓、李媛:《网络水军肆意发虚假信息 虚拟社会管理手段滞后》,《法制日报》2011年10月10日。
② 魏永征:《〈雷丽莉:"互联网信息服务管理办法"修订草案征求意见稿〉初读》,魏永征的博客2012年7月6日。

阶较低，而且，多调整的是管理与被管理的关系，而非权利与义务的关系。此外，因为各部门间缺乏协调性，对同一问题往往存在多头立法，造成立法之间的不协调乃至相互冲突的现象时有发生，未能形成一个相互合力互相促进的良好局面。比如对网吧的管理，存在着公安、新闻出版、文化、工商等多个部门同时规制的情况。再如对隐私的保护，有《计算机信息网络国际联网管理暂行规定实施办法》《计算机信息网络国际联网安全保护管理办法》《互联网电子公告服务管理办法》等多部规章同时进行规制的现象。由于具体的规范散落在不同层级的规章之中，最终导致了立法资源的重复浪费和某些领域出现法律空白的局面。

（五）缺乏国际合作

俗话说，虚拟世界无国界。因此，传统上用于现实世界的管理思路，并不能完全照搬至网络世界。目前，在互联网治理的国际合作中，最大问题是治理合法主体的缺位。以互联网名称与数字地址分配机构（The Internet Corporation for Assigned Names and Numbers, ICANN）为例，它成立于1998年10月，是在美国政府支持下、由美国商务部授权的一个机构，专司全球互联网地址域名分配和根服务器系统管理。尽管它定位为非营利组织，但在法律上它只对美国政府负责，这无疑让包括中国在内的许多主权国家产生了不安感。2016年10月1日，美国商务部下属的国家电信和信息局将域名管理权交给ICANN。根据新的章程，"ICANN的使命是确保互联网的唯一标识符系统（包括域名、IP地址和协议参数）的稳定、安全运行。……不得具有任何政府授予的管制权，不得在规定的协调范围之外管制使用互联网唯一标识符的服务，也不得管制这些服务承载或提供的内容"①。

ICANN的权属变更，标志着网络管理的主导权从美国一家独大向"多利益相关方"转移，这在一定程度缓解了各国间的猜忌和紧张。同时，美国政府放松对于网络的控制权，也为我们争取互联网治理的话语权提供了机遇。从2014年开始，我国连续多年举办世界互联网大会（下称"大会"），并提出全球互联网治理中的"中国方案"。

举办"大会"是一个积极的姿态，但不等于说一个新的网络空间国际规则体系就此得以建立。这是因为，大量的具体工作有待完成，各种突发事件都有可能发生。更重要的是，基于不同的立场，以美国为代表的西方国家、联合国、G20、"金砖"国家、上海合作组织，上述不同的主体都会提出对己方有利的倡议、标准和规则，这无疑为ICANN的未来增加了不少隐忧。

---

① 宋靖：《浅谈ICANN的改革与国际化》，宋靖在"网络空间治理创新"第二次会议上的发言。

（六）技术的动态管理程度较低

对技术的管理主要表现在内容的控制和安全的保障方面。针对内容的控制，主要是识别和过滤；而在安全保障方面，则多利用防火墙、加密、虚拟专业网络和安全隔离技术等。目前，我们在技术的动态管理还有待提高。

在核心技术上，比如 CPU 和操作系统，我们严重依赖国外进口，这无疑是一个巨大的安全隐患。这些产品极有可能存在着漏洞，并在未来的某一天因国内外环境的变化被"引爆"。

此外，一些具有垄断地位的国外产品，通过系统更新或后续服务等手段，保持与我国用户的直接联系，从而掌控了我国的用户资源与信息。通信和大众传播，是两个不同的领域。以往，我国政府普遍重视对大众传播领域的管控，以期守住意识形态的阵地。但是，却常常忽视了对用户通信领域的保护，而国外垄断企业以建设客户群为名，通过互联网进入到用户的通信领域，除了掌握用户的个人信息，还延伸到对用户的消费行为的了解，这是信息安全领域中值得警惕的一个现象。可见，加强具有自主知识产权的产品研发，成为一件既紧迫又重要的事情。

（七）适应于技术发展的管理水平有待提高

从某种程度上讲，网络的发展即是技术的发展。而新的技术出现，常常导致某些治理措施和标准的失效。因此，政府需要不断更新管理方法，以适应技术的进步。

"技术进步和管理创新是两条腿，技术创新肯定在前头，如果技术这一条腿迈出去了，另一条腿跟不上，互联网的发展就会一瘸一拐。"[1]比如，工信部对 IP 地址使用者信息和网络内容提供商信息进行备案，就是一个很好的例子。

从技术入手提升管理水平，有助于实现我国从互联网大国向互联网强国的飞跃。"互联网强国的概念包括三方面内容：一是技术要先进，包括组网技术、装备技术、研究水平都要跟上社会需求的水平；二是应用要繁荣，这是互联网强国区别于互联网大国的最重要方面；三是管理要高效，这是互联网强国得以实现的关键。以往的互联网管理基本上都是政府说了算，用法律法规和行政命令的形式来全权处理，这已经不适应现在的形势发展，特别是 VOIP 和 P2P 的迅猛发展，对传统管理方式提出了更大的挑战。技术进步不可阻挡，唯有随着技术进步，才能解决管理制度创新的问题。"[2]所以，针对涉网案件，我们不能只着眼于打击和惩治，还应重视

---

[1][2] 黄黎明：《互联网协会秘书长：互联网强国包括三大特征》，《人民邮电报》2006 年 6 月 16 日。

司法审判在保护和促进技术创新方面的作用。

当然,对技术的重视不等于对技术的崇拜。事实上,技术永远无法代替思想,过度迷信技术的力量,最后只会搬起石头砸自己的脚。

第四节 实 名 制

我国互联网实名制的管理范围主要包括:网吧实名登记制度、游戏实名制、非经营性网站备案制度、互联网用户注册实名制。应该说,上述措施针对的是不同的对象:网吧业主、游戏运营商、网站经营者、网民,但是,它最终都落实到用户身上——用户须采用实名上网。因此,本节将围绕网民上网实名制的问题展开。

一、施行实名制的原因

(一)培养网民责任意识,减少不良信息传播

水军、有偿删帖、垃圾邮件、人肉搜索等,是社会较为关注的几种网络行为。实名制推行后,用户会对自己的言论更加注意,因为一旦发生侵权可以通过留下的相关信息找到自己,外在的法律责任会强迫其谨慎发言,相应的责任意识也会提高,从而在客观上降低不良信息的出现。

水军之所以能在网上兴风作浪,固然与其"人多力量大"有关。但是,若与全国多达数亿的网民相比,水军的人数就显得微不足道了。但是,由于他们每个人在各大论坛和微博注册了多个账号,这样,水军的力量就强大了起来。可见,治理水军现象,须从源头抓起,而实名制正是一个正本清源的办法。通过实名注册的限制要求,水军就无法达到"一人多号"的目的,那么,因他们而起的各种不当网络营销行为也就会相应减少。

有偿删帖也是网络公关的产品之一。如果说有偿新闻是花钱买新闻,那么,有偿删帖则是花钱删新闻。目前,删帖的内容,主要是网民针对某些商品和服务的批评性言论。众所周知,无论是机构还是个人,良好的美誉度都是安身立命的立足点,因此,即便网上的帖子是真实的,也没有侵权嫌疑,当事人还是希望能快速消除影响,以维护自身形象。同时互联网独特的生态环境,也为不实信息提供了温床。比如,有人在网上故意发布不实信息,以达到敲诈勒索钱财或诋毁他人名誉的目的,2009 年的河北"艾滋女"事件和 2017 年的"英才网"假记者案,就是两个例子。

此外,删帖能给网络公关公司和网站带来巨大的收益,所以,也就出现了网络公关公司面上抹黑对象,网站内鬼背后收钱删帖的荒唐局面。一些网站(论坛)干脆形成行业联盟,集体发黑帖,定高价,然后收钱删帖。更有甚者,有人索性以代表"民意"为名,创办所谓的维权网、公益网,在接受公众的投诉曝光信息后,坐等涉事方"上门送钱",牟取暴利。一言以蔽之,不实信息之所以泛滥网上,原因在于其发帖风险低,获利回报大。那么,如果实行实名制上网,发帖的风险提高了,不良信息自然会减少,那些靠有偿删帖生存的网络公关公司和网站"内鬼"也就失去了市场。

垃圾邮件一直被视为网络营销的利器,究其原因,与其低成本和高盈利的特性有关。第一封垃圾邮件产生于 1994 年 7 月 8 日的美国。两位专门从事移民签证咨询服务的亚利桑那州律师,把一封"绿卡抽奖"的广告信发送给他们可发现的每个新闻组。他们花费的通信费只有 20 美元,但据此吸引到的客户却达 25 000 个,并盈利 10 万美元。但是,这封广告信却让多个服务器因之而瘫痪。目前,垃圾邮件对互联网的影响较过去则更加严重。中国互联网协会的统计显示,2016 年下半年用户平均每周收到垃圾邮件 16.8 封,其中,五成邮箱用户由于被垃圾邮件误导或欺骗造成了经济损失。用户认为垃圾邮件造成的主要影响是"浪费时间"(占比79%)、"浪费设备及网络资源"(62%)和"影响情绪或心情"(59%)。"被误导、受骗,造成经济损失"(50%)虽然排名不在前三位,但造成的后果比较严重。① 基于"谁受益,谁担责"的原则,垃圾邮件的发送人(委托人)是治理的主要对象。实行实名上网之后,电邮用户、互联网接入服务提供者和电邮服务提供者也不至于被动挨打,无计可施,而是可以方便地追根溯源,归责索赔。

人肉搜索是我国互联网发展中的一个特殊现象。与上述三种现象相比,它引发的讨论和带来的评价最为复杂与多样。究其原因,是因为人肉搜索的发起,多始于维护社会公德的目的,但是,在"人肉"过程中,网民常常表现出极不理性的一面,或将当事人的隐私公布于网,或利用已公布的信息对当事人进行骚扰。因此,几乎每一次人肉搜索的当事人,其名誉权和隐私权都遭到了侵害。换言之,即便当事人做出有违道德与法律的事情,由人肉搜索给他们带来的惩罚往往也超过了他们本该承受的限度,更何况还有些是被误伤的。例如,2009 年发生的河北"艾滋女"事件,给当事人及网帖中涉及的 300 余人造成了极大的精神伤害。进一步说,有些人还通过刻意炒作,制造民意热点,用以干预司法活动,达到舆论审判的目的。对被侵权者而言,确定侵权主体是最困难的事情。面对数以千万匿名发言的网民,权利人根本无法举证。若把希望放到网站身上,似乎也不现实,面对每天海量般出

---

① 中国互联网协会:《2016 年下半年中国反垃圾邮件状况调查报告》,2017 年 3 月。

现的信息，网站很难辨别涉及侵权的文章是谁发布的：是当事人自己发布，还是普通网友转载，或是有人为抹黑他人而发布？那么，实行实名制后，慑于法律的威严，发帖者一般不敢随便编造消息，同时，网站在转发帖子时还可以尽量选择实名帖，并限制非实名帖的登载。这样，出现了问题，便可以方便地追责，这有利于规范"人肉搜索"行为，减少垃圾信息和侵权言论，也增加了网络的公信力与网民间的信任度。

（二）打击违法犯罪行为，维护网络健康环境

互联网的出现，给我们带来了一个丰富多彩的世界，与之同时，各种利用网络实施的违法犯罪行为也相应出现。从公安部于2012年12月21日公布的一批网络违法犯罪典型看，涉案类型主要有利用QQ视频诈骗、盗窃网银账号、网络贩枪、网络雇凶杀人等。① 上述案件的出现，与网络的匿名性不无联系。在虚拟世界的掩护下，犯罪嫌疑人有了违法犯罪活动的温床，相反，公安机关侦办案件却因匿名性而更加困难。

目前，大家讨论的实名制，其实是"后台实名"，换言之，网民还是可以用网名来上网。这样，有关部门"既可以在后台随时跟踪用户的一言一行，及时捕捉用户的违法行为，又可以迅速搜索出该用户个人详细信息，以便公安机关进行处理，同时，也在最大限度上隐藏了用户的真实身份，保障了合法用户在网络中的隐私权利。"②实名制的推行，将有效改变监管机关以往那种"言而无据"的尴尬，从而推动网络生态的健康发展。

（三）有利于对青少年的保护

首先，实名制有助于解决"网瘾"顽症。不少青少年因为痴迷于网络，而深陷其中难以自拔，耽误了学习学业，而且，长期迷醉在虚拟世界后，他们不思进取，不求上进，最终贻误终身。实名制有助于家长、网络服务提供商监督未成年人上网行为。

其次，实名制有助于对色情、暴力网站的治理。青少年思想发育不成熟，极易上当受骗，有些人利用网络虚拟的特点，引诱青少年犯罪。但是，安装上网实名制登记系统后，能有效地过滤黄色网站和不良网址，上网人员将无法进入不健康网站，从而起到净化网络环境的作用。

---

① 黄庆畅：《公安部公布已侦破的一批网络违法犯罪典型案例》，中央人民政府网2012年12月22日。
② 范敏、谭立：《构想网络实名制体系》，《上海信息化》2009年第6期。

再次,实名制有助于化解游戏沉迷问题。长期以来,青少年沉迷网络游戏,成为广为社会所诟病的一个问题。究其原因,不仅在于网游耗时耗力,影响了青少年的正常生活,而且,不少网游充斥着各种色情和暴力内容,这对青少年的成长极为不利。此外,网游里还存在大量欺骗行为,比如假意销售点卡或装备,骗取青少年的钱财。有了实名制为依托,成年人和未成年的人的游戏便可以分开,这样,既满足了未成年人享受游戏快乐的需要,也为他们提供了有力的保护。

二、实名制可能带来的不利影响

(一) 保护网民个人信息的难度加大

所谓实名制,是指网民在使用任何一项互联网应用时都得实名注册。对网络服务商而言,他们掌握了所有注册会员的个人信息。基于这个原因,相关法规便对网络服务商做出了相应的义务要求。根据《全国人民代表大会常务委员会关于加强网络信息保护的决定》,"网络服务提供者和其他企事业单位及其工作人员对在业务活动中收集的公民个人电子信息必须严格保密,不得泄露、篡改、毁损,不得出售或者非法向他人提供。""网络服务提供者和其他企业事业单位应当采取技术措施和其他必要措施,确保信息安全,防止在业务活动中收集的公民个人电子信息泄露、毁损、丢失。在发生或者可能发生信息泄露、毁损、丢失的情况时,应当立即采取补救措施。"

事实上,网络服务商并不具备保管用户信息的能力。随着信息数据经济价值上升,促使攻击者利用多种攻击手段从多种渠道获取更多敏感数据,窃取用户个人信息和数据的网络攻击活动并没有消退。根据公开数据统计,2017年数据泄露事件数量较近几年来有增无减,且泄露的数据总量创历史新高。2017年3月,公安部公布破获一起盗卖我国公民信息的特大案件,犯罪团伙涉嫌入侵社交、游戏、视频直播、医疗等各类公司的服务器,非法获取用户账号、密码、身份证、电话号码、物流地址等重要信息50亿条。①

有人提议,专设一个中心主机用以保存网民信息。这个设想也不现实,"曾经有将网民提交身份证号码通过公安部门检验核证之说,但后来终于未能实行,这是因为公安部门的工作计算机系统必须是封闭的,如果与公共网络相连接,哪怕只开辟一个通道,也会对公安部门的信息安全构成严重威胁,同时也会对公安部门掌握

---

① 国家互联网应急中心:《2017年我国互联网网络安全态势综述》,2018年5月。

的海量个人信息构成严重威胁。这个责任谁也担不起。"①

可见,在个人信息保护方面,我们尚缺乏一套完整有效的机制。比如,加快个人隐私保护法的制定和出台,严厉打击非法出售用户信息的机构,鼓励网民主动投诉并提供便利条件等。换言之,除了网络服务商之外,法律、行政、司法、宣传等机构的参与,也是非常重要的。

(二)影响用户的上网体验

网络的匿名性满足了网民自由表达的欲望。网络使人们实现了角色转换,羞涩的人可以变得很开放,懦弱的人可以变得很勇敢。这种神秘感与包容性,正是它吸引大家的魅力所在。社区论坛、博客/微博的人气旺盛,原因也在于此。因此,不少网民对实名制闻之色变,担心网络实名制会限制网民在网上的自由发言权,或会制约互联网未来的发展。网民之所以心存芥蒂,是担心实名制会限制以 P2P 技术为核心的各种应用的发展,从而妨碍了自己从互联网获得乐趣与体验。

(三)技术上有一定的难度

目前,在已实行实名制的网吧、网游等领域,主要是核对姓名与身份证号码是否相符,至于是不是本人无从追查。如果有人在网上冒用别人的名字来违法,那实名的人是否需要承担后果?此外,如果是"重名",又如何解决?如果想提高验证的准确性,那必须在技术、人力上加大投入,这又是一个问题。

对某些跨国互联网企业而言,虽然它们在中国境内开展业务,但因为服务器在国外,因此,它们不受实名制的规范。当国内互联网普遍实名制后,网民会不会"搬家"至境外网站?果真如此,那等于是在客观上帮助了国外企业,同时还打击了本土网站的竞争力,更不利于我国对信息主权的控制。

三、实名制的前景

我国对互联网的各项管理政策,引发网民关注程度之高,持续时间之长,涉及范围之广,反面意见之大的,恐怕非实名制莫属了。

2012 年 12 月 28 日,《全国人民代表大会常务委员会关于加强网络信息保护的决定》通过,其中规定:"网络服务提供者为用户办理网站接入服务,办理固定电话、移动电话等入互联网手续,或者为用户提供信息发布服务,应当在与用户签订

---

① 魏永征:《互联网实名制与滥用身份证现象》,魏永征的博客 2013 年 11 月 28 日。

协议或者确认提供服务时,要求用户提供真实身份信息。"2013年3月29日,《国务院办公厅关于实施〈国务院机构改革和职能转变方案〉任务分工的通知》发布,其中,"2014年完成的任务"中第十三条为"出台并实施信息网络实名登记制度。(工业和信息化部、国家互联网信息办公室会同公安部负责。2014年6月底前完成)"2015年施行的《中华人民共和国反恐怖主义法》(下称《反恐法》)第二十一条规定,"电信、互联网……业务经营者、服务提供者,应当对客户身份进行查验。对身份不明或者拒绝身份查验的,不得提供服务。"2017年施行的《网安法》第二十四条规定:"网络运营者为用户办理网络接入、域名注册服务,办理固定电话、移动电话等入网手续,或者为用户提供信息发布、即时通讯等服务,在与用户签订协议或者确认提供服务时,应当要求用户提供真实身份信息。用户不提供真实身份信息的,网络运营者不得为其提供相关服务。"

《反恐法》和《网安法》的出台,为实名制争论暂时画上了一个句号。但是,实名制的利弊,最终还是需要实践来检验。这是因为,技术在更新和发展,一部法律的出台并不能使所有的问题"毕其功于一役",因此,如何让法律规则能够及时跟上技术进步带来的现实需求,这才是我们需要努力思考的问题。

第 17 章 互联网与网民素养

网络社会,无论在学校、商场或地铁,人人低头看手机是日常景象。他们拿手机在做什么?为即时通信、娱乐,还是了解资讯?大学生们在课堂上使用手机的动机与目的是什么?我国的中、小学生不被允许带手机入校,合理还是不合理?博客、微博、微信的时代,网民们利用自媒体对信息进行积极有效的利用或批判性解读了吗?网民利用社交媒体促进了人与人的交往吗?网民的所作所为表现了什么样的公民素养?等等,这些问题涉及"网民素养"和媒介素养教育。

第一节 网络媒介素养

"网络媒介素养"是"媒介素养"在互联网时代的新拓展,是在网民与新媒体关系中产生的新概念,其内涵与外延因互联网的特性而增广。除了与传统媒体相同的信息使用与批判素养外,还包含网络信息生产素养、网络交往素养、社会协作素养、社会参与素养等。

一、网络媒介素养的含义

"媒介素养"(Media Literacy)概念中的"literacy"从"literate"一词派生出来,最初指对印刷物媒介的读写等能力,后来随着代表知识的公共领域的发展,一些教授阅读、文学、语言艺术的教师们也在拓展素养的范围:素养不仅仅是读写能力,并且是理解、阐释、分析、回应和作用于不断涌现的各种复杂信息来源的能力。① 1992 年美国媒介素养研究中心定义称媒介素养是指人们面对媒介各种信息时的选择能力、理解能力、质疑能力、评估能力、创造和生产能力、思辨的反应能力，以及利用媒介信息为个人生活及社会发展服务的能力。根本目标是达成与媒介关系中的批判性自主（Critical Autonomy），如培养知情的公民、学习审美的鉴赏和表达、对媒介产品的消费能力，等等。

媒介素养作为信息社会公民的基本素养，被视为一个"赋权"（Empowerment）的过程，即教育和引导受众以自己本该拥有的传播权力重新调整和平衡与媒介传播机构之间的权力关系，尽到参与社会的公民责任。它关注两个方面：受众如何处理所接触的媒介信息（特别指向是否具有质疑和批判意识）和在多大程度上介入到媒介内容的生产和创造。②

在互联网时代，"传者"与"受者"的界限已不分明，网民既是信息接受者、消费者，更是媒介活动的积极参与者，内容的生产、制造、发布者，谁都可能是"把关人"，因此，需要从建设者或生产者这样一个角度扩展传统媒体条件下的媒介素养概念。网络的社交功能是对传统媒介的突破与创新，所以更需要在参与式网络文化的框架下把握网络媒介素养这个概念。

网络媒介素养，或称"网络素养"，它的"新"，不仅指接触、理解、参与、使用、批判和创造的对象是全新质态的媒介，而且指针对这些新媒介技术（基于 Web2.0）的掌控和运用的能力，对内容的生产与消费能力，对海量信息的理解与批判能力，对现实与虚拟空间的传播与应对能力，对人与人、人与社会的交往与参与能力等，这是在人与新媒体关系中体现出来的素养。在新媒介所建构的参与式文化中，网民的批判、生产信息素养与参与、交往的素养是网络媒介素养有别于传统媒介素养的很重要的两个方面。

二、网民素养的内容

"网民素养"是指上网者在接收、发送、传播信息时综合呈现的能力与素质，包括价值观、态度或心境等的修习涵养。网络兼具媒介与社会的双重属性，这使身处网络的公众，既是集生产与消费为一体的媒介使用者，又是网络社会的最基本构成

---

① Sensenbaugh Roger, *Multiplicities of Literacies in the 1990s*, ERIC Clearinghouse on Reading, English and Communication(1990).

② 洪兵：《美国媒介素养教育：理论、动力、实践形态》，载陆晔等：《媒介素养：理论、认知、参与》，经济科学出版社 2010 年版，第 51 页。

单位。网民素养,不仅表现为一种媒体素养,还会表现为一种社会素养,或者说公民素养。① 网民素养的构成,要充分考虑在网络赋权的情况下媒介素养范围的扩展。具体说,包括网络基本应用素养、网络信息生产素养、网络信息消费素养、网络交往素养、社会协作素养、社会参与素养。

(一) 网络基本应用素养

新媒体总体呈现出便捷、轻巧、简单、实用、易于掌握等特征。网络基本应用素养,是指网民对新媒体的使用能力。一方面网民需掌握一定的网络技术,另一方面要防止误用或滥用新媒体等不良现象,如网络犯罪与网络沉迷等。

中国网民掌握新媒体的技术如何?他们如何利用新媒体?

CNNIC统计报告显示,从使用率来看,2017年底至2018年6月,即时通信保持着互联网使用率第一,为94.3%,人数达7.56亿,且使用率保持持续攀升。平台中除了基础的聊天功能外,购物、支付、游戏等服务的引入为即时通信平台搭建了一个良好的生态圈。即时通信功能的不断创新,提升了用户体验,带来了新用户,也增强了用户黏性。排在第二的网络新闻网民规模达到6.63亿,使用率为82.7%;排在第三的是搜索引擎,网民规模为6.57亿,使用率为81.9%。同时值得注意的是,手机作为客户端其应用规模显著上扬,在即时通信、游戏、电子商务、视频、音乐等领域成为异军突起的角色。手机即时通信网民规模为7.50亿,较2017年底增长了5 641万,使用率为95.2%,网民规模增长率和使用率均超过即时通信整体水平。而在游戏方面,在网络游戏整体走低的条件下,手机游戏却呈增长态势。电子商务类应用在手机端应用发展飞速,截至2018年6月底的手机在线支付使用率为71.9%。②

喻国明主持的"中国受众媒介'接触—使用'状态定量研究"课题对天津市民的一项调查显示,男性更多使用新闻、游戏和搜索,女性则较倾向于采取音乐、博客、社交网站与购物类网络行为。从年龄看:青少年群体的网络使用目的在于游戏与休闲娱乐,25—34岁的青年群体进行社交网站、电子邮件、论坛以及购物/网上支付等行为。35岁及以上群体使用率最高的是新闻。相关新媒体应用,在性别、年龄、学历、职业、收入、工作单位性质等方面看出各种差异,如手机媒介受众年轻化、高学历特征较明显,收入中等偏上,生活方式以传统生活、时尚消费和时尚务实这几种特征最为显著。有学者2011年对上海18所高校的调查显示,大学生上网目的,娱乐放松占87.7%,信息获取占81.0%,交流沟通占71.6%,学习科研占

---

① 彭兰:《网络社会的网民素养》,《国际新闻界》2008年第12期。
② 中国互联网络信息中心:《第42次中国互联网络发展状况统计报告》,2018年7月。

49.8%，还有11.4%的人上网主要目的是电子商务。①

吴信训等对上海市老年群体的新媒体使用状况做了调查。被戏称互联网"难民"的老年群体(60岁以上)，互联网的普及程度为66.3%，逾六成老年人使用互联网。上网时间在3个小时之内的人数占据主要比率，逾七成(74.8%)；大部分老年人基本上每天都上网(55.4%)。由此可知，互联网已经成为老年人每天接触的媒介，互联网已经渗透进老年人的生活，成为不可或缺的一部分。②

周葆华、吕舒宁对上海市新生代农民工("新生代农民工"是指出生于1980年以后，年龄在30周岁以下，在异地以非农就业为主的农业户籍人口)的新媒介使用情况进行了实证研究。调查发现，新媒体——网络和手机在新生代农民工群体中的普及率较高。上海市新生代农民工中的网民比例为75.4%，拥有手机的比例为96.0%，他们平均每周上网天数为3.4天，平均每天上网时间为129分钟(约2小时)。37.0%的农民工上网花费在50元以上(其中14.2%花费在100元以上)。③

（二）网络信息生产与消费素养

网民作为网络内容的积极生产者与建设者，是构成网络媒介素养的独特方面。生产，包括负责地发布信息和言论的素养，负责地进行信息再传播的素养，如网上信息发布、网络出版、基于信息加工的信息生产、网站建立等。"负责"是就积极的社会建设层面而言。

自媒体使普通大众主导信息传播活动的时代到来。以2006年兴起的微博为例，2011年温州"7·23动车事件"中，微博信息发布之及时、详尽，甚至超过了传统媒体。7月23日晚20点34分，杭深线永嘉至温州南间两列动车追尾。事故发生前11分钟，温州居民、新浪微博用户"Smm苗"透过窗户拍下远处一辆动车的照片，发出此事件相关的第一条微博：

"狂风暴雨后的动车这是怎么了？？爬得比蜗牛还慢…可别出啥事儿啊…"(Smm苗,2011年7月23日20:23新浪微博)

事件发生后该微博被转发逾2.7万次，评论近1万；事故发生前7分钟，D301车厢内乘客、新浪微博用户"袁小芜"发布关于事件的首条消息，比国内互联网媒体最早的报道还早了两个多小时。

---

① 曹荣瑞、江林新、廖圣清、董少校：《上海市大学生网络使用状况调查报告》，《新闻记者》2012年第4期。
② 吴信训等：《新媒体环境下上海及我国老年群体生活方式优化的前景研究——基于上海城市老龄群体新媒体使用情况的调查》，《新闻记者》2011年第3期。
③ 周葆华、吕舒宁：《上海市新生代农民工新媒体使用与评价的实证研究》，《新闻大学》2011年第2期。

"D301在温州出事了,突然紧急停车了,有很强烈的撞击。还撞了两次!全部停电了!!! 我在最后一节车厢。保佑没事!! 现在太恐怖了!!"(袁小芜,2011年7月23日20:27新浪微博)

此后,众多微博用户连夜对事件直播,使得事故相关的救援情况都能在第一时间内图文并茂地展现在世人面前。相关统计资料显示,在事故发生48小时内,新浪微博相关微博数高达5 358 123条,同时腾讯微博相关微博量也达到4 252 346条。① 随着相关当事人及媒体对事件细节的进一步公布,该数据也在快速增长。事件发生后13分钟,D301车厢乘客、新浪微博用户"羊圈圈羊"发布第一条求救信息:

"求救!动车D301现在脱轨在距离温州南站不远处!现在车厢里孩子的哭声一片!没有一个工作人员出来!快点救我们!"(羊圈圈羊,2011年7月23日20:47新浪微博)

该微博瞬间被转发2 395次,评论511条,而在被认证用户"头条新闻"转发之后,转发量更达10万余次,评论量2万余条。

微博在此扮演了众多角色:首先是事故最早的信息源;事故发生后,微博随即成了事发动车乘客的亲友发布寻亲信息的平台;微博还在一定程度上扮演了辟谣阵地、献血倡议发出者等角色,网民利用其巨大的传播力量对事故救援工作起了积极作用。

在泛化"把关者"的新媒体时代,信息生产中个人的素养尤显重要。"随着网络媒体的崛起,越来越多知识精英也开始利用网络新闻、博客、论坛等形式进行社会表达,相对而言,中青年学者选择网络的积极性比中老年学者要高,他们通过建立博客、BBS发帖表达个人意见,通过学术网站发表最新研究成果,借助网络工具进行沟通交流。"②

虽然网络制造着一个又一个议程,但绝大多数网民的信息生产积极性并不高。很多调查都发现,多数网民属于信息消费者、使用者,而不是生产者,较少在网上主动发表自己的意见和见解

在信息生产中,虚假信息、垃圾信息、标题党、谣言恐慌等在网上层出不穷,使"真相与虚假齐飞,怀疑共欺骗一色"。据统计,每年由众多网友评选出来的"年度十大假新闻",有三成是由网络媒体首发的,其他没有入选的假新闻数不胜数,通过

---

① 赵晔娇:《温州动车事故:网民微博寻亲 平民力量转播中迸发》,中国新闻网2011年7月25日。
② 张志安:《中国知识精英媒介素养现状研究》,《同济大学学报》(社会科学版)2012年第6期。

手机短信、即时通信等渠道传播,扩大其负面传播。① 如 2017 年 9 月"企业家褚时健去世"的谣言便是由微博上某"大 V"首发,"驾照考试增设科目五"等多条谣言同样在微博广泛传播。

微博信息要做到真实、准确,并对社会负责,关键在于发微博公民的媒介素养、道德水准和辨别力。这涉及网络信息使用与消费素养,包括在网络中获取有效信息的能力、对网络信息的辨识与分析能力、对网络信息的批判性解读能力。尤其重要的是媒介信息的批判能力,这是媒介素养的核心内容,是网民理性使用媒介的标志。

2007 年,周葆华等对北京、广州、上海、西安四个地方的居民进行随机、多层的抽样调查,调查受众的媒介信息处理能力。该调查界定信息处理能力为:深度解读能力、批判质疑能力、独立思考能力与核实报道能力。② 具体而言,具有深度解读能力意味着受众能够对报道的深层含义进行解读,寻找"弦外之音";批判质疑能力则是指受众对报道的真实与细节等提出疑问,不盲从、盲信的能力;独立思考能力代表受众在阅读新闻时能够根据自己的知识、判断等提出独立见解;核实报道能力意味着受众能够通过媒介报道之间的相互印证来确认事实,"校验"新闻。

网络的信息来自各种机构、组织和个人,多元的媒介环境下,网民对内容的鉴别能力尤显重要,接触信息需有主动意识,面对信息需独立思考,判断信息需谨慎仔细,以冷静理性的态度看待网络传播。2012 年 11 月 17 日,浙江日报报业集团所属《今日早报》在头版刊登了一张女兵学习十八大的照片,图片说明为:"11 月 16 日,温岭市石塘镇雷公山民兵哨所的女哨员们,正在学习党的十八大会议精神。"细心的网友将照片上 7 个女兵拿的报纸一一核查,发现手持 14 日《人民日报》的女兵在看第四版,而第四版的内容是珠海航展;拿着《台州日报》的女兵是在看第十二版,该版是整版的苹果手机广告。网友纷纷留言表示:"抵制摆拍!"11 月 17 日,浙江日报报业集团图片新闻中心在其主办的视野网上发表致歉声明,并对值班编辑和照片作者做了处分。③ 要提高人们对网络信息的批判性解读能力,是要加强人们对于各种传播主体与传播模式的认识,理解信息、媒介与人的关系,理解对媒介与传播产生影响的各种因素,在这样的基础上,才会形成更具判断力和批判精神的积极的受众。④

---

① 张鹋、王刚:《中国网事 2008》,中国社会科学出版社 2008 年,第 5 页。
② 周葆华、陆晔:《受众的媒介信息处理能力——中国公众媒介素养状况调查报告之一》,《新闻记者》2008 年第 4 期。
③ 真相博客:《盘点 2012 年度中国十大假新闻》,新浪博客 2013 年 1 月 11 日。
④ 彭兰:《网络社会的网民素养》,《国际新闻界》2008 年第 12 期。

(三) 网络交往与协作素养

互联网提供了人际交往的新空间,拓展了人际交往的深度、广度。人与人的网上交往能否在现实生活中延续、实践,并创造出新颖的关系与个体自我,取决于网民的交往素养。网络交往素养的一个基本方面,"是对个别的交往对象的判断、选择与关系的维持,即交往关系的单一链条的构建。而更高的层面,则表现为有效的人际交往网络的构建与维护能力,即利用互联网来有效扩张自己的交往网络的能力。网络交往素养的最高层面,是对自己的社会归属的选择及其获得归属的能力。"①

网络交往的新空间是网络社区(Virtual Community),这是一个超越时空的、巨大的人类生活空间。美国学者霍华德·瑞恩高德(Howard Rheingold)在《虚拟社区:电子疆域的家园》(*The Virtual Community: Homestanding on the Electronic Frontier*)中首次提出了这一概念。他认为,虚拟社区是指网络中相当多的人展开长时期的讨论而出现的一种社会聚合,他们之间具有充分的人情(Human Feeling),并在电脑空间里形成了人际关系网络。② 它可以视作一种网络中的社会行动者及其间关系的集合,其中意识、行为及利益的共同性是其重要特点。

《2010年中国网络社区研究报告》指出:网络社区是指以论坛为基础核心应用,包括公告栏、群组讨论、在线聊天、交友、个人空间、无线增值服务等形式在内的网上互动平台,同一主题的网络社区集中了具有共同兴趣的访问者。包括两种类型,一种是以天涯、猫扑、西祠胡同等为代表的综合性、大型虚拟社区平台,拥有较为庞大的用户群体和较大的全国性社会影响力;另一种是基于地方或某些垂直领域的中小型论坛(BBS),如落伍者、商丘生活网等。③

中国俗语云:"物以类聚,人以群分"。是什么促使人聚焦到同一网络社区?在技术操作上,它可以通过圈式结构,如 BBS、QQ 群、博客群,或链式结构形成,如"标签"功能、"好友"功能等。像"Flickr""豆瓣"这样的网站,就是靠标签(Tag)这样一种链条来组织起成员的,SNS 社区也是一种典型的链式结构,人们通过"好友"等方式彼此连接。在动机上,目前社区主要的维系点包括:传统关系、兴趣爱好、特定产品、特殊利益等。诸如同学录、同乡会等是传统关系的社区;分类论坛以及百度中的多数贴吧等是以兴趣爱好维系的社区;由电脑游戏、房子、汽车、电脑、手机、相机等各种类型、各种品牌的产品所构成的社区,也成为一种独特的社区;而诸如

---

① 彭兰:《网络社会的网民素养》,《国际新闻界》2008年第12期。
② Howard Rheingold, *The Virtual Community: Homestanding on the Electronic Frontier*, MIT Press. 1993.
③ 《2010年中国网络社区研究报告》,艾瑞网2010年12月。

残疾人、同性恋者等一些具有特殊利益诉求的群体,也在网络中构建着自身的社区。①

自然科学界的概念"自组织",指没有外界干预,仅仅只有控制参量变化,通过子系统间的合作,能够形成宏观有序结构的现象。后来人们也开始用它来研究人类社会的现象。今天互联网中出现的各种自发的网民间的协作,例如维基、人肉搜索等,在某种意义上都可以看作自组织。未来的互联网应用,将带来更多样化的"自组织",基于网络"自组织"的社会协作在社会中将扮演更重要的角色,所以网民的协作素养很重要,这包括了与协同工作的其他人达成一致目标的能力、为自己在协同系统中定位的能力、执行协同任务的能力与有效沟通的能力等。网络技术开启了全新的社会协作模式,未来的互联网将使社会协作在更大范围内展开,这也使社会协作的思想和素养,成为未来网民必须具备的素养。②

美国学者创造的新词 Humannode,将技术词汇进行了传播学再造,意指 "Human"(人)和"Node"(节点)的组合。网民可利用新媒体助益公益,使爱心通过生活中不相识的人接力,将 Humannode 连成一股力量,惠及需要的陌生人。2011年2月12日微博求血的生死营救大接力,使生命垂危的网民在好心网友的献血和帮助下获得了及时的救助;2011年初倡导的"微公益",立意在从微不足道的小事着手,参与社会公益;而此前,2010年4月17日,青海玉树地震发生后,网友通过新浪微博平台发出"超级急"的信息,通告首都机场一号航站楼北线货运站征集救灾物资,希望网友将灾区急需物品送达。4月18日至21日的4天时间里,由社会热心人士联系的海航包机连续不断运输网友捐赠的赈灾物资,总量超过20吨。新浪微博定期推出各种社交活动,并在线上、线下活动,如上海欢乐谷圣诞冰雪欢乐节、央视春晚倒计时有奖征集祝福,等等。网络交往形成了人与人交往的新模式。

"但网络社群的自况式生成与发展……存在着一定超文本性、超主体性以及超传播性现象,存在着多元利益的杂糅,存在着个体中心与主体边缘、精神在场与身体缺位、时间离散与空间聚合的悖论,这些都深刻地改变与影响着网络生态环境。尤其是,网络社群参与与信息传播的零准入、零把关、零反馈等传播机制,极易滋生信息泛滥与群体性极化。如人肉搜索、网络爆黑等现象。"③网民可以协力做成单个人无法完成的事业,有好的突破创新,但也可能激发群体的非理智,形成群体极化。比如"人肉搜索"这一名词正是出自猫扑论坛。跟很多论坛一样,猫扑上面也经常有人问这个问题、那个问题。同时,猫扑有虚拟货币叫作 Mp,问问题的人会用

---

① 彭兰:《网络社区对网民的影响及其作用机制研究》,《湘潭大学学报》(哲学社会科学版)2009年第7期。
② 彭兰:《网络社会的网民素养》,《国际新闻界》2008年第12期。
③ 宋红岩:《网络社群生成与群体性媒介素养教育》,《中国广播电视学刊》2011年第4期。

Mp 来奖励可以帮助他们的人。所以最初人肉搜索只不过是用应答方式帮助网友寻找答案的服务,像维基百科一样。但与维基百科认为人性本善不同,"人肉搜索"预设人性本恶,后来,这种搜索不仅限于"知识"(Knowledge),而扩大到了"信息"(Information),甚至隐私,超出了解决未知的范畴,变成侵犯。从 2001 年"陈自瑶事件"、2006 年"铜须门事件"、2007 年"史上最牛小三 3377 事件"等,都是著名的人肉搜索事。大量网民介入这些事件中,以敲击键盘代替摇唇鼓舌,激起一连串情绪,引发一场场讨论,集体无意识的情绪像沙尘暴一样席卷互联网的天空。

另外,网络协作要注意"聚众现象"。"聚众现象"即受某一事件或话题吸引而形成的临时群体,彼此都互不认识,群体缺少理性的传播,而只有情绪的相互感染,容易产生群体偏激的教化作用,形成群内同质与网民的盲从,就是所谓的"群体极化"。法国心理学家古斯塔夫·勒庞在他的《乌合之众——大众心理研究》中,对群体心理更是做出了系统的研究。他指出:群体是冲动、易变和急躁的,群体易受暗示、轻信;群体情绪夸张、单纯;群体偏执、专横、保守;群体既可能有极低的道德水平,也可以表现出个体根本达不到的崇高。① 在网络中,似乎可以更多地看到偏激言行、语言暴力、集体暴民等现象,这些现象并不能简单地只从网民素质的角度去加以认识。群体在网民的意见、态度与行为产生过程中所起的作用是不可忽视的。②

(四)网络社会参与素养

互联网一直被认为将对社会民主的进程起到重要作用。但要达到这一目标,其基本保障之一是公民的自由平等和理性参与。③ 网民社会参与能力主要体现在网民理性参与公共事务的能力,而网民是通过社区这一平台来实现社会参与的,所以建设一个参与公共事务讨论、形成公共意见的网络社区,让网民在其中积极理性有所作为,是网民社会参与素养的重要内容。

在网络时代,无论参与网民的数量、参与事务的范围、参与方式的多样、参与效果的强大,都是空前的。新媒体增加了普通大众的民主参与意识,拓宽了他们的参与渠道,激发了他们的参与热情。在我国,网络成为民众公共事务讨论的平台大概始于 2002 年。2003 年上半年发生的孙志刚事件,网民给予了大力声援和支持,并最终促进了相关法律的废除,推动了社会的进步。其后如 2007 年先

---

① [法]古斯塔夫·勒庞:《乌合之众——大众心理研究》,冯克利译,中央编译出版社 2005 年版,第 21—41 页。
② 彭兰:《网络社区对网民的影响及其作用机制研究》,《湘潭大学学报》(哲学社会科学版)2009 年第 7 期。
③ 彭兰:《网络社会的网民素养》,《国际新闻界》2008 年第 12 期。

后发生的重庆最牛钉子户、山西黑砖窑案、厦门 PX 项目、华南虎照片风波、周久耕事件、邓玉娇案等、公务员"出国考察门"、"表哥""房姐"等一系列事件中,网民聚合而成一股强大的力量,影响了一些重大公共事件的走向。这些事件都显示了新媒体使用者在舆论监督方面的强大力量,有人称之为"网民互动战争"。这是网民对社会无良现象、损害公共利益行为以及官员腐败问题的揭露与抨击,是一种彰显正义的行为。可以说关注产生力量,围观改变中国。

  在传统媒体,尽管媒介素养强调政治参与,但在现实中可供人们选择的参政行为极为有限。① 但网络时代突破了这种"有限",使公民能积极参与其中。党的十九大期间,中央电视台充分发挥视频传播的优势,积极创新融合传播手段,电视屏幕与新媒体平台密切联动,相得益彰,形成全方位、多层次的十九大报道强势。一是融合传播效果显著。电视端推出十九大宣传重点项目 38 个,相关报道总量达 3 494 条,累计触达人次达 185.81 亿,人均收看 14.18 条报道。新媒体端发布视频报道 13 940 条、图文报道 3 673 篇,发起移动直播 142 场,总体触达人次 62.47 亿,其中央视网多终端及海外社交平台触达人次 25.73 亿,"央视新闻"客户端触达人次 25.04 亿,中文国际频道新媒体触达人次 1.66 亿,CGTN 新媒体全球阅读量达 3.7 亿。二是多场重要直播广受关注,央视成为国内外媒体主要视频来源。十九大开幕会直播跨屏总收视率为 3.6%,2.85 亿用户收看;十九届中央政治局常委同中外记者见面会直播跨屏总收视率为 3.61%,1.86 亿用户收看。三是品牌栏目充分发挥舆论主阵地作用。大会期间央视总体平均收视份额为 34.16%,较平时提升 0.75 个百分点;相关品牌栏目观众覆盖规模达 5.68 亿人,其中《新闻联播》全国并机总收视率最高为 9.41%,较平时提高 60%;《焦点访谈》《新闻直播间》等栏目和时段观众覆盖规模均突破 1 亿人。② 新媒体环境下网民参与公共事务的积极性达到前所未有的程度。

  在参与公共事务时,网民尊重他人发言权利、包容多元价值观是良好素养的表现。哈贝马斯的"理想的商谈环境"的理想之一,正是平等的交流。

  网民站在普通民众的主场以建设性态度进行参与,是理性成熟素质的表现。2013 年春节前夕,名为"学习粉丝团"的微博备受关注,因为它实时直播习近平的甘肃行。它用照片文字反映国家最高领导人轻车简从,面食简餐,深入菜场民居的甘肃行。信息独特快捷,视角人性亲和,笔法娴熟,信息独家,引发了网上网下的热议关注。微博开通才两个月,粉丝数突破 100 万。博主的表现令央视都自愧弗如,令人猜测其神秘的身份。他其实只是中国普通的一个青年,打工者,完全的草根,

---

① 郭中实、周葆华、陆晔:《媒介素养与公民素养:一个理论关系模型》,2006 年中国传播学论坛论文。
② 《央视创新十九大融合传播效果突出影响广泛》,央视网 2017 年 11 月 2 日。

可见中国普通民众参与的水平之高,不亚于专业者。民众利用微博围观社会热点或突发事件、动员社会力量进行公共事务参与的事件越多,由网络网民"倒逼"政府进行民主建设的势头会越强。对微博用户来说,虽然他们不过是按一下鼠标敲击一下键盘,简单地转个帖,但实际上这种"围观",正是积极参与社会公共事务的开始。因为微博这种碎片式的信息发送,给予了民众一个关注政治、参与政治的切入口,实现了民众声音和政治态度的传达。这种由技术革新和民众民主意识进步带来的"围观政治学",也是政治学上的"参与式民主"的萌芽。①

当然,在网民参与公共事务中,要提防非理性的网络暴民、网络暴政等现象。如坐牢十年的张高平叔侄冤案再审于 2013 年 3 月 26 日之前,就有媒体进行相关报道,而当年把此案办成铁案的是杭州市公安局刑侦支队的"女神探"聂海芬。截至 3 月 13 日下午 5 时,在新浪微博中,"聂海芬"已经以超过 2 万条微博而"荣居"微博热搜榜第二。有网友出言不逊,甚至谩骂,并扬言对她进行人肉搜索。这类以缺少尊重、非理性、残暴的语言进行公共事务参与的现象,甚至还有一些反社会言论、情绪宣泄型表达、阴谋破坏型表达等,以及一些网民以牟利为目的,有计划、有组织地用微博进行集体炒作,都值得社会关注。

三、网络道德伦理素养

网络道德与现实道德有何不同?中国社会是费孝通所说的"熟人社会",维系熟人关系、道德自律成为常态,而网络社会的匿名性使群体压力遁于无形,道德约束力小;现实社会道德主体身份总是能通过对个人体貌特征来确认,具有确定性,虚拟空间网络社会的平台后面的主体却是模糊不清的,不确定性大;人们对于现实生活中的言行都会用相对比较严格的道德规范来衡量,网络社会中道德意识更加淡漠,道德观念趋于弱化,人们对网络社会中违反道德规范的言行似乎比较宽容。虚拟社会伦理与现实社会伦理存在一定差异。

网络社会并非处于真空,而是相间于现实生活中,所以网络伦理的建构实际上就是解决虚拟社会伦理与现实社会伦理如何调适、转换和兼容的问题,关键就在于寻找两者之间的契合点。网络伦理原则是人们在信息交往中应当遵守的基本行为准则,参照李伦提出的五条原则②,本章总结了四个原则,并认为"无害原则"和"知情同意原则"是两个基本原则。

---

① 朱费伽:《2010 年"两会"微博问政研究》,湘潭大学硕士学位论文,2011 年。
② 李伦:《鼠标下的德性》,江西人民出版社 2002 年版,第 306 页。

无害原则(Principle of Nonmaleficence)。这要求任何网络行为对他人、对网络环境至少是无害的。人们不应该利用计算机和网络技术给其他网络主体和网络空间造成直接的或间接的伤害。这个不得伤害他人的消极禁令有时被称为"道德底线",是评价网络行为的最初的道德检验。传播计算机病毒、网上诈骗、非法侵入计算机信息系统是严重违反无害原则的行为。

知情同意原则(Principle of Informed Consent)。这是一条经典原则。在网络信息交换中,信息提供者有权知道谁会得到这些数据以及如何利用它们。未经信息权利人的同意,他人无权擅自使用这些信息。比如,关于保护个人隐私权的问题,为某一目的而采集的信息,在没有得到主体自愿和知情同意之前,就不能用作其他目的。当有人把有关个人数据作为商品在网络上自由交换时,知情同意原则应该作为一个重要限制条件。在此情况中,仍需要同意保留隐私权尤其是个人信息的隐私,个人信息就像是人体情况一样,人们有权对其进行控制。

公正原则(Principle of Justice)。公正原则基本内容是:"相同的情况应当得到相同方式的对待。"最重要的是,公正要求公平对待和不偏不倚。①这涉及复杂的公正理论。但网络是一个生态系统。当你在网上痛快淋漓"冲浪"时,应关心他人的存在、他人的感受,关心网站的利益,这是公正原则的要求。公正原则还要求我们应该密切关注世界各国网络化进程中发展不平衡的问题;关注网络中社会分层问题,即掌握和控制信息群体和不占有信息的群体之间的公正问题,关注网络资源配置的公正问题,关注不同文化生存的公正问题,等等。②

尊重原则(Principle of Respect)。网络是人与信息的生态,生态的网络是人性化的网络。尊重原则要求不论网络如何技术化、虚拟化,网络的主体是真实的人,而不是虚拟的人,更不是机器,网络应当符合人的特性,符合人性的网络才是生态的网络。要求网络主体之间应彼此尊重,不能把对方看成是纯粹的"数字化"符号、可以被随意操纵和计算的符号,个人信息也不是可以任意复制和粘贴的。表现在人与组织方面,处于强势的组织要为其所属的成员尽可能地提供资源共享的平台,并尊重各成员的隐私权等。任何人都不能将别人创造的信息作为自己的创造成果。在信息享用上,尊重信息创造者权利和个人信息隐私。人是具有自主性的,即自我决定的能力。③ 所以尊重原则的前提是认同网络中人的自主性,即网络中

---

① [美]理查德·斯皮内洛:《铁笼,还是乌托邦——网络空间的道德与法律》(第二版),李伦译,北京大学出版社 2007 年版,第 24 页。
② 唐一之、李伦:《"网络生态危机"与网络生态伦理初探》,《湖南师范大学社会科学学报》2000 年第 6 期。
③ [美]理查德·斯皮内洛:《铁笼,还是乌托邦——网络空间的道德与法律》(第二版),李伦译,北京大学出版社 2007 年版,第 21—22 页。

人被当作一个理性的个体而彼此尊重。

第二节 世界媒介素养教育的研究范式转换

媒介素养教育起源于英国,1933 年,英国文学批评家 F. R. 利维斯(Frank Raymond Leavis)及其学生丹尼斯·汤普生(Denys Thompson)在《文化与环境:批判意识的培养》(Culture and Evironment: The Training of Critical Awareness)中,最早提出关于媒介素养的观点,认为以大众报刊为代表的大众媒介是一种"标准化文化向低水平文化看齐的文化",它损害了真正的文化,应该"训练公民去区分和抵制",使得学生们能够防范大众传媒的错误影响和腐蚀,自觉追求符合传统精神的美德和价值观。美国媒介素养教育立足于道德维护立场,视大众媒介为传播不良意识和诱导劣行的罪魁祸首,表现出极大的担忧,因此提升公众的免疫力尤为重要。① 这些可称第一代范式。

第二代范式强调提升公众对媒介内容的选择和辨别力。第二次世界大战之后,在传播科技推动下,世界范围内大众媒介飞速发展。文化研究学派代表人物威廉斯(Raymond Williams)认为:"对于文化这个概念,困难之处在于我们必须不断扩展它的意义,直至它与我们的日常生活几乎成为同义的。"② "文化"被视为"整体的生活方式",大众文化是人类生活的有机组成部分。由此,以适度开放而非简单排斥为基调的分析范式开始兴起。在这种背景下,媒介素养教育理念,由"全面批判"转变为主张人们要"判断和欣赏大众媒介",强调理解媒介,将媒介作为文化现象来分析。这种看似微不足道,实具颠覆性的观念转变使 20 世纪 60 年代以后,学者对媒介素养教育的观点发生转变:人们需要提升的,不是免疫力而是分辨力,以辨别不同媒介内容品质品位的良莠高下,并根据自身的需要进行选择。③ 这也被称为媒介教育的"分析范式"。

第三代范式的重点在于加强受众对媒介文本的批判性解读能力。到 20 世纪六七十年代,电视作为娱乐媒介和重大新闻的发布者,影响无处不在。电视报道,尤其是对一些重大事件的报道所带来的巨大影响,使得研究者不能再把电视作为

---

① 转引自[英]大卫·帕金翰:《英国的媒介素养教育:超越保护主义》,宋小卫摘译,《新闻与传播研究》2000 年第 2 期。
② 雷蒙·威廉斯:《文化与社会》,吴松江、张文定译,北京大学出版社 1991 年版,第 21 页。
③ 陆晔等:《媒介素养:理念、认知、参与》,经济科学出版社 2010 年版,导言。

要比电影更为低级的大众媒介。①与以往教育理念有着明显区别的"屏幕理论"(Screen Theory)开始出现。这种媒介教育理论,重点关注电影或者电视的展示方式,关注语言、意识形态和再现问题。这意味着不再仅仅注重媒介内容文本,而更在意媒介的表现形式,媒介教育开始打破了文本分析与价值判断的框框。英国著名媒介教育学者莱恩·马斯特曼(Len Masterman)是将该理论应用于教学的最有影响之人,他强调增加学生对媒介的理解——媒介是如何运作的,如何组织的,它们如何生产意义,如何再现"现实",谁又将接受这种对现实的再现,等等。他不认为在媒介教育中,给学生价值评价及评价标准是最主要的,媒介运作及其背后的如何(How)才是重要的。

第四代范式的内涵是参与式的社区行动,即由对媒介的批判性思考转为通过"赋权"促成健康的媒介社区。培养成熟的公民而非信息消费者需要提出关乎社会权力和行动建构的问题,即媒介接触者在批判之外还要对社会有所创造。霍布斯(Hobbs)将媒介素养定义为使用、批判性分析媒介信息和运用媒介工具创造信息的过程;媒介素养的目标在于通过分析、推理、传播和自我表达技能的发展来提升自主权。② 马斯特曼认为媒介活跃的介入可以通向真正的参与式民主。比"再现"探知媒介背后的广阔视野更深入,"媒介教育当然需要教学生使用媒介内容,但是也需要教他们使用和挑战媒介组织,以及需要深入探究影响公众认知和行动能力的社会心理机制和条件。"③媒介教育将重心从认知媒介转移到了公众通过使用媒介达到改变社会的范畴。

从这四代范式的变化中可以看出,媒介素养的研究已从简单的作为媒介消费者的公众的素养研究,开始转向作为媒介的建设者的公众的素养研究。④

至20世纪七八十年代后,由于官方和联合国教科文组织的介入,学校的媒介素养教育开始形成规模。很多国家都将媒介素养教育纳入学校课程,并陆续发展出许多教学模式及教材以供参考。美国开展了"视觉素养运动",加拿大在中学广泛开设了电影教育课程。欧洲一些国家的政府部门规定:学校应该实施媒介素养教育,要求小学、中学乃至大学开设媒介素养教育课程,或在有关学科中增加媒介素养教育的内容。在当代西方最重视媒介素养教育的澳大利亚,几乎所有的州都

---

① Len Masterman, *A Rationale for Media Education* 1997, In Robert Kubey, *Media Literacy In The Information Age*: *Current Perspective New Brunswick*, Transaction Pub. 2001. p.25.

② R. Hobbs, *The Seven Great Debates in the Media Literacy Movement*, Journal of Communication. 48(1). 1998. pp.16—31. 转引自陆晔等:《媒介素养:理念、认知、参与》,经济科学出版社2010年版,第4页。

③ Lewis J. &Jhally S, *The Struggle over Media Literacy*, Journal of Communication 48(1). pp.109—120 (1998). 转引自陆晔等:《媒介素养:理念、认知、参与》,经济科学出版社2010年版,第4页。

④ 彭兰:《网络社会的网民素养》,《国际新闻界》2008年第12期。

将媒介素养教育单独或放在英语课中作为学生的必修内容;日本的媒介素养教育是20世纪60年代以后从"屏幕教育"开始的,内容包括电影评析和电视评析,目的是帮助儿童了解大众传播的特性和现实,培养他们对大众传播的正确态度。

1982年联合国教科文组织在德国慕尼黑召开了国际媒介教育会议,公布的《媒介素养宣言》说:我们生活在一个媒介无处不在的社会,与其单纯谴责媒介的强大势力,不如接受媒介对世界产生巨大影响这一事实,承认媒介作为文化要素的重要性。联合国教科文组织积极倡导媒介素养教育,将其视为社会公共领域的重要事业,并制订了终生媒介素养教育计划,开展国际合作。

2001年联合国教科文组织对35个国家所做的调查开篇就指出:在国际范围内,媒介素养教育方法已经从过去的"免疫接种"为主的模式,转向了以"赋权"为主的教育模式。在发达国家这种教育逐渐成为一种终身教育,而新媒体的出现又为媒介素养带来了更多的内涵。

第三节　中国的媒介素养教育

一、中国当前媒介素养教育的实践

(一) 香港的实践

香港的媒介素养教育在20世纪80年代已经酝酿,真正兴起是在20世纪90年代末香港回归以后。虽然其发端较晚,历史相对较短,但发展很快,成绩不俗,并形成独特的发展风格。

在香港,推动媒介素养教育运动的是中学教师、大学教师和青年工作者中的"新中产阶级"专业人士,他们批判消费文化,争取改善媒介制度和表现,希望通过提高大众的媒介素养,达到"批判的自主"、反对社会操控的目的。

目前在香港从事媒介素养教育的机构和组织大体上可以分为如下几类[①]:一是民间团体和社会组织,这是媒介素养教育的重要推动力量,如香港基督教服务处下属教育及训练部门,专门将传媒教育作为服务内容之一。二是有关的政府组织,起到有限监管与培育公众的作用。香港广播事务管理局是参与媒介素养教育的重

---

① 陆晔:《媒介素养教育中的社会控制机制——香港媒介素养教育的目标和特征》,《新闻大学》2006年第1期。

要政府机构。1999 年开始,该局开始进行有关"媒介识读"的推广工作。三是以香港电台为代表的公共媒介,是连接媒介和公众的重要桥梁。在政府、媒介和以民间组织为代表的公众三方的权力实践架构中,媒介素养教育开展起来。香港媒介素养教育的目标是提高大众尤其是年轻人的媒介素养,让他们能认识、分析、善用及监察大众媒介。① 在民间组织大力倡导下,香港很多学校在课程中实施了媒介素养教育。2009 年传媒作为通识教育课程中独立议题探究的一个选修项目,正式进入学校课程。有多所中学在校内开设校园电台及电视台,鼓励学生接触并善用传媒。香港传媒教育呈网络式发展,每一个机构、学校都是网上的一个点,它们互相交流沟通,使教育在网络上铺延。

香港的媒介素养教育经历了两个阶段:1997—2006 年,目标是训练精明的媒介消费者,在个人层面,让他们达到"批判自主";在社会层面,让他们能监察媒介,改善媒介环境。香港媒介参与者主张"社会参与模式",这个时期的媒介素养概念,具有强烈的"赋权"意识。2006—2007 年转变至第二阶段,基于 Web 2.0 技术,由"接收式内向型"延展至"参与式外向型"。目标如利用互动分享的媒介,训练反思式媒介使用者,扩展公共空间。与第一个阶段不同的是,不再解释为什么要推行媒介素养教育及介绍什么(What)是媒介,而是研究"如何"进行媒介素养教育,重点是怎样(How)。训练具备反思能力的媒介使用者(Reflexive Media User),使他们既具批判力又富有社会责任感。

总之,香港媒介素养教育并非始于自上而下颁发的课程指引和一系列教材,而是在政府、媒介和以民间组织为代表的公众三方的权力控制及推动下,通过网络连接与沟通,在学校、教会、媒体、家庭中开展形式多样的教育活动,自成一格。

(二) 台湾的实践

台湾的媒介素养教育经历了三个时期②:理念推广(20 世纪 90 年代)、政策确立(2002 年 10 月)、政策执行(2002 年后)。先由下而上宣传理念,促使上层制定政策,再由上而下执行政策,形成从理念到政策到实践的发展。

理论推广的主体包括三部分:以媒体识读教育基金会、富邦文教基金会、媒体观察教育基金会为代表的社会组织,以台湾公共电视台为代表的媒体和以政大传播学院媒体素养研究室为代表的学界,他们之间有分立,也有合作。

---

① 李月莲:《中国香港地区媒介素养教育:从媒介教育 1.0 到媒介教育 2.0》,载陆晔等:《媒介素养:理念、认知、参与》,经济科学出版社 2010 年版,第 86 页。
② 张梅:《理念推广、政策确立与政策执行——论台湾媒介素养教育发展的三阶段》,《绵阳师范学院学报》2008 年第 6 期。

2000年5月改组的"媒体识读教育基金会",其宗旨从培养电视素养逐步扩展为培养媒介素养。富邦文教基金会自1999年全力投入推动媒体素养教育。在媒体教育的推广过程中,成为政府与民间的枢纽。台湾公共电视台善用自身资源不断制作、播出针对儿童、青少年的媒体素养教育节目,并因其内容扎实、寓教于乐而产生了良好的社会影响。政大传播学院媒体素养研究室主要通过两种途径推广媒体素养理念:一是咨询服务,协助开发节目;二是高校教学,2000年秋,在台湾高校首开"媒体素养概论"通识课程后,于次年联合辅大、世新、师大、慈济等校同类课程的授课教师,跨校整合媒体素养概论课程的师资与教学资源,将媒介素理念植入高等教育领域。

2002年,台湾教育主管部门颁布了《媒介素养教育政策白皮书》,明确将媒介素养教育正式纳入学校教育中。"白皮书"内容分重要性、愿景和政策三部分,提出要把媒体素养教育内容融入九年一贯课程,要把媒介素养教育视为终身教育、全民教育。通过现行教育体系,在小学、中学、高中、高职、专科及大学院校推动正式课程与潜在课程的媒体素养教育,同时凭借社会教育的机制推动,使媒介素养成为社会大众终身教育的一环。

社会议题变成公共政策后,目前,台湾的媒介素养教育已经贯穿了从小学到研究生的各个阶段,主要通过学校的媒介素养教育专门课程与社会教育相结合来实施。

(三)中国大陆的实践

在中国大陆,媒介素养教育还处于研究阶段,实践仅在个别地区个别学校进行,尚处于起步阶段。

首先,理论方面,中国早有媒介素养教育的思想萌芽。1997年,卜卫发表了《论媒介教育的意义、内容和方法》[①],文中追溯了"媒介素养"这个概念在西方发展演变的历史,这是中国大陆第一篇系统论述媒介素养教育的论文,"媒介素养"的概念被引入传播学界。文中的"媒介教育"即今天"媒介素养教育"。此后,学者们陆续发表了一些研究媒介素养和媒介素养教育的论文,此课题在学界逐渐受到关注。该论题引入中国十几年来,经历了从理论移植、认知、辨析到个案实践试点的发展过程。

2004年是中国媒介素养研究重要的一年,之后,研究论文数量大增,该论题成为一个显性话题。该年创新了诸多"第一次",比如首次中国城市居民媒介素养现

---

① 卜卫:《论媒介教育的意义、内容和方法》,《现代传播》1997年第1期。

状调查,《媒介研究》第 3 期首开先河出版了媒介素养专辑,中国大陆首个媒介素养专业网站(复旦大学媒介素养小组创建)"媒介素养研究"正式开通,中国第一本媒介素养教育教材出版等。2004 年 5 月,《武汉晚报》联合华中师范大学陶宏开教授发起"挽救上网成瘾者"行动,掀起全国对网络素养教育的热切关注。

查阅我国从 1997 年到 2009 年共 500 多篇有关媒介素养和媒介素养教育的研究文献,不难发现其研究已经逐步走出译介阶段,试图寻找媒介素养及媒介素养教育的本土化根源,建构知识框架体系。不足的是,大多数研究较浅显,对我国媒介素养教育的研究实践具有指导意义的理论不多,不能形成行之有效的实践和理论指导。[1]

尽管所议分散,分歧很多,但对媒介素养教育的宗旨及意义等已形成共识。媒介素养教育的目标即培养健全的公民。中国学者在研究文章中一致同意,实行媒介素养教育不仅对公众个人而且对全社会均有十分重要的意义。如张开从提升公民个人素质的角度分析指出,媒介素养教育"使人们具备正确使用媒介和有效利用媒介的能力,建立获得正确媒介信息、媒介信息产生的意义和独立判断信息价值的知识结构;"[2]教育的内容主要集中在两方面:一是了解媒介,会用并善用媒介,以批判性眼光解读媒介内容;二是如何使媒介为养成健全的人格服务。在互联网时代,媒介教育的对象很广泛:不仅包括媒介从业人员,大、中、小学生,还扩展到公民视野,包括国家公务人员。

其次,实践方面,与发达国家相比,我国媒介素养教育的实践还处于初始阶段。当前,在呈现点状分布、尚未丰富多元的大陆实践中,媒介素养教育多集中于学校教育,并逐步开始从高等教育机构向中等和初等教育机构扩散。在高校,2004 年 9 月上海交通大学在大陆首开"媒体素养"公选课,中国传媒大学高等教育研究所则设立了含媒介素养方向的传媒教育硕士点,制度化、体系化较为明显;在中小学教育方面,由于媒介素养课程尚未纳入正式的学校教育体制,因此更多地表现出媒体、学界担任教育主体,中小学生成为教育客体的特点。[3] 2007 年,以复旦大学新闻学院 20 余名志愿者为主的复旦大学媒介素养教育行动小组开展了为期 4 个月的"小小看媒体"的教育推广活动,即在两所小学开设"两周一次的媒介素养教育兴趣班,以互动的课堂形式、深入浅出的语言为四年级小学生教授媒介素养的基本知识"。[4] 媒介素

---

[1] 李青丽、陈涛:《我国媒介素养教育研究论文的定量分析》,《东南传播》2010 年第 6 期。
[2] 张志安、沈国麟:《媒介素养:一个亟待重视的全民教育课题——对中国大陆媒介素养研究的回顾和简评》,《新闻记者》2004 年第 5 期。
[3] 张梅:《媒介素养教育的模式转变与实践路径》,《湖北大学学报》(哲学社会科学版)2008 年第 5 期。
[4] 谢静、陈俊美:《媒介素养教育行动的动员与组织》,《当代传播》2008 年第 1 期。

养教育在各地星星点点开展。中国地域广阔,社会状貌复杂多样,严格的教育体制使媒介素养教育只能尝试性开展。师资培训也是个别的、零散的,没有形成系统,中小学的师资培训尤其匮乏。

总体上,因为中国的媒介素养教育处于初始阶段,缺乏对转型期中国媒介环境特殊性以及由此导致的媒介素养研究与实践推广紧迫性的深入研究,提不出符合中国国情的媒介素养教育模式,媒介素养教育实践严重不足。[1] 无论师资、课程体系、多样性教材和教学方法、教学评估体系等都是匮乏和缺失的。

目前中国的媒介素养教育处于专家呼吁、委员建言、学者献策的阶段。2010年3月10日在《中国青年报》上刊登了一篇题为《15名委员呼吁把网络素养纳入义务教育》的新闻,据了解,目前,我国中小学校普遍设置了网络教学课程,但内容以网络知识和技能为主,缺乏对未成年人应具备的网络信息辨别能力和网络规范指导。我国18岁以下网民约占 $\frac{1}{5}$,是个庞大的群体。在网络环境下生长的青少年,其身心受网络的影响超过之前任何一代人,网络容易对中小学生以及辨别力不强的青少年带来很多负面效应,如网络沉迷、网络色情、网络暴力等。一方面,许多中小学对学生在校使用手机进行控制,另一方面很多学生在上网时都有意或无意地接触过色情信息。开微博的中小学生越来越多,2013年14岁的童星林妙可在微博晒照片而意外受辱,她再发微博呼吁抵制网络污言秽语。但这一呼吁却在网络上引发了一场激烈的口水战:是该对微博言论进行限制,还是该限制未成年人接触微博?"微博低龄争议,小学生玩微博真的好吗?"该话题不应该问小学生是否可玩,而要转变为问"小学生可以用微博做什么"。这种讨论说明网络媒介素养教育缺失会使公众对相关议题不知所措,这种教育实在是必要而迫切的事业。

二、网络与新媒体时代中国大陆媒介素养教育的路径

在我国大陆,传媒发展,社会转型,才刚起步的媒介素养研究与零星的教育已与21世纪的网络与新媒体的急剧发展不相适应。在此情景下,网络媒介素养教育有西方大半个世纪的实践可借鉴,有从报纸到电影、电视到互联网前人留下探索的踪迹可追寻,有从马斯特曼到约翰·彭金特(John J. Pungente)的理论可供参考,中国的媒介素养教育应该探索出一条新路。

起步晚但发展迅速的我国香港和台湾的媒介素养教育,自成风格,其成功经验

---

[1] 袁军:《媒介素养教育的世界与中国模式》,《国际新闻界》2010年第5期。

告诉我国大陆的教育探索者:民间力量是媒介素养教育的重要推动力。媒介素养教育运动具有自发性,个人、民间团体、小型组织是媒介素养教育运动的生力军,是教学实践和理论研究启蒙的主要发起者和推动者。中国大陆目前的现实与国际上已实践大半个世纪并具制度性、广泛性的媒介素养教育现状相比,尚处于自发性与草根性的阶段。因为中国大陆的社会机构相对单一,致力于媒介教育的民间团体或 NGO 较少,像香港等地的宗教组织那样介入于教育的可能性很小,哪怕有些机构欲助力媒介教育,这样的团体或机构也要依托官方或集体的力量来运作。所以,从自发性角度说,中国大陆目前主要由教育或社会机构进行媒介教育的调查、研究与倡导,势单力薄,影响有限。但无论如何,总算有人在努力,不懈实践着,毕竟已经起步了。

加拿大结合自身的经验,认为媒介素养教育要成功,必须具备八大因素:(1)媒介教育必须是一个自下而上的"草根式"运动;(2)编写适合老师和媒介教育者使用的本地媒介教材;(3)有足够的师资培训课程提纲给在职教师及媒介教育者;(4)制定评估媒介教育成效的标准,及通过调查研究去寻求如何改良其教学法;(5)成立媒介教育专业团体,负责举办研讨会和工作室,出版期刊、联络社群及游说政府有关部门推广媒介教育运动;(6)说服教育当局,把媒介教育列为学校正规课程;(7)发行由教育部制定的媒介指引;(8)在教育、师范学院或大专院校设立正规的媒介教育师资培训课程。① 目前中国大陆才做了前两点,可以说"路漫漫其修远兮"。

在中国大陆,要进行媒介素养教育的推动与实践,有的问题确实不容忽视,学理思辨不可少,实践与摸索更重要。理论上说,西方的媒介教育,不管是出于哪一种目的,关注哪一部分内容,都是在一种独立的媒介制度背景下,以及媒介与公民的关系的语境中展开的。既然如此,中国大陆的媒介制度与西方不同,我们教育的目的和重点与西方的相异之处在哪里?② 从实践来说,即便有的学校零星展开教育,那我们现在是从英国最初的"保护主义"做起呢,还是从"超越保护主义"起步?有人认为要"防御模式"与"建设性模式"(或说"保护主义"与"非保护主义")相结合③,因为保护和防御是所有国家媒介素养教育早期的指导理念,中国大陆的教育也难绕开此路。当前我们正面临转型时期,"保护"与"非保护"两者辩证统一的思路,还是不能离开公民与信息关系中"堵"或"疏"的思路。无论如何,我国媒介素养教育要全面考虑媒介融合的大环境。

---

① John J. Pungente, SJ, *The Second Spring: Media Literacy in Canada's Schools*. 转引自张艳秋:《加拿大媒介素养教育透析》,现代传播 2004 年第 3 期。
② 黄旦、郭丽华:《媒介教育教什么?——20 世纪西方媒介素养理念的变迁》,《现代传播》2008 年第 6 期。
③ 袁军:《媒介素养教育的世界视野与中国模式》,《国际新闻界》2010 年第 5 期。

第18章 中国传媒业的新生态、新业态

第一节 中国传媒业新生态、新业态的基本表现

政府规制、技术进步、资本介入、社会变迁是影响传媒业发展的重要变量。目前,国家对传媒业的政策比较稳定,随着互联网的深入发展,资本和技术对传媒业的影响越来越大,改变了过去以传统媒体为主的传播结构,中国传媒业的新生态、新业态已悄然形成。当前中国传媒业新生态、新业态的基本表现主要有四个方面。

一、非公有资本以多种形式大量进入传媒领域

非公有资本一方面大量进入国家鼓励、支持、允许的传媒领域,如文化娱乐、电影电视剧制作发行、动漫和网络游戏,占据了大比例的市场份额。非公有资本开办的门户网站、社交网站及其客户端,信息聚合和智能分发类应用等新媒体已经日益成为网民获取资讯的重要渠道。另一方面,非公有资本积极与主流媒体开展合作,投资其经营业务。以阿里巴巴集团为例,2015年6月阿里巴巴以12亿元入股《第一财经》的经营公司;10月与四川日报报业集团合作运营"封面传媒";12月又收购了在香港的英文报纸《南华早报》,积极布局传媒业。阿里巴巴通过在传媒业的一系列并购,已经成功在视频、社交媒体、传统媒体、电影业、新闻客户端等传媒业领域布局,传媒帝国已然成型。[1]

---

[1] 崔保国:《中国传媒产业发展报告(2016)》,社会科学文献出版社2016年版,第241页。

二、以互联网为中心的传播新格局形成

在当前新老媒体共同组成的传媒格局中,传统媒体整体上面临着很多困境。2015年电视广告投放量首次下滑,较2014年下降了5.6%;报业的"断崖式"下跌仍在持续,停刊和休刊成为传统报刊行业的"新常态"。受互联网冲击较小的广播媒体市场在2015年也出现小幅下滑。① 与之形成鲜明对比的是,网络媒体的受众和市场规模仍在持续扩张。截至2018年6月,中国网民规模达8.02亿,互联网普及率为57.7%;手机网民规模为7.88亿,网民中手机上网人群占比由2015年的90.1%提升至98.3%。② 2015年传媒产业细分行业中,互联网媒体(包括网络和移动增值)的市场占比由2014年的47.2%上升至51.8%,电视、报纸、广播媒体的市场占比萎缩至20%。同时,2015年互联网媒体的广告收入(2 096.7亿元)也首次超过电视、报纸、广播和杂志四家传统媒体广告收入之和(1 743.53亿元)。从市场规模上看,互联网媒体已经成为真正的主阵地,传统媒体更加式微。③

更值得关注的是,在当前的新媒体格局中,民营新媒体社会影响力与日俱增。以移动端市场为例,国内数据机构艾瑞数据显示,2017年3月"有效使用时长"排名前五位的新闻资讯客户端(今日头条、腾讯新闻、网易新闻、天天快报以及搜狐新闻)都属于民营新媒体。④ 除了像《人民日报》这样的中央媒体外,传统媒体开办的移动客户端用户量普遍偏小,影响力不大。

三、"制播分离"新模式出现,传统媒体面临沦为"内容提供商"的风险

相比于过去传统媒体垄断新闻信息来源和传播渠道的"自产自销",传媒业"制播分离"的模式越来越普及。"制播分离"指新闻内容的生产和分发渠道的分离,主要表现在两个方面:社交媒体已逐渐成为新闻获取、评论、转发、跳转的重要渠道;以"今日头条"和"一点资讯"为代表的个性化资讯平台,采用"算法分发"模式,精确推送用户感兴趣的新闻资讯,正在改变门户网站历经十余年塑造出的格局。"制播分离"模式一方面推动了新媒体与传统媒体的融合,但也将带来传播权

---

① 崔保国:《中国传媒产业发展报告(2016)》,社会科学文献出版社2016年版,第6—7页.
② 中国互联网络信息中心:《第42次中国互联网络发展状况统计报告》,2018年7月。
③ 郭全中等:《2015年我国传媒类上市公司发展情况研究》,《西部学刊》2016年第10期。
④ 参见艾瑞APP指数,该指数在每个月根据月独立设备数、日均独立设备数、月度总有效时长三个指标对不同类别的移动应用进行排名。

力的转移,传统媒体可能会沦为互联网公司的"内容提供商"。有学者分析 Facebook 进军新闻业的举措后认为,社交媒体依靠庞大的用户基数和高度的用户黏性,控制了新闻信息流向受众的主要渠道,以 Facebook 为代表的技术寡头将取代传统媒体成为新的"信息把关人"和"议程设置者",成为控制公共生活和媒介生态的决定性力量,从而颠覆新闻业传统的利益格局,并使互联网公共领域呈现出"再封建化"的趋势。①

四、多生产主体、多媒介渠道、融合新闻重塑新闻生产和传播生态

互联网的深度发展彻底改变了以媒体机构为主导的媒介生态。在新闻生产领域,PGC(Professional Generated Content)+ UGC(User Generated Content)融合的新闻生产特征日益显现。从信息接收来看,用户获取新闻信息的媒介边界在不断弱化,报纸、网站、客户端、微博等媒介入口不断完善,社交媒体在新闻获取和传播的过程中影响力不断扩大。从新闻内容形态来看,以图像、视频为主的融合新闻产品逐渐占据新闻生产和传播的主体地位,"有图有真相""无视频,不新闻",成为对新闻生产者的新要求。

第二节 资本大鳄向传媒业进军,引发新闻业变动

无论在什么国家,在过去 20 年里,新闻报道都不是互联网的主业,但近年来,资本裹挟技术大举入侵媒体,兼并收购浪潮层出不穷,跨界超级媒体集团显露雏形。

综览境外,媒体投资快速升温,体量庞大的超级商业公司、科技公司纷纷进军新闻媒体领域。我国的互联网企业占有资本和技术的先天优势,截至 2016 年 12 月底,我国境内外互联网上市企业数量达到 91 家,总体市值为 5.4 万亿人民币。在香港上市的腾讯公司和在美国上市的阿里巴巴公司的市值总和超过 3 万亿人民币,两家公司占中国上市互联网企业总值的 57%。② 在国家政策层面,"数字中国"计划、"互联网+"计划、推动传统媒体和新兴媒体融合发展等国家战略为资本进军

---

① 史安斌、王沛楠:《传播权力的转移与互联网公共领域的"再封建化"——脸谱网进军新闻业的思考》,《新闻记者》2017 年第 1 期。

② 中国互联网络信息中心:《2016 年中国互联网新闻市场研究报告》,2017 年 1 月。

传媒业提供了政策扶持。在这样的背景下,商界巨头开始积极布局传媒版图。BAT 中,腾讯和百度早已涉及传媒业,"腾讯新闻"是移动客户端领头者。阿里巴巴近年来也频频布局投资传媒业,架构出了体系完整的媒体集群。

当前,资本在传媒市场的布局主要表现在三个方面:一是财团收购、参股有关媒体,获得市场入口,如阿里巴巴收购《南华早报》,恒大集团收购香港新传媒集团,万达集团收购瑞士盈方体育集团。二是互联网媒体平台与传统媒体展开内容合作,传统媒体作为新闻供应商,如 2015 年底,今日头条和湖北省新闻出版广电总局签署战略合作框架协议,湖北省 200 余家报纸、400 余家杂志入驻今日头条"头条号"平台。三是打造自身的内容和分发平台,扶持自媒体的内容生产,如 2015 年 9 月淘宝推出"内容开放"计划,优质内容创作者与机构三年内共享 20 亿市场佣金。当前 BAT 全部加入移动资讯分发市场,加大技术算法投入:2015 年腾讯上线天天快报,用户使用微信或者 QQ 登录,系统即刻识别用户的阅读兴趣和习惯;2016 年阿里通过 UC 实施"媒体赋能计划",打造"懂你的 UC";2016 年百度"百家号"上线,采用机器+人工审核方式,运用技术手段简化流程,提高效率。

传统媒体积极与互联网公司开展合作,在政策允许的领域引入非公有资本做大做强。一个典型的案例是,2014—2015 年传统媒体机构为了寻求转型突破,依托政府支持和资本力量推出一系列数字原生新闻品牌,形成了"东澎湃,南并读,西封面,北无界,中九派"的格局。有评论称这些"新的网络原生新闻品牌一来到人间,每个毛孔都充满着资本的气味"。① 对传统媒体来说,借力资本、技术寻求发展的模式,机遇与挑战并存。正如《纽约时报》的 CEO 马克·汤普森所说的:"参与这个游戏会有风险(Risk),但置身事外则会有危险(Danger)。"②《纽约时报》曾经尝试过的付费墙和原生广告并没有挽救不断下滑的订阅和广告,不得不与网络新贵如 Facebook、谷歌等平台联合进行新闻发布,借助互联网公司更好的渠道优势发布内容。但有学者指出,从长远看,当越来越多的用户从社交平台获取新闻,不再关注新闻内容的来源,传统媒体可能会由于高度依赖社交媒体而失去对内容的主导权,逐渐丧失其长期建立起来的品牌效应,从而被彻底边缘化。③

对于互联网巨头而言,与传媒联姻是资本做大做强的需要。一方面媒体能够为资本的话语权提供出口,扩大资本的社会影响力,当前国内财团资本对媒体的投

---

① 王武彬:《澎湃新闻、封面传媒们是因为什么而出现的》,广告买卖网 2015 年 10 月 29 日。
② 转引自史安斌、王沛楠:《传播权力的转移与互联网公共领域的"再封建化"——脸谱网进军新闻业的思考》,《新闻记者》2017 年第 1 期。
③ 史安斌、王沛楠:《传播权力的转移与互联网公共领域的"再封建化"——脸谱网进军新闻业的思考》,《新闻记者》,2017 年第 1 期。

资很大程度集中在财经媒体上。另一方面,资本出于扩张和增值的本性,自然也是希望从传媒市场中分一杯羹,客观上推动了以互联网为主导的新传播格局的形成。新的格局也面临着新的困境,用户快速、大量集中在今日头条、天天快报这些平台上,将一定程度上加剧资讯信息垄断的局面。商业类媒体在我国传媒体系中应该如何定位?与党报和都市报如何共生?如何避免资本的过渡渗透而影响新闻的公共属性?这些都是政府在传媒规制上面临的新课题。

第三节　中间阶层与舆论新取向

按照不同算法,我国中间阶层的规模在总人口中的比重在10%—25%不等,20%左右这个数字可以被大家认可。以70后、80后和部分90后为主体的中间阶层正逐渐成为社会的中坚力量。这一群体的基本特征可以概括为"五高":高学历、高收入、高消费、高承担、高焦虑。中国中间阶层是改革开放和市场经济的受益者,因而是党的领导和社会稳定的天然拥护者。在过去的网络舆论场上,中间阶层一直作为"沉默的少数"而存在。然而近几年的网络热点事件显示,中间阶层开始走上前台,成为网络舆论的主导力量和"意见表达派",由此带来网络舆论场的新变化、新取向。

一、中间阶层成为网络舆论的主导性群体

2016年中国互联网络信息中心结合网民上网看新闻的行为指标,将我国互联网新闻用户大致分成了四个用户群:"手机娱乐派""意见表达派""多屏低调派"和"传统时政派"。[①] 其中"意见表达派"的构成主体从年龄上看是25—34岁的青年人(占比60.3%),从学历上看是大学本科以上的高学历人群(占比达56.6%),这一群体与现实中的中间阶层更为契合。中间阶层对社会热点事件的关注度和表达意愿最高,乐于表达观点,乐于分享转发新闻,在新闻传播中扮演了更积极的角色,成为网络舆论的主导性群体。越来越多的高知新闻用户聚集在知乎、果壳等知识问答社区和网络社群,在网络舆论热点事件的产生、发酵和传播过程中起到了非常重要的作用。

---

① 中国互联网络信息中心:《2016年中国互联网新闻市场研究报告》,2017年1月。

二、网络议题的转换：从弱势群体的维权到对安全稳定的关注

过去我国的网民主体具有较强的"草根性"，农村网民和低收入群体网民一直占有相当的比例，他们整体处于社会弱势地位，未能充分享受改革开放的成果，互联网成为这一群体争取自身权益的平台，由此网络议题多聚焦在社会不公、贫富差距扩大等社会矛盾，如2010年的浙江钱云会事件、宜黄强拆事件。

随着中间阶层的介入，人身安全、财产安全、人格尊严和法治保障等议题开始受到更多关注，如2016年的常州"毒跑道"事件、魏则西事件、雷洋案等。一线城市居民和中等收入阶层在一些突发事件和股市、住房、教育、个税等热点问题上表现出焦虑不安情绪，如在雷洋案中，他们担心"今天不关心雷洋，下一个遭遇不测的就是自己"。中间阶层的焦虑主要源于他们自身的高度脆弱性，许多人从社会底层奋斗上来，承担着较大的生活压力，教育、住房、疾病等问题能够轻易改变他们现有的社会经济地位，使他们一夜之间沦落为贫穷阶层。因此有舆情报告指出，中间阶层对涉及他们切身利益的问题表示出强烈的关注，他们对社会走向产生观望心态，成为舆论场的一股暗流。①

三、网络动员和诉求表达有理有据

过去草根网民在网络维权中因对现实不满，容易产生极端对立情绪。中间阶层具有良好的教育背景，在一系列舆情事件中，他们的网络动员和诉求表达更加冷静克制、有理有据，不再是"乌合之众"，而是有组织的网络群体。在雷洋案中，不同年级的人大校友在雷洋死亡后通过联合发表声明、签名、接受媒体采访等方式，质疑警方的解释，促使公检法机关给予回应。他们还成立了工作组，分工明确，诉求过程中强调参与者保持理性和克制。网民在魏则西生前发布的帖子后的留言表明了他们的身份是医生、护士、大学生、普通白领等，他们的留言或鼓励，或提供实际帮助。有质疑账户和患者真实性的发言，很快会有用户出来给予合情合理的考证和解释。

---

① 祝华新等：《2016年中国互联网舆情分析报告·社会蓝皮书：2017年中国社会形势分析与预测》，社会科学文献出版社2016年版，第230页。

第四节　新生代与舆论新生态

舆论生态的另一个变化来自于互联网上的新生代。报告指出,尽管 80 后、90 后是互联网应用的主体人群,但作为新生代网民的 95 后、00 后人群正在逐步重塑网络舆论的基本形态。①

一、真正"丰裕的一代"

90 后、00 后不仅生活在丰厚与充裕的物质环境中,还成长在发展机会增多、空间增大、流通渠道畅通、社会态度兼容多元的社会环境中,他们是改革开放以来真正"丰裕的一代",目睹了国力强盛,富有文化自信,乐于在网络上传播正能量。

二、互联网"原住民",网络使用娱乐化

新生代伴随着互联网接入中国而出生成长,他们是互联网的第一代"原住民",互联网已经深深嵌入到了他们的日常生活中。许多 90 后从网络游戏接入互联网,他们的网络使用更加娱乐化。有舆情报告指出,关注新闻热点话题的微博网民已经发生了代际交替,在新一代微博用户中,时政类话题的关注度有所下降,演艺界话题更加走俏,"明星""时尚""美女""动漫"等话题受到热捧,微博的文娱色彩更加浓厚。②

三、拒绝"严肃",但具有朴素而强烈的爱国情感

2016 年"小粉红"群体的崛起,成为舆论场中的重要现象。在"帝吧出征"反"台独"、表情包大战、赵薇电影《没有别的爱》引发争议、南海仲裁事件等涉及爱国

---

① 祝华新等:《2016 年中国互联网舆情分析报告·社会蓝皮书:2017 年中国社会形势分析与预测》,社会科学文献出版社 2016 年版,第 239 页。
② 祝华新等:《2016 年中国互联网舆情分析报告·社会蓝皮书:2017 年中国社会形势分析与预测》,社会科学文献出版社 2016 年版,第 240 页。

表达的热点事件中,90后用轻松活泼、娱乐化的表现方式展现出了强大的自我动员与组织能力。

四、主动拥抱新思维、新变化

作为互联网上最具活力的群体,新生代期望个性化的媒体呈现,热衷通过社交网络传播分享,是诸多新思潮和亚文化的追捧者和争夺对象。

作为互联网上最活跃的群体,90后、00后群体中的大部分是大学生或即将进入大学校园,这群成长在互联网环境中的青年人的力量和影响力已经开始显现。可以说,他们的喜好决定了媒体的未来。例如2018年全国两会期间,中央和地方的主流媒体在新闻报道中融合了图解、数读、视频、H5、直播、二维码、AR等多种元素,一个重要原因就是要吸引年轻人关注两会。两会版《成都》、动画视频《当民法总则遇上哪吒》、视频节目《厉害了我的两会》,这些融媒体产品用生动、风趣、活泼的语言和形式来表达严肃的新闻,以迎合年轻人娱乐化的信息消费习惯。

第五节 "后真相"时代

2016年11月,《牛津词典》将"Post-truth(后真相)"选为2016年的"年度词汇"。"后真相"描述的是诉诸情感与个人信仰比陈述客观事实更能影响民意的种种状况。《牛津词典》指出,该词"在2016年度的使用率比上一年增长了2000%","是拜英国脱欧公投和美国总统大选所赐"。有媒体称"后真相时代"已然来临。

《牛津词典》认为社交媒体成为新闻来源和主流机构媒体提供的新闻事实不被人们信任,是"后真相"现象的深层原因。美国皮尤中心的调查显示,社交媒体和新闻网站已经成为人们获取网络新闻的首要渠道。而在美国大选期间,被商业逻辑主宰的社交媒体界面充斥着谎言与假新闻,美国新闻聚合网站BuzzFeed的调查显示,在美国大选结果出炉的前3个月里,排名前20的虚假新闻在Facebook上的分享次数超过了870万次,比主流新闻网站真实新闻的740万次高出130万次。[1]

除技术和资本的因素之外,假新闻广受欢迎还在于受众更相信与他们愿望相

---

[1] 《"美国人喜欢看":假新闻横扫网络,特朗普成最大赢家?》,第一财经2016年12月25日。

一致的信息。"后真相"时代的基本特征:情绪在前,真相在后;认知在前,真相在后;成见在前,客观在后。正如李普曼指出的,在认识世界的时候人们会倾向于抓住固定的成见,这些固定的成见,"都是极大地包含了它们所附带的感情"。"它们是我们传统的堡垒,在它们的防卫下,我们能够继续感到我们所处的地位是安全的。"①适合病毒式传播的常常是情绪凌驾于事实之上的观点表达。如果说过去报纸和电视上仍会有不同信源和观点的呈现,现在社交媒体和一些新闻客户端极力追求的是推送符合用户口味的信息,"举媒体之力,结大众欢心"②。由此带来的"茧房效应"和"回音壁效应"不断强化用户对事物的原本认知,相比之下,真相已不再重要。

离我们最近的是事实,离我们最远的是真相。如果说资本和技术对传媒业的渗透在传播格局上已经造成了传统媒体不可逆转的衰落,那么"后真相"的流行则是互联网社交媒体对新闻媒体职业伦理的冲击,这将是继 20 世纪 60 年代"新新闻主义"以来,对新闻报道客观性和真实性的又一次重大挑战。

第六节　众媒时代的自媒体转型

2016 年以来专业自媒体走向兴盛。微博时代的"大 V""中 V"纷纷转型为自媒体,专业媒体人转向微信公号,在自媒体融资变现的诱惑下,越来越多的专业人士投身其中,在细分市场里精耕细作。社群运营是目前自媒体商业化最成熟的一种模式。自媒体的收益一方面来自粉丝的打赏和广告商,另一方面来自媒体平台的补贴。2015 年各媒体平台相继启动自媒体扶持计划,注入大量资金和资源,以争抢优质内容和优质自媒体撰稿人。

无论自媒体账号的粉丝有几万还是有几十万,自媒体本质上还是小众传播。流量和"眼球"是维系自媒体生存和关系变现的关键。所以提供"你想知道"的内容,"为你的阶层写作"成为许多自媒体营销号的内容生产方向,一个典型的案例就是公众号"咪蒙"的"带毒营销"。2019 年 2 月,"咪蒙"及相关公众号因引发强烈负面舆论自主注销。媒体人宋志标认为微信公号谈不上对新闻有什么贡献,"更多的公号是取媚于人,是另一种盲目,而且是故意放任这种盲目,引以为先进。在

---

① [美]沃尔特·李普曼:《舆论学》,林珊译,华夏出版社 1989 年版,第 62 页。
② 史安斌、王沛楠:《传播权力的转移与互联网公共领域的"再封建化"——脸谱网进军新闻业的思考》,《新闻记者》2017 年第 1 期。

这个过程中,文本创新被轻佻地固定在轻松阅读、娱乐消费的层次上。"①

自媒体的崛起代表着中国真正迎来了"意见的自由市场",传统媒体垄断消息源及整个事件表达的历史宣告结束。但在商业逻辑的驱使下,一味迎合粉丝的自媒体实际上为用户搭建了一个个信息茧房,使人们眼界变得狭隘,观念固化。互联网让世界连成一片,但又让社会四分五裂,社会共识将更加难以达成。

第七节　视频直播和 VR 新闻

作为视频新闻的传统表现形式,电视新闻随着受众的流失受到严重冲击。而短视频、视频直播正日益取代传统图文,成为内容创业者的蓝海。从 2015 年开始,腾讯新闻、网易新闻等先后在客户端增加了直播卡页,以直播形式报道包括体育赛事、娱乐资讯等内容。2017 年全国两会期间,人民网与腾讯网联手,首次推出每日连续 9 小时、总时长超 100 小时的两会直播,创下访问量过亿的记录。②《2017 新浪未来媒体趋势报告》指出流媒体(视频直播)是未来传媒业发展的重要趋势。③直播的兴起得益于技术进步和成本下降,也反映了"标题党"泛滥的时代,用户对新闻真实的渴求。而视频直播带来了时间、空间的零距离感,一定程度上符合了公众眼见为实、探究真相的心理预期。

此外,虚拟现实(Virtual Reality,VR)技术也将在传媒业中有所作为。2015 年 VR 技术开始走向大众消费市场,2016 年成为 VR 产业化元年。国内 VR 市场处于启动期,预计 VR 市场规模将以每年 3—5 倍的增速加速扩张,到 2020 年将达到 550 亿元。④ 尽管目前 VR 技术主要应用于游戏和影视领域,新闻传媒领域的新闻实践尚不成熟,但 VR 技术在未来成为新媒体领域的中流砥柱似乎已成定局。VR 技术带给用户的不是一个画面、一种声音或一段文字,而是一种"体验"。VR 让新闻记者能够更直接、更真实地抓取新闻要素,同时也让读者能更真切、自主地体验到现实场景,在真正意义上实现跨时空的新闻呈现。未来的新闻将不再仅仅是用

---

① 陈刚、王继周:《微信公号的进步"幻象"与媒体未来——微信公众账号"王冲"与"旧闻评论"访谈录》,《新闻记者》2016 年第 12 期。
② 《两会视频直播引发关注过 1 亿　人民网"融发展"再上台阶》,人民网 2017 年 3 月 13 日。
③ 《2017 未来媒体趋势报告》,新浪网 2016 年 10 月 24 日。
④ 艾瑞咨询:《2016 年中国虚拟现实(VR)行业研究报告(2016 年 2 月)》,转引自崔保国:《中国传媒产业发展报告(2016)》,社会科学文献出版社 2016 年版,第 302 页。

来"读"的,而是用来"体验"的。①

第八节　人工智能形塑新闻传播的新格局

　　技术不断创新使互联网由以平台建设为中心的网络化演进到智能化发展阶段。2016 年 Facebook 公司研制的智能机器 AlphaGo 战胜当时世界围棋界第一人——韩国棋手李世石震惊世界,被认为是智能机器的奇迹。但这只不过是人工智能小试锋芒。未来 10—20 年内,人工智能将在人类各个领域高歌猛进,从工业、农业到人类的社会生活,人工智能将制造一个一个神话。而新闻传播领域人工智能已经而且将继续浸透方方面面,产生颠覆性影响,开辟新闻传播全新局面。新闻工作进入智能媒体时代。

　　人工智能对新闻传播的影响和作用、目前的状况和未来的发展具体表现在以下方面。

一、信息采集更深、更广、更快

　　在智媒时代,传感器的广泛采用和大数据的自动生成,大大拓宽、大大加速了信息采集的范围和进程。

　　除了常规性采访外,传感器和大数据采集更多运用在人工无法监控、采集和短时间内无法完成的数据收集中。例如 2014 年中央电视台利用用户安装在手机上的百度地图和其他使用率较高的定位 APP 收集大众的位置数据,做出了《据说春运》系列报道,描述了两亿部智能手机持有者迁徙路线所构成的春运宏大图景②。

　　而在世界其他国家尤其互联网最发达的美国,传感器和大数据运用已日益广泛,并取得骄人成绩。美联社使用 DigitalGlobe 公司提供的高解像率图像来印证南亚海底存在大量非法捕捞容器,完成了揭露非法捕捞产业黑幕的报道,获得 2016 年普利策奖公共服务大奖。DigitalGlobe 的计算机视觉技术依靠卫星摄像机从最佳角度来拍摄必要信息,可以最大限度地根据美联社报道团队的需求来完成拍摄任

---

① 《2017 未来媒体趋势报告》,新浪网 2016 年 10 月 24 日。
② 喻国明、兰美娜、李玮:《智能化:未来传播模式创新的核心逻辑》,《新闻与写作》2017 年 3 期。

务,可以随时监视非法捕捞活动。① 这种安放在海底的非法捕捞容器如果不依靠先进传感设备,任何一名摄影记者都无法完成拍摄。

2016 年,美联社和国际调查报道记者联盟联合揭露巴拿马造纸业黑幕,国际调查报道记者联盟必须读取上百万份文件,而每份文件包含众多公司名称、人名以及机构所在地的地名等。自然语言处理技术仅用几天时间就帮助该联盟从上百万份文件中找到不同名字间的联系。而对于一个记者来说可能要花几年时间才能在海量文件中找到人与人或人与事件的隐秘关系。②

二、新闻写作更快更客观,新闻由此进入"工业化生产"时代

2014 年 3 月,新闻机器人通过搜集到的美国地震局测量的数据,在不到 5 分钟时间内写成一条短新闻,刊登在《洛杉矶时报》的网站上。这或许是机器人写作的新闻第一次公开发布。在我国,2015 年 9 月 10 日,腾讯财经发布一条消息《8 月 CPI 同比上涨 2% 创 12 个月新高》,是由一款新闻写作软件 Dream Writter 完成的。自此以后,各大通讯社、各大媒体都纷纷"录用"机器人来写新闻,像俄罗斯搜索引擎 Yandex 应用机器人写天气和交通报道;法国《世界报》与 Syllabs 公司合作用机器人写手报道总统大选。美联社旗下的 Automated Insights 公司的自动写作软件 Wordsmith 一秒钟可以完成一条新闻,据说一年可以写出 3 亿新闻稿。我国新华社的"快笔小新"、《南方都市》的"小南"都是著名的机器人写手。

机器人写新闻快速、客观,在数据运用上不会出现技术性差错,这是显而易见的优势。但目前,新闻机器人主要应用于简单事实的客观陈述上,比如体育比赛的简讯、财经新闻尤其是股市报道、选举、天气预报以及突发性事件如交通事故等,结构简单,篇幅很短,有相当固定的报道模式。而深度报道、解释性报道,机器人还难以承担,有待技术的进一步发展。

三、核对事实:避免技术性差错

记者在完成通篇稿后,人工智能能够帮助记者核对全稿中所引用的数据,纠正记者笔误或差错,避免了技术性差错。例如美国谷歌与《纽约时报》合作,用智能机器过滤假新闻,使用透明技术(Perspective)把含有恶意的评论过滤掉。

当然,记者如果故意造假,执意歪曲事实,那是机器人无法改变的。

---

①② 余婷、陈实:《人工智能在美国新闻业的应用及影响》,《新闻记者》2018 年 4 期。

四、信息推送大显身手:更广、更个性化

未来的智能传媒已经打破了经典的传播模式,它既不同于一般从传播者到受众的传播,也不同于自媒体时代受众的自我发布,而是将生产者、传播者、接受者融合在一起,形成反馈即产出的逆向新闻生产过程。例如《纽约时报》的新媒体开发了一款机器人 Blossom,每天对 Facebook 等社交平台上的海量文章进行自动化大数据分析,甄选"爆款"文章推荐给各大版面的责任编辑。据内部统计,被 Blossom 推荐的文章,点击量达到非推荐文章的 38 倍①。

在中国,以"今日头条"为代表的网络媒体,以实时监察所获得的大数据为基础,采用智能算法技术,精确地将内容与用户进行匹配,提供个性化、定制化的信息推送。

以抖音、快手等为代表的全新的 AI 智能推送方式使短视频快速崛起,成为现象级的互联网应用。抖音融合专业内容生产和用户内容生产,制成 15 秒的短视频,使手机真正电视化,依靠的正是算法推动的内容发布。

与此同时,欧美一些国家的新闻编辑部使用语言机器人,把冷冰冰的文字变成用户喜欢的播客,用富有情感的语音向用户推送信息。例如《纽约时报》在 2017 年 2 月初推出播客《每日》,每周工作日早上播出,时长 20 分钟,迅速就红火起来,有 2000 万的下载量和访问量。而播客《每日》的语音,都是机器人自动转换的。牛津大学路透新闻研究院对全球 150 家主要媒体高管进行访谈,58% 的受访者称,2018 年以后将把开发以播客为代表的音频产品作为新的增长点,这个比例超过了"长视频"(47%)和 VR(25%)。② 智能语言和移动短视频成为未来全球新闻传播的发展趋势。

---

① 滕瀚:《从"新闻工业化生产"到"新闻智能化传播"》,《新闻论坛》2017 年第 1 期。
② 史安斌、王沛南:《2018 年全球新闻传播业新趋势》,《传媒观察》2018 年第 4 期。

第一版后记

酝酿本教材已有数年。高等教育出版社编辑武黎和我在 2010 年夏就商讨过本书的编写,但迟迟未能落笔,不是因为太忙或太懒,而是没有能力把握。传媒界有个说法,20 岁左右的青年人是新媒体的"原住民",40 岁左右的中年人是新媒体的"移民",而 60 岁以上的老年人是新媒体的"难民"。我属于"难民"之列,要了解、理解并适应、运用新媒体是很艰难的一件事。2010 年以后,我参与并负责教育部一次关于网络舆论的攻关项目,花大力气恶补网络与新媒体的知识,才对本教材的编写有了思路。

本教材从 2012 年 10 月份启动,由我拟订本教材的写作大纲,包括本书的基本思想、各个章节以及每个章节的基本观点。经过数次的讨论、修改,2012 年 12 月中确定大纲。我和我指导的全体在读博士生、硕士生组成编写团队,分头撰写。

2013 年 4 月底各人交出初稿,经集体逐章讨论,6 月上旬交出二稿;再次集体讨论,7 月初交出三稿。

7 月 8 日,学校正式放假,我和我指导的博士童希集中对文稿作最后一次修改,由我提出修改意见,童希执笔修改,前后花了一个半月的时间。从 7 月到 8 月,上海连续 45 天 38 度以上高温。天大热,人大干,虽然坐在空调办公室里,也是筋疲力尽,书中有些不尽如人意之处,已实难在短时间内修改完善。

本书各章的执笔者:

第一章、第二章	郑雯
第三章	方师师
第四章	魏寅
第五章、第十三章	于帆
第六章	何煜
第七章	徐文策
第八章	张盛
第九章	张莹
第十章	张华
第十一章	张豫
第十二章	郭敬丹
第十四章	叶冲

第十五章　　　冯文丽

感谢读者的厚爱,期待着读者的批评指正。

李良荣

2013 年 8 月

第二版后记

岁月匆匆,《网络与新媒体概论》自2014年2月出版至今已有5个年头。这5年间,互联网突飞猛进,用"日新月异"来描绘并不过分。书中不但数据已经陈旧,有些论述也难以概括当下的互联网态势。为此,我又对本书做了一些修改和补充,尽可能概括网络和新媒体的最新进展和最新研究。

一、书中数据能更新的尽量更新了,以2018年的最新数据为主。

二、新增3章,即第7章"网络媒体的新闻制作"、第8章"锻造中国新型主流媒体"、第18章"中国传媒业的新生态、新业态",另外,第9章增加了"网络理政"一节。

三、对本书第16章"依法治网"作了全面修改。

本书的数据更新由我指导的研究生胡佳丰完成,第7章由我独立撰写,第8章、第18章由我和我指导的博士生袁鸣徽共同撰写,第9章第3节由沈国麟教授和我共同撰写。由我主持的复旦大学传播与国家治理研究中心秘书米雪协助我完成全书的修改。

在此深谢读者的厚爱,使本书的销量逐年攀升。本书再版后,恳请继续得到读者的批评和指点。

李良荣

2018年8月于复旦大学新闻学院

郑重声明

高等教育出版社依法对本书享有专有出版权。任何未经许可的复制、销售行为均违反《中华人民共和国著作权法》，其行为人将承担相应的民事责任和行政责任；构成犯罪的，将被依法追究刑事责任。为了维护市场秩序，保护读者的合法权益，避免读者误用盗版书造成不良后果，我社将配合行政执法部门和司法机关对违法犯罪的单位和个人进行严厉打击。社会各界人士如发现上述侵权行为，希望及时举报，我社将奖励举报有功人员。

反盗版举报电话　　（010）58581999　58582371
反盗版举报邮箱　　dd@hep.com.cn
通信地址　　北京市西城区德外大街4号
　　　　　　高等教育出版社法律事务部
邮政编码　　100120